勝ち過ぎた監督

駒大苫小牧　幻の三連覇

中村　計

集英社文庫

目次

勝ち過ぎた監督　駒大苫小牧　幻の三連覇

プロローグ

こけろ――。

二〇〇四年八月二二日、駒澤《こまざわ》大学附属苫小牧《とまこまい》高校が全国高校野球選手権大会で優勝した日の深夜。大阪市内のホテルのベッドでアテネ五輪の女子マラソン中継を見ながら、私は、そう念じずにはいられなかった。日本の野口《のぐち》みずきがトップを独走していたからだ。このままでは明日の新聞の一面を野口に奪われてしまう。それが悔しくて仕方なかったのだ。

一九九八年に松坂大輔《まつざかだいすけ》を擁する横浜高校が春夏連覇を達成して以来、甲子園の優勝校がスポーツ紙の一面を飾るほどのニュースになることなど、久しくなかった。優勝校は資金と選手の豊富な都市圏の一部の強豪私学に限定されるようになり、大衆に訴えるドラマ性を失っていた。

そこへ行くと、駒大苫小牧の優勝は、これ以上ないほどにドラマチックだった。通説を覆し、雪国の、それも国内最北の地の代表校が勝ったのだ。私はこのニュースをできる限り大々的に報じて欲しかった。

私はその頃、朝日新聞出版が『週刊朝日』の増刊として大会後に刊行していた『甲子園ヒーローズ』という雑誌の記者として毎年、大会を取材していた。ただ年々雑誌の売り上げは下降線を辿《たど》り、毎年のように「もうやらないかも」との噂《うわさ》が飛び交っていた（二〇一三年を最後に刊行休止）。それだけに、話題となることで一人でも多くの人の関心を引き、雑誌の売り上げにつながればとも願っていた。

ただ、当たり前だが、野口はこけなかった。そのぶん、スポーツ紙等の駒大苫小牧の扱いはやや小さくなった。それでも、どの媒体も高校野球ネタとしては破格の扱いだった。

特にすごかったのが地元・北海道である。一般紙の一面は野口と駒大苫小牧の両ネタ掲載が多かったが、スポーツ紙はほぼすべて駒大苫小牧一色。ＮＨＫテレビで放送された決勝戦の札幌《さっぽろ》地区における瞬間最高視聴率は四六・二％を記録し、雑誌も北海道を中心に久々によく売れ、我々関係者は「救世主だ！」と快哉《かいさい》を叫んだ。

当時、報知新聞社の記者で、駒大苫小牧を担当していたのは中尾肇《はじめ》だった。一九八九年に他紙から移籍し、それからはアマチュア野球一筋。春夏合わせて計二九回、甲子園で取材し、駒大苫小牧の試合はほぼすべて観《み》ているという中尾が道民の熱狂振りを思い起こす。

「とてつもない駅売りの数字だったと思いますよ。一般紙も、スポーツ紙も、北海道中、全部すっからかん。取り置きぶんも全部売店に回したけどぜんぜん足りなかった」

『日刊スポーツ』は昼過ぎから再び輪転機を回し、翌日も、コンビニや駅売店で〈昨日のスポーツ紙あります〉という貼り紙を出し、一日遅れの「新聞」を売った。新聞の増刷など聞いたことがない。本郷は苫小牧出身で、『日刊スポーツ』の担当記者だった本郷昌幸は興奮気味に思い出す。

「一日遅れでも売れたんですよ。もちろん、前代未聞のことです。日本ハムだろうが何だろうが、一日遅れの新聞を売るなんてことは、今後もあり得ないでしょう」

決勝の日、札幌競馬場では場内のターフビジョンの映像がたびたび甲子園中継に切り替えられ、そのたびに約二万九〇〇〇人の競馬ファンが一喜一憂したという。また、優勝した瞬間、網走《あばしり》―札幌間を走る特急「オホーツク」では、車内アナウンスで車掌がその快挙を震える声で乗客に伝え、車内は歓声と拍手が沸き上がったそうだ。あるいは甲子園から約一万四〇〇〇キロ離れた南極の昭和基地では、隊員の四二人中一一人までもが北海道出身者だったため、衛星回線を使って中継に見入っていた。私の知り合いでたまたま帰省した日に新千歳《しんちとせ》空港のテレビで駒大苫小牧の優勝の瞬間を目撃し、勢い東京の会社を辞め、郷土の会社に再就職したという人もいた。

あの日、あの瞬間、道民はいろいろな場所で、いろいろな形で「おらが故郷」の代表校の快挙に心を震わせていた。

駒大苫小牧が優勝を決める六日前の、八月一六日。私は第一試合が終わった頃、午前一一時過ぎに阪神甲子園球場へ到着した。関係者入り口を通り抜けると、すぐに異変に気がついた。何か、おかしい――。

そこでは試合を終えた西東京代表の日本大学第三高校と、南北海道代表の駒大苫小牧の選手たちが、大会スタッフの指示に従いストレッチ体操を行っていた。

アイボリーのユニフォームに身を包んだ日大三の選手たちの表情が、心なしか暗い。目蓋が腫れ上がっている選手もいた。そんなはずがない……。

私はスタンドに駆け上がり、スコアボードに目をやった。

そこには、球場に到着するまで、ちらりとも考えなかった結果が表示されていた。

6－7。

あの日大三が、負けた。しかも、南北海道代表の駒大苫小牧に。北海道勢が東京勢に勝つのは五四年振りの出来事でもあった。今にして思えば、あの瞬間から、以降、三年間続くことになる駒大苫小牧フィーバーが始まったのだとも言える。

日大三は三年前の〇一年、大会新記録となるチーム打率四割二分七厘で全国制覇を成し遂げるなど、豪打で鳴らす全国屈指の強豪校である。この夏も西東京大会では六試合中五試合で二桁得点を記録し、圧倒的な強さで勝ち上がっていた。その上、甲子園の初戦では、西の名門PL学園高校に8－5で打ち勝っていた。

一方の駒大苫小牧は、当時の正直な気持ちを書けば、「所詮、北海道のチーム」だった。地方大会でどんなに強い勝ち上がり方をしてこようが、北海道代表校というだけで、全国的には一段も二段も低く見られていた。

野球は手先を器用に使わなければならないスポーツである。そのため気温が低い地域は、それだけで大きなハンディキャップを背負っていると考えられていた。

過去の戦績も、そのことを如実に表していた。全国高校野球選手権大会、いわゆる「夏の甲子園」は、〇四年で第八六回大会を迎えていた。「春の甲子園」と呼ばれる選抜高校野球大会は、それより一〇回少ない第七六回大会を終えたところだった。

そこまで春夏合わせ一六一回チャンスがあったにもかかわらず、北海道を含む「雪国勢」は一度も優勝したことがなかった。過疎地域は競争率が低いため全般的にスポーツが弱いものだが、北海道に限っていえば一八九〇年代後半に開拓民が流入してからというもの、全国都道府県人口ランキングは常に一〇位以内をキープしている。したがって、勝てない理由は、やはり気候条件にあると考えられていた。

二〇〇四年時点で春夏通じ一度も全国制覇を達成したことのない都道府県は全部で一七地域あったが、うち一四地域は日本海側、およびいわゆる雪国と呼ばれる地域だった。中国地方の日本海側二県（鳥取、島根）、滋賀県、北陸地方の日本海側四県（福井、石川、富山、新潟）、東北地方六県、そして北海道だ。残りの三地域は、宮崎、長崎、山梨である。ちなみに〇四年夏に駒大苫小牧が日本一となり、さらに〇九年春に清峰《せいほう》高校（長崎）が、一五年選抜で敦賀気比《つるがけひ》高校（福井）がそれぞれ優勝し、日本一になったことがない都道府県は今では一四地域に減っている。

ただし、雪国勃興の兆しはあった。二〇〇〇年代に入り、青森山田高校、光星学院（現八戸《はちのへ》学院光星）高校（青森）、東北高校（宮城）など関西圏の選手を多数スカウトしのし上がった青森・宮城勢の躍進が続き、年々、東北勢の初優勝を期待するムードが高まりを見せていた。いわゆる「悲願の（優勝旗の）白河《しらかわ》越え」だ。栃木県との県境に位置する福島県白河市は、東北の玄関口であり、かつて関所が設けられていた場所でもある。

〇四年もダルビッシュ有を擁する東北高校は、断トツの優勝候補と目されていた。そんな中にあって、白河以北の地域で唯一、蚊帳の外に置かれていたのが最北の地・北海道だった。〇四年も北海道勢は、まったくのノーマークだった。

それだけに駒大苫小牧が日大三を倒したことだけでも相当なインパクトがあった。

しかし、このあと、さらなる衝撃が、一つどころか、二つも三つも待っていた。

日大三を破って北海道勢として九年振りとなる八強入りを果たした駒大苫小牧は、続く準々決勝で、関東の雄・横浜と対戦する。横浜のプロ野球選手輩出数は六二名にもおよび（二〇一八年七月時点）、七九名（同）でトップのＰＬ学園に次ぐ。ＰＬ学園は二〇一六年夏に休部してしまったが、当時、西随一のブランド校がＰＬ学園であるならば、東のそれは横浜といってよかった。

横浜は一回戦から報徳学園高校（兵庫）、京都外大西高校、明徳義塾高校（高知）と、西の強豪校を次々と撃破しての八強入り。その立役者となっていたのが、ドラフト一位候補の本格派右腕・涌井秀章《わくいひであき》（千葉ロッテ）だった。

大エースがいる横浜の壁は、駒大苫小牧には、さすがに厚いだろうと思われた。ところが、調子を落としていた二年生の七番・林裕也《ゆうや》がサイクル安打をマークするなど、駒大苫小牧打線は涌井に14安打を浴びせ、6－1で快勝する。

何なのだ、この七番打者は。信じられないものを見ているような気分だった。

準決勝は東海大学付属甲府高校とぶつかった。ここまで駒大苫小牧は小柄な二人の三年生左腕、背番号「1」の岩田聖司《せいじ》と背番号「11」の鈴木康仁《やすひと》の継投で勝ち上がってきていた。先発の岩田が行けるところまで行き、その後を鈴木が継ぐというのがパターンだった。

当然、東海大甲府戦も同じ戦い方を踏襲するものだとばかり思っていたのだが、先発マウンドに上がったのは、今まで見たことのない背番号「15」の投手だった。二年生の松橋拓也だ。南北海道大会でもわずか一試合、4回と三分の一しか投げていない。そんな下級生ピッチャーに準決勝の先発マウンドを任せることにもたまげたが、その松橋の球威にも度肝を抜かれた。電光掲示板の球速表示は最速で時速一四七キロを示し、球場がどよめいた。

まだ、こんなピッチャーがいたのか。何なのだ、このチームは。

松橋は三回途中でノックアウトされたものの、後を鈴木、岩田の順で継ぎ、駒大苫小牧は10－8で打撃戦を制した。

決勝戦の相手は、春夏連覇がかかる済美《さいび》高校（愛媛）だった。創部三年目ながら、かつて宇和島《うわじま》東高校（愛媛）を全国優勝に導いた名監督・上甲正典《じょうこうまさのり》を招へいし、この年の春の選抜大会で初出場初優勝を成し遂げたチームだった。

愛媛は北海道とは対照的に「野球王国」で、春夏通じて全国制覇は一〇回を数える。「夏将軍」と呼ばれ夏を五回制した古豪・松山商業高校に象徴されるように、夏の甲子園では滅法強く、一四年に大阪に抜かれるまで、じつに六〇年間、甲子園における都道府県別勝率一位の座を守り続けていた。

決勝に勝ち上がってくるまでに何度も思ったことだが、今度こそ、ここまでだろうと思った。野球どころの、しかも百戦錬磨の監督が率いる春の王者ではさすがに分が悪い。とはいえ、ここまで勝ち上がってきただけでも十分ではないか。

立ち上がり、その予感は的中する。駒大苫小牧は一回表に2失点、二回表に3失点と、二回を終え、1－5とリードを許す。先発の岩田は二回を持たずにマウンドを鈴木に譲っていた。

ところが、である。

駒大苫小牧は三回裏に2点、四回裏に3点を挙げ、6－5と逆転する。夢を見かけたが、甘くはない。五回表にすぐさま追いつかれ、六回表に6－9と突き放される。このときもあきらめかけた。すると、その裏、駒大苫小牧も3点を入れ、再び同点とする。そして終盤、駒大苫小牧は済美を13－10と逆に突き放した。もしや……。

両チームを通じてノーヒットに終わったイニングは、四回表のわずか1回しかなかった。壮絶な打撃戦の末、13－10で夢は現実のものとなった。

高校野球を観戦していて、あれほどのカタルシスを覚えたことはなかった。東北・北海道勢として初めての優勝という結果はもちろん、日大三、横浜、済美と優勝経験を持つビッグネームをことごとく破っての優勝だけになお価値があった。

高校野球史の中で、今も地元の人々が陶然と語るチームがいくつかある。ある人は遠い目をし、ある人は涙ぐみながら、当時を語る。その上位三つを、私は密《ひそ》かに高校野球における「三大カタルシス」と呼んでいる。その三つとは、一九六八年夏に沖縄勢として初めてベスト4入りし、「興南旋風」と言われた興南高校と、翌六九年夏の決勝で延長一八回を戦っても決着が付かず再試合の末に松山商に敗れて準優勝に終わった三沢高校（青森）と、〇四年夏の駒大苫小牧である。

この三校の地元の共通点は、コンプレックスだ。興南旋風のとき、沖縄はまだ米軍統治下にあり、本土との経済格差は歴然としていた。野球の道具も満足にそろえることができない時代で、沖縄勢は甲子園でまだ一勝しか挙げていなかった。三沢高校の場合は、元祖・甲子園のアイドルと呼ばれる、白系ロシア人とのハーフのエース太田幸司《おおたこうじ》（元近鉄）の存在も大きかったが、ほとんど一、二回戦で負け続けていた本州最北の地・青森の高校だったことが観ている者の心を揺さぶった。駒大苫小牧は、もはや説明するまでもない。

高校野球を長く取材し続けてきた者にとって、駒大苫小牧の優勝は「大事件」だった。私も今から二〇年以上前、千葉県内で高校野球をしていたが、冬場は、ほとんどボールを握った記憶がない。かじかんだ指では、うまくボールが投げられないからだ。また春先、バッティング練習を始めたばかりの時期は、一度芯を外すと手の痛みでその後は練習にならなかった。比較的温暖な千葉でさえ、こうである。それだけに、国内最北の地で、あれだけのチームが誕生したことが不思議でならなかった。

日本一になる前年、一度だけ駒大苫小牧を訪れ、監督の香田誉士史《こうだよしふみ》に話を聞いたことがあった。コミカルなまでに腰が低く、ぽっちゃりとした体型の陽気な青年監督だった。車で空港まで送るからと、時間が許す限り練習を見せてくれ、車の中では、苫小牧へ来て遠距離恋愛に失敗したこと、空港で売っているアスパラガスがべらぼうに高いこと、まだヒグマを見かけたことがないことなど、たわいもないことを一生懸命に語って聞かせてくれたものだ。そのときは、この朴訥《ぼくとつ》とした印象の監督がのちに高校野球の歴史を変えることになろうとは、つゆほども考えなかった。

私は駒大苫小牧の強さの秘密を知りたかったが、しかし、取材は難航した。その主役となるべき香田の人生が〇四年夏を境に一変してしまったからだ。

製紙会社の企業城下町として順調に成長を続けてきた苫小牧も長引く不況で、以前のような活気を失っていた。一九七〇年代前半から国、道、苫小牧市が推し進めてきた巨大プロジェクト「苫小牧東部大規模工業基地」の建設は九〇年代に入り、完全に暗礁に乗り上げていた。残されたのは広大な空き地と、数千億円ともいわれる借金だけ。そこに九七年の北海道拓殖銀行の破綻が追い討ちをかけ、二〇〇〇年代に入ってからは人口も横ばいとなっていた。

そんな暗い話題ばかりが続いていただけに駒大苫小牧の優勝は、苫小牧市民にとって久々の明るいニュースだった。いや、それは道民にとっても同じだった。香田は一夜にして、郷土の英雄に祭り上げられた。宴席の回数が急増し、どこへ行っても大監督として歓待され、毎日のように講演の依頼が舞い込んだ。苫小牧駅の観光案内所には高校までの行き方が示された地図が置かれ、グラウンドには連日のように何十人ものファンが押しかけた。

勝って自惚《うぬぼ》れられる性格ならまだよかった。だが香田は剝《む》き出しになった神経のように過敏な男で、それゆえに極度の心配性だった。

「優勝した瞬間に、負けが忍び込んでくる。夏の優勝は、むしろマイナスぐらいに思ってた。なのに、ぜんぜん練習できる環境じゃない。だから毎日、イライラしてた」

初優勝のあと三度、取材で苫小牧を訪ねたが、歓迎された記憶がなかった。むしろ、いつもその逆だった。優勝する以前、香田の中に感じられた柔らかい部分、あるいは温かな部分はすっかり消えていた。

この頃、どんな練習をしているのかを尋ねると、最後に決まってこう付け加えた。

「すべて、『うちは』という話ですけどね」

うちはこうやっているが、それがベストだとは思わないし、他校が真似《まね》すべきだとも思わないということを強調したがっていた。まだ三三歳という年齢もあり、極端に年功を重んじる野球界で自分が「出る杭《くい》」となることを怖《おそ》れていた。

ただ、語ろうにも語ることができないのも事実だった。

「わかんないことだらけでしょう。なんで優勝できたかなんて、わかんない。偉そうに言えることなんて何もない。はっきりしたものがあったら、南北海道大会のときからがばがば打ってるよ。いろいろなメディアが書いてくれたものを読んで、逆に、そうなんだーって思ってるぐらい。ほんと、わかんねーもんな、野球のこと」

わからないことを素直にわからないと言える人間は謙虚であると同時に、貪欲なものだ。つまり、知っていると壮語する人よりも、実際は、世の中の核心をとらえている。

もう少しじっくり話を聞きたいと思いつつも、電話で話したときの香田のいかにも面倒くさそうな声を思い出すと、そうたびたび取材を依頼するのも気が引けた。

そうこうしているうちに、「ミラクル」は再び起きた。しかも二年連続で。駒大苫小牧は翌〇五年夏も甲子園に出場し、下馬評は決して高くなかったにもかかわらず、連覇を達成。さすがに読者ももう食いつかないと思われたが、この年の『ヒーローズ』も前年同様の部数を記録した。背番号「11」ながら、実質的にはエースとして大活躍した田《た》中将大《なかまさひろ》（ヤンキース）が、全国区になったのもこの年だ。

だが香田は優勝後の取材で開口一番、言った。

「嬉《うれ》しかったのは、最初の三分だけです」

この優勝で、香田はさらに自分で自分を追い詰めていくことになる。私の興味はますます掻《か》き立てられたが、取材環境がさらに悪化するのは目に見えていた。ますます内に閉じこもってしまうだろう香田の姿を想像し、暗い気持ちになった。

その状況に追い討ちをかけたのが、優勝の翌々日の晩に発覚した部長の部員に対する暴力行為だった。賞賛の声は一転、猛バッシングに変わり、連覇達成の余韻は一瞬にして吹き飛んだ。

〇五年秋、猛烈な逆風の中にあっても駒大苫小牧は勝ち続けた。北海道大会、国体、明治神宮野球大会と公式戦は無傷の一七連勝。その一方で、それまでにも増して香田は取材に対し頑《かたく》なな姿勢を見せるようになった。

「自分が傷ついている部分もあるし、不祥事を起こしたから……というのもある」

電話でのやりとりの最中に、「(日本高校野球連盟から)警告処分を受けているのに、どうして配慮してくれないんですか！」と声を荒らげられたこともあった。

だが、波乱はそれだけでは終わらなかった。〇六年春、選抜大会への出場が決定したおよそ一ヶ月後、卒業式の夜に飲食店で飲酒および喫煙していた三年生部員一〇人が警察に補導されたのだ。そして二日後の三月三日、学校サイドは選抜大会への出場辞退と香田の辞任を発表する。二度目の構築と破壊。そのダメージの深刻さは、想像するまでもなかった。

香田が復帰し再々起を賭けた〇六年夏、「世代最強」と呼ばれたエースの田中はフォームを見失いながらも粘りの投球で、チームを甲子園に導く。そして甲子園ではウイルス性胃腸炎にかかりながらもやはり決勝戦までたどり着き、「ハンカチ王子」こと斎藤《さいとう》佑樹《ゆうき》（日本ハム）を擁する早稲田実業学校高等部と二日間にわたる大熱戦を繰り広げた。一日目は延長一五回まで戦い、1－1の引き分け。翌日の再試合は3－4で敗れたが、道民が「二・九連覇」と讃《たた》えたように、三連覇に限りなく近づいた偉業だった。

斎藤が表紙を飾った『ヒーローズ』の売り上げは出だしから絶好調で、一九九八年に横浜の松坂大輔が春夏連覇を達成したとき以来のペースだと編集部内は狂喜していたが、間もなく増刷がかかり、あっという間にそのときの部数も抜いた。

香田の恩師で、元駒澤大学の監督である太田誠《おおたまこと》に、「日本球界の偉業といったら何だと思う？」と聞かれたことがある。そのとき太田は、私が答えるよりも先に「俺は川上《かわかみ》・巨人の九連覇と、駒大苫小牧だと思う。それぐらいすごいことだぞ」と語ったが、私もまったく同感だった。

過去、愛知の中京商業（現中京大学附属中京）高校が一九三一年から三三年にかけ、夏の甲子園で三連覇を達成したことがある。だが当時はまだ高校野球の黎明期《れいめいき》で、出場校数は七〇〇校に満たない時期だ。競技として成熟し、四一〇〇校を超える出場校の中で成し遂げた「二・九」連覇とは、その価値は比ぶべくもない。

また、八三年から八五年にかけ、清原和博《きよはらかずひろ》、桑田真澄《くわたますみ》がいた時代のPL学園も三年連続決勝に進出し、優勝、準優勝、優勝と駒大苫小牧と同等の記録を残している。彼らは八四年と八五年の春の選抜大会にも出場していて、八四年は準優勝している。成績だけで言えば駒大苫小牧以上だが、当時のPL学園は高校野球史上、全国からもっとも優秀な選手が集中していたチームといっていい。優勝を宿命づけられた中で結果を出すというこことでは別の凄《すご》みがあるが、比較するには、PL学園と駒大苫小牧では、あまりにもスタート地点が違いすぎる。

準優勝に終わった二〇〇六年夏、私は南北海道大会から駒大苫小牧の戦いを取材していた。負ける瞬間に立ち会いたかった。そこで、どうしても聞きたいことがあったのだ。だが、駒大苫小牧は、なかなか負けなかった。そして予想に反し三度《みたび》、甲子園の決勝の舞台まで勝ち進むことになるのだ。つまり甲子園の決勝は、〝最後のチャンス〟でもあった。

やっと負けてくれた——。だから、正直、そう思った。

そして香田に、こう尋ねた。勝ち続けることからようやく解放され、安堵《あんど》しているのではないですかと。

香田は少し考えた後、言った。

「悔しさはある……そこは誤解して欲しくない。でも、（三連覇したらどうなってしまうのだろうという）怖さは正直ありました。今は少し、ホッとしています」

その言葉を聞けただけで、私は十分満足していた。

大会が閉幕し、一週間ほど経《た》った頃だ。その十数分前まで、私は、東京プリンスホテルの一室で今は亡き作詞家の阿久悠《あくゆう》にインタビューをしていた。阿久は毎夏、大会期間中だけ『スポーツニッポン』で「甲子園の詩」というコーナーを持っていた。そのため、あるスポーツ雑誌で、阿久に今大会を振り返ってもらうことになったのだ。

阿久は「甲子園には美しい選手がいる。それが楽しみ」と語っていた。

阿久が亡くなったのは、そのほぼ一年後だ。取材時、すでに「情熱は戻ってきたけど、体が危ないね」と死期が迫っていることを覚悟している様子だった。

インタビュー中、二度、ポケットの中で携帯電話が振動した。

取材を終え、着信記録を確認し、心臓が縮んだ。

香田（駒大苫小牧）
香田（駒大苫小牧）

いずれも香田からだった。私の方は何度となく香田の携帯電話に連絡したことがあったが、香田から私の携帯電話に連絡が入ったのは、初めてのことだった。

心当たりはあった。私は、この夏のことを『ヒーローズ』で「香田誉士史35歳　日本一の代償」というタイトルの記事にまとめた。その中には、たとえば試合後、ベンチ裏でスポーツ紙の記者に対し、切れかけていたシーンなど香田の苛立《いらだ》ちが随所に描写されていて、本人が読んだら気分を害するのではないかと思われる内容もいくつか含まれていた。

怒られるのかな、と思った。

私は携帯電話を握りしめ、東京プリンスホテルの正面玄関の外にある円形の噴水の周りをひたすら歩いた。緊張してうまく話す自信がないときは、そうして軽く歩きながら心を整理し電話をかける。いつからか、そんな習慣が身に付いていた。

個別インタビューを受けてもらえない以上、試合に通い、そこで見聞きしたことを記事にするしかなかった。そのため地方大会から北海道に通い、甲子園の決勝まで、私はひたすら香田に張り付いていたのだ。しかも、試合後の囲み取材では、香田にアピールするためにも必ずいちばん前に陣取った。

何の後ろめたさもないし、文句を言われる筋合いもなかった。

(謝ることだけは、絶対にすまい――)

噴水の周りを歩きながら、そう心に決めると、案外すんなりと通話ボタンを押すことができた。

まずは相手の声のトーンで、険悪な雰囲気ではないことだけはすぐにわかった。そのときの香田は病院のベッドの上にいるらしかった。体のあちらこちらに異常を感じていた香田は、大会終了後、しばらく検査入院していたのだ。

そして、記事のことについて触れ、「俺の気持ちを代弁してくれて……」と言った。どうやら、むしろ感謝されているようだった。だが、こちらとしても香田に感謝してもらおうと思って書いたわけではないし、書く者と書かれる者の距離を守るためにも、そう簡単に気持ちを解くわけにもいかなかった。

仕方なく、「ああ」とか「はい」を繰り返していた。

「怒られると思った?」

「……少し」

笑い声が聞こえた。香田はこれまでにないほど打ち解けた様子で言った。

「いやあ、楽だよ、楽。ハンカチ王子フィーバー、いいねえ。もう、どんどん向こうに行ってくれ、って感じ」

そして最後にこう言って締めくくった。

「今度は、何かあったら協力するから」

第一章　幼年期（一九九五―九七年）

香田誉士史が「神」のお告げを聞いたのは、駒大「五年生」のときだった。

四年間で教職課程を無事修了した香田は、大学を出た後は故郷の佐賀へ戻り、社会科の教員になるつもりでいた。ただ、心残りがあった。ゆくゆくは母校の佐賀商業高校野球部の監督にもなってみたい――。そこで香田はもう二年間大学に残り、野球部のコーチを務めながら、商業科の免許取得を目指すことにした。

ところが、その延長期間一年目、一九九四年一〇月のある日のこと。駒大野球部の御大こと太田誠に呼び出され、貫禄《かんろく》たっぷりのしゃがれ声で「おまえは長男か次男か」と問われた。

「次男です」

「そうか。次男はどこ行ってもいいんだ。北海道に駒大苫小牧ってのがあんだけどな、まあ、手伝いのつもりで、二年間ぐらい行ってみないか」

「……北海道ですか」

「日本はちっちゃな国だぞ」

「……い、いつ行けばよろしいですか」

「明日行け」

その頃の香田は、苫小牧が北海道にあることまでは何となくわかった。が、駒大苫小牧という高校があることも、苫小牧が北海道のどのあたりにあるかということも知らなかった。

　当時の選手にとって太田は誇張ではなく「神」そのものだった。駒大の監督になって二四年、大学日本一に何度も導き、中畑清《なかはたきよし》（元巨人）、石毛宏典《いしげひろみち》（元西武）、森繁和《もりしげかず》（中日監督）ら、何十人もの選手をプロの世界へ送り込み、大学球界の生きる伝説とでも言うべき存在だった。

　したがって、語尾は「問い」だが、香田の中では「命令」として響いた。

「俺ら、太田教の信者だったからね。呼び出されたら、直立不動。佐賀に帰りたいって伝えてあったはずだけどと思いつつ、反応で『はい』って言ってた」

　当時、駒大の附属高校といえば、同じく北海道内にあり、「ヒグマ打線」の異名を持つ駒大岩見沢《いわみざわ》がもっとも有名だった。いわば「甲子園常連校」で、一年前の九三年春には全国ベスト4入りしている。駒大の純然たる附属校は東京の駒澤大学高校と、北海道内二校の計三校だが（駒大岩見沢は二〇一四年三月に閉校）、野球の実績では駒大岩見沢が頭一つ抜けていた。

　駒大岩見沢が開校したのと同じ一九六四年に創立した駒大苫小牧は、同時に野球部も立ち上げ、三年目の六六年夏に早くも甲子園初出場を遂げている。また、駒大苫小牧はスピードスケートやアイスホッケーの強化にも力を入れ、アルベールビル五輪のメダリストでもある元スピードスケート選手の橋本聖子《はしもとせいこ》や、何人もの名ホッケープレイヤーを輩出。特にアイスホッケー部の活躍は目覚ましく、これまで計三〇回インターハイを制するなど、他の追随を許さない実績を築いている。

ただ、スケート競技が右肩上がりで強くなっていったのに比べると、野球部は尻すぼみ状態だった。甲子園に初出場した後も、それなりに選手も勧誘し、それなりの指導者を呼び寄せたものの結果がともなわず、「いい選手はいるんだけどねえ……」と囁《ささや》かれる典型的な万年Bクラス校になっていた。また、その頃、審判の判定を不服とし、監督が選手をベンチに引き上げさせ没収試合となってしまったこともあり、評判も芳しくはなかった。

学校自体も市内の公立高校の滑り止めという位置づけで、さほど人気があったわけではない。地元では「駒澤」と呼ばれるのが一般的だが、中には「ザワ」と、やや侮蔑を込めて呼ぶ者もいた。

そうした中、開校から三〇年が経った九四年秋、学校サイドは野球部スタッフの総入れ替えを図った。そして、相談を受けた太田が「俺の秘蔵っ子を貸してやる」と送り出したのが香田だったのだ。

香田は翌日、夕方の飛行機で新千歳空港に向かった。新千歳空港は大雨だった。まだ秋だというのに、表へ出ると、空気の匂いはすでに冬のものだった。

空港には前野球部長と事務長がアイボリーのパジェロで迎えに来ていた。苫小牧と空港は自動車なら三〇分弱の距離だ。香田の回想。

「寒くてね。まま、一服しましょうよって、車の中でタバコを吸って。俺も現役を引退して、吸い始めたばかりの頃だった。事務長、いかりや長介《ちょうすけ》みたいな人でさ、『いやあ、いい監督に来てもらった』って、もう俺、監督にされてるんだよね」

その日は苫小牧市内のホテルに宿泊し、翌日、グラウンドへ行った。そこには新しい野球部の部長・石塚東洋雄《とよお》が待ち受けていた。石塚は数ヶ月前までサッカー部の監督を務めていたのだが、サッカー部は後進に道を譲り、野球部の再建を駒大苫小牧における最後の仕事と考えていた。

石塚も「いやあ、いい監督に来ていただいて」とニコニコしていた。あの太田が「秘蔵っ子」と言ったのだから、無理もない。そのひと言は、駒大グループにとって、どんな実績よりも、他の誰の評価よりも重かった。

ところが、グラウンドを見回しても、いかにもやる気なさそうにジャージ姿で走っていた生徒たちはいたが、どこにも野球部員らしき生徒は見当たらない。香田は嫌な予感がし始めていた。

「北海道の子たちだからうまいものばっかり食って、まあ、ヒグマとは言わないまでもツキノワグマぐらいの、すっごい体してんだろうなと思ってたんだけどね」

香田が「部員はどこにいるんですか？」と問うのと、石塚が部員を集めたのはほぼ同時だった。すると、香田が陸上部員だと思っていた約三〇人が二人を囲んだ。

石塚が回想する。

「香田は、呆然《ぼうぜん》としてたね。集まった部員は、ばらばらのジャージを着ていて、髪も伸ばしていた。とても野球部員には見えなかった。おまけにグラウンドは雑草だらけだし、バッティングケージのネットは破れてるし、鉄枠も錆《さ》びて、ひん曲がってる。バックネットの裏の監督室はゴミだらけで、足の踏み場もない。勝てそうな要素は何一つなかった」

このとき、部員たちは、香田が駒大OBであること以外は何も知らなかった。身長一七二センチ、体重は七七キロ。当時の香田は、トレーニングウェアの上からでも鍛え上げられた胸の厚さや腕の太さがはっきりとわかった。

「……髪、伸ばしてるんだ」

香田は批判と受け取られないよう努めてさらりと聞くと、一人の選手が言った。

「オフは伸ばします」

「オフ？」

「冬場はオフです」

香田からしてみれば、高校生が「オフ」という言葉を使うこと自体、解せなかった。

「わさわさするぐらい髪の毛が長い部員もいて、じーっと観察していると、何人かの選手は、ピアスはしてなかったけど、耳にピアスの穴みたいなのが開いてるんだよね」

香田は、これまで自分が何より大事にしてきた野球を汚されたと感じた。その怒りが、吐き捨てるような言い方になった。

「俺はゆくゆくは佐賀商で監督をやりたいと思ってる。だから、苫小牧にずっといるつもりはない」

その場の空気が凍り付く。そして、トドメのひと言を放った。

「おまえら、野球部じゃねえよ」

当時、キャプテンを務めていた斉藤広幸が香田の第一印象を語る。

「強烈なインパクトがありましたね。眉毛がほとんどなくて、言葉は悪いですが、イケイケ兄ちゃんみたいな感じでしたから。しかも、体はプロレスラーみたいにムキムキだった。僕らも最初は、監督だとは思ってなかったんです。研修生と聞いていたので。でも、前の監督に捨てられたという意識もあって、その上、新しく来た人に『おまえらになんか教えてらんねえ』みたいな言い方をされて、プイと帰っちゃったんで、えっ？ っていう感じで」

互いに第一印象は最悪だった。そこで橋渡し役を買って出たのが、ベテラン教師でもある部長の石塚だった。

「香田本人がどこまで意識していたかはわからなかったけど、長年の教師のカンで、これは彼の戦法だなと思ったの。わざと突き放したような言い方をしたんだろうなと」

石塚は青臭い熱弁を振るう新米教師より、いきなりケンカを売る香田の方がよっぽど見どころがあると思った。

石塚に呼ばれた斉藤は「おまえたち、このままでいいのか」と諭された。斉藤はミーティングをして部員の意見をまとめた。

「それで、やっぱり監督は欲しいよねということになって。監督が泊まってるホテルまでみんなで走って行って、『お願いします！』って頭を下げたんです」

しかし香田も簡単には折れない。

「おまえらの気持ちはわかった。一週間後、また来るから、そのときにおまえらの態度を見て決める」

大学の授業にも出席しなければならなかった香田は、最初の数ヶ月、東京と苫小牧の往復を繰り返した。

香田が再びグラウンドへやって来た。部員は全員ユニフォーム姿で、今度こそ野球の練習をしていた。ところが、「おまえら、まだ野球やる資格ねぇ」と香田はにべもなく言い放った。

理由を尋ねる斉藤に香田は呆《あき》れたように言った。

「そんなのもわかんねえのか」

香田はまた去って行った。香田が機嫌を損ねた理由を斉藤に教えたのは、やはり石塚だった。

「グラウンドには石が落ちてるし、グラウンド脇にはゴミやボールも落ちている。つまり、野球をやる以前の問題だと言いたかったんですよ」

ある者は大急ぎで、ある者はブツブツ文句を言いながらボールやゴミを拾い、また香田が滞在しているホテルまで走った。そして部屋の前で、また「お願いします！」と深々と頭を下げた。このときは、三〇分ぐらいホテルにいたという者もいれば、いや、一時間近くいたという者もいた。とにかく、普通では考えられないぐらいの長時間、ひたすら頭を下げ続けたようだ。

態度を硬化させていた香田は、すげなく言った。

「次は、最後のチャンスだ」

翌週、香田は三度、苫小牧を訪れた。まだまだ不満だらけだったが、ひとまず及第点を与えた。

「研修期間の間だけ、とりあえず見てやる。そこで、おまえらの気持ちを見極める」

香田の傲慢な態度に斉藤の気持ちは何度も切れかけたが、どこかで信じたい気持ちもあった。

「そりゃ、腹立って、腹立って、しょうがない部分もありましたよ。ただ、いちおう筋の通ったことは言ってるなと思ったんですよね」

斉藤もまだ半信半疑だったが、部員の中では香田に対する心証はかなりいい方だった。一学年下の但野尊重《ただのたかしげ》は、斉藤の香田に対する姿勢に反発を覚えていた。

「どういう人かもわからないのに、そこまで頭を下げる必要はないんじゃないかと思いましたね。年も四つか五つしか変わらない。こんな若い指導者で大丈夫なのかなと不安でしたし。偉そうにしているくせに、『ずっとここにいるつもりはない』と言う。もう、あきらめて、違う人を探した方がいいんじゃないかと思っていました。たぶん、斉藤さん以外、みんな不信感を持っていたと思いますよ。斉藤さんは熱血タイプなので、何だかんだ言いながらもついて行ってましたけど」

暫定的ながらも指導を引き受けた香田は、まずはあいさつを徹底させるところから始めた。朝、他の先生と一緒に正門に立ち、部員がきちんとあいさつしているかどうかをチェックする。またある日は、職員室の窓からこっそり観察した。そして放課後、「おまえら、なんであいさつしねんだ」と絞り上げる。あるいは「応援してくれる人を大事にしろ」と、学校がある美園町《みそのちょう》内のゴミ拾いを頻繁にやらせた。

さすがの斉藤もそんな香田に嫌気が差し、香田が東京に戻っている間、反抗的な態度を見せていた部員と一緒になって練習中にサッカーをやって遊んでいた時期がある。

あるとき、業を煮やした斉藤は部員を代表し、香田にせめて野球を教えて欲しいと頼み込んだ。

「何か言うと、最初は必ず『おまえらの気持ちはわかった』って言うんです。でも『俺の気持ちは晴れねぇ』って跳ね返される」

香田の心を動かすものは、いつだって理屈ではない。感性であり、感覚だった。自分の気持ちのスイッチが入る音を、耳を澄ませてじっと待っているのだ。

部員の気持ちが腐りかけると、石塚が決まって水を与えた。

「おまえら、この監督を逃したら終わりだぞ」

さらに石塚は、香田が佐賀商時代、三度も甲子園に出ていることや、今年の夏、佐賀県勢として初めて全国制覇を遂げた佐賀商に、ＯＢである香田も臨時コーチとして同行していたことなどを語って聞かせ、部員の気持ちを支えた。

一二月に入ると、基礎体力作りが中心だったが、ようやく野球部らしい練習メニューも取り入れられるようになった。

石塚は、初めてベースランニングをやった日のことを鮮明に記憶していた。

「選手たちがタラタラやってたので、香田が『ベーランってのは、こうやんだよ』って、見本を見せたんです」

香田はもともと足には自信があった。その上、駒大でベースの蹴り方、どこでどう膨らむかなど走路を徹底的に叩《たた》き込まれていた。石塚が続ける。

「ものすごい迫力で、あっという間にビューッと一周して、最後、ヘッドスライディングをしたんです。それを見た生徒も、びっくりしちゃってね。僕は今まで、あんなに見事なベーランを見たことがなかった。その瞬間、ああ、やっぱり僕の見方は間違っていなかった、この監督ならやってくれるに違いないと、確信しちゃったんです」

そのとき石塚の表情は感動で半分、にやついていたという。

北海道の形は、西から東に泳ぐマンタ（イトマキエイ）の形に似ている。そのたとえを借りると、苫小牧はちょうど尾の付け根のあたり、北海道の南西部に位置している。

太平洋に面した苫小牧の冬は例年、雪が少ない。年間の平均降雪量は一メートルちょっとで、札幌の四分の一ほどだ。ただ、海からのからっ風が年中吹いているため、体感温度は気温以上に低く感じられる。

香田が苫小牧にやって来たばかりの頃を思い出す。

「昔の方が絶対、寒かったはず。一二月になると、息をしただけで、鼻の奥が苦しくなる感覚があった。鼻毛なんて、簡単に凍るし。こんなとこ、野球やるところじゃないと思ったもん」

香田が最初のうち定宿にしていたのは、学校から二キロほど離れたところにある「苫小牧プリンスホテル」だった。ただし、西武グループが展開する同名の高級ホテルとは無関係の、経年劣化の目立つ純然たるビジネスホテルだった。ホテル名と実際のギャップが「とんでもないところに来てしまった……」という寒々とした気持ちに拍車をかけた。

明治期から製紙業が盛んな苫小牧は、王子製紙の企業城下町として知られる。その割には腐った卵のようなパルプ臭は、さほどしない。嘘《うそ》か本当か、石塚はこんな話をする。

「王子もずるいからね、夜中出すんだわ。だから、たまに飲んで一二時近くなると、臭くて」

苫小牧の製紙業が栄えたのは、一九六三年に開港した苫小牧港の存在が大きかった。

天然でも埋め立てでもない、日本初の掘り込み式の港だ。砂浜を内陸に掘っていき、船の通り道をつくるのだ。現在は、北日本最大の国際貿易港として国際拠点港湾に指定されている。

苫小牧は工業の町として発展し、一九四八年、苫小牧町から苫小牧市となった。当時、三万三〇〇〇人だった人口は、九五年には一七万人を突破する。道内では札幌、旭川《あさひかわ》、函館《はこだて》、釧路《くしろ》に次ぐ五番目の都市へと成長した。

一九六〇年代、駒大が附属高校の設置を検討する際に最初に目を付けたのは、札幌の北東、約四〇キロの地点にある岩見沢だった。岩見沢は四方八方に交通網が伸び、夕張《ゆうばり》、美唄《びばい》、三笠《みかさ》といった炭鉱の町と港を結ぶ交通の一大拠点となっており、札幌市のベッドタウンとしても急速に拡大しつつあった。苫小牧校は当初は予定になかったが、地域の情熱にほだされる形で、半ば仕方なく開校したのだった。

ところが岩見沢は七〇年代から八〇年代にかけて炭鉱が次々と閉鎖されるにつれ、町も衰退していく。その影響は長く尾を引き、生徒不足に悩む駒大岩見沢は二〇一四年に閉校してしまった。蓋を開けてみれば、期待していなかった苫小牧の方が町としての潜在能力ははるかに高かった。

苫小牧はまた「氷都」とも称されるように、社会人アイスホッケーチームの名門・王子イーグルスの本拠「白鳥王子アイスアリーナ」があるなど、スケート競技の設備が充実している。アイスホッケーの実力も突出しており、歴代高校チャンピオンの座は、駒大苫小牧、苫小牧工業高校、苫小牧東高校の三チームで、ほぼ独占している。近年は帯広《おびひろ》地区も盛んになってきたが、かつては苫小牧で一番になれば即全国一を意味した時代もあった。また、その三校ではひと昔前まで、運動能力の高い選手は「夏は野球、冬はアイスホッケー」というのが当たり前だったという。

道内ではさまざまな分野で重要な役割を果たしている苫小牧だが、その割に商業施設は二〇〇五年四月に開業したイオン苫小牧ショッピングセンターが唯一だと言っていい。香田がやって来た頃も、駅前にあった総合デパート丸井今井（〇五年一〇月閉店）など、いくつかのショッピングビル以外は何もなかった。条件のいい土地は、ほとんど王子製紙のもので、市が開発しようにもできないという側面もある。そのため観光客を見かけることは少なく、どこか殺伐としていて、さみしい印象を受ける。

苫小牧を訪れるごとに滞在期間が長くなってきた香田は、定宿をビジネスホテルから一ヶ月一万二〇〇〇円の「ゲストハウス荒」という格安宿に変えた。六畳一間の簡素な部屋で、朝、寒さで目覚めるとペットボトルの中の飲料水が凍っていることがあった。あるいはトイレの配水管が凍って大便が流せなくなり、電話で大学の友人に「水が出ないんだ……」と思わず涙をこぼしたこともあった。

「銭湯の帰り道、髪を触ったら、バリッってなるんだよ。あれ？　って思ったら、凍ってるの。タオルもガチガチになってたし。家族も知り合いもいないから、最初は帰りたくて仕方なかった。苫小牧の人は外から来た人間に冷たいというか、快く受け入れてくれない感じもあったしね。本州から来たらしいけど、どんなもんなのよ、みたいな雰囲気も感じて」

香田は幼子のようにさみしがり屋な一面がある。〇八年春、駒大苫小牧を辞めて、神奈川の鶴見《つるみ》大学に移ったばかりの頃は、こんなこともあった。香田は関東圏に来ているOBたちに片っ端から電話をかけ、二〇人近く集めて宴会を開いた。そして、「さみしくって、つい集めちゃいました！」と言い、十数万円の勘定をほとんどすべて自分で払った。そんな性格だから、その日の夜、一緒に飲むと決めたら、前の予定が夜一二時を回ろうとも、決行しなければ気が済まない。私も取材日は、どういう展開になっても対応できるよう、スケジュールを丸一日空けておくことが常だった。

ただでさえ人恋しげな香田にとって苫小牧はさぞかし寂寞《せきばく》とした街に映ったことだろう。

気候も寒いし、人も寒い――。

苫小牧にやって来たばかりの頃、それが香田の口癖だった。

一二月に入ってしばらくすると、香田は突然、丸刈り頭にしてきた。

「ちょっと気合いを入れていこうみたいな気分になったんだと思う」

ただでさえ怖い顔が、さらに凄みを増した。石塚が頼もしげに思い出す。

「精悍《せいかん》だったね。剃《そ》り込みなんかも、けっこう入ってたし」

中学生時代、不良学生を描いて一世を風靡《ふうび》した漫画『ビー・バップ・ハイスクール』に憧れ、毛を抜いた跡だった。

駒大苫小牧は香田がやって来る前年、一九九三年から「特別活動コース」をスタートしている。いわゆる推薦クラスだ。同コースは野球部、アイスホッケー部、スピードスケート部、吹奏楽部の四部の生徒で占められ、月・水・金曜日の三日間は授業が午前中で終わり、午後を丸々部活動に充《あ》てられた。野球部も火曜日は三時半、木曜日は三時が練習開始時間だったが、週三日は一時半から九時までみっちり練習できた。冬場の練習は、室内練習場がメインだった。

選手との意思疎通がうまく図れず苛立っていた香田は、最初のうち「早く帰りたくて仕方なかった」と話すが、選手が自ら残って練習しているときは、必ず最後まで付き合った。

香田は新しいものを見たり聞いたりすると試さずにはいられない質《たち》だった。だが、その好奇心が部員の不安を煽《あお》ったのだと、当時、一年生だった但野が言う。

「大学の練習はもちろん、広島カープの練習だとか、スピードスケート部の練習だとか、いろんなところから練習方法を引っ張ってくるんです。ちょっと前まではこれをやってたのに、今日はこれか、みたいな。大リーグのインディアンスだったかな、そこで流行《はや》っていた練習とか。ドッジボールほどのコートの中で、要は、鬼ごっこをするんです。生意気な言い方になりますが、手当たり次第というか、監督自身、何をすればいいかわからないんだろうなという気もしました」

練習方法は時代とともに変化していったが、どんなメニューでも手を抜くことを許さない姿勢は、当時も今も変わらない。

香田は、指揮者がオーケストラの中のかすかな異音を拾ってしまうように、注意せずとも自分のイメージと異なる表情や動きをしている選手が目に入った。そして、それを指摘せずにはいられなかった。ポールからポールまでダッシュをしているときも、ゴールライン間際でふと力を抜く選手が許せない。ポールからポールまでダッシュと言ったら、言葉通りの姿勢を求めた。

「ちょっと待て！　何回、全力疾走って言ってんだ！　できないなら出てけ！」

香田は「そこは、俺の血なんだよ」と話す。

「ほんの一瞬、抜いただけでもとことんいく。そういうところは、俺、譲れないんだよ」

また、香田は先輩と後輩の序列をできる限り排除した。それまで下級生の仕事だったグラウンド整備も「みんなで使うんだからみんなでやれ」と部の慣例を変えた。香田自身、高校、大学と厳しいヒエラルキーの中に身を置いていたため、先輩としての、あるいは後輩としての嗜《たしな》みは体に染みついていた。香田はそうした上下関係を嫌ったというより、アンフェアなこと、非合理なことが、受容できなかったのだ。しかし、そうしたやり方も、上級生の反感を買った。

香田がやって来てから数ヶ月経ち、ようやく野球部らしくなってきたかと思いきや、部員たちが隙を見せると、すぐにスタート地点に引き戻された。

放課後、選手たちが部室へ行くと、隣接していた監督室の扉に「今日の練習中止」という貼り紙が掲げられていることがあった。そうすると、また、みんなで香田が寝泊まりしている宿まで走る。理由を尋ねても、香田は決まって何も教えてはくれない。そして、痛罵した。

「もう、いいわ。おまえら、野球辞めろ」

そういうときはだいたいグラウンドや室内練習場にボールが落ちているか、野球用具が置き去りにされていた。そんなことがたびたび繰り返された。

その頃、香田が戦っていたのは、野球部員だけではなかった。自分の中で、ひとたび「許せない」というジャッジが下されたなら、一般生徒であっても容赦なかった。

「トンボをかけてるところに、自転車が三塁側から入ってきて、マウンドを横切って、ライトの方へ抜けていったりするんだもん。『どこ通ってんだ！』って言うと『こっちの方が、ちけえべや』みたいな。ざけんなって、背負い投げして、倒れたところを蹴ったりしたこともあった。もう毎日、生徒と格闘しているような日々だったよね」

香田は練習中も、エスカレートしてくると、ときに過激な言動を見せた。ノックの際、あまりにもミスが続くと「おまえ、グローブなんか要らねえよ！」とグラブを外させた。それでも構わず強いボールを打つ。これは駒大の恩師、太田流である。

あるいは、なかなかボールをバットの芯で捉え切れない選手に「芯を持て」と指示したこともあった。つまり、どうせ芯に当たらないのだから、芯を持つぐらいバットを短く持てという意味だった。当然、グリップ側の方が極端に長くなってしまうため、まともに振れるわけがなかった。そうした理不尽さが、選手たちをますます鬱屈させた。

香田と部員らは、互いに歩み寄りを見せても、またすぐにぶつかった。香田の言い分だ。

「まだ二三歳だったからね。エネルギーも有り余っていて、『俺の言うことは全部聞け！』というスタンスで、ガッツガッツいった。甲子園も三回出て、大学でも二度日本一になっているというプライドもあったしね。でも、ダメだった。意識の低い子ばっかりだから、言えば言うほど溝が深くなっていった。五、六人の選手が来て『監督は自分の言うことが絶対正しいと思ってる』とか言われたりしてね。ぶん殴ったりして、自分に非がないわけじゃないから、そこは謝った。土下座したこともある。半べそかきながら、でも、俺の気持ちもわかってくれ、おまえらをよくしたいんだと言っても、選手たちは『おもしくねえ』という感じで俺のことを見てたね。あの頃は、グラウンドへ行くのが、どんどん嫌になっていった。もう、ぐっちゃぐちゃだったから」

香田も決して言うだけではなかった。百本ノックのメニューは選手にとっても辛《つら》かったが、香田は香田で素手で何百本も打ち続けた。掌《てのひら》の豆がつぶれ、血が滲《にじ》んでも、香田は平然とした顔でノックを続けた。

あるときは、評判のトレーナーや栄養士を特別講師として自腹で呼び寄せた。そして、ノートを買い与えた上で選手に言い含めた。

「俺の小遣いで来てもらったんだから、おまえら、先生が言うことを全部覚えろ。聞きたいことがあったら遠慮なく聞け」

また、走塁の練習だけは、さすがと思わせた。当時の香田に対して何かと手厳しい但野も、そこは認めざるをえないようだ。

「二塁ランナーって、後ろからピッチャーの球の軌道が見やすいじゃないですか。だから、投球がワンバウンドになるかどうかを軌道で判断しろと。明らかにワンバウンドしそうなときはスタートを切れと言っていました。自分もキャッチャーだったので、なるほどなと思いました」

他にも挙げたら切りがないほど香田はさまざまな走塁術を心得ていた。それは当時、北海道の高校球界にもっとも欠けている部分でもあった。香田が言う。

「走塁練習が長いのは、大学時代の影響が大きい。駒大って、俺らの頃、貧打の駒大って言われてて。だからノーヒットでも点が取れるように走塁練習はたくさんやったからね」

普通の高校は、守備と打撃が練習時間のほとんどを占める。しかし駒大苫小牧は、守備や打撃と同じか、それ以上の比重で走塁を練習に取り入れた。

香田の知識の豊富さに触れ、少しずつ信頼を深めていった部員もいたが、やはり信頼できないと部を去って行く部員もいた。香田は無理に引き止めなかったが、そのたびに自問自答を繰り返した。

香田はその頃、気持ちがささくれ立つと、決まって近所の港へ釣りに出かけた。

「一年目は、よく釣りに行ってたね。なーんも知らないところに来たから、夜、一緒に飲みに行く相手もいないしさ。釣り道具買って、夜の港に行ってさ。別に釣れなくてもいいしね。海見てるだけで。一人でボーッとして。そういうときは野球のことは考えない。ここから手紙を入れたビンを流したら、どこの土地に行くのかなーとか、くっだらないこと考えてたね」

ある時期まで監督室には、さほど大きいとも思えないカレイの魚拓が掲げられていた。それを見た他校の監督が嘲笑していたが、じつは相応のゆえあってのことだった。

「あれ、ババガレイって言って、投げ（釣り）で釣るには、けっこう珍しい魚なんだよ。高級魚で、煮付けにすると、めちゃめちゃうまいの。四三センチっていったら、まあまあでかいよ」

また、心が荒《すさ》んだとき、唯一の相談相手と言ってもよかったのが郷里・佐賀に住む母の美智子だった。香田と同じく心配性で毎日のように電話を寄越《よこ》したし、香田も頻繁に電話をかけた。

「選手ともめて帰ってくると、夜、一人で悶々《もんもん》としてね。誰からも相手にされないような気持ちになって、母親に、こんなところダメだとか、戻りてえなあとか。でも、そうすっと、母親の反対を押し切ってこっちに来たという経緯もあるから『また、そぎゃんこつゆうとっとね！』みたいな感じで怒られて。そう言われると、わかった、わかったって、そこで踏みとどまれた部分もあったし。その頃は、二年の我慢だって思ってたしね。二年でいいんだって」

初めての冬を越え、春が訪れた。香田は正式に駒大苫小牧の社会科の教師として採用された。そのため商業科の免許取得は断念せざるをえなかった。

春の公式戦を迎え、キャプテンの斉藤は、初めて香田が美園町の清掃をやらせた意味を理解した。

「町内の人が応援に来てくれたんですよ。今まで、そんな人、ほとんどいなかったのに二〇人ぐらい来てくれて。こういう地域と野球部の関係って大事なんだなと思いましたね」

香田が受け持った最初のチームは、春は支部予選の二回戦で、そして続く夏も同様に支部予選の二回戦で散った。

王子製紙などの強豪社会人チームのホームタウンでもあった苫小牧はもともと野球熱が高い地域でもあり、観客のヤジがひどかったという。香田の後援者の一人である蔵重《くらしげ》俊男が初優勝のあとに自費出版した『深紅の旗は我にあり』にはこうある。

〈応援席やバックネット裏では「おい、香田は何やっているんだよ」とか「しっかりしろよ！」と罵声がしきりに飛び交っていた。試合が終わっても監督に対して「おい！

香田!」と呼び捨てる者の多いこと〉

香田が苦々しげに振り返る。

「快く受け入れてもらえてない感じがあったね。没収試合とかやってたから、審判からも嫌われてたし。あのチームはダメだ、みたいな。ゼロというよりは、マイナスからのスタートだった」

九五年夏を最後に現役を退いた斉藤は、その後も香田を慕った。

「香田監督に関しては、嫌な思い出があるので、未《いま》だに引き摺《ず》っているやつもいます。ただ、監督はとてもメリハリのある人で、現役とOBは別だと、卒業してからはすごく優しいんです。昔は、さみしいから付き合えって言われて、よく二人で飲み歩きましたよ。僕の奥さんも、そんときにナンパしたんです。監督、話がうまいじゃないですか。だから、そのとき、うちの奥さんもうまいこと乗せられちゃって」

そんなにすぐ勝てるほど甘い世界ではないと思いながらも、少なからず斉藤らのチームの結果は香田にとってショックだった。そして、二年我慢すればいいという思いとは反対に、とことんやってやるという思いも芽生え始めていた。

「東京の方とかで、今度、駒大苫小牧高校の監督になりました、って名刺を渡すと、ああ、強いよね、ってよく言われた。あ、これ、絶対間違ってるなと思って。いや、たぶん、それ駒大岩見沢の方だと思うんですけど……とか言ってる自分が悔しいなと。名刺を見せた瞬間、『おっ』て言ってもらえるようになりてえみたいな思いが日増しに強くなってきてね」

香田の小さい頃の夢はプロ野球選手だった。だが、駒大で上には上がいることを思い知らされ、断念した。そして今、行き場を失った情熱をぶつける対象が再び目の前に現れた。

「プロ野球選手がかなわぬ夢だとわかってからは、なんかで絶対有名になってやるって思ってた。常に野望は持ち続けてたからね。昔から、心のどこかで有名だったり、うまいやつに対する劣等感があった。あいついいな、って。ひねくれ者だったんだよね。家族で飯行くときも、俺だけ行かねえって言ってみたり。ただ、そういう思いをエネルギーに変えてた気はする。苫小牧に来てからも、そんな気持ちになりつつあった。打ち砕かれても、打ち砕かれても、ぜってー、やってやるみたいな気持ちの塊だった。不安もあったけど、突っ走るしかねえじゃんみたいな」

香田は一九七一年四月一一日、佐賀県佐賀市の野見山《のみやま》産婦人科で、父・明宏と、母・美智子の間に次男として生まれた。約三二〇〇グラムの大きな赤ん坊だった。五つ上には、兄の博文がいる。

実家は佐賀駅から車で二〇分ほどの場所にある。そのあたりになるとすでに市の中心地からは外れていて、周囲は田んぼや畑に囲まれた農村のような風景が広がる。駅の反対側に自転車を二〇分ほど漕《こ》げば、そこは有明海《ありあけかい》だ。小さい頃、香田は山でカブトムシやクワガタを採集し、海でハゼ釣りや、素潜りでサザエなどを採って遊んだ。

「有明海は潮の満ち引きの干満差が日本一だから、引いたときは、貝をがんがん拾った。アゲマキガイっていう、バター焼きにしたらおいしい貝があってさ。貝を採っているうちに砂だんごの投げ合いになって、砂が耳の中に入って一ヶ月ぐらい取れなくなったこともあったな」

　また、物心がついた頃には近所の友だちと、ビニールボールとプラスチックバットで野球に興じていた。通っていた本庄《ほんじょう》小学校には三つの少年野球チームがあった。二年生のとき、そのうちの一つ、「本庄セントラル」に入団したが、練習場が遠かったこともあってすぐに辞めてしまった。そして三年、四年と、近所のソフトボールチームでプレーし、五年生になったとき、三つあったチームのうちの一つ「本庄少年野球」に入り直した。香田が野球に熱心になり始めたのも、この頃からだ。

　父の明宏は、日信電設という電気の配線工事等を請け負う会社に勤めていたこともあって手先が器用で、打撃練習用のネットや、紐《ひも》を通したボールをぶらさげた練習器具などを作ってくれた。香田が明宏のことを語る。

「親父《おやじ》は誠実一本。曲がったことが大嫌いだった。正月に親戚で集まったとき、俺は少年野球でもけっこう活躍して佐賀でも優勝したりしてたのに、兄貴は佐賀商で補欠だったもんだから、親戚の人が兄貴のことをちょっとバカにしたんだよ。そうしたら『なんちゅうこと言ってんじゃ！』ってつかみかかってね。『三年間やり遂げることの方が、はるかに大事なんじゃ』って」

以降、明宏が許さないだろうことは、自分も許してはいけないのだと思うようになった。

明宏は香田に対しては「次男じゃから、好きにさせたらいい」と口うるさいことは何も言わなかった。ただ、一度だけ、兄の博文に食ってかかったとき、怒髪天を衝《つ》く勢いで怒られたことがある。

「小学校の低学年のときだったかな、テレビのチャンネル争いでうだうだ言ってたら、思いっ切りぶん殴られて。吹っ飛んだ。そっから兄貴に刃向かうことは絶対に許されねえんだって思った」

それからは兄弟ゲンカをまったくしなくなった。兄に掃除を命じられれば、黙って従った。

中学は地元の公立中学・城西《じょうさい》中学校に進んだ。県下随一の野球の強豪でもあり、チームは三年連続佐賀県大会で優勝した。香田は中学でもレギュラーとして活躍したが、劣等感は晴れなかった。

「野球では、何をやっても一番になれなかった。ただ、中学校のときは野球部に所属しながら冬だけ陸上部にも参加して長距離走をやってたんだけど、三〇〇〇メートル走で県で五位に入ったことがある。一五〇〇（メートル）を、四分三三秒ぐらいで走ったのかな。新聞とかにも載ったりして、ここならちょっと目立てるかもって思ったんだけどね」

中学二年生になったばかりの頃、四月三日に香田は父の明宏を食道ガンで失った。

「死ぬ一ヶ月前くらいかな、お袋に『誉士史。お父さん、もうダメよ』って言われて。そろそろ危ないなってとき、夜中、病院の廊下のソファに座って、寝てたんだよ。そうしたら『誉士史っ』って起こされて。もう、（心電図のフラット音が）ピーッていう感じだったね。親父は佐賀工業（高校）出身だからラグビーが大好きで、『高校行ってラグビーやらんか』って言われて、俺が野球やるって言ったら『そうか』って。それが最後の会話だった」

現在、母の美智子と兄の博文は、美智子の旧姓・武藤を名乗るが、香田だけは「香田」を名乗り続ける。

「中三になったぐらいのときに、名字を変えようと思う、みたいに言われて。でもまだ中学生だから、家の事情とかもわからずに、俺もひねくれてるから『絶対に変えんぞ』ってガーッて言ったんだよ。オヤジが亡くなってまだ一年しか経ってないのに、なんかすべてを捨てるような感じがして、受け入れられなかった。そうしたら、その後は何も言われなくなったね」

明宏の死をきっかけに、香田は一時期、学校の不良グループとつるむようになった。ちょうど思春期に差し掛かった時期で、男親の威厳で抑えられていた若いがゆえの無分別なエネルギーがあふれ、香田自身もコントロールが効かなくなってしまった。

「眉毛剃って、剃り込み入れてね。ぶっといズボンはいて、短ラン着て。俺の場合は、ケンカだったね。でも、弱い者いじめとかは一切したことないよ。酒もタバコもシンナーもやらなかった」

たまり場のハンバーガーショップに出入りし、熱血漢だった少年野球時代の監督に連れ出され、引っぱたかれたこともあった。当時は中学自体が荒れていたこともあり、不良グループから暴走族になる生徒も少なくなかったからだ。

成績上位者だった香田は高校進学時、文武に秀でた公立の佐賀北高校の受験を勧められた。だが、気にくわない先輩が一人、佐賀北に進学していたため、県で断トツの甲子園出場回数を誇る佐賀商の推薦入試を受けた。ところが学業成績、野球の実績から考えて、落ちるはずがないと思われた試験に落ちた。中学時代の素行の悪さが足を引っ張ったのだった。

「推薦で落ちるやつって、ほとんどいないんだよ。しかも、俺より明らかに下のやつも受かってたからね。それぐらい俺の評判が悪かったってこと」

香田は一般入試で佐賀商を受け直し、合格通知を手にした。

佐賀商では、推薦組は入学式を迎える前から練習に参加することが習わしとなっていた。野球部に入部する予定だった香田も誘われたが、きっぱりと断った。

香田に声をかけた当時の野球部部長の園田克己は、苦笑いを浮かべて思い出す。

「入学式の前に入学者登校日というのがありまして、そのときに香田君も練習に参加したらどうだと言ったんです。そう言えば、中学生ですから、喜んで、だいたい百パーセント来るものなんですけどね。香田君は『いや、僕は自分で練習します』と。中学のチームメイトにも、『連れてこんね』と言っても、やっぱり聞かないと。ちょっと変わってるというか、妙な信念がある子なんだなと思いましたね。そのときのことは鮮烈に覚えてます」

香田の言葉を借りれば、推薦入試に落とされたことで「ひねくれ根性に火が点《つ》いた」のだ。もっと言えば、自分の存在が危うくなり、初めて自意識が芽生えた。

「推薦で落としといて、受かったら、じゃあ来いって、調子のいいこと言ってんじゃねえよって。推薦組には、ぜってー負けたくなかったから、こいつらの見てないところで練習しようと思った。完全に意地になってたね。でも、これだ、みたいな感覚があったんだよ。それまでは悪いことをしたり、違う方向に向かってたエネルギーが野球だけに向かっていけるような感じがあった」

決して練習熱心なタイプではなかった香田が、なぜ途端に練習の虫になったのか――。

そう首を傾《かし》げるのは、香田と小学校から高校までずっとチームメイトで、現在、佐賀商の監督を務める森田剛史《たけし》だ。香田は高校まで「香田っちょ」、あるいは略して「だっちょ」と呼ばれていた。

「だっちょは高校に入って本当に変わった。ただ、練習している姿を見ていると、好きだからとか、やりたいからやってる感じじゃないんだよね。何かに追い詰められているというか、不安だからやるという感じがあった」

小学校時代のチームの集合写真を見せてもらったことがあるのだが、森田は、一人だけ中学生が紛れ込んでいるのではないかと思えるほど大きかった。香田が言う。

「タケちゃん（剛史）は少年野球時代から体が一回り大きくて、センスも抜群で、ずっとスーパースター。高校でも同級生の中では、いちばん初めに試合に出てたんじゃないかな。自分の中では、常に負けたくないっていうのはあったと思う。でも、憎しみとは違うんだよ。タケちゃんは、うまいのを鼻に掛けたりするタイプではなかったし、いつも一緒に帰ってた。でも、あいつはいいよな、という思いはずっと持ってた」

香田は全体練習の後、夜一〇時頃までティー打撃を行うのが習慣だった。多い日は一〇ケースぶんのボールを三、四時間かけて打った。

「入学した頃はバットが重たくて仕方なかったのに、やるうちに長く持ってもガンガン振れるようになってきて、飛距離もどんどん伸びていった」

部長の園田が回想する。

「もう帰れって言っても、帰らんかったもんね。彼が指導者になったと聞いたときは、大変だなと思いましたよ。とにかく自分の気が済むまで止《や》めないわけですから」

監督だった田中公士《こうし》も、こう証言する。

「野球に打ち込む感じが他の選手とは違った。野球以外は何もないというぐらい、とことん練習する。夜一〇時、夜一一時までやるから、それに付き合わされる下級生も気の毒だし、私も迷惑だった。彼が終わるまで職員室にいなければならないわけですから」

普段の田中は怒るところなどまったく想像がつかないほど温厚だが、癇癪《かんしゃく》を起こすと、誰も止めることができなかった。内野手がエラーをし、「おまえを撃ち殺してやる！　俺は刑務所入ってもいいんだ」とぶち切れたことさえあったという。特に普段の服装には「野球部は学校の顔なんだ」と異様なまでの執着を見せた。好々爺《こうこうや》然とした田中が笑いながら振り返る。

「日曜日とかに〝違反靴〟を履いてくる生徒がいる。そうしたら、集めて焼却炉で燃やしちゃう。男子は白い、普通の靴って決まってましたから。一度、当時流行っていた一万五、六〇〇〇円ぐらいする新品のバスケットシューズを履いてきた生徒がいたんですが、そのときも容赦なく。高級靴を、間違いなく二度ぐらいは燃やしましたね」

しかし、その田中も、何も言わなくてもとことん練習をする香田にはほとんど怒った記憶がないという。

香田の執念は二年生になるとさっそく結実した。「八番・センター」として試合に出られるようになったのだ。二年夏は、甲子園に出場し、背番号「8」をもらった。最上級生になると、打順は三番に上がり、春、夏と連続して甲子園の土を踏んだ。甲子園では二年夏、三年春と初戦で涙を呑《の》んだが、三年夏は初戦だけ突破した。さらに敗れはしたが二回戦では神戸弘陵《こうりょう》学園高校のエース前田勝宏《かつひろ》から右翼席へ飛び込む弾丸ライナーの本塁打を放っている。豪腕で鳴らした前田は、プリンスホテルを経てドラフト二位で西武入りし、ハワイのウインターリーグで非公式ながら一〇〇マイル（一六〇キロ）をマークし話題になった投手でもあった。

　香田が、その記念すべき一打を振り返る。

「高校のときの前田は、ひょろっとしてたし、球速も一三〇キロぐらいだったと思うよ。あの夏は、超絶好調だったから、振ったら入ったたって感じだったね。高校通算で5本ぐらいしかホームラン打ってないのに、そのうち1本が甲子園だから、ラッキーだったね」

　最後の夏、ライバルの森田は六番だった。森田よりも打順が上だったということが香田の自尊心を満たした。佐賀商での二年半は、香田にとって初めての成功体験だった。やればやった分だけ自分に返ってくるということを体が覚えた。

「最後、認めてもらって自信になった。執念は絶対に実るもんなんだってわかった。あそこで認めてもらえなかったら、また、なんでだよってなってたかもしんない。あのときの経験があるから、今の自分がある。でも大学生になったら、タケちゃんは亜細亜（大学）に行って一年からばんばん試合に出てた。やっぱりものが違うんだなと思ったけどね」

　佐賀商を卒業した香田は、東都大学野球リーグの名門・駒大に進んだ。じつは九州電力への就職がほぼ内定していたにもかかわらず、香田はそれを蹴って大学進学を選んだ。九州電力と言えば、九州屈指の一流企業だ。佐賀商から高卒で九州電力に入れることとなど、滅多にない。それだけに母の美智子は進学に大反対だった。部長の園田が思い出す。

「お母さんに泣いて頼まれましたよ……。お母さんも九電だったしね。監督と一緒に話はしたんですが、本人が絶対に大学に行くんだと言って譲らなかったんです」

美智子は、笑ったときの顔と世話好きなところが、香田そっくりだった。長男よりも次男の香田のことが心配でならなかったようで、何かにつけて世話を焼いた。その割に香田がつれない態度を取るものだから、取材中、「誉士史には、どんだけまいらされたことか！」と何度も愚痴った。

美智子は香田に心底「まいらされた」思い出として、三つの出来事を挙げた。一つ目は、父親を亡くした後、香田の様子が心配になり、野球の練習を観に行った日のことだ。用具倉庫の陰でこっそり見ていると、香田に目敏《めざと》く見つけられ、近寄ってくるなり「帰れ！」と怒鳴られた。

香田の「過保護に思われるのが嫌だった」という気持ちもわかるが、美智子は「もう、悔しくて、悔しくて……」と、二〇年以上昔の話であるにもかかわらず、うっすらと目に涙を浮かべた。

二つ目が、香田が大学へ行くと言い出したことだ。美智子は言う。

「こっちが、どんだけ苦労して、道筋をつけたのかも知らんと。忘れもせん、甲子園行くときに佐賀駅で『俺、大学行く』って捨て台詞《ぜりふ》を吐いたと。捨て台詞を！」

香田もそのときのことをよく覚えていた。

「お袋も、かなり早い段階で根回ししてくれてたんだよね。でも、高校卒業して九電じゃ、世の中、せめーなーと思って。監督に相談したら、大学に行きたいのなら結果を出せと言われて、最後の夏、佐賀大会でも（打率）六割近く打ったんだよ。甲子園も決まって自信満々だったから、その調子でつい言っちゃったんだよね」

三つ目の「まいらされた」は、香田が北海道で家を建てるとき、美智子が密かに貯《た》めていた六〇〇〇万円を渡そうとすると、素っ気ない態度で香田に「いらない」と言われたことだ。

「あん子は、冷たか」

美智子はそう言って、ぷんとする。

そんな母の反対を振り切り、自信満々で東京に乗り込んだ香田だったが、駒大は想像以上にレベルが高かった。

香田の教え子で、駒大苫小牧で主将を務めた梶川弘樹も香田同様、駒大に進んだが、あまりのレベル差に愕然《がくぜん》としたという。

「駒大の野球部は、勉強で言えば、東大みたいなもんですよね。全国から一流選手が集まってくる。ある程度、自分に力があると、余計にレベル差がわかっちゃうんです。同級生に梵 英心《そよぎえいしん》（広島）という内野手がいたのですが、彼は野球をやるために生まれてきたんだって思った。体は僕よりぜんぜん小さいのに、よくあそこまでボールを飛ばせるなってぐらい飛ばすんです」

香田も似たような感想を抱いた。

「一年の時点で、これはプロはきついなって思ったね。違うなって。めちゃめちゃレベルが高かったもん。四年生とか、もう、おじさんみたいに見えたしね」

香田は高校時代以上に練習に励んだが、大学四年間は結局、準レギュラーとして過ごすことになる。それでも三年春、四年秋と、大学日本一になったときは二度ともベンチ入りしていた。

「メンバーとメンバー外の間をうろちょろしてたんだけど、ここぞっていうところで、けっこう使ってもらってたんだよね。四年秋の決勝も、DHとして先発出場させてくれたし」

亜細亜大に進み、初めて外から香田のプレーを眺めることになった幼なじみの森田は言う。

「駒大って割とスマートなイメージが強くて、ヘッドスライディングとかあんまりやらないんですよ。そんな中、だっちょはヘッドスライディングとかをがんがんやって、盛り上げていた。いい居場所を見つけたなという感じでしたね」

香田の三学年下で、現在、神奈川の向上《こうじょう》高校の監督を務める平田隆康は、香田の思い出をこう語る。

「試合に出てないときでも、ベンチで、ナイスゲーム、ナイスゲームって、誰よりも大きな声をかけてた印象がありますね。一度、掛川《かけがわ》のキャンプに連れて行ってもらえずに、学校で居残り練習をしていたことがあるんですけど、下級生が合コンをしていたというのを知って、『おまえら悔しくねーのか！』って扇風機でぶっ叩いてましたね」

とはいえ、そういう香田も、大学時代はよく練習したぶんよく遊んだそうだ。

「大学のときは合コン手帖《てちょう》とか持ってたから。合コンが入ったら、そこに書いていく。新宿のディスコとかもよく行ったよ。ナンパして、多少は踊ったりもして」

ただ、香田は仲間と遊びに行くとつい気前よく奢《おご》ってしまうらしく、美智子は「すぐ五万とか六万とか送ってくれって……」と、学生時代はとにかく仕送りが大変だったとぼやいていた。

当時は駒大のベンチ入りクラスの選手はほぼ全員、社会人になってからも野球を続けた。香田もいくつかの企業から誘いがあったが、四年生のときに母校の佐賀商で教育実習を経験し、高校野球の監督に惹《ひ》かれ始めていた。

「向いてるかどうかわからなかったけど、高校野球はやっぱりいいなって。恩師の田中先生にも指導者になるなら大学を卒業してすぐの方がいいんじゃないかって言われたしね。あと、大学を卒業したら佐賀に帰るっていう親との約束みたいなものもあったから」

ちなみに美智子は香田が教師になると聞いたとき、こう思ったという。

「なんで、おまえに先生ができるか！」

北海道は春と秋は全道大会を開催し、北海道一を決めるが、夏に限っては南北海道と北北海道に分かれて戦う。まずは支部予選が行われ、そこを勝ち抜いたチームで南北両大会を開催する。

駒大苫小牧は南北海道の室蘭《むろらん》支部苫小牧ブロックに所属していた。かつて地元には王子製紙（二〇〇〇年に統合）、隣町の白老町《しらおいちょう》には大昭和製紙（一九九三年休部）という名門社会人チームが存在したこともあり、道内でも野球が盛んな地域だった。公立の苫小牧工や苫小牧東、私立の北海道桜丘（現北海道栄《さかえ》）高校と全道クラスの強豪校がひしめき合い、室蘭支部は道内一の激戦区と言われていた。香田の就任二年目、一九九六年春まで駒大苫小牧は、この三校のうちいずれかの高校にことごとく敗れていた。

九六年夏の組み合わせ抽選会は、一つ勝ったら次に苫小牧工とぶつかるというクジを引いた。苫小牧工は先の春の北海道大会を制し、南大会の最有力校だった。監督の金子満夫は同校ＯＢで、高校時代は野球部で三年春に「四番・捕手」として甲子園に導き、アイスホッケー部ではキーパーとして三年連続でインターハイ優勝に貢献した。一年限りで引退したが、プロ野球団・毎日オリオンズの元選手でもあり、彼を慕って有力な生徒が苫小牧工に集まっていた。

駒大苫小牧は九五年秋、九六年春と、通称「苫工」に二季続けてコールド負けしていた。当時、主将を務めていた捕手の但野が振り返る。

「クジを引いた時点であきらめてましたね。練習試合でも、一度も勝ったことがなかったですし。終わったなと。向こうはピッチャーも二枚いましたし、とにかく打線がすごかったので」

しかも相変わらずチーム内はぎくしゃくし、険悪なムードが漂っていた時期だった。本大会が始まる数週間前の練習試合で、例によって香田と三年生が衝突したのだ。

ベストメンバーで戦った第一試合、三年生たちがミスを重ね、惨敗してしまう。結果以上に覇気のない試合態度に腹を立てた香田は、「おまえら出とけ!」とグラウンドから追い出した。午後の第二試合は、一、二年生だけで戦った。怖い物知らずの下級生チームは上級生とは違い伸び伸びとプレーし、勝利を挙げる。すると、三年生たちはますますやる気を失い、殻に閉じこもってしまったのだった。香田にとっては予想外の反応だった。

「跳ね返ってくると思ったら、逆に『俺たち、いらねえんじゃね』みたいになっちゃって……。奮起を促そうとしたのに、逆効果になっちゃった。最初の頃は、そんなんばっかりだった」

選手の側にも言い分はあった。ついて行くには、その頃の香田はあまりに横暴だったし、それでいて頼りなく映った。但野が言う。

「よく『おまえたちは、駒澤野球部の基礎をつくってくれ』みたいな言い方をされたんですけど、あんまりですよね。踏み台になってくれ、ということですから。俺たち、実験台か?　って。それに試合中、『どっしり、どっしり』ってよく言うんですけど、自分がいちばんどっしりしていなかった。サインを出しているときも、エンドランかバントか迷っているようなことがよくあったし、正直、監督として大丈夫なのかな……と」

香田の怒りを買った三年生たちは、焼き肉パーティーを開き、決起をはかった。しかし、その方向性は、香田が期待していたものとは少し違った。但野の回想だ。

「開き直った、という感じでしたね。最後の夏だし、野球やんのは俺たちなんだから、もう自由にやろうと。監督がバントのサインを出していても、エンドランがいいと思ったらエンドランで行こうとまで言ってましたね。要は、無視です」

余談だが、この年の夏、駒大苫小牧はユニフォームを一新した。それまでは大学と同じ、胸にアルファベットで「KOMAZAWA」と入ったスカイブルーを基調としたデザインだった。しかし、まだ線の細い高校生が着ると、どこか頼りなく見えた。そのため、駒大岩見沢と同じく左胸に縦に漢字で「駒澤」と入れた。ただし、模倣したのはそれだけで、下地が駒大岩見沢はグレーなのに対し、駒大苫小牧はアイボリーに、帽子のマークは駒大岩見沢が「IWAMIZAWA」と入れているのに対し、駒大苫小牧は「K」の一文字にした。香田の頭の中にあったイメージは、福岡の伝統校・柳川《やながわ》高校のユニフォームだった。

「高校生の頃、柳川のユニフォームがカッコいいなって憧れてたんだよね。黒とクリーム色が、いかにも強そうに見えた」

新ユニフォームのお披露目ともなった九六年夏、室蘭支部予選一回戦の相手は北海道白老東高校だった。まずは7－2で勝利し、上々の滑り出し。そして、いよいよ苫小牧工と相対することになる。会場は学校から車で一〇分ほどの距離にある苫小牧市営緑ヶ丘野球場だった。

試合は序盤から点の取り合いとなった。二回表まで、スコアボードにはすべて「1」のボードが掲げられる。1－2と1点リードされ迎えた二回裏、後攻めの駒大苫小牧は二、三塁のチャンスをつくる。ここで「九番・セカンド」の細田宏がライト線へぽとりと落ちる2点タイムリーを放ち、3－2と逆転に成功した。

しかし、駒大苫小牧のエース・佐藤剛士の投球が、なかなか安定しない。最高球速は一二〇キロちょっとしかなく、コントロールが生命線だったのだが、全体的に球が高めに浮いていた。

四回表、1アウト一、三塁となった場面で、香田は、二番手として公式戦初登板となる二年生の斎藤正幸を送り込んだ。

身長一六九センチ、体重六〇キロちょっとの背番号「17」が投球練習を始めると、球場が小さくざわついた。その中には、失笑も含まれていた。左の横手から放たれたボールが、大きな弧を描いていたからだ。球速は、どう見ても一〇〇キロちょっと。強力打線を相手に、とても通用するとは思えなかった。

驚いたのは味方の選手も同じだった。捕手の但野が振り返る。

「何を考えてるんだろう、と思いましたね。最後の練習試合でも、斎藤に投げさせて逆転負けしていたんで」

　この後、香田は甲子園で何度となく意表を突く投手起用で周囲をあっと言わせることになるのだが、斎藤の登板は、その「元祖」だったと言っていい。

「確信があったわけじゃない。何となく、だよね」

　このあたりのカンも恩師の太田譲りなのかもしれない。「太田伝説」はそれこそ枚挙に遑《いとま》がない。有名なものでは、前の打席で本塁打を打った選手に代打を送り、間違えて代打を送ってしまったのではないかと周りを心配させつつ、その代打がまた本塁打をマークしたなんてこともあった。

　ただでさえ危なっかしいボールを投げているというのに、斎藤は、いきなりピンチの場面でマウンドに立たされた。斎藤は投球同様、どこか人を食ったようなところがあって、話の内容とは裏腹に、しゃべり方に不思議な落ち着きがあった。

「登板があるとは聞いていたんですけど、この場面なんだと。頭の中が真っ白になりましたね。三塁側のブルペンからマウンドに走って行ったのですが、足元もフワフワした感じで。しかも三番（バッター）からだったんですよ」

　斎藤の持ち球はストレートとカーブのみ。だが、カーブは三種類を投げ分けていたという。

「僕の中では、速いカーブと、普通のカーブと、遅いカーブがあるんです。速いカーブでさえ八〇キロぐらい。だから、普通のカーブと、遅いカーブは遅過ぎて測定不能じゃないでしょうか。遅いカーブはおそらく四〇キロ台ぐらいだと思います」

斎藤は冗談のようなことを、真顔で話した。

もともとスリークォーター気味だった投げ方をサイドに変更したのは、一年夏のことだ。香田の助言がきっかけだった。だが、コントロールが悪くなったため、秋になってからスリークォーターに戻した。すると、横手にしたときの体の使い方が抜け切らず、腰の回転は横のまま、腕は上からという奇妙なフォームになってしまい、ただでさえ遅かった球速がさらに落ちてしまったのだ。

「どんなにがんばって投げても、一〇五キロとか、一〇八キロぐらいでしたね。ものすごく汚いフォームでしたから。中学時代の方が速かったと思いますよ。でもバッターにどういうピッチャーが打ちにくいの？　と聞いたら、極端に速いか極端に遅いかだと言うので、中途半端なピッチャーになるくらいなら、遅いままの方がいいんじゃないかと。練習試合でも『なんだ、この遅いピッチャーは』とかヤジられたんですけど、打てるもんなら打ってみろって開き直ってましたね」

斎藤が監督室に呼び出されたのは、支部予選の組み合わせが決まったすぐ後のことだった。香田は唐突に言った。

「苫工戦、行くぞ。佐藤の次に投げさすから、いつでもいけるように準備しとけ」

斎藤はそれまで練習試合も含め、一度も苫小牧工相手に投げたことがなかった。

「どれくらい通用するか、投げたくて仕方なかったんです。後から監督には『夏のためにずっと隠してたんだ』って言われましたけど、それは本当かどうかわかりません。ただ、公式戦初登板でもあったし、かなり緊張はしてました」

斎藤は三番打者に対し全球カーブで勝負し、まずはセカンドフライに打ち取った。続く四番打者もやはり全球カーブで挑み、セカンドゴロに仕留める。いずれも左の強打者だったが、斎藤の緩いボールに待ち切れず、引っかけてしまった。苫小牧工の監督だった金子が振り返る。

「なんてことないピッチャーに見えたけどね。カーブ、ふわふわ〜っと放ってね。ところが、これが打ち崩せないのさ」

回が進むにつれ、捕手の但野も次第に手応えを覚え始める。

「どうかなと思っていたんですけど、相手の打線がポンポン、ポンポン打ち上げてくれる。これはもしかしたら……と思いましたね」

駒大苫小牧の外野陣は、もっとも深いところを守っていた。そのため、苫小牧工の打者がジャストミートしてもフェンス際ですっぽりとグラブに収まった。

香田もまさかこんなにうまくはまるとは思っていなかった。

「六回ぐらいから向こうの打線が焦ってきて、ボール球まで手を出してくれるようになった。それからは危なげなかったね。ランナーが出ると走られる恐れがあったんで、ほとんど三者凡退でいったから助かったよ」

三回以降、両チームのスコアボードにはずらりと「０」が並んだ。結局、リリーフした斎藤は5回と三分の二を投げ、被安打1で無失点。駒大苫小牧に大金星をもたらした。

「バントとか小技で揺さぶられたら嫌だったんで、みんな強打してきてくれて助かりました」

今はラーメン店の店主となった金子は、この駒大苫小牧戦をことさら淡々と振り返った。そのことが却《かえ》って、屈辱を封印した跡のようにも感じられた。

「エースと四番がケガで出られなかったというのもあったけど、それでも負けないだろうと思っていた。それにしても思い切った采配するよね。普通はできないよ。その頃はまだ駒大苫小牧が強かったという印象はないね。あの斎藤君しか覚えてない」

香田は駒大苫小牧の監督をしているときは頑ななまでに講演会の依頼を拒んでいたが、監督を退いてからは、日程さえ許せば快く引き受けるようになった。

講演会において苫小牧工戦は、序盤のクライマックスでもある。香田が語ると、こんな風になる。

〈エースはもともとショートの子だったんですけど、三回ぐらいからあやしくなってきて。スイッチしたら、代えたピッチャー、左の変則投手で、真っ直ぐが一〇五キロぐらい、カーブは五〇キロぐらい。嘘じゃないです。思い切って投げても、ふわふわふわ〜っとしかいかない。僕は「がちょん」って呼んでた。コメディアンの谷啓《たにけい》のやるギャグです。知りません？　投げるというより「がちょ〜ん」って感じだったので。

まだ、そんな選手しかいなかったんです。

投球練習したら、ヤジがすごくて。「なめてんのか！」とか聞こえてきて、ちょっと焦りました。どうしよ、って。でも、うにゃ～って投げるから、向こうも余計にこのやろーみたいに力が入って、ぱこーん、ぱこーんて打ち上げて。軸が崩れまくって、外野フライの山。四回から九回までゼロに抑えた。見ていた人は「奇跡だ！」って。

決勝点を打ったやつも、細田っていう、本当に細いやつで。身長は一六三か四センチぐらいしかなくて、体重は四八キロとか。僕は「女子」って呼んでた。メガネしてさ、声変わりしてねえような声でさ。

打つときも、ボールの勢いに押されて、バットが戻っちゃうんですよ。嘘じゃないです、「おい！　戻ってるぞ、バット！」って。この試合は、がちょんと女子の活躍で勝った。でも、がちょんは、結局、そこでしか投げてない。一度、見せたら、使うのがおっかなくなっちゃって。結局、彼の投手人生はそこで終わっちゃったんです〉

苫小牧工を破り勢いに乗った駒大苫小牧は、支部予選の準決勝、決勝も勝ち抜き、一三年振りに南北海道大会へ駒を進めた。南大会の一回戦では、岩見沢農業高校を11－5で撃破。三〇年振りとなる南大会の白星をつかむ。

二回戦は、古豪・北海高校が相手だった。支部予選では大胆な采配を見せた香田だったが、北海戦では、その思い切りが影を潜めた。1－1と同点で迎えた六回、1アウト三塁。ボールカウントは1ボール1ストライクになった。小技を多用していたその頃の香田なら十中八九、スクイズを仕掛ける場面だった。ところが強攻し、バッターはフライを打ち上げてしまった。但野が悔しそうに回想する。

「誰もがスクイズを予想したと思うんです。よし、勝ち越しだと。でも、後から監督に聞いたら、怖くて出せなかったって」

香田にもそのシーンのことを確認したが、まったく覚えていなかった。

結局、駒大苫小牧は2－3で惜敗。駒大苫小牧を振り切った北海は、その後も順調に勝ち進み、甲子園の切符を手にした。それだけに但野は「僕は北海戦の方が苫工戦よりも印象に残っている。あそこまで競ることができるとは思わなかったので」と振り返る。

ちなみにこの夏の殊勲の斎藤は、香田の講演録にもあったように、その後、一度も公式戦での登板はないまま、高校野球を終えた。体力が向上し、球速が一一〇キロまで上がったことで、途端にバッターに捉えられるようになってしまったのだ。したがって苫小牧工戦で投げた5回と三分の二は、斎藤にとって唯一の公式記録となった。

しかし斎藤は後悔のカケラさえも見せなかった。

「僕みたいなピッチャーは他の学校へ行ってたら、使ってもらえなかったと思うんですよ。香田監督だから、おもしろがって使ってもらえた。駒大苫小牧で、ほんと、よかったですよ」

この夏、苫小牧工に勝ち、さらに南大会でも一勝を挙げたことで、周囲の駒大苫小牧を見る目が変わり始めた。香田が誇らしげに言う。

「当時の校長は、俺が辞めるまでに一度でいいから全道に出てくれって言うぐらい、そう簡単に上まで勝ち進めないと思ってたらしいから。そら、大騒ぎだったよ。選手の勧誘に行っても、まったく相手にされなかったのが話ぐらいは聞いてもらえるようになったしね」

香田と駒大苫小牧は二年契約だったが、翌春、当然のように再契約を結んだ。

「もう、このままじゃ終われないし、是非やらせてください、という感じだったね」

第二章　少年期（一九九八－二〇〇〇年）

私が駒大苫小牧を初めて訪ねたのは、日本一になる前年、二〇〇三年春のことだった。

そのとき、妙な光景を目にした。監督室に入ってくる選手たちが、人差し指を顔の前で掲げながら「こんちはっ！」とあいさつすると、香田も同じ仕草をし、「おっ」と返す。

〇四年夏、甲子園で初優勝したときは、ピンチでマウンドに集まるたび、意思統一をはかるかのように空に向かって人差し指を突き上げた。優勝を決めたときも、マウンドに駆け寄った選手らは、みんながみんなナンバーワンのポーズをつくった。

今ではプロ・アマを問わず、ありとあらゆるスポーツシーンで見かけるようになった、優勝したときのナンバーワンポーズは、駒大苫小牧が発祥である。

駒大苫小牧がナンバーワンポーズを始めたのは、香田の就任四年目、一九九八年春だった。「甲子園年表」で言えば、横浜高校の松坂大輔フィーバーに沸いた年でもある。いいと聞くと試さずにはいられない香田は、脳トレーニングで有名な静岡の研究所と年間契約を結んだ。年会費五〇万円ほどで年数回、講師が苫小牧で講義を開いてくれるだけでなく、大会にも同行し、メンタル面のサポートをしてくれる。

そこの研究員に、選手たちの気持ちを一つの方向に向けるためにも、象徴となるポーズを決めた方がいいというアドバイスを受けた。たとえば、ある高校のサッカー部は、三冠（インターハイ、国体、選手権大会）を目指すという意味で、三本指を立てる仕草を考え出した。

当時の主将だった梶川弘樹が話す。

「僕らはナンバーワンになろう、一つになろうという意味で、ナンバーワンのポーズにしようと。すぐに決まりましたね。でも、最初はこんなのやって効果あんのかなと思ってましたね」

ポーズの採用時二年生だった茂木《もぎ》雄介が振り返る。

「今では、あのポーズが憧れだったという選手がいますけど、最初は、めちゃめちゃ恥ずかしかったですよ。職員室で、監督とあのポーズをつくってあいさつすると、『おまえら、なしたの？』みたいな雰囲気になったりして。それに対して、いちいち説明するのも面倒くさいじゃないですか」

茂木は大学卒業後、〇四年から駒大苫小牧でコーチ、その後監督を務めることになる。

ふくよかな体型が表していたように大らかで、温厚な人物だった。

選手たちは半信半疑だったが、この頃から香田ははっきりと全国制覇を意識するようになる。

「まずは北海道を勝ってからというのもあったけど、より高いところを目指していかないといけないと思った。なにせ前例がないわけだから半分勘違いしたような気持ちでやらないと。ナンバーワンポーズだって、やり始めて、途中でぽしゃったりしたらカッコ悪いもんね」

　バックネットに初めて横断幕が掲げられたのは、苫小牧で迎えた三度目の春、九七年春のことだ。そこには「必勝　行くぞ!!　甲子園」と染め抜かれていた。梶川弘樹の父親で、広告等のデザインを請け負う会社の社長だった梶川昇からのプレゼントだった。香田はのちに、面倒見がよく親分肌の梶川のことを「苫小牧の父」と呼んで慕うようになるのだが、このときはまだそこまでの関係にはなっていない。

　布製の横断幕は掛けっぱなしだと通常二、三年で劣化する。そこでナンバーワンポーズを始めた九八年秋、横断幕を新調することになり、梶川昇が香田にどんな文字を入れたいかと尋ねると、大真面目な顔で言った。

「全国制覇でお願いします」

　梶川の回想だ。

「甲子園も行ってないのに、何言うんだって思った。練習試合とかで他校が来たとき、恥ずかしくないのって。でも、目が笑ってないんだよ。何がいけないんですか、みたいな顔で。だから大きく『勝利への執念』と書いて、小さく『全国制覇』って入れたの」

　就任二年目の夏に南大会に出場したことをきっかけに、少しずつ茂木ら近隣地域の有望な選手が集まり始めた。野球への思いも強いぶん香田の意図も伝わりやすくなり、それは結果として如実に表れた。

　九五年から駒大苫小牧は毎年、春先になると佐賀遠征を行った。一週間ほど滞在し、香田の母校でもある佐賀商を始めとする九州のチームと一〇試合前後、練習試合を組んだ。最初の頃は、ほとんど勝てなかった。香田が振り返る。

「ひと冬ずっと室内で過ごして、春先、佐賀遠征をすると、外野フライとかバンザイしてんの。外野フライの感覚が、ぜんぜんなくなってる。ボール回しをしても、球の勢いっていうか、佐賀商の連中のボール回しとぜんぜん違うし。バッターも一三〇キロくらいのボールでも簡単に振り遅れる。室内でやってるから、実戦感覚がなくなってる。まったく勝負になってない」

それでも九八年春、四度目の佐賀遠征では五勝六敗と過去最高の戦績を残した。主将だった梶川が言う。

「下級生のときは九州遠征行っても、おまえらは年中野球やってんだろ、そら強いよな、みたいな感覚だった。でも、香田さんの練習を乗り越えていくうちに、そういう意識が少しずつなくなってきたんだと思います」

さらに遠征から戻ってきた直後、初めて〝偉大な兄〟から勝利を奪った。駒大岩見沢との練習試合で、エースの白崎和城が好投し、5－3で押し切ったのだ。詰めかけた約二〇人の保護者は抱き合って喜んだ。梶川も感慨深げに振り返る。

「僕らの世代は、中学校のときから強い駒大岩見沢をずっと見ていたので、憧れのチームでもあった。だから一年生の頃は、練習試合してもらえるんだみたいな感覚もあって。毎年、必ず一回は岩見沢まで行くんですけど、バスで片道二、三時間はかかる。それでコテンパンにやられて帰ってくるんです。その岩見沢に勝てたというのは、ものすごく自信になりましたし、その情報も道内ではけっこう影響力があったと思います」

駒大岩見沢の育ての親、元監督の佐々木啓司《けいじ》は、後に「駒大苫小牧の佐々木さんですと言われる……」とぼやいていたが、この頃は逆で、駒大苫小牧が駒大岩見沢と間違えられてばかりいた。

部員が香田を見る目も、徐々に変化しつつあった。梶川が話す。

「僕の一つ上までは、大げさに言うと、軽くバカにしているような雰囲気がありました。僕の代も、ちょっとそういう感じはありましたが、それは好意的な意味でです。距離感が近いというか。紅白戦やってると『そっち負けてるのか』とか言って、指名打者で入って、ホームランを打っちゃったりする。頼れる兄貴、みたいな感じでしたね」

駒大で野球をやっていただけあって、選手の中に入っても、香田の実力は図抜けていた。体力もまだ充実しており、冬場、雪の中でラグビーをしても、タックルしてきた選手を引き摺りながら走り回っていた。

ナンバーワンポーズを採用した九八年夏は、二年振りに支部予選を突破し、再び南北海道大会に進んだ。しかし二回戦でまたしても北海の壁に阻まれる。今度は、5－12でコールド負けだった。

北海の春夏合わせた甲子園出場回数は、道内で断トツの四三回（一九九八年当時）。北海と言えば、六三年春の選抜大会での準優勝が思い出される。橋幸夫《はしゆきお》の『いつでも夢を』が行進曲に選ばれた年だ。決勝で二年生エース池永正明《いけながまさあき》（元西鉄）を擁する下関《しものせき》商業高校に0－10で大敗したものの、道勢初となる決勝進出で「北海道が初めて野球で熱くなった日」とも言われる。それだけに道民の思い入れも強く、道内一の人気を誇る名門校だった。

二年春より捕手からファーストにコンバートしていた茂木は、初めて北海戦をグラウンド上で体感した。

「これが北海なんだっちゅうのが、ひしひしと伝わってきましたね。応援のすごさだとか、球場の雰囲気だとか」

続く秋は、全道大会で初めて四強入りを果たす。大きく前進したが、翌九九年は、春の全道一回戦、続く夏の南大会準決勝と連続して北海とぶつかり、やはり跳ね返された。得点差こそ九八年夏の「5－12」から、「1－4」、「6－7（サヨナラ負け）」と少しずつ縮まったが、依然として北海は大きな壁となって立ちはだかっていた。

北海は九七年秋より、一一年間チームを率いた大西昌美《まさみ》に代わって、同校OBで、香田と同い年の平川敦《おさむ》が指揮を執っていた。投手だった平川は高校三年夏、佐賀商の香田とともに甲子園に出場していただけでなく、佐賀商が日本一になった九四年には、やはり香田と同様に母校の臨時コーチとしてチームに同行し、準々決勝で対戦してもいた。ちなみに6－3で佐賀商に軍配が上がったこの試合は第四試合で、しかも途中で一時間三三分の雨天中断があったこともあり、試合終了時間が午後八時四二分と遅く、記録的な「長い一日」となった。

通常、監督室というと散らかっているものだが、北海の監督室は整然としていて、アロマオイルが焚《た》かれていた。そんなところからも平川の几帳面《きちょうめん》さがうかがえた。平川は監督就任当時の駒大苫小牧の印象をこう語る。

「最初の頃は、まだ選手がそんなに集まってなかったということもあるんでしょうけど、左打ちの足の速い選手を好んで使っていたような印象がありますね。機動力、つまり足を使った野球を徹底していた。右打ちで入った子が、いつの間にか左になってたりして。走者が出たらエンドランも多かった。ランナー一塁で、エンドランをかけると、セカンドかショートが二塁に入るじゃないですか。それでショートが入ったとすると、その空いたところに打つんですよ。コッツーンと。香田に一度、『動いた方に打ってるの？』って聞いたら『たまたまでしょ』って言ってたけど、ねらって打ってるときもあったと思いますよ」

おそらくねらっているのだろう。ヒットエンドランの練習で、一日中、そのような練習をしていたことがあったという話を選手に聞いたことがある。平川が続ける。

「セーフティスクイズとかも、この頃、北海道では、あんまりやってなかった。でも、足のある左バッターがサード前にコツンとやってましたね。とにかく足を使うことに対しての意識が高いチームだった。ただ、当時は抜けたピッチャーがいなかったので、左だとか、右のサイドだとか、目先を変える投手をつないでたような印象があります」

平川が指摘するように、サヨナラ負けした九九年夏も、三年生のエースは右アンダースローの宝福《ほうふく》隆幸だった。当時、最上級生となり主将を務めていた茂木が懐かしげに思い出す。

「宝福はもともとは野手で、しかも僕らと同じ体育コースじゃなくて、一般コースだったんです。二年目から、体育コースに移りましたけど。だから最初、どうせすぐ辞めるんだろうって言われてて、五月ぐらいまでユニフォームを買わずにジャージで練習してた。それで監督に『野手じゃ使えねえから、ピッチャーやれ』って言われて、アンダースローになったんです。そうしたら、二年秋、ベスト4のエースです。身長が一八三、四センチあって、手足が長いんですよ。それでアンダーが生きたんでしょうね」

駒大岩見沢に勝利して始まった九八年、そして続く九九年と、駒大苫小牧は何のかんのといっても春、夏、秋と三季連続で支部予選を突破する。九九年秋には、二年連続となる全道ベスト4に進出。翌二〇〇〇年夏は、ついに優勝候補に挙げられるまでになった。

一九九九年秋の新チームから主将を務めた西尾俊介《にしおしゅんすけ》が振り返る。西尾は顔つきや話し方に闘争心がにじみ出ていた。

「道内のスポーツ新聞は大会前、上から順に、S、A、B、Cとランク付けするんですけど、僕らのチームになって初めてSが付いたんです。Sは優勝候補という格付けです。他にSが付いたのは、駒大岩見沢とか、北海ぐらいだったと思います」

ただ、この頃の香田は、手応えを感じると同時に、このままではいずれ限界がくるだろうことも予見していた。

香田が苫小牧にやって来た九四年秋、駒大苫小牧はクラブ活動により専念できるよう広さ一二〇〇平方メートルの室内競技施設、トレーニングセンターをつくった。通称「トレセン」と呼ばれる。施設内には人工芝が敷き詰められた約三〇メートル×約四〇メートルのスペースがあり、二階にはその四年後、ウエイトトレーニングの機器が完備された。冬期はそこが主な練習場所となった。

香田が来たときは、まだ新しい建物独特の臭いがした。

「創立三〇周年の記念事業でつくった施設で、俺が来たときはできたばっかりだった。まだきれいで、うわ、すげーって」

北海道では通常、一一月に入るとボールを使った練習をほとんどしなくなる。室内練習場があるチームは屋内での練習に切り替えた。春は三月に入ってから暖かい日が続けば三月下旬からグラウンドを使える年もあるし、大雪の年は四月半ばにならなければ土が顔を出さない年もあった。元苫小牧工の監督だった金子満夫が北海道の「雪事情」を語る。

「苫小牧は雪が少ないって言われるけど、そのぶん地面がコチンコチンに凍る。雪以上に外でやろうとは思わないよ。一一月になったら、もう寒くてボールは握れない。毎年、四月七日か八日、入学式の頃にようやくグラウンドを使えるという感じだったな。それで四月二九日の祝日あたりに市営球場開きがある。それが本格的なシーズンインの合図だった。それまでは、まだ寒くて寒くて。その点、札幌の方が暖かいけど、あっちは雪が多いから、やっぱり外で野球ができるのは同じくらいだろうな。静内《しずない》あたりがいちばん早いっていうね。雪も少ないし、比較的暖かい」

静内はサラブレッドの生産が盛んな地域だ。サラブレッドの育成に向いているということは、寒暖差が少なく、降雪量が少ないということでもあった。

香田も最初は、北海道のやり方に倣った。

「最初来たとき、冬の寒さを味わってガクーンときた。何だ、この寒さはって。一月、二月なんて最高級に寒い。一日中、氷点下だから。冬は室内練習場でやるしかないと思った。この寒さの中、外で練習したら足をケガしたり、いろいろ支障が出てくると思ったし。半年しか外で野球できんのか……って思ってたね」

北海道の野球――。

そんな言い方がある。香田が説明する。

「最初、いろんな人に『北海道の野球を早く覚えた方がいい』みたいなことを言われた。それが何だっていうことまでは聞いてはいないんだけど。まあ、冬は外でできないっていうことなのかなって自分なりに解釈してみたり。でも、そうやって『北海道の野球』って限定してしまうこと自体、マイナスだよなっていうのもあった」

北海道の野球とは、気象条件によって限定される練習方法であると同時に、戦い方を意味してもいた。長い冬の間に室内にこもりウエイトトレーニングで徹底的に体を鍛え上げ、速いボールを投げ、遠くまでボールを飛ばす。そんな豪快な野球だ。

北海道野球の代名詞と言ってもいい「ヒグマ打線」を生んだ駒大岩見沢の元監督・佐々木は、こう持論をぶつ。

「北海道はもともと、北北海道はいいピッチャーが出るけど、南北海道は少ないと言われていた（駒大岩見沢は〇六年まで南北海道、〇七年から北北海道に分けられた）。いいピッチャーがいないから、打たないと勝てないんだよ。守りから攻めというのは常道だけど、投手がヘボだと、いくら守りがよくてもダメさ。本当のヒグマは冬は冬眠してるけど、うちはそのときのプログラムがいいわけだ。だいたい三週間あれば仕上げられるよ。腹筋・背筋をやって、ハーフ（打撃）やって、フリー（打撃）やってって、下準備をしていけば、春でも打線は仕上がる」

砂川北（現砂川）高校、鵡川《むかわ》高校と公立高校で指揮を執り、それぞれ三度ずつ計六度、甲子園に導いた佐藤茂富《しげとみ》も「北海道は打ち勝つしかない」とバントをしない野球を貫いた。

北海道出身で、札幌開成高校時代に「一番・センター」として甲子園に出場した経歴を持つ筑波大学の監督・川村卓《たかし》は「北海道の野球」にならざるを得ない状況をこう分析する。

「北海道の最大の弱点は、実戦経験が少ないということ。気候の問題で、小学校から積み上げてきた試合数が絶対的に少ない。田舎へ行くと、年間一〇試合ぐらいしかこなしていない中学校とかもあるんです。野球がわからないから、どうしても打って、投げてというシンプルな野球になってしまう。まともにぶつかっていってしまう。北海道の子は、もともと身体能力の高い子が多いんです。スイングの鋭さと、打球の質だけでいえば、鵡川は駒大苫小牧より上でしょう。でも、鵡川は配球を読むことはできていなかった。やりたいようにやっているという感じでしたね」

香田も北海道に来て真っ先に感じたのは、そこだった。

「きめ細かい走塁や守備をしてくる、いわゆるいやらしさを感じさせるチームはほとんどなかった。第二リード（投手が投球動作に入った後にとるリードのこと）の仕方とかも、かなり適当。北海道のチームは中学まで、そんなに細かいことを教える必要はないだろうという考えなんだと思った」

香田はそんな道産子《どさんこ》たちに緻密な野球を浸透させようと奮闘していたが、そうなると、どうしても気象条件がハンディキャップになった。

「四月に入ってようやくグラウンドが使えるようになったら、すぐに練習試合を始めて、五月の連休明けには春の大会が始まる。六月の頭には春の全道大会があって、七月頭にはもう夏の大会でしょ。土が出ている時期は、ほとんど試合という感覚。練習でサインプレーとかを叩き込む暇がない。秋までかければ何とかなるけど、それから半年間、室内にこもってサインも何もない練習をしていると、また春がきたときには選手も自分もサインを忘れちゃっている。また振り出しかよ……みたいな感覚があった。半年で積み上げて、半年で忘れて、また同じことを言わなければならない。基礎体力を上げるのも大事だけど、野球を忘れちゃってるんじゃしょうがない」

冬場、まったく外に出なかったわけではない。暖かい日は他校もそうしていたように気分転換にサッカーやラグビーをしたり、外野ノック程度なら試してみたことはある。最初は長靴を履いていたが、滑って走りにくいので、ボロボロのソックスを長靴に履かせるようになった。梶川弘樹の回想だ。

「ピッチングマシンを、ちょっと上に上げて、ポンと。それをドワーッと走ってきて捕るんです。グラウンドをならさずにやるので、足がぼこぼこはまって、すごくきついんです。足をとられて転んだり。そうするとボールが見つからなくなる。でも、探さないと、すっごい怒られるので必死で探しましたね」

ただ、それは技術練習というより、トレーニングの意味合いが強かった。

香田は半年近い「冬眠期間」が成長を妨げていると感じていたものの、それをどうすればいいかわからずにいた。

「どんな人と話をしても、北海道だから……というニュアンスの言葉が混ざってくる。北海道の常識っていうのがあって、俺もそこに染まりかけてた」

北海道経済の歴史を語る上で、決して欠かすことができないのは、一九九七年一一月の出来事だ。開拓時代から一〇〇年近く北海道経済を支えてきた北海道拓殖銀行、通称「たくぎん」が都銀として初めて経営破綻した。それにともない同銀行をメインバンクに持つ企業が何百件という単位で次々と潰れた。北海道経済はこの日を境に暗転したと言っても過言ではない。駒大苫小牧の存在が道民の救いとなったのには、そうして低迷していった北海道経済が背景にあった。

香田に転機が訪れたのは、九八年秋、たくぎんが破綻した翌年のことだった。

香田がにわかに感じ始めていた閉塞感を打ち破るヒントを与えてくれたのは、我喜屋《がきや》優《まさる》だった。

「我喜屋さんは北海道的な思考が微塵《みじん》もない人で、こんな人が北海道にいるんだ……と。超南国的発想だったからね」

沖縄出身の我喜屋は一九六八年夏、まだ沖縄勢が甲子園通算で一勝しか挙げられず、お荷物扱いされていた時代に興南の「四番・センター」として四強入りに貢献し、「興南旋風」を巻き起こした。その後、甲子園ではいくつも「旋風」が発生したが、興南旋風はその第一号である。高校を卒業した我喜屋は、社会人チームの名門・大昭和製紙に入社する。入社当初は静岡県富士市の本社チームに所属したが、三年後、苫小牧市の隣の白老町にある兄弟チームの大昭和製紙北海道にやって来た。移籍と言えば聞こえはいいが、要は島流しだった。「北の暴れん坊」と怖れられ、今も伝説として語り継がれる大昭和製紙北海道は、我喜屋のような左遷組の集団でもあった。そして、一九七四年、当時の大昭和製紙の社長が「いらなくなった選手」と口を滑らせたチームで、社会人野球の最高峰・都市対抗を制覇した。「五番・センター」として活躍した我喜屋は、その後、日本代表チームに選ばれキューバ遠征も経験する。現役引退後は監督として五度、都市対抗に導いた。

香田と出会ったとき、我喜屋は大昭和製紙の関連企業である北昭《ほくしょう》興業で働いていた。二人を引き合わせたのは、茂木の父親だった。香田が説明する。

「茂木の親父が大昭和製紙の応援団だったらしい。それで我喜屋さんのことを知っていて、絶対勉強になるから会ってみないかと言われて、ぜひと」

香田はせっかくだからと同年代の若い監督二人を引き連れ、白老の寿司屋《すしや》で我喜屋と会った。我喜屋との出会いは衝撃的だった。

「いきなり厳しかった。『どうも、はじめまして』なんて言う人じゃないからね。当時の自分の感覚からすると、冬の練習の話になると、どうしたって『室内なんで……』って言っちゃうじゃない。そうすると『だから、おまえはダメなんだ』ってビシッと言われる。『雪あんだったら、どけりゃあいいじゃない』ってサラッと。カルチャーショックだったね。おまえらが非常識なんだよって言われてる気分になってくるんだもん。

『なんでおまえら自らカゴの中にはいんの？　なんで外で羽ばたかないの？』って。最最初は、これまで自分がやってきたことを全否定されているような感じだった」

　社会人時代、我喜屋は実際に雪かきをしてまで屋外で練習をしたことはなかったが、必要とあれば、それぐらいのことは鼻歌でも歌いながらやってしまいそうな雰囲気を漂わせていた。

　我喜屋と、「無理」「できない」「不可能」といった類の消極的な言葉は、水と油同様、決して馴染《なじ》まなかった。

「何でもいいから外で野球をやれって言ってやったんだよ。雪だろうが、嵐だろうが、できるんだから。マイナス何度の中、ゴルフやってるやついるよ。スキーだって汗だくになってやってるっしょ。お百姓さんは三六五日、休まないよ。生活かかってるから、暑いの、寒いの、言わない。南も北も経験した俺に不可能はないんだから」

　我喜屋も大昭和製紙の監督時代、「ダメと言われると、やる方法を考えた」と言うように、いくつものタブーに挑んだ。当時、肩が冷えるという理由で野球選手が避けていた水泳や、ケガを怖れて控えていたスキーを練習に取り入れた。

「部長にスキーをやらせますからって言ったら、絶対ダメって言われた。骨折したらどうすんだって。だから、車を許可してスキーを許可しないのはおかしいって言ったの。車の事故とスキーの事故、どっちが多いか調べてこいって。はるかに自動車事故の方が多いんだから。北海道はスキーをやるには最高の環境。リフトを使わずに登れば、スキーも立派なトレーニングになる。外はダメだって室内に戻ったら、また温室育ちになる」

我喜屋と会ったことで、室内における練習の意識も変わった。初めて会った数日後、香田は我喜屋を苫小牧に呼び練習を見てもらった。

「最初来てもらったとき、すっごい目で、『ダメだ。あれは試合やってない』って言われたんだよね。『あんなんで春先、遠征に行っても相手に失礼なだけだ』って」

我喜屋はネットに向かってバッティング練習をする選手に目をやりながら鋭い調子で言った。

「ネットを破って本気で一〇〇メートル先まで飛ばすスイングしているやつ、一人もいないよ。カーブ、スライダー、アウトコース、インコース、何通りもスイングしなきゃダメだ」

我喜屋は矢継ぎ早に指示を出した。

「静止した状態から投げるのはピッチャーだけだ。なのに、なんで捕ったあと、いちいち止まるんだ。動きの中で投げろ」

以降、駒大苫小牧のボール回しは、ベースの後方で待機し、動いて捕って、動いて投げるやり方に変わった。香田は感服しっぱなしだった。

「なるほど、なるほどの連続だったね。自分の中にない発想がいっぱいあった」

我喜屋はたとえ室内であっても実戦を意識した練習にとことんこだわった。

「香田、いいか。野球は広いグラウンドでやるもんだ。でも室内でできないことなんて何一つない。個々の動きは室内でも十分できる。バットを振る動きは、バッターボックスの大きさがあればできる。走るのだって塁間は二七・四メートルなんだから、これもできる。守備範囲の広いショート、この動きもできる。外野の背走キャッチも三〇メートルぐらいあればいいから、室内の対角線を使えばできる。香田、広いグラウンドじゃないとできないのは試合だけだよ」

内野守備の練習をしていた部員は捕球した後、一塁手に見立てたネットに向かって投げていた。それも我喜屋は気に食わなかった。

「おまえらはネットに投げてるだけだ。ネットの先にファーストがいて、そこに投げるつもりで投げなければ意味がないだろ。野球選手はアウトにするためだけにスローイングをするんだ」

そうしてダメ出しをした後、最後は決まってこう言い捨てた。

「だから、北海道はダメなんだっ！」

そのセリフが香田の利かん気に火を点けた。

「性格的にコンチキショー、って思う方だから、じゃあ、この人が『いいじゃねえか』って言ってくれるまでやってやろうって思ったんだよね」

香田の後援者の一人で、『深紅の旗は我にあり』の著者でもある蔵重俊男は「香田をやる気にさせるのは簡単だよ」と笑う。蔵重は香田とタクシーに同乗した場合、わざと運転手にこう聞くのだという。

「今度、駒澤に来た若い監督、どうだろうね」

すると、中には「ありゃ、ダメだな」と口の悪い運転手もいる。

それを横で香田は顔を紅潮させて聞いているというわけだ。蔵重が言う。

「彼は負の要素を与えると、どんどん燃えるのさ」

我喜屋と最初に会ったとき香田が連れて行った二人は、結局、その場限りの邂逅《かいこう》に終わった。我喜屋のともすれば傲慢とも思える物言いに気分を害してしまったのだ。

一方、香田は逆にそんな我喜屋に惹かれた。

「一発勝負の社会人野球でやってきた方だけに執着の仕方が異様だった。執念っていうか、一球に対する厳しさには、すっごい共感できた。あの執念が発想を生むんだよね。俺も、やっぱ、負けたくない。だから、我喜屋さんとも波長が合ったんだと思う」

我喜屋は名門大学出身の監督が、母校や恩師の野球を盲信し、ことさら〇〇野球と標榜《ひょうぼう》する風潮を嫌悪していた。

「同じこと、何人もの指導者に言ったけど馬の耳に念仏だった。真剣に聞くけど、うちの選手には無理ってあきらめたり、ベテラン監督になると、そもそも人の話を聞かない。俺には俺の野球があるんだって。だから俺が教えるときは、過去の野球、全部無視できるのかって聞いた。それだけの勇気があるのって。できたの、香田だけだった。それだけ研究心があるもん。人の話をかみ砕いて栄養にするもん」

香田も佐賀商、駒大とエリートコースを辿ってきていただけに、我喜屋が危惧するタイプの指導者に陥る下地はあった。

「俺も駒大だし、駒大といえば太田監督だから、我喜屋さんも最初は駒大の野球に固執しているんじゃないかって思ってたらしい。でも太田監督はすごい存在だけど、全部は真似できないし、自分は自分だというところも持っていた。すげえ野球理論を持ってる人と違って、俺にはこれってものがない。なのに何で勝てんだろって思った。でもよく観察していると、すごいこと言ってる人よりも、俺の方が飢えてるし、追究しようという気持ちが強かった。わからないってことは俺の武器だと思った。自分の理論がないから、なんでもやってやろうって思えるしね」

町おこしに必要なのは、若者と、バカ者と、よそ者の三者だとよく言われる。体力に自信があり、動ける若者。ともすれば非常識にも映るが、誰も思いつかないような発想をするバカ者。そして、まだその土地の価値観に染まっていない、客観的な目を持ったよそ者。香田は、その三役を一人でこなしていたのだと言える。

そう考えると、勝利への飢餓感ともう一つ、香田と我喜屋が通じ合えた要因を挙げれば互いによそ者同士だったことだろう。

無意識層に根づいた価値観は、よほどの衝撃が加えられなければ形を変えない。鵡川の監督だった佐藤が言う。

「私もそうだけど、北海道でずっと生まれ育った人間は寒いことを言い訳にしちゃうんだな。冬だから、しょーねぇーなぁーって。それが北海道人なのさ。だから冬は体育館でしか練習しなかったし、ボールも持たなかった。冬にピッチャーがキャッチボールをしたり、ピッチングしたりするなんて、考えられなかったですよ」

　苫小牧同様、スケート競技の盛んな帯広で生まれ育った白樺学園高校の監督・戸出直《といでなお》樹《き》もこう話す。

「帯広では、冬はグラウンドと言えばリンクのこと。夏は野球をやって、冬はホッケーをやるというクラブもけっこうありましたから。刃が付いている靴で滑るのが当たり前の場所で、普通の靴でボールを投げたり捕ったりするってのは、たぶん、考えられないと思うんですよ」

　我喜屋と出会った九八―九九年冬、香田はさっそく「雪あんだったら、どけりゃあいいじゃない」を実践した。当時「一番・ショート」で、のちに主将を任されることになる西尾が思い出す。

「初めはなんでわざわざ外でやるんだろうと思ったんですけど、とにかく外でやりたいんだろうなと。やると言われたら、僕らはやるしかない。反論はできないので」

　まずは打撃練習をしてみようと考えた香田は、ピッチャーが投げる部分と打席だけ雪かきをさせ、そこに滑らないよう大きな玄関マットを敷いた。西尾が顔をしかめる。

「寒くて手が痛いので、軍手をはめて打ってました。雪の中にずぼって埋まると怒られましたね。僕らはボールを一個なくしたら一回殴られるみたいな感覚だったので、一球入魂でした。ずっと室内だと、やっぱり打球勘が鈍ってくる。だから、たまに外で打った方がいいんだろうけど、空気が乾燥しているのでめちゃめちゃ飛ぶんです。簡単にフエンスオーバーしちゃったり。俺、すげーっみたいに勘違いしてしまった部分もありましたね」

　また低温で金属バットの質が低下し、まるで木製バットのように真っ二つに折れたこともあった。

　同じ冬、内野ノックにも挑戦したが、足跡でボコボコになった氷の上では、さすがに捕球どころではなく、途中で断念してしまった。それでも香田は満足していた。

「何かこれからまたいろいろできそうだなって、すごいワクワクしてたよね。そうか、どけりゃあいいんじゃんって。当たり前過ぎて、今まで考えたこともなかった」

　翌九九─二〇〇〇年の冬、強力な「援軍」が現れた。後援者が業者から借りてきたショベルカーだ。香田が息を弾ませながら語る。

「バケットのでかいので、土を出さないよう気をつけながら、ガガガガって上の方の雪だけ集めてフェンスに寄せる。土を出すとぐちゃぐちゃになっちゃうからね。パワーはそんなにないので、一気にはいけない。集めては寄せを、少しずつ繰り返す。そうしているうちに車両の重さで地面も平らになってくる。最後はトンボやスコップで微調整をした」

　そうして半日近くかけて目の前に現れたグラウンドは「雪上」というより「氷上」に近かった。しかし前年、雪かきをしただけのグラウンドに比べれば雲泥の差だ。香田の脳裏にはハッキリと野球ができるイメージが広がっていた。

いつの頃からか、香田はそれこそショベルカーのように、周囲の人間をどんどん巻き込んでいった。一九九六年秋には中古の二五人乗りバスを後援者に寄贈してもらい、この冬はショベルカーを借り受けた。横断幕を寄贈した梶川昇は言う。

「就任二年目、息子が入学したときに関係が始まったんだけど、最初は取っつきにくい男だったたな。OBがいろいろ口出すもんだから、外部の人間に相当、不信感があったみたい。繁華街の錦町《にしきまち》で酒飲んでるだけでも『勝てもしないのに飲んでていいのか』ってからまれたらしいから。もともと警戒心の強い男だしね」

しかし結果が出るに従い、人間関係も好転し始める。就任当初の周囲のすべての人間を敵視するような刺々《とげとげ》しさは薄らぎ、香田も愛想がよくなった。すると、香田を応援したいという人が少しずつ増えていった。

九九年春には「深紅の大優勝旗を北海道に」という願いを込め、香田個人の後援組織「深紅の会」が発足、会長は梶川昇が務めた。高校野球の世界では優勝校には、春の選抜大会は紫紺の、夏の選手権は深紅の優勝旗がそれぞれ授けられる。つまり、「深紅」とは、夏の全国制覇を意味した。設立の中心人物だった蔵重も、就任当初から香田に期待を寄せていた一人だ。

「駒大苫小牧の隣のグラウンドで少年野球のコーチをしていたんですけど、見えなくても選手の声で活気がわかった。たまに室内練習場へ行くと、きれいに靴が並んでてね。よく近くの市営球場でも練習してたんだけど、自転車で移動しているとき、選手がゴミが落ちてるのを見つけるとパッと拾うの。今度の監督は違うな、って思った。彼が来てから、協力者が自然発生的に増えて、保護者会もまとまるようになってきた。やっぱり選手、スタッフ、保護者が三位一体にならないと強くはならないからね」

深紅の会の会員は、卒業生の保護者がほとんどだ。もっとも多いときは八〇名近く会員がいた。会では毎年、寄付金を募り、香田のリクエストに応じて練習器具等を購入しプレゼントした。あるいは春先、選手たちが九州遠征に行っている間に、戻ってきてすぐに外で練習できるようグラウンド整備を行った。蔵重が話す。

「グラウンド整備のときは、やるぞって言うと、三〇人、四〇人はすぐに集まったな。お母さん方が多いんだよ」

苫小牧は雪が少ないぶん、地下三〇、四〇センチの層まで凍る。冬場、グラウンドを使うようになってからは圧雪された雪が氷となり、氷の層はさらに分厚くなった。そのため春になってもなかなか解けなかった。また、ようやく解け出しても、くるぶしまで埋まってしまうぐらいの泥沼になった。そのためガソリンをまいて火を点けたり、大量の塩化カルシウムをまき氷の溶解を促した。あまりに状態がひどいときはショベルカーで氷を砕き、掻き出したこともある。

九九―二〇〇〇年冬、香田はショベルカーで整備したグラウンドで前年に続いて内野ノックに挑戦した。氷上ゆえ軽く打っただけでも低く鋭い打球になり、跳ねるたびに勢いが付く。もちろん、それを追う選手の足も滑る。しかし、自分の中で「無理かな……」

と思うと、脳裏に我喜屋の姿が浮かび「その感覚がダメなんだ」と刺すように言った。我喜屋の感覚が、どんどん自分の感覚に取って代わっていくようだった。

「そういう状態で動くのも練習だし、我喜屋さんだったら『バランスが悪いから滑るんだ！』って言うだろうなと思って、そのまま口にしたりした」

グラウンドが凸凹のまま凍ってしまうと、ときにラグビーボールのように不規則なゴロになる。それでもエラーをしたら、香田から、選手から、遠慮なく罵声が浴びせられた。雰囲気はシーズン中、土の上のグラウンドでやっているのと何ら変わりはなかった。

回数を重ねるうちに次第に雪の上でも動けるようになっていった。バランスがいいと、滑ることはあっても、転ばない。長靴だと動きが緩慢になるので、香田は、ひと冬で履きつぶすぐらいの覚悟で、シーズン中同様、スパイクを履かせるようになった。また、意外な発見もあった。転倒したり飛び込んだりしてユニフォームが雪まみれになっても、払い落とせばいい。そうすれば、さほど濡《ぬ》れなかった。

そうして、雪上練習のメニューはどんどんエスカレートしていった。

香田は雪上の打撃練習中も、ランナーがいることを想定し、サインを出すようにした。

「冬だからといって、ただバカーン、バカーンじゃなくて、走者を進めるバッティング、走者を返すバッティングだってできるわけだから」

できないと思っていたことが一つひっくり返ると、その隣もひっくり返る。そうして、次々と固定観念が覆されていった。室内に移動してからも、室内だからこそできることに目が行くようになった。外野からの中継プレーも距離が足りないぶんは想像で補えば、屋外よりも効率的にできた。我喜屋が言うように工夫次第で、あらゆるサインプレー、あらゆる連係プレーが可能になった。

駒大苫小牧は、大きく生まれ変わろうとしていた。しかし、この時期は、まだ胎動期である。二〇〇〇年夏、初めて優勝候補を示す「S」評価を受けたチームは最上級生にプロ注目の速球派右腕・磯貝剛《たけし》がいたこともあり、香田にとって一つ目の完成形だった。ところが、案に違《たが》い、南大会の二回戦で力尽きた。十分勝てると踏んでいた北海道函館工業高校に5－7で敗れたのだ。主将を務めていた西尾が敗因を分析する。

「僕らのときは、ピッチャーが磯貝しかいなかった。だから、もう磯貝におんぶに抱っこ。最後は、体力的に持たなかった。野手は本当にそろっていて、どこのチームと比較しても負ける気がしなかったのに。もう一枚、それなりに投げられるピッチャーがいれば、という感じでしたね……」

香田は後に、田中将大という大エースがいたときでさえ、数名の投手を使い分けたが、複数投手制にこだわるようになった思考の根っこは、この年の経験にある。

「(磯貝)剛は最後の夏、おたふく(風邪)をこじらせてたんだよね。でも交代させるピッチャーがいなくて、『剛、すまん』という感じで。やはり一本柱は厳しい。一人こけたらみんなこけたじゃ話にならない。ヒジ痛い、肩痛い、腹痛いって、何が起こるかわからないからね」

続く秋は、支部予選の決勝で室蘭大谷《おおたに》（現北海道大谷室蘭）高校に2－14の八回コールドで敗れ、二年振りに全道出場を逃した。当時の一年生で、自他共に認める「やらかし系」だった野々宮将史が振り返る。

「監督、その次の日、いきなり切れて、『おまえら、今日からボール持たなくていいから、毎日、スクワット千回だけやれ！』って。でも結局、その日だけだった。すごいよね、千回。一日だけだったけど、やったもん。何時間かかったんだろう。二時間ぐらいかかったんじゃないかな」

それまで順調に成績を上げてきた香田にとって、初めて経験する足踏みでもあった。

「何度も全道に行ってると、みんなだんだん上を見始めるじゃない。ベスト4が壁なんじゃないかとか、この人じゃダメなんじゃないか、みたいな話も聞こえてきたりしてね」

香田と我喜屋の関係性は、その後、時間とともに深まっていった。苫小牧に来てもらうだけでなく、こちらから白老町に出向き、かつて大昭和製紙のグラウンドだった町営グラウンドで練習をさせてもらったこともある。

「我喜屋さんと話をしていると、その気になってくるんだよね。無理というのは、もう昔の感覚。それを言うと、我喜屋さんにギャーッて言われるしね。メジャーリーグだって、雪降ってる中で白い息ハアハアさせてやってるでしょう。できると思ってやると、できるんだよ」

我喜屋は、香田と会った時点で、一九六八年の興南ベスト4、七四年の大昭和製紙の都市対抗制覇と、二枚の歴史の扉を開いていた。そして、少し後になるが、〇七年に母校の興南の監督となり一〇年に春夏連覇という三枚目の扉を開けることになる。それだけに言葉に説得力があった。

「月を見て、ウサギが棲《す》んでると思った人はそこまでの人。あそこに行けるはずだと思った人がいたから月に行けるようになった。いなかったら人類は今でもウサギが餅つきしてるって信じてるよ。野球もそうだよ。できるはずだ、っていうのが原点なんだから」

低調に終わった二〇〇〇年から〇一年にかけての冬、駒大苫小牧の雪上練習はさらに「激化」した。

外の天候状況を見て選手が「今日は（雪上練習は）厳しいと思います」と言うと、香田は自分が我喜屋になったつもりでことさらあっさり「できるよ」と返した。すると、選手も次第に香田に感化されていき、やや積雪が多いと感じられる日でも負けじと「ちょっとトンボでならせば、できると思います」と壮語するようになっていった。

日中、マイナス一五度ぐらいまで気温が下がっても、焚き火をしながら雪上練習を敢行した。香田は「強烈だよ」と笑う。

「マイナス一度とか二度なんて、暖かく感じるから。風が強い日なんて、風上に向かって歩けない。それでもやった。吹雪《ふぶ》いてて、雪だかボールだかわからないときもあったけど、それがどうしたって。ただ、何時間も外にいると、これは（体が）凍るなという日もあったんで、一時半から三時半までとか時間を区切ってやった。冬は四時になると、もう暗くなってくるからね」

極寒にさらされた体の中で、もっとも早く血液が回らなくなり、痛みが襲うのは手先や足先といった末端だ。そのため選手も靴下を二枚穿《は》いたり、靴の中にカイロを忍び込ませるなどし、できる範囲で自衛していた。が、ひとたび濡れてしまったら、それらの防衛策ももはや意味はない。足の感覚は失われ、霜焼けになる選手もいた。

そうした過酷な状況下でも、香田は意識の中から「寒さ」を追い払うために、上着の袖を引っ張り手を覆うことも、両手を口に当てて息を吹きかけることも「戦闘態勢になってない」と厳禁にした。

香田自身もノックをするときはシーズン中同様、素手だった。氷点下一〇度以下になると、乾燥で指先の皮膚がぱっくり割れ、出血した。重度のあかぎれだ。治りかけてもノックバットを数回振っただけでまた割れる。その繰り返しだった。痛痒《いたがゆ》くてたまらなかったが、香田はいつも何食わぬ顔で通した。

ただノックのとき、かじかんで投げられなくなってしまっては意味がないので、順番がくるまで投げる方の手を後ろのポケットに入れておくことだけは許可した。また、基本的には素手で送球させたが、自分がノックをしていて手が動きにくいと感じてきたら手袋をはめさせた。軍手をつけ指の感覚が鈍化した状態で投げさせるのも、練習の一つと考えるようにした。

香田は一見、無茶な練習を課しているように見えるときでも、それがパフォーマンスや自己陶酔に終わらぬよう自分を制御していた。

まずは我喜屋によって香田が変わった。そして、その香田によって選手が変わった。香田が言う。

「春までに、あとは試合で試していくだけだっていう状態にしておこうというのが合言葉だったから、雪の日でも、選手の方からも今日はこういう練習をしたいという意見が自然と出てくるようになった。少しずつ我喜屋さんにも、いいんじゃないかって言ってもらえるようになって。たまに誉《ほ》められると嬉しくてね」

香田の中では、この一時期、常に我喜屋のことが意識にあった。

「半分は、〝対我喜屋〟だよね。この人に納得してもらうにはどうしたらいいのかなってずっと考えていた」

吹雪の中でもシーズン中と変わらずノックができるようになり、香田の中でまた一つ先入観がひっくり返った。そして、雪上練習はついに行き着くところまで行き着く。

当時、一年生だった野々宮が思い出す。

「春の遠征の時期が近づいていたので、『おまえら、試合の準備せい』って。さすがにびっくりしましたね」

香田は雪上で紅白戦をやるつもりだった。この頃には雪のグラウンドづくりにもだいぶ慣れ、時間も大幅に短縮された。状態のよしあしは、いかに氷上に薄く雪を残せるかにかかっていた。

「ならした雪上に、うっすらと雪が積もれば、もう最高。そこまで行くと、もう地面が茶色いか白いかの違いだけだから」

香田はピッチャーにも「試合のつもりで投げろ」と指示した。当時、一年生でセカンドを守っていた熊原陵太が言う。

「投げられない、とは言えない。『動けば温まる』と言われるだけですから。日が落ちて、キャッチャーからの送球が大西ってやつの顔面に当たったことがあるんですけど、そのときも『見えないんなら（グラウンドから）出ろ！』って言うぐらいですから。『見えねえんじゃねえ、見るんだ』と」

私も真っ白な地面で、軽く吹雪く中、あの田中将大が平然とスピードボールを投げ込んでいたのを目撃したことがある。香田は話す。

「寒い中で投げたら肩ヒジを痛めるってよく言われたけど、そういう選手は一人もいなかったね。やるうちにどうすればケガが防げるかもわかってきたし、冬の間も実戦練習を積んだことでよくなった選手の方が圧倒的に多かったと思うよ」

高校卒業後、仙台に本拠地を置く楽天イーグルスに入団した田中はシーズン中、気温一〇度を切る日でも、それよりさらに寒いニューヨークでも、寒そうな素振りさえ見せない。あの光景を見ていたら、それも納得できる。あの苫小牧よりも過酷な条件で野球をやることなど、おそらくない。

○四年に駒大苫小牧が優勝し雪上練習が有名になったことで、地域やカテゴリーに関係なく、雪上練習を取り入れる雪国のチームが急増した。

私が甲子園で取材していたときに聞いた感覚では、五対五ぐらいの割合ではないか。ただ、甲子園に出場してくるようなチームは室内練習場を完備しているところが多いので、全体で統計を取れば採用しているチームの方が六対四ぐらいで上回るのではないだろうか。

「やっていない」と答えた監督が挙げた理由は大きく分けると二つだった。東北や北陸地方の監督の多くは「北海道の雪と違い、水分を多く含んでいるのでべちゃべちゃででさない」と言い、札幌など豪雪地帯の監督は「苫小牧と違って雪が多いからできない」と言った。

同じ雪国でも苫小牧とはまた違った困難があるのだと思うと同時に、香田ならたとえどんな地域にいようとやると決めたらやっていただろうなと思った。

「雪の上で練習しない理由なんて、探そうと思えばいくらでも探せるからね。無理だって言わなければ、何でもできるよ」

札幌にある北海の平川も香田とは違う路線を選んだ。

「雪上練習をしたから勝てたのではなく、彼は今までの北海道の概念には囚《とら》われない発想をしたから結果を出せたんだと思う。だから他のチームが同じことをやったところで、それなりの結果は出るかもしれないけど、一番にはなれない」

冷静で、本質を突いた意見だと思う。確かにインパクトの強さとわかりやすさから、やや「雪上練習」が一人歩きをしてしまった感は否めない。駒大苫小牧が雪上練習をしたから勝てたのだという見方は、あまりに浅薄だ。

過去、突出したチームが現れると、そのチームを象徴する絵になりやすい練習が話題になった。九〇年代から二〇〇〇年代にかけ九年間で三度の優勝と三度の準優勝を成し遂げ一時代を築いた智辯《ちべん》学園和歌山高校の一六〇キロ超のピッチングマシンのボールを打つ練習。〇四年春、初出場で選抜大会を制した済美の鉄バットでゴルフボールを打つ練習。〇九年の選抜大会で、長崎勢として初めて全国制覇を成し遂げた清峰の丸太を使ったトレーニング。それらは言ってみればラッピングのようなもので、「実物」はその包装を解いた中にある。

たとえば、深紅の会の梶川昇は雪上練習の効果をこう指摘する。

「香田は雪の中で練習をするようになって、いろんなものが見え始めたって言うんだ。こいつ、こんなにバランス感覚があるんだとか。バランス感覚が優れたやつは、滑っても絶対に踏み留《とど》まるんだって。香田は同じ練習をしていても、人と見ているところが違うんだよ。そうして、一人ひとりの適性を見極めている。だから出る選手、出る選手が、みんな活躍するんだよな」

それも「実物」の一つだろう。

採用したチームの監督が決まって話すのは「風邪を引かなくなった」ということだった。旭川実業高校の元監督である込山《こみやま》久夫はこう語っていた。

「うちの室内は下が土だから、走ると土が舞い上がって、逆にのどを痛めて風邪を引く選手が多かった。寒いけど、外でやった方がみんな元気でしたね」

白樺学園の戸出も、やはり同じような感想をもらす。

「寒い中で練習した方が、体が何とかしようと免疫力が高まるんじゃないですか。春先、爪を割ったり、皮がはがれたりということも減った気がします。ただ、帯広は盆地で気温も低いので、マイナス二〇度ぐらいになると指先の皮膚がバリって割れちゃう。一度やるとなかなか治らないんですよ。寒さは気持ちで乗り越えられますけど、皮膚の痛みはさすがに慣れないので、そのあたりは考えながら外でやるようにしています」

選手の体が丈夫になったことは香田も実感していたが、こんな副産物も感じ取っていた。

「選手のテンションが上がるんだよ。土砂降りの中、練習していると、酔ってくるというか、気分が昂揚《こうよう》してくることあるじゃない？　あれに近い感覚だと思うんだけど、みんないい顔して練習するんだよね。ダイブしたらビューンって行っちゃったり、泥でグチャグチャになったりしながらも。練習前、雪球を誰かにぶつけて知らんぷりするとか、それだけでも、ちょっと気持ちが上がったりするじゃない」

　そして何よりも香田は雪上練習を極めたことで、長らく雪国のハンディと思われていた雪をアドバンテージに変えた。

「室内でやってたときも、春になると、土が出たーっていう喜びがあった。でも、まだ肩はできてないし、サインも忘れちゃってる。そうすると、あたふたしているうちに大会になっちゃう。それが冬の間も上積みできるようになると、すぐ試合に入っても戸惑わなくなった。しっかり準備をして春を迎えられるようになって、新鮮な気持ちと、やるぞという気持ちが今まで以上に出るようになった。これは北海道のチームの強みだと思えるようになったね」

　もちろん雪上練習のデメリットもあった。前述したように、冬の間に外で練習し圧雪すると、春先、雪が解けるのが遅くなる。霜焼けや、あかぎれの心配もあった。また踏ん張ったときに足を滑らせて股関節を痛めたり、滑って手をついたときに氷で掌を切ってしまうなど普段では考えられないアクシデントも起きた。だが、そうしたことは得たものの大きさに比べたらじつに小さなことだった。

「他所《よそ》のチームに、いいっすよ、とまでは言わない。けど、自分らは人がなんと言おうと雪の中でもやってきたから勝ったんだって思ってる。寒さや雪を言い訳にしなくなってから、ぐんぐん伸びた気がするよね」

　道内で香田と交流があった同級生監督の中では、平川だけでなく、北海道栄の渡邊伸一も雪上練習には否定的だった。渡邊は兵庫の名門・報徳学園の出身で、乗りがよく、コテコテの関西人だった。

「実際、氷の上で大会なんてやらないでしょ。それに彼はやると決めて、それを貫いたから意味があるんやと思います。だから僕もやらない路線を貫こうと。僕は絶対にやりません！」

平川の意見も、渡邊の主張も、いずれも一理ある。真っ当だとさえ思える。しかし、とも思う。

いかなる創造も元を正せば模倣だ。だから香田はいいと思えば手当たり次第、真似した。そして、合わないと思えば次々と捨てていったし、フィットしたものに関してはそこに留まらずにそこからオリジナルを生みだした。

いや、二人もそんなことぐらい百も承知なのかもしれない。ただ、やはりライバル意識が働くのだ。真似することはプライドが許さないのだろう。

だが、彼らよりはるかに実績を持つ我喜屋は、たぶん真似をした。

沖縄の梅雨は長い。そのため沖縄も室内練習場を備えているチームが多いが、我喜屋は〇七年に興南の監督に就任するなり、雨の中でも、長靴を履き、カッパを着用して、普段通りの練習メニューをこなした。その光景は、そのまま駒大苫小牧の雪上練習を想起させた。

我喜屋も、まさか香田があそこまで雪上練習を発展させるとは思っていなかったのではないか。平川や渡邊以上にプライドが高い我喜屋は、そんなことは絶対に口にしないが、香田が我喜屋に刺激を受けたように、我喜屋もおそらくは香田に触発されたのだ。

人の真似をするということは従うことではない。他者を認めることであり、敬うことだ。

○一年二月一〇日、香田は九歳年下の看護師・坂本ひとみと結婚した。披露宴会場では選手たちが制作した「お祝いＶＴＲ」が流され、会場は爆笑に包まれた。香田が思い出す。
「俺がキャッチャーやってるとき、ユニフォームがビリって破れて、気づかない振りをしてたけどじつは知ってましたとか、俺と奥さんの馴れ初めを勝手に作ってコントにしたりしてた。俺がケガしたとき、病院で看護師の奥さんと目が合って、『大丈夫ですか？』『はっ……』みたいなね。おもしろかったよ」

その映像を見た高校時代の同級生のうちの一人、坂下幹夫が話す。

「あいつが選手にいかに愛されているかがわかった。仕方なくやってる感じじゃなくて、心の底からお祝いをしている感じがあったもんね」

正式に就任してから六年。いつでも前のめりな香田のことを、恐れながらも愛する選手はいても、バカにするような選手はもう誰もいなかった。

第三章　青年期（二〇〇一−〇三年）

香田の就任二年目、一九九六年夏に駒大苫小牧は南大会に出場し、そこから中学生の流れが変わった。だが、それは苫小牧、白老、日高といった地元と、その周辺地域に限ったことだった。九八年から九九年にかけ六季連続で支部予選を突破し全道および南大会進出が当たり前のようになると、道内における駒大苫小牧の知名度はまた一段階上昇し、その流れは札幌にまで及ぶようになっていく。

九〇年代に入り、道内でも札幌を中心に中学生の硬式野球チームが増えつつあった。これは全国的な傾向だが、腕に覚えのある小学生ほど、指導者がしっかりしていて、レベルの高い硬式野球チームに入団する。だから、監督が「うちは軟式（野球）出身者ばかりだから」と言うとき、それはたいした選手はいないということを意味する。

香田も早くから硬式野球チームに勧誘には行ったが、就任してから数年は散々な目に遭った。こんなことがあった。

「ちょっと遠いチームだったから泊まりがけで行ったの。朝八時に練習開始って聞いてたからさ。それも、ずいぶん前から約束してたんだよ。それで一〇分前に到着して待ってたんだけど誰も来なくてね……。でも中学生の方もうちに来たいと思ってないわけだから、扱いが悪くても文句も言えないじゃない」

香田が駒大苫小牧の監督に正式に就任した九五年、中学硬式野球の日本一を決めるジャイアンツ杯で道内最強と呼ばれる札幌新琴似《しんことに》シニアが三位になった。その新琴似を指揮する生島宏治《いくしまこうじ》が、香田に初めて会ったのは九九年秋のことだという。

「試合を観に来てくれたんですよ。それまでは来れなかったんじゃないかな。うちの選手なんて、自分のところに来てくれないと思って。正直言って、当時は札幌の高校の方が強かったし、こっちも苫小牧方面の学校は眼中になかったから」

そのときの生島の香田に対する印象はこれといってない。生島の香田を見る目が変化したのは実際に練習風景を見てからだ。北海に進学した生島の教え子の一人が、「あそこは将来、強くなりますよ」と話していたので、アポイントを取らずにこっそりと駒大苫小牧のグラウンドを訪れた。

まずは道具が整然と並べられていることに感心させられた。そして、香田の指導者としての資質に俄然《がぜん》興味が湧いたのは、輪になって、監督の話に耳を傾けている選手たちの姿を見たときだった。

「三列目、四列目の選手って、監督の目が届かないのをいいことに、普通、横を見たり、下向いたりしているもんなんですよ。でも駒大苫小牧の選手たちは違った。四列目の選手も食い入るように監督の話を聞いていた。これは……と思いましたね」

途中で香田に見つかり、生島は監督室に招き入れられた。すると選手たちが入ってくるたびに香田と例のナンバーワンポーズを交わし合う。

「何？　って聞いたら、日本一を目指してるんでと。そこで、おいおいって思ってしまった俺は、やっぱ北海道人だったのかもしれないね」

翌二〇〇〇年、香田は新琴似で六、七番手の投手だった平山友祐を「おもしろいかも」と評価し、特待生として引き受けた。その投手は最終的に一四〇キロを超える本格派投手に育った。

以降、生島の香田に対する信頼はより強固なものになった。

「特待で獲《と》るって言ったときは、冗談だろ、って思ったけどね。しかも、あそこまで伸ばしてくれたんだから。香田のいいところはね、ピッチャーを下手にいじんない。いじってよくなったピッチャー、見たことないもん」

香田は伸び悩んでいる投手や急造投手をサイドスローやアンダースローに転向させるなど、大まかにいじることはあった。しかし、「俺、ピッチャーのことわかんねぇもん」と、田中将大を始め、それなりのものを持っている投手には、求められてもいないのに何かを指摘したり、ヒジの使い方などデリケートな部分に口を出すことは決してなかった。

のちに〇四年、〇五年の連覇の立役者の一人となるセカンドの林裕也も言う。

「捕り方とか、投げ方に関しては、一度も教えてもらったことはないですね」

わからないものはわからない。香田には、そう言える潔さがあった。もっと言えば、慎重だし、小心だったのかもしれない。

今や全国にその名を轟《とどろ》かせている新琴似シニアも、一九八一年にチームを結成した当初は全国大会に出場しても生島いわく「気質なのかな、勝てないっていうムードが漂っていた」という。

変わる端緒となったのは東京遠征だった。当時、港東ムースの監督を務めていた元プロ野球選手の野村克也《のむらかつや》とひょんなことで知り合いとなり、それから毎年、春先になると上京し港東ムースと練習試合を繰り返した。

「戦うごとに差が縮まってきて、いつの間にか、やればできるって思えるようになっていた。でも、遠征のメリットに気づいたのは、ずいぶん後だね。ああ、あれが結局、成功への第一歩だったんだなって。ハイレベルな地域で、ハイレベルな野球を体験する。コンプレックスを払拭するのに、それ以外の方法はないと思うよ」

少しずつ全国大会でも勝てるようになり、生島は、北海道であっても中学では上をねらえるのに高校はなぜ――と考えるようになった。

「いろんな高校を見て歩いて、これじゃあ無理だなって思いましたね。札幌南っていう公立の、野球が強い進学校があるんですけど、強豪私学が札幌南に負けると、決まって、なぜ負けたかわからないって言うんです。そういうところは、だいたいまた同じ負け方をする。分析能力が低い。やっぱり、野球は感性。気づくか、気づかないか。でも香田は絶対になぜ負けたかわからないとは言わない。むしろ、そればっかり考えてるから。だから、こいつはいいなって思ったんです」

生島は香田の野球に惚れてからは、自ら積極的に馴染みの焼き鳥屋に誘った。そして飲みながらノートを片手に質問攻めにした。

「ぽんと質問したら、こうですよ、ああですよって、いろいろ出てくる。話が尽きない。楽しいんだよね。香田とは共感できる部分が多かった。道内で価値観を共有できた指導者という意味では、一番というより、彼しかいませんでしたね」

平山の成功を境に、それまで札幌方面に向いていた新琴似からのパイプは駒大苫小牧と直結した。〇四年に初めて全国制覇を成し遂げたときは、最上級生に四人の新琴似出身者が在籍し、そのうちエースの岩田聖司、捕手の糸屋義典《いとやよしのり》、一塁手の桑島優《くわじまゆう》と三人までもがレギュラーとして活躍した。ちなみに中学時代、糸屋は右のエースで、岩田が左のエースで、桑島はショートでキャプテンだった。新琴似のトップ3と言っていい選手たちだ。強くなると「あそこは選手を集めてるから」と揶揄《やゆ》されがちだが、その言い方は正確ではない。集めていることもあるだろうが、それと同時に集まってくるのだ。

岩田が駒大苫小牧を選んだ理由を語る。

「三人とも本州のチームに行く予定だったんです。みんな別々に探してたんですけど。駒澤はまったく選択肢にはなかったですね。それが、あるとき生島監督に呼ばれて、駒澤どうだ？　と。香田監督っていう人がいて、育てるのもうまいし、おまえら三人が行けば甲子園だって行けるぞと説得されて。で、実際に練習を見に行って、三人とも気に入ってすぐに決めたんです」

それ以前は、平山のように入学後に化ける選手はいても、もともと全道で有名だった中学生が駒大苫小牧を選ぶケースはほとんどなかった。

投手を中心に全道でそれなりに名の知れた選手が集まり始めたのは、二〇〇〇年入学の平山らの一つ下の代、〇一年以降の入学者だといっていいだろう。〇一年に駒大苫小牧に入り、二年後の〇三年に春夏連続で甲子園に出場したときのエース白石守《まもる》は、中学校の軟式野球部出身者だったが、道内でも評判の好投手だった。

身長一七九センチの長身で、寡黙なタイプの白石が語る。

「僕が中学三年生のとき、選抜には東海大四高が出場していたんです。その東海とか、鵡川とかからも声がかかっていたんですけど、秋の公式戦を見て、これから強くなるのは駒大苫小牧だなという気がしたんです。整列したときの様子とか、ベンチの雰囲気も、ぴしっとしていたので」

白石が観戦した二〇〇〇年秋と言えば、室蘭大谷に八回コールドで敗れ、三年振りに全道を逃したときである。それでも駒大苫小牧には、他チームにはない一体感があった。

ただ、白石が入学した年、地元の苫小牧クラブという硬式野球チームからは、のちに主将となる土島《どじま》直也、ショートの石川廉《れん》と、二人の主力が駒大苫小牧にやって来たが、チームメイトですでに全国区の知名度を持っていたエースの柴田誠也《まさや》は北海道尚志学園（現北海道科学大学）高校を選んだ。柴田は高校卒業後、ドラフト二位でオリックスに指名されたほどの逸材だった。石川が言う。

「柴田は白石よりぜんぜん上でしたよ。中学のときに、普通に高校生を抑えてましたから。ただ、柴田は札幌の高校に行きたかったんでしょうね」

地元出身の選手であっても、そういうケースはまだ珍しいことではなかった。

白石が一年生だったときの三年生たちは、まさに「無印軍団」で、戦力的にはかなり心許《こころもと》なかった。レギュラーのうちレフトで三番の蔵重《くらしげ》大悟を除く八人までもが軟式野球出身者で、白石が観戦していたという二年秋も、三年春も支部予選の決勝で室蘭大谷に敗れ、三年夏まで一度も全道進出の経験がなかった。香田が回想する。

「俺たちの年代は苫小牧工業に集まったな、って本人たちも言ってたぐらいだから。でも三年間担任をした初めての代で、当時は寮監もやってたから、一年中、ずーっと一緒にいた。技量は劣っていたけど、教室にいるときはくだけた感じで付き合って、グラウンドに入ったら表情を引き締めるみたいな、すごくいい雰囲気の関係になっていた」

例によって投手陣は、頼りなかった。二年生投手の平山は球速こそチーム一だったが、その頃はまだ制球がままならず、三年生の二人が主戦だった。

エース番号を背負ったのは、身長一七五センチの右腕・岡本志津馬。香田が説明する。

「浦河第二中学っていう田舎の中学出身で、特待でも何でもない。並の選手。（球速が）MAXで一二五キロぐらいしか出ないから、上からだとバッティングピッチャーになっちゃう。だからサイドにしてみるかって変えたら、そこそこ抑えるようになった」

もう一人は北田勇太。ここも選手紹介は香田に任せよう。

「北田は富川中っていう浦河第二中よりもさらに田舎の中学出身。センターをやってましたって言う割に走れないし、フライも捕れない。ファーストをやらせたらゴロも捕れない。じゃあ、左だからピッチャーしかねえじゃねえかって」

投手経験が浅い北田は三年夏、南大会の準々決勝で信じがたいボーク未遂事件を起こしている。

一塁に走者を置き、一塁にけん制する振りだけをし、ボールは投げなかった。プレートから足を外していたわけではない。これは野球のルールで「偽投」にあたる。本来であれば許されないのだが、主審はなぜか何の反応もしなかった。香田が振り返る。

「そのあと北田がロージン（バッグ）をさらっと触ったり、あまりにも堂々としてるもんだから、なんか、自然に見えちゃったみたいで。あれがボークになってたら、やばかった」

そんなことがありながらも、〇一年夏は、その二人が中心となって支部予選、南北海道大会と勝ち抜き、初めてベスト4の壁を破った。そして決勝の相手は宿敵、北海だった。

香田は大事な試合の前は、決まってこう言った。

「命取られるわけじゃねえんだから。楽しんでやれ」

決勝は三回を終えて1－2とリードを許すも、五回に逆転3ランが出て流れを一気に引き寄せた。そこからは七回に5点、八回に4点と一方的な試合となり、最後は13－3と強敵の北海を打で圧倒する。こうして香田にとっては初、学校にとっては三五年振り二度目となる夏の甲子園出場を決めた。この夏は――と香田は語る。

「本当にうまくいったな、という年。どの監督も、けっこう、今年は投手陣が弱くて……みたいな言い方するじゃない。でも俺は絶対にしない。今年は今年でおもしろいかもって思えるし、思えるように持っていく。毎年、勝負。ただ、この年は、さすがにここまででいっぱいいっぱいだったね。彼らは中学時代、軟式でも目立ってた連中でもなんでもなかったから」

北海を率いる平川敦は、この〇一年が駒大苫小牧との力関係の「分岐点」になったと話す。

「四回が終わって、うちが2－1で勝ってたんです。うちは過去、決勝ではほとんど負けてない。流れで言えば、うちの思い通りだった。ところが最終的には、大差で敗れた。この試合がプロローグだったんです。ここから駒大苫小牧の時代が始まって、対照的にうちは下降線を辿っていった」

九七年秋にバトンを受けた平川は、就任三年目の九九年夏に、準決勝で駒大苫小牧、決勝で駒大岩見沢にそれぞれ勝利し、三年振りに母校を甲子園へ導いた。傍《はた》からは前途洋々の船出に映ったかもしれない。が、内奥では苦悩を抱えていたという。

「最初の甲子園は、前任の大西監督の貯金、財産で出られただけなんです。でも、この頃は、それがなくなりつつある中、どうやって自分の色を出していけばいいのかわからなかった。完全に迷っていました。何年もかけて少しずつ積み重ね、自分のスタイルを確立してきた香田との決定的な差を感じ始めてましたね」

　ようやくたどり着いた憧れの舞台だったが、そんなときこそ、香田は選手たちの気が緩まないよう細心の注意を払った。野々宮将史が振り返る。

「帽子を投げるな、って言われましたね。選抜（大会出場）を決めたときとかに、よく帽子を上に投げるじゃないですか。学校に戻って、マスコミの人に言われても絶対やるなって。やったら、タダじゃおかねえぞって」

　香田が得意とする「先制攻撃」だった。


　学校としては二度目の甲子園出場とはいえ、三五年振りともなれば、ほぼ初出場と変わらない。香田は戸惑いっぱなしだった。

「初めて三昧だったね。あれもしなきゃ、これもしなきゃで……」

　開会式の予行演習のときから、他校との差を見せつけられた。待機中、甲子園常連校の選手たちは他校の選手と一緒に写真を撮るなど盛んに交流している。甲子園に出てくる選手は、ボーイズリーグやシニアリーグといった中学硬式野球の中でも強豪リーグ所属のチーム出身者が多い。そのため、全国大会や代表チームですでに顔見知りになっているのだ。

　一方で、駒大苫小牧の選手たちは香田いわく「隅の、さらに隅」に固まっていた。

「あちゃーって。田舎者根性丸出しだった。有名校の選手は、甲子園は俺たちの場所だ、みたいな感じで堂々としている。中には、ガム嚙《か》んだり、胸元を開いていたり、帽子を載っけたようにかぶっていたりする選手もいて、クソ生意気なんだけど、少なくとも、物怖《ものお》じはしていない。そこへいくと、うちの選手たちはピシッとしているんだけど、僕たちは参加することに意義がありますみたいな顔をしていた。ここは俺たちの場所じゃない、付録でいいんだみたいな」

香田も選手のことばかり言っていられなかった。開会式の日、香田は試合がないにもかかわらず、選手同様、新調したばかりのユニフォームに身を包んでいた。

「張り切ったよ、ビニールから出して、鏡の前で着こなし具合をちゃんとチェックして。よっしゃ！　って」

全道大会や南大会の開会式がそうであるように、甲子園でも、監督と部長はグラウンドに整列するものだとばかり思っていたのだ。

「スタンドの前の方にシートが被せられた席があったから、たぶんここで待機してるんだろうって、部長と二人で座ってたんだよ。本来、そこは高野連の偉い人たちが座る席だったんだけどね。誰も来ませんね……みたいな話をしていたら、日本航空高校（山梨）の監督の初鹿《はつしか》（勇）さんという人が通って。初鹿さんは大学の先輩でもあるんだけど、ポロシャツを着てたんだよ。あいさつしたら、『おまえ、今日試合か？』って。そこでようやく気づいたんだよ」

甲子園の開会式は、監督は観客席から選手の姿を見守るのが通常である。すっかり

「初心者」を露呈してしまった香田は赤面しつつ観客席にいた控え選手と合流し、バックネット裏のスタンド席から選手たちの勇姿を眺めた。

「あれは無茶苦茶感動したな。来た、来た、来た！　って。鳥肌立った。涙ぐんでたもん」

まだ甲子園ファンには馴染みのなかった黒とクリーム色のユニフォームだが、香田の目には、どこのチームのユニフォームよりも輝いて映った。


駒大苫小牧は、大会二日目の第四試合に登場した。相手は野球王国・愛媛の古豪で、全国制覇七回を誇る松山商だった。

のちの駒大苫小牧は、甲子園滞在中は、極端に練習量を落とすようになったが、このときはまだかなり追い込んでいた。ショートを守っていた熊原陵太が思い出す。

「確か、試合前日か、前々日だと思ったんですけど、レギュラー組と控え（チーム）で試合をして、レギュラー組が負けたんです。そうしたら監督が、負けたチームはホテルまで走れと。ここまで来てこんなにへとへとになって大丈夫なのかなって不安になりましたね」

深紅の会の会長を務める梶川昇は公式戦前日、香田と電話で二言三言、言葉を交わすのが習慣になっていた。ところがこの日は、初めて試合当日、しかもプレイボール直前に電話を受けた。

「もうそろそろNHKで放送が始まるな、という時間帯に電話があって。小さな声で話すんだよ。どこにいんの？　って聞いたら、控え室ですって。前の試合が延びてて、と。不安で誰かとしゃべりたかったんだろうね。思い切りやればいいよって。三〇秒ぐらいしか話してないですけど」

松山商の二年生エース・阿部健太（元ヤクルト）は、MAX一四四キロの本格派右腕。それでも駒大苫小牧打線は10安打で6点を挙げ、二度にわたってリードするなど必死で食らいついた。投手陣も、先発の岡本を四回から継いだ二番手の北田が粘ったものの、二人で計7失点。最終的に6－7で惜敗した。しかし、このときの香田は「よく6点も取ってくれた」と感激の面持ちだった。

「こっちなんて初めて尽くしで、わけわからないうちに終わっちゃった感じだったから。あの戦力で、よくあそこまで粘ったよ。所詮、俺らはおまけだもん」

香田の記憶に残っているのは、試合内容よりも、試合後のことだった。甲子園はテレビのインタビューや次の試合準備等があるため、一にも二にも速やかにベンチから出ることを求められる。初めて甲子園に出場したチームは、地方大会とはまるっきり異なる「甲子園タイム」にまず翻弄されるという。香田もそうだった。

「早く荷物を出せって、ものすごい急《せ》かすんだよ。ああしろ、こうしろって、（記念に持ち帰るための）土を取る時間も指示されて。こっちは怒られたくないと思えば思うほど、なんか焦っちゃう。さあ出ようっていうときに、自分のバッグを忘れたのに気づいて、ベンチの中に戻ろうとしたら、係の人に『何してんだ！』って怒鳴られて。いちおう監督なんですから、頼むから選手の前でそんな……って。試合に負けたことよりも、そんときの方がクソーッて思ったよね。今度来たら、絶対やってやんだって思った」

香田の言葉を借りれば、「甲子園にいるようで、いないような」夏だった。

○一年秋を迎え、香田は久しぶりに頭を丸刈りにした。このとき最上級生になってい た野々宮は「衝撃だった」と思い出す。「車から降りてきたとき、どうしたのよって。両脇の剃り込み、なまらすごいじゃないですか」

このときから丸刈り頭は、香田のトレードマークになっていく。

初めて甲子園に出場した○一年の秋は、支部予選の決勝で鵡川に1－2で敗れた。鵡川は、激戦区・室蘭支部に現れた新たなライバル校だった。それまでは弱小の公立校だったが、鵡川（現むかわ）町が九七年八月、砂川北を春夏通じて三度甲子園に導いた佐藤茂富を招へいする。それだけでなく、社会人チームの元野球部寮を約一億円で買い上げるなどし、町を挙げて、おらが町の高校を応援する態勢を整えた。つまり、人口一万人に満たない小さな町は、高校野球で町おこしを企てたのだ。

佐藤と言えば、バントをほとんど用いない超攻撃的な野球が持ち味だ。部員は全員寮に入れ、よく食べさせ、とにかく体を大きくする。そして、フルスイングを信条とした。鵡川町は全国有数のししゃもの産地でもある。それゆえ、強豪校の一つとしてのし上がった後、鵡川打線には「ししゃも打線」という一風変わったニックネームが付いた。

北海道球界の顔でもあった佐藤は、よそ者であり、年少者である香田への対抗意識を隠さなかった。一度、鵡川との練習試合で、香田が事情があってエースを投げさせなかったことがある。すると、相応の理由があったにもかかわらず、なめられたと感じた佐藤が香田に食ってかかった。それに対し、香田は「チーム事情でしょうが！」と声を荒らげ、一歩も引かなかったという。

「同じ地区なんだから、あいつがケガしているとか、疲れているとか、そんなこと言う必要ないからね。それなのに『抹殺するぞ！』ぐらいのことを言われたから、『冗談じゃねえ！』ってやり返して。そこからは、もう練習試合とかもしなくなった。会えば、あいさつはしたけど、それ以上は近づかなかった」

香田は人一倍、臆病で繊細な反面、驚くほど大胆で不遜なところもあった。

三段跳びの元日本代表でオリンピックにも出場したことのある村木征人《ゆきと》に取材をしたときの話だが、コーチ時代、村木は所属していた筑波大学の当時の学長で、ノーベル物理学賞を受賞した江崎玲於奈《えさきれおな》に「偉い人をつくりなさんな」とアドバイスされたことがあるという。

「学者は前説を覆していくことが仕事じゃないですか。だから、過去の偉人を尊敬し過ぎてはいけないとおっしゃったんです」

スポーツの指導者もそうだろう。これまで誰もなしえなかったことをしようと思ったら、先達に一定の敬意を表しても、言いなりになる必要はない。

ちなみに鵡川はこの秋、全道大会でベスト8まで勝ち進んだ。その実績が認められて、翌〇二年の選抜大会の二一世紀枠の選出校となり、甲子園初出場を果たす。

鵡川に敗れた原因の一つは、走塁ミスだった。送りバントで一塁から二塁に進塁する際、ある選手がスライディングをせずアウトになるというシーンがあった。それに対し、香田は「野球をやる以前の問題だ！」とぶち切れた。

やるべきことを怠るという、香田がもっとも嫌うミスだ。道内のライバル校のうちの一つで、香田の五つ年下の白樺学園の戸出直樹には、こんな経験がある。

「練習試合で、サードゴロでゲッツーにしようと思ったとき、セカンドの子がセカンドベースに入るのがちょっと遅れたんです。それだけで『タイム！　セカンド交代！』ですから。まだ二回とかだったんです。その子、ベンチに戻ってから、次の回に入っても、まだ香田さんに怒られてましたね。監督が選手を代えるときって、普通はエラーとか、ピッチャーが打たれたとか、目に見えたはっきりしたものがあるときなんですよ。でも香田さんは、そういう形には表れない、その子の本質的なものが気になったんでしょうね」

鵡川に負けた翌日はボールを使わず、一日中、走塁練習を繰り返した。

ボールを使わない実戦形式の練習は、香田が独自に編み出した駒大苫小牧名物であり、「想定練習」と呼ばれた。これぞ感性の男、香田ならではの発想だった。

想定練習は、打者だけの場合もあるし、そこに守備がつく場合もあった。この練習のねらいを香田は次のように話す。

「大学時代に走塁練習はけっこうやってて、それに俺がアレンジを加えた。見えないぶん、余計に想像力が働く。ボールがなくてもあるようにできる選手は、本番になったら、ほぼ完璧にできるよ」

学校が休みの日などは半日、想定練習に費やすことも珍しくない。たとえば、1アウト一、三塁の場面で、打者役の選手が「レフトへの大きな当たり」と言って走り出したとする。その場合、三塁走者はタッチアップの準備をし、一塁走者は一、二塁間の中間、つまりハーフウェイで立ち止まるのがセオリーだ。それを瞬時に判断し、行動に移さなければならない。

想定練習のときは「意識しろ、意識しろ」が香田の口癖だった。

慣れてくると、打者の要求は、どんどん細かくなっていく。「レフト前ヒットで、レフトがファンブル」と言ったら、最初はレフト前ヒットを想定した走塁をし、ファンブルしたのを確認してから、もう一つ先の塁をねらいに行く。さらに発展して「左中間への当たりをレフトがダイビングキャッチしようと試みたけど、ファンブル」などというのもある。走り始めて、捕られるかなと思って一瞬立ち止まり、でも落としたと再び走り始める。複数走者がいるときは、それらの動きがピタリと一致しなければならない。

香田が説明する。

「ちゃんとイメージできてないやつは、ちぐはぐな走り方をする。俺が打者の指示を聞いていなくても、どんな打球が飛んで、どんなプレーが起きて、今どこにボールがあるのかわからないとダメだといつも言っていた。ランナー一、二塁で、右中間への高い飛球で、二人がタッチアップするとする。それも、だいたい同じタイミングでスタートできるのが理想。ちょっとでもずれたら、おい、おい、待て、待て、右中間への高い打球って、どんなだよ、って。何度もやってると、走者が右中間へ目をもっていくタイミング、守ってるやつらが戻ってきたボールに合わせて首を動かすタイミングも一緒になってくる」

このとき、まだ一年生だった白石は入学当時、想定練習がもっとも憂鬱な練習だったと話す。

「頭を使うんで、すごく疲れるんですよ。入ったばかりのときは、何やっていいかわからなくて、常にテンパってました。でも、あそこから野球を考えてやるようになりましたね」

〇二年春、駒大苫小牧の系列大学の一つである苫小牧駒澤大学の野球部OBである茶《ちゃ》木《き》圭介が、副部長としてスタッフに加わった。札幌生まれ札幌育ちだが、高校は白老にある北海道桜丘高校に進んだ。

「僕らの時代、桜丘なら甲子園をねらえた。寮もあって、全道から集まってました。まあ、中学までやんちゃしてたので、札幌の学校には行けなかったという事情もあったんですけど……」

一九九五年春、茶木が高校三年生のときに、室蘭支部の二回戦で桜丘は香田が就任したばかりの駒大苫小牧と対戦し7－0と完勝している。が、茶木は「ぜんぜん覚えてない」という。

「当時の駒澤はまだ、チームとしてなってなかったですからね。楽勝、楽勝という感じで」

小学校から大学までずっとキャプテンを任されていたというだけあって、茶木は正義感が強く、物事をはっきりと言うタイプだ。茶木が当時の香田を思い起こす。

「日本一になった後より、あの頃の方が、がんがんやってましたね。僕も大暴れしていましたけど、監督の方もエンジン全開。メーター振り切ってるよ、みたいな感じでしたから」

香田は人を笑わせるのがうまいため、授業も楽しいそうだ。だから、一般生徒には優しく、楽しい教師として人気があった。しかし、野球部員は別である。両方の顔を知っているとはいえ動物の本能としてより強く潜在意識に刻み込まれるのは恐怖心の方だ。学校内で部員らは香田に出くわさないよう注意を払っていた。

昼休みにキャプテンがその日の練習メニューを香田に聞きに行くことになっていたのだが、部員がまず知りたい情報は練習内容よりも香田の機嫌がいいか悪いかだった。

「今日、監督どう？」

「大丈夫」

あるいは、

「今日、機嫌いい？」

「やっぱいぞ」

「マジ？」

そんなやりとりが交わされた。

香田は練習にやって来るとき、学校内の駐車場からグラウンド脇まで車で移動してくるのだが、選手たちは遠くから聞こえるエンジン音だけで、それが香田のものかどうか聞き分けることができた。そのエンジン音が香田のものだった場合は、聞こえた瞬間、グラウンドに緊張の糸が張り詰めた。

そして、現れるなりナンバーワンポーズを交わし、香田の指の上げ具合が低いと、「授業中、誰か、何かやらかしたんじゃねえか」と不安にかられた。

また、香田はグラウンドにいなくても、どこからかこっそり観察していることがよくあった。そのため選手たちは、防衛策として、シューズの色や軍手の色をなるべく統一し、遠くからでは誰だか容易に見分けがつかないよう工夫していた。

香田は細かいことにとにかく目敏かった。佐賀商時代の教えを受け継ぎ、フォアボールの際、一塁ベースへ向かうときは、まるで生卵を扱うようにバットを地面にそっと置くことを求めた。右打者の場合は、審判の後ろを通って一塁ベースへ走らなければならない。そのルールを破り、交代させられた経験を持つのが「やらかし系」の野々宮だった。

「ここっすよ、ここ」

そう言って、机から二〇センチほど上に手を掲げる。

「この辺からポンと落としただけなんですけど、それで交代っす。監督、そういうの絶対、見てるんです。僕もしまったと思いましたけど、知らん振りして、一塁まで行った。でも、振り向いたら、『野々宮、代われ』って」

香田の知り合いのホテルの支配人で、八七年夏に函館有斗《ゆうと》高校（現函館大学付属有斗高校）が甲子園に出場したときに盛田幸妃《もりたこうき》（元横浜など）とバッテリーを組んでいた西村嘉浩がこんな話をしていたことがある。

「どんなに小さなことでも従業員に徹底するって、本当に難しいんです。一人ぐらいいいかなって、妥協してしまう。もういいやと。いちいち言う方も疲れますから。でも香田さんは、絶対に『いいや』とは言わない。彼の強さはそこに尽きると思いますよ」

香田は生活態度、身だしなみ、ちょっとした言動、小さな仕草に至るまで、どんな小さなことも見逃さなかったし、見つけたら絶対に許さなかった。見逃し三振をし、審判の方を少し振り返っただけで「その態度はなんだ」と交代させられた選手もいる。試合中、ネットに寄りかかっていただけで帰らされた選手もいる。試合に向かうバスの中で、帽子のツバが中央からややずれているだけで降ろされた選手もいた。

　香田からしてみれば、特に意識せずとも見えてしまうもの、気づいてしまうものに、部員が無関心でいられることが信じがたかった。ある日、球場とサブグラウンドの間にあるプラスチック製のベンチが倒れていることがあった。それを見つけた香田は、堪《たま》らずに言った。

「通り道なのに、誰一人気づかないのか！　おまえら、人が死んでても気づかねえだろ！」

　香田はことあるたびに「無神経」という言葉を選手に浴びせた。そうした例は枚挙に遑《いとま》がない。

　そんな中でも、部員を震え上がらせる伝説として長く語り継がれていたのは「Vジャン事件」だろう。Vジャンとは、Vネックの薄手のウインドブレーカーのことだ。

　一括購入したVジャンをトレセンで部員に配付した際、商品タグが二枚落ちていた。誰かがその場で外し、気づかずに落としたか、意図的に捨てたに違いなかった。それを発見した香田は「トレセンを掃除してくれている人に対する感謝の気持ちが足りねえ」と激怒。全員を正座させ、心当たりのある者は名乗り出るよう促した。

　しかし、いつまで経っても犯人が出てこず、マネージャーに「ゴルフクラブ持って来い」と指示。ゴルフ好きの教師がいて、その教師のクラブがトレセンに置いてあった。そして、香田はヘッドを手に持ち、シャフトの部分で一人二発ずつ腿《もも》の裏を叩いた……

というのが事の顚末《てんまつ》である。

昔はこうして時折、クラブのお仕置きがあった。ある選手はテストの点数が悪く、数十発叩かれることになり、香田に「三回だけタイムをやる」と言われ、あまりの痛さに最初の五発でタイムを使い切ってしまったというエピソードなども、今となっては、おもしろおかしく語り継がれている。

二〇〇四年に初優勝したときの四番で、監督の顔を見て、怖さのあまり思わず吐いたという伝説をもつ原田勝也がときどき吹き出しながら話す。

「上の代の方の話を聞いてると、監督、すごいっすよ。おもしろ過ぎる。松明《たいまつ》を投げられたとか。監督、僕らの代でも、かなり落ち着いたって言いますもん。あれ以上怖いって、どんななんですかね。まあ、尾ひれがついて、かなり話が大きくなってる部分もあるんでしょうけど……」

香田の同僚で、同い年でもある吹奏楽部の顧問・内本健吾は、香田のことをこう表現した。

「彼は小手先を使わない。いつでも直球勝負だし、体当たり。感性の塊というか、自分の感情にストレートなんでしょうね」

香田にとって、自分の感情を偽ることは、相手を打擲《ちょうちゃく》することと以上に許されないことだった。だから、口よりも先に手や足が出た。

そうした香田の「ご乱心」は保護者の耳にも届いていた。保護者会の会長を務めたこともある蔵重俊男は、そのことで香田を何度かたしなめた。

「きちんと諭すと『はい、わかりました』って言うんだよ。でも、翌日になると……はははは。これは言ってもしょうがないなと思ったね。高校、大学と、厳しい野球部で学んできたということもあるんだろうけど、考えてやっているというより本能なんだと思うよ」

鷹揚《おうよう》な態度である。香田の人間性を信じていたからだろう。

原田に香田の体罰に対して憎しみを覚えたことはないのかと問うと、こう答えた。

「感じますよ。だって、理不尽じゃないですか。でも好きか嫌いかって聞かれたら、やっぱ、好きっすね。ぜんぜん、大好きですね。なんでなんですかね」

誤解を恐れずに言えば、ひと昔前までの体罰など所詮、この程度のものだった。選手や親が許容していれば笑い話で済んだのだ。

さらに、〇四年、〇五年と連覇したときのサードで、身長一七〇センチ、体重五九キロとほっそりとした体型ながら、ここ一番で勝負強さを発揮し、高校卒業後は筑波大学に進学した五十嵐大《だい》は言った。

「大学はどちらかというと理論できますからね。でも、ネチネチ言われるぐらいだったら、僕は一発ぶん殴られた方がわかりやすいし、スッキリする」

ただし、そう認める選手がいたとしても、やはり体罰は体罰だ。本来は許されるべきものではない。ましてや、これからの時代はなおのことそうだ。

もっと言えば、無名校と有名校のそれは同等ではない。ひとたび明るみに出れば、後者の場合、事は笑い話では済まない。駒大苫小牧も、そのことで痛い目に遭うことになるのだが、それはもう少し後の話だ。

正直、この部分を書くべきか否か迷った。香田は選手に体罰を加えていた。だからといって、安易に「暴力教師」と捉えられたくはなかった。となると、言葉の強さのあまり、香田の本質を見誤る。その一方で、つい手を挙げてしまう性癖は、香田の本質を語る上で欠かせない要素の一つでもあった。

私の中で、香田にとって体罰とは何かがつかめ、これなら書いても下手な誤解は受けないだろうと思えたのは、次のようなエピソードを聞いたときだった。

香田は毎年年末になると店を借り切りOB会を開いた。そして、勢いに任せてしこたま酒を飲み、酔いが回っていい頃になると、香田がパンツ一枚になり言う。

「殴りたいヤツ、出てこい。今まで殴ったぶん、俺を殴れ！」

OB会のクライマックスである。「○○のときは納得いきませんでした！」などと叫びながら、ある者は背中を思い切り叩き、ある者は思い切りビンタをし、ある者は思い切りローキックを見舞う。香田は「まだまだ！」「もう一丁！」「そんなもんか」とOBたちをあおる。そして、何度もダウンする。

「けっこう思い切りくるからね。茂木にビンタされたときなんて、吹っ飛んだもん。酔っぱらってるのもあるし、脳が揺れて、立ってられないの。俺の素っ裸の写メ持ってるやつ、いっぱいいるよ。ぱしゃぱしゃ撮ってるから。ネットなんかに流したら、ぶっ殺すぞって言ってるけどね」

教育者として誉められることでも何でもない。愚かでさえある。お互い様だから許されるとか、ここまでやる覚悟があれば殴ってもいいのだと擁護するつもりもない。だが、香田は文字通り、体を張って選手と向き合っていたし、「対話」をしていた。どうであれ、こういう道理や常識といった物差しでは測ることのできない一面があったからこそ、香田は誰よりも深く選手の懐に入り込み、そして強くつながってもいたのだ。


香田、茶木という新体制で迎えた最初の夏、〇二年夏は、しかし南大会の二回戦で札幌第一高校に5－7で敗れ、早々に散った。そして、駒大苫小牧としては異例の夏が始まった。

この夏を体験している代、つまり初めて日本一になった代と、その上の代は、ほぼ例外なく「あの夏がいちばんしんどかった」と振り返る。

駒大苫小牧の練習は、長い日は長いが、疲れが見えるときは全体練習だけでさっと切り上げる日もあったし、思い切って休みにすることもあった。また、冬休みはクリスマス・イブ前後の終業式の日から年明け一月一〇日過ぎまで、二週間以上ある。その間、各自で郵便局のバイトなどをして春先の遠征費用をできる範囲で稼ぐのだ。

休みは短ければ短いほど誇るべきことのように語られることが多い高校球界で、おそらくは異例の長さである。香田は練習量を時間ではかるような旧来的な考え方はしなかった。

「俺はぜんぜん、いいと思ってた。休み過ぎなんじゃないかって言われることもあったけど、なんでマイナスになるの？　って。選抜出たときも、（冬休みは）そんな感じだったしね。リフレッシュになるし、練習したいやつは自分でがんばればいい。伸びるやつは、こういうときにぐっと伸びるから。大人だって、酒飲んだり、温泉行きたいときがある。だから、おまえらも練習も学校も休みっていう日があっていいと。その代わり、やるときはガンガンやるよという話はよくしていた」

卒業後、系列の苫小牧駒澤大に進んだ原田は話す。

「大学の方が、練習時間は長いし、走る量も多かったたし、しんどかったかもしれないですね。ただ、高校時代は、質は負けない自信がありました。一球一球、一つひとつのプレーに対し、すごく時間を割いたし、みんなが納得するまでやってましたから」

そんな駒大苫小牧方式だったが、〇二年の夏休みは、とにかく練習時間が長かった。ほぼ毎日、朝九時から夜七時、もしくは八時まで練習した。

夏の練習が始まった二日後、下級生のときから試合に出ていた白石と、ショートの石川廉が香田の標的になった。石川が振り返る。

「バッティング練習しているとき、やる気がないように見えたらしくて、パイプ椅子がいきなり飛んできて……」

白石はこの夏の札幌第一戦で、走者一塁の場面でリリーフしたが、デッドボール、四球と、5球連続でストライクが入らず、満塁とピンチを広げたまま降板。それだけに練習試合の日もベンチ入りせず、ずっと走らされるなど香田の当たりが強かった。白石はうんざりした様子で振り返る。

「朝起きても、グラウンド行きたくなかったですね。憂鬱で……」

たまに夜九時、一〇時まで練習が延びたときは、寮で寝泊まりしていた選手は少しでも睡眠時間を多く確保しようと泥だらけのユニフォーム姿で寝て、朝はそのままグラウンドへ行った。香田が当時を思い出す。

「この代は、ピッチャーの白石を始め、可能性を秘めた選手が多かった。ただ、能力だけで勝つつもりはなかったから、いいチームだと思えば思うほど、もっともっとっていう気持ちになったんだよね」

しかし、大変だったのは指導者も同じだ。香田も茶木も、帰宅時間は九時、一〇時が当たり前だった。茶木が言う。

「最後のグラウンド整備とか後片付けを主力選手たちがどれだけやっているかを見たかった。そういうところにチームの本音が出ますからね。そこは監督と、もっとも気をつけて見ていた部分の一つでしたね」

使い古された言い回しだが、練習は嘘をつかなかった。主将の土島が話す。

「みんな言いますね、あの夏があったから優勝できたって」

〇二年秋、駒大苫小牧は、一試合平均7・6得点という攻撃力と、一試合平均0・8失点という守備力で、春秋を通じ初めて全道大会を制した。同時に、翌春の選抜大会の切符もほぼ手中に収めた。

この秋も、香田のカンは冴《さ》えまくっていた。全道大会の一回戦、北海道北見工業戦で、外野手であり控え投手でもあった二年生・岩田聖司を、いきなり「一番・ライト」で起用。岩田は、その起用に2安打で応えた。また、準決勝の旭川実業戦では、こんなことがあった。秋の全道大会中は、駒大苫小牧は札幌市内の「ホテルハシモト」に滞在する。前夜のミーティングで、香田に「最後に何か言いたいことあるやついるか」と聞かれ、一年生の原田が手を挙げた。

「僕、試合に出たいんですけど……」

周りの選手も、香田も、思いも掛けぬ発言に笑っていた。ところが翌日、スタメン表を見ると「七番・レフト」のところに原田の名前があった。原田もこの日、2安打と活躍し、以後レギュラーとして定着することになる。

原田が、この発言の内幕を明かす。

「なんかあるやついるかって聞かれたとき、茶木さんに『試合出たいですって言え』って言われて……。それがなかったら、とても言えないです。でもあそこが僕のターニングポイントでしたね」

駒大苫小牧は、岩田や原田のように初めて先発出場した選手や、交代した選手が、おもしろいように結果を出した。香田は「何となく」としか言わないが、練習の様子や普段の言動の中に使ってみたいなと思わせる何かを感じ取っているのだ。

原田のエピソードはこの後、チーム内で一つの伝説のようにして語り継がれ、ときどき同じように監督に出場を直訴する選手が現れるようになった。

秋の全道チャンピオンは、一一月、全国一〇地区の優勝校が集う「明治神宮野球大会・高校の部」への出場権を得る。

全道の覇者として、「そこそこやるだろう」（香田）という自信を持って臨んだが、その夏、一、二年生だけで甲子園ベスト8という旋風を巻き起こした北信越代表の遊学館高校（石川）に1－11の七回コールド負けを喫した。

本格左腕の鈴木康仁、変則左腕の丸山仁希《ひとき》、最高球速が一四〇キロを超えるまでになっていたエース白石とつないだが、北海道では通用した三投手がいずれも失点した。初めて経験する人工芝だったこともあり計4失策と守備も乱れた。道内とは違い吹奏楽部の演奏がなかったため、失点するたびに観客のため息がベンチまで聞こえるなど、神宮大会独特の雰囲気に完全に飲まれてしまった。

香田は「試合に入る前から負けてたね」と振り返る。

「初めて甲子園に行ったときもそうだけど、また、田舎者なところを露呈しちゃったよね。まずは、開会式のシステムにびっくりしちゃって」

香田は大学時代に経験しているはずだが、すっかり失念していたようだ。明治神宮大会の開会式は、開幕前日、大学の部と合同で行われる。まずは学生服を着て明治神宮に参拝し、そのあと境内にある明治神宮会館で選手宣誓等をする。ユニフォームを着て球場内で行う通常の開会式とは違い、厳かな雰囲気があった。

キャプテンの土島は完全に舞い上がっていたと話す。

「早稲田の和田《わだ》（毅《つよし》＝ソフトバンク）とか、亜細亜の木佐貫《きさぬき》（洋《ひろし》＝元巨人ほか）とかがいて、変にテンションが上がっちゃって。選手も、おっ！　和田だ！　って」

また、センターを守っていた土島は初めて経験した全国大会のレベルの高さに、すっかり自信を失っていた。

「全国制覇って言ってきたけど、簡単じゃないなって。遊学館が甲子園で優勝できなかったっていうことは、まだまだ上に強いところがあるんだって思ったら恐ろしい気がしましたね。うちの三人の投手はいずれもタイプが違うのに、どんなタイプでもきっちりセンターに打ち返してきた。だから、全国でも勝てるんだなと思いましたね」

試合後、球場内のロッカールームで香田と選手たちは一時間近くミーティングをした。まずは香田が感想を述べた。

「ベンチから顔を出したくなかった……。お客さんが、あ〜、あ〜って。何やってんのさ、みたいな声が聞こえてきて、俺は、ちょー屈辱的だったよ」

それに続いて選手たちも一人ひとり、胸の内を語った。恥ずかしかった、逃げ出したかった、自分たちの力を思い知った……等々。吐き出させるだけ吐き出させ、香田はこう締めくくった。

「明日の朝、コンビニ行って、自分のお金でスポーツ紙を買ってこい。そして、記事を切り抜いて、いつも見えるところに貼っとけ。俺も貼っとく。でないと、選抜出場が決まったら、ちやほやされて、忘れちまうぞ。いいか、この悔しさを忘れたら負けだからな」

道内の新聞には、むしろ駒大苫小牧が負けたことが意外な調子で書かれていたが、都内の新聞には、さも当然のように書き流されていた。香田がニンマリとする。

「その相手にされてない感じが、逆に悔しさを倍加してくれていいんだよ」

翌日はディズニーランドへ行く予定だったが、そんな気分にもなれず、予定を変更し、神宮球場で大学生の試合を観戦することにした。

その中で、香田の目を引いたのは亜細亜大のプレーだった。国内最強と言われる東都リーグの中の雄だ。きびきびとした動きには自信を持っていた駒大苫小牧だが、亜細亜大の動きはそれを上回るものだった。試合前の練習から圧倒された。グラウンド内では常に全力疾走し、流れるようなノックはまるで舞台芸術のようだった。

亜細亜大の練習に見とれている香田を、選手たちは、嫌な予感を覚えつつ、横目で眺めていた。原田が思い出す。

「これ、監督、絶対に言い出すよなって、みんなで言ってましたね。『見たか、あれだ』って」

香田の得意のセリフだった。他校の練習や試合を見ていて、いいなと思うことがあると、必ずそう言って真似させるのだ。たとえば佐賀遠征に行った際、佐賀商の選手たちは公式戦以外は外野フライでも必ず二塁まで行って滑り込んだ。万が一、落球したとき二塁まで行くんだという姿勢の表れだった。そのときも香田の「見たか、あれだ」が出た。

一度、香田が突然、砂浜に行って走るぞと言い出したことがあった。選手たちはピンときた。前日、あるバラエティー番組内のコーナーでボクシングを通して悪ガキを更生させるという企画があり、その中で教師役の元ボクサーが生徒たちと砂浜でトレーニングをしていたのだ。

原田らは確信した。

「監督、絶対、あれ見たぜって。それまで砂浜なんて行ったことなかったですから」

香田は、白状する。

「俺、あの番組、めっちゃ好きだったからね。この前も、ユーチューブであったから、つい、あれもこれも観ちゃったよ」

いいと思ったらいい。香田の判断基準は明快だったし、そう判断したものは躊躇なく模倣した。

年が明け、一月三一日、選抜出場決定の吉報を受けた駒大苫小牧は、二月中旬、二年振りとなる二度目の沖縄遠征を実施した。前回は沖縄本島だったが、〇三年は石垣島を選んだ。沖縄方面は、我喜屋優がさまざまな知人を紹介してくれるため、練習施設や宿の確保などもスムーズだった。

この春は石垣島キャンプの後、三月八日に佐賀へ飛び、二日間で練習試合を三試合行った。いったん北海道に帰り、さらには岡山・広島と渡り歩き、そのまま甲子園に乗り込むつもりでいた。

香田はキャンプ中も、よく練習し、よく遊んだ。〝ハンカチ王子フィーバー〟に沸いた〇六年の兵庫国体のときも宿に到着し、荷を解いていると、大きなスーツケースから四つもド派手なハンチング帽が出てきて、たまげたことがある。香田は私服のとき、ハンチング帽を愛用していたのだが、決勝まで進んだとしても一週間足らずの遠征で、なぜそんなにたくさん種類が必要なのか理解に苦しんだ。面喰《めんく》らっている私の顔を見て
「このために来てんだから」と、香田は不敵に笑った。

北海道のアマチュア野球チームの営業を担当していたミズノの渡辺正道は、この頃から、駒大苫小牧にべったりはりついていて、石垣島キャンプにも同行し、練習を手伝った。渡辺は香田と同級生で、名門の仙台育英学園高校の野球部出身でもあっただけに、香田と話が合いやすく、駒大苫小牧のスタッフに「ナベちゃん」と呼ばれ、親しまれていた。

「朝七時の朝練から手伝ってたからね。でも、ぜんぜんお客さん扱いじゃないよ。ちょ

っとでもユニフォームの着こなしがだらしないと示しがつかないからって怒られるし。俺にそこまで求める？　って」

ユニフォームがしわしわなのはNGだったし、ズボンの裾はふくらはぎのちょうど真ん中あたりまで上げなければならないなど着こなし方にも細かい決まりがあった。

渡辺は、夜も一緒だった。超夜型社会の石垣島の居酒屋は、夜遅くにオープンし、明け方まで営業している。そのため夕方六時頃に練習が終わると、夕食をかき込んで、ひとまず寝る。そして一〇時ぐらいに香田、渡辺、副部長の茶木の三人で繁華街に繰り出し、朝四時とか五時まで遊んだ。渡辺がぼやく。

「俺追い込んでどうすんだよって感じでしたね……。宿に帰っても六時半の朝食に間に合うように起きなきゃいけないので、夜の仮眠と合わせて、睡眠時間は毎日三、四時間。それでも監督は毎朝、何事もなかったかのように『おはよう！』って。あの人のパワーはおかしい……」

私にも似たような経験がある。取材で苫小牧を訪れたのだが、まあ晩飯でも食べながらという展開になり、そして、連れて行かれた店には香田の知り合いがいて取材にならず、はしごしているうちに酔っ払い、最後はゲイバーで締めて、すでに明け方の五時。その日、昼過ぎの飛行機を予約していたのでそれまでに話を聞きたいのだと伝えると、香田は「朝八時に電話して」と言い残し、去って行く。私はとても八時に起きられる状態ではなく、香田の電話で飛び起きた。香田はピンピンしており、何事もなかったかのように「じゃあ、九時に学校で！」と言って電話を切る。私もそのときに、香田の底知れぬエネルギーに呆れると同時に、畏怖を覚えたものだ。

　立志伝中の人の評伝などを読んでいると、その人がいかにエネルギッシュだったかというエピソードがよく書かれている。その手の逸話を半信半疑で読んでいたが、おそらくそういう人は何万人、あるいは何十万人に一人かの割合で本当に存在するものなのだと思った。


　初めての選抜大会は、大会二日目第二試合で、茨城代表の藤代《ふじしろ》高校とぶつかることになった。主将の土島が思い出す。

「聞いたことのない名前だったんで、もしかしたら勝てるかなって思った」

　しかし藤代は、派手さはないものの、小柄なエース美馬学《みまままなぶ》（楽天）を中心に接戦に持ち込み、少ないチャンスを生かして逃げ切るという北海道ではあまり見かけない巧味《うまみ》があるチームだった。監督は竜ヶ崎第一高校（茨城）、そして、この後、常総学院高校、専修大学松戸高校（千葉）と、監督を務めた高校をことごとく甲子園に出場させた名指導者の持丸《もちまる》修一だった。豪快さと緻密さを兼ね備え、誰にでもオープンで竹を割ったような性格の監督だった。

　駒大苫小牧の投手陣は、白石―鈴木のリレーで藤代打線を4安打、2失点に抑えた。しかし、打撃陣が7安打を放ちながらも1点しか挙げられず、1－2で惜敗。またしても1点差で甲子園初白星を逃した。

善戦といえば善戦だった。だが土島らは神宮大会に続いて、またしても無念の涙を流すことになった。土島が今も覚えているのはこんなシーンだ。

「空港から苫小牧に帰るバスの中で、急に静かになったなと思ったら、隣で白石が泣いてました。僕が窓側だったんですけど、なんも言えませんでしたね。おそらく、自分のせいだと思ってるんだろうなと思って」

エースの白石は好投したものの、けん制悪送球とボークを犯し、いずれも失点につながった。

ミスを犯したのは土島も同じだった。0－0で迎えた二回裏、1アウト二塁の場面で、白石のけん制が高く逸《そ》れ、センターの土島の前に転がってきたのだが、それをトンネルしてしまったのだ。

「わーって歓声が上がったんです。それで完全にテンパっちゃって。大事に行こうとし過ぎて体が硬くなってしまった……。自分のエラーもあったので、次こそ勝たないとダメだと思いました。このまま終わったら、甲子園行ったなんて言えないなと」

そして、彼らの悔しさの念をさらに深いものにしたのは、じつは私の記事だった。

指導者向けの『ベースボール・クリニック』（ベースボール・マガジン社）という雑誌の中に「甲子園〝監督の目〟そのときベンチは」という連載ページがある。甲子園における試合を取り上げ、両監督に采配の意図などをそれぞれ語ってもらうという趣旨のページだ。〇三年七月号で駒大苫小牧―藤代の試合を取り上げることになり、私が両校に出かけてそれぞれ取材し、記事をまとめた。その内容が、香田の反骨心に火を点けた。1―2で迎えた八回表、駒大苫小牧は、1アウト二塁のチャンスで、ライナー性のレフト前ヒットが飛び出す。ところが二塁走者の糸屋は、三塁ベースを回ったところで止まってしまった。それに対し、藤代を率いていた持丸はこう言った。

〈ここですよ、ここで回していたら面白かった。打った瞬間、2対2になったなと覚悟しました。いまだから言いますけれど、左翼手は肩が弱いんです。それをシートノックのときに見られていると思ったので、あそこは回してくるだろうと。そうしたら、止めたでしょう。これはついてるなと〉

さらに、北海道勢が勝てない理由をこう述べた。

〈おおらかな野球というか、なんでこんなに優しい野球をするんだろうと。何が何でも1点を取ろうとか、同点になってからも、よし、いくぞというものを感じませんでした。何か、夏にまたここに来られるんだからという気でいるのかなとすら……。監督は分かっている、監督は教えていると思うんですけれど、選手がのんびりしているような感じを受けましたね〉

香田は記事をコピーし、部員に読むよう指示した。

「持丸さんに対してじゃないけど、チキショーって思った。俺も火が点いたら、とことんいっちゃう方だから。それからは、少しでもふがいない走塁をしようものなら、だからおまえらなめられんだよ！　って、『だからおまえら』ってセリフを連発してたね」

土島が記事を読んだときの感想をもらす。

「僕らというか、北海道がバカにされているような気がして、よし、やってやるって思いましたね。でも1点の重さを、改めて突きつけられた気がしました」

ちなみに香田は、この試合の記事中で、こんな反省の弁を寄せた。


〈私のような立場の人間が北海道の野球をどうのこうの言うのもおこがましいのですが、確かに、気質として、細かい野球で1点、1点というよりは、ガンガン打って一気に大量点を取るんだという傾向があります。私自身も、元は九州の人間ですから、そういった野球に最初は馴染めなかったのですが、相手が何もしてこないのに、こちらがせこせこ動くわけにはいかないかなとか、そういう部分はあったのかもしれません。自分もそんな感じになってきているということは、あると思います。でも、目指しているのは、ああいう試合をものにできるような細かい野球。それは、今も昔も変わりません〉

持丸の言葉にカチンと来たのは、思い当たる節があったからかもしれない。持丸が言うように、確かにこの頃の駒大苫小牧には後年のチームに感じた執念のようなものが感じられなかった。私は、その記事をこんな風に締めくくっている。

〈近年、北海道のチームは、積極的に道外に出て、従来の〝北海道野球〟からの脱却を図ろうとしているという。もともと、野球ができる期間が短いだけに、道外と同じ野球をやっていたら勝てないということで、打って、打って、打ちまくるという野球が根付いたのかもしれないが、いままた、北の大地の野球は過渡期に来たのではないか。来年、初のプロ野球誕生で活気づく北海道球界。高校野球の躍進も期待したいところだ〉

日本ハムが本拠地を北海道に移す前年でもあった。今読むと、あからさまに見下したような書き方をしているが、本心だった。〈期待したいところだ〉と書きながら、そのじつ、まったく期待していなかった。

しかし、それは私見というわけではなく、当時の一般的な見方だったように思う。

『ベースボール・クリニック』の記事を読んでからというもの、駒大苫小牧の走塁練習はさらに厳しさに拍車がかかった。ストップウォッチを手に「〇・何秒」までこだわるようになった。
香田はありとあらゆる走塁の秒数の基準値を設けた。

ヒット（かけぬけ）……四・三秒
二塁打……八秒
三塁打……十二秒
ランニング本塁打……十五・三秒
二盗……三・三秒
三盗……二・九秒
タッチアップ……三・五秒

※リードオフから
一塁↓二塁……三・五秒
一塁↓三塁……七秒
一塁↓本塁……十・二秒
二塁↓三塁……三・二秒
二塁↓本塁……六・五秒

三塁→本塁　……三秒
スクイズ　……三・六秒

目標タイムで走れるよう、ベースの蹴り方、スライディングの仕方、スタートを切る前のシャッフル（横走り）を一から見直した。原田の回想だ。

「変化球だったら、もう一つ、シャッフルを入れられるなとか。どうやったら○・何秒、速くなるかをとことん研究しましたね。もう、ランナー二塁だったらワンヒットで何が何でも還《かえ》ってくるんだという雰囲気になった。ランナーコーチも強引に回して。戻って来れないやつは、『もう、終わってる』ぐらいの勢いでしたね」

練習中でも、二塁から生還できないと、周りの選手から「また、なめられんぞ！」「だからぬるいって言われんだ！」と容赦なく罵声を浴びせられた。

そうして走塁に磨きがかかった○三年夏、駒大苫小牧は、さらに凄みを増していた。選抜に出場すると夏までの再調整が難しいと言われる中で、支部予選、南大会を通じ計七試合の一試合あたりの平均得点は秋を上回る8・7点。失点にいたっては、七試合で2点のみだった。道内に限って言えば駒大苫小牧史上、最強と呼んでいいほどの勝ちっぷりだった。

この頃から道内において、駒大苫小牧の力は頭一つ抜け出した感がある。

決勝で0－9で完敗した北海道栄の監督・渡邊伸一は、この二年前の○一年に監督に就任したばかりだった。

「駒澤とは練習試合も何度もしましたけど、野球の質で言えば、北海道のチームではない。足をふんだんに使ったり、セーフティバントを仕掛けたりして揺さぶってくる。北海道は大味な印象があったので異色でしたね。ただ、兵庫（渡邊は兵庫・報徳学園のOB）の感覚でいったら普通。なんで自分が来たときに限って、こんなチームがあるんやろうと思いましたよ。この代のチームも、全国で一つ二つは勝てるんちゃうかという印象はありましたね」

異色さは、こんなところにも垣間見《かいまみ》えた。渡邊が続ける。

「走ることにしても、声を出すことにしても、どんな些細《ささい》なことでも徹底的に浸透させる。このボールをねらうとか、打席の中のここに立つとか、チームで徹底してくる。このボールは少々ボール球であっても打ちに行くって決めたら、しっかり振ってきますしね。まあ、うちのチームでもできないことはないですけど、監督としてはチームの核、ポイントゲッターになる選手には自分の間《ま》で自由に打たせたいというのもあるじゃないですか。その方が打てるケースもあるので。でも彼はそれも許さないですよね。四番だろうが、エースだろうが、例外は絶対に認めない」

徹底——。また、この言葉が出てきた。徹底するには、一にも二にも、同じことを言い続ける根気が必要なのだと渡邊は説く。

「ちょっとしたことでも許さないことが大事。そこで、まあ、ええわって思ったら強くならない。たとえば、せっかく練習で体鍛えてんねんから、スナック菓子なんて食わんと飯食えって言ってたとしますよね。でもそれをたまには菓子も食いたいやろうと、今日はちょっと食っててええぞと言ってしまえば、今日が毎日になり、ちょっとがいっぱいになる。そういうもんなんですよ。隠れて食べてたらわからないですけど、我々の目の前でそういう姿を見せたときに何も言わなかったら、選手は許されたと思っちゃいますからね」

駒大苫小牧がなかなか勝てなかった時代から見続けている北海の平川は、コンスタントに好投手を獲得できるようになったことが大きいと語る。

「あの頃から、白石とか、力のあるピッチャーが常にいるようになった。それも一人じゃないですからね。白石のときは左の鈴木もいましたから。二人ないし三人はいる。だから、今年はピッチャーがダメだったから勝てなかった、ということもなくなった。勝ち出して、いい選手が入ってくる。それでまた結果が出る。完全にいい循環に入ってましたね。能力の高い子が入ってきたから、戦術でもあまりギャンブルをしなくなった。セオリー通りにやれば、ある程度の結果は出ますからね」

白樺学園の戸出は、完成度の高さに感嘆の声を上げた。

「もう社会人野球のチームみたいな雰囲気がありましたね。他校の監督も、あそこは打てなくても足とバントで点取れるから、どうやっても勝てないと。どんな教え方してるんだみたいに言われていましたね。このあたりから、道内では、もう敵なし状態になっていきましたからね」

土島らが神宮大会、選抜大会の雪辱を果たす舞台は整った。

北海道勢は甲子園における「夏五〇勝」まであと一勝と迫りながらも、そこから三年間、足踏みしていた。駒大苫小牧は大会二日目の第二試合、北北海道代表の旭川大学高校は大会七日目第二試合のクジを引いたため、夏五〇勝のメモリアル勝利の権利は、ひとまず駒大苫小牧が手にした。

駒大苫小牧の初戦の相手は、岡山代表の倉敷工業高校だった。エースの陶山《すやま》大介はスラリとした長身の右腕で、プロ注目の好投手でもあった。

試合開始の予定時刻は一一時。ただし、近畿地方に台風一〇号が接近しつつあり、天気予報では、昼前後から甲子園がある西宮市付近は雨になると伝えていた。大会本部は、午前六時二〇分の時点で、第三試合、第四試合の中止を決めた。だが、甲子園上空に台風がやって来るのは午後一時か二時になるという局地予報を入手し、第二試合までは実施できると判断したようだった。

だが香田は朝、ニュース番組で「午前一一時に降り始める」という天気予報を聞いた覚えがあった。

「ぴったんこ重なると思った。でも、やるってことは絶対大丈夫なんだなって。甲子園にはアメダスも置いてあるっていうし。ばっちし予想してるんだろうなって」

キャプテンの土島が、記憶の糸を手繰り寄せる。

「第一試合は晴れていたんで、ああ、やっぱりできるんだなと思った。でも、僕らがシートノックを始めたあたりでポツポツきたんです。やばいな、できんのかな、って。でも、そこからいったん止んだんですよね」

湿り気を帯びた生暖かい風が吹く中、第二試合は予定通り一一時にプレイボール。そして、駒大苫小牧打線が二回裏に大爆発する。打者一三人を送り込む猛攻で一気に7得点。陶山の回想だ。

「岡山で通用していた自分のボールも、全国まで来ると、こんなもんなんかと。どこ投げても打たれる感じ。真っ直ぐ、カーブ、スライダー、フォーク、全部打たれましたね。1イニング7失点なんて、これまでの野球人生で初めて経験しました」

三回表に入ったあたりから、香田が危惧していたように、雨が落ち始めた。そこからは時間の経過とともに、空が暗くなり、雨脚は激しさを増していった。駒大苫小牧は三回裏にも1点を追加し、8－0とリードを広げた。ところが四回裏途中、駒大苫小牧が2アウト一、三塁と、なおも攻め立てているとき、雨が水煙を上げ始めたため、主審は慌てて選手たちをベンチに引き上げさせた。午前一一時五五分、試合は一時中断された。

スタンドの階段をまるで滝のように水が流れ落ち、グラウンドは一瞬にして湖面のようになった。

香田はそれでもゲーム再開を「信じ切っていた」と話す。

「ノーゲームになるなんて、思ってなかったよ。間を空けてもやってくれるんだろうと思った」

香田が臨時コーチとして佐賀商に同行した九四年夏、準々決勝第四試合で佐賀商は北海と対戦。第二章でも触れたが、そのとき一時間三三分にも及ぶ雨天中断を経験していた。

「ベンチでは北海戦の話をずっとしてた。こういうこともあったんだから大丈夫だと。甲子園は雨が止んだ瞬間、スポンジ部隊が飛び出して来て、ババババーッと水を取ってくれる。そうしたら、すぐに試合が再開するから、おまえら絶対に気持ちを切らすなよって。甲子園は水はけがいいんだから、大丈夫だって言ってた」

だが、九年前は通り雨だったのに対し、このときは台風である。中断に入って二〇分を過ぎたあたりで、部長が大会役員に呼ばれ、ベンチ裏に消えた。そして無情の知らせを受けてきた。香田は選手たちにひと言だけ言った。

「今日はこれで終わりだから。帰るぞ」

中断から二五分後、午前一二時二〇分。雨の中、主審はホームベース付近まで走り出てバックスタンドを向き右手を挙げた。ノーゲームの宣告だった。

大会史上、この試合を含めノーゲームは一〇度あったが、8点差は最大得点差だった。

土島はベンチの中で、グラブを手にしたまま、呆然と立ち尽くしていた。

「途中でゲームが終わることがあるなんて、知らなかったんで。もうちょっと待てねえのかよって思いましたけど、監督が明らかに機嫌が悪いときの監督になってましたから、とてもそんなことを言える雰囲気ではなかったですね……」

ただ、思いは香田も選手と同じだった。いや、それ以上だった。

ベンチ裏で高野連会長の脇村春夫を見つけるなり、食ってかかった。

「なんでですか！　納得できません！　僕だって一一時から雨が降るの知ってましたよ。高野連はアメダス持ってんでしょ！　確信のもとに始めたんじゃないですか！」

興奮し切っていた香田を、一人の役員が喫煙所まで引っ張っていった。そしてタバコを吸いながら「いろいろな事情があるんやから」となだめられ、ようやく冷静さを取り戻す。

「俺も、これ以上言ったらいけないっていうのがあったから、最後は、ありがとうございました、ありがとうございました、って頭を下げながら帰った。勝ちが欲しくて欲しくて、もう剝き出しだったもんね。今思えば、あの頃の俺はまったく余裕がなかった」

宿舎へ帰るバスに乗ると香田が言った。

「明日、もう一試合できるんだからよかったじゃねえか。切り替えていくぞ」

しかし、その口調は怒りに満ちていた。

夕食前、香田に何か話せと言われた土島はとっさの判断でこう言った。

「一回戦突破、おめでとう！　明日の二回戦もがんばろう！」

さほど笑いは起きなかった。

部屋に戻ってからも香田の気は晴れなかった。

「もともと引き摺る方だからね。選手たちには切り替えろと言いながら、自分がいちばん切り替えられていなかった。部屋に戻っても、勝てたのになあ、あんな試合展開もうないべ……って」

翌日になっても、まだ心の整理がつかなかった香田は、大会役員に思わず聞かずにはいられなかった。

「あのー、今日、8－0から始めるってことはできないんですか？」

もちろん、ありえない。ノーゲームとは、記録が完全に消失したことを意味する。

第一試合に組み込まれていた再試合は、台風の影響で変則日程となり、一四時プレイボールとなった。誤算だったのは、エース白石の不調だった。じつは前日の試合、ホームに滑り込んだ際に臀部《でんぶ》を痛めていたのだ。

「けっこう強い打撲で……。キャッチャーを避《よ》けながら滑ったので。寝る前も痛くて、洗濯も自分でできなかった。付け根のあたりが痛くて、歩くのがやっとという感じでした。朝も痛みで起きれなかったんですけど、球場に行ったらアドレナリンが出て、なんとか投げられるぐらいまでになった。でも初球、いきなりカーンっていい当たりをされたんで、やっぱり球が走ってないのかなと。そこそこできるかなと思っていたんですけど……」

初回は何とか切り抜けたが二回表、倉敷工業に1点を先制されてしまう。土島がメンバーの心中を代弁する。

「みんな口に出さなかったけど、明日は正直、心理的に俺らが不利になるってのはわかってたと思います。今日も打てたから明日も打てるぜって軽い感じで言ってたけど、奥底ではどうなるのかな……って。だから先取点を取らないと厳しいと思ってたんですよ。でも、先制されて、やっぱり向こうに流れがあるって思っちゃった」

三回表にも2失点。0－3とリードされる。その裏、エラーが絡んで2点を返したが、前日の勢いは失《う》せていた。

土島は「陶山は明らかに配球を変えてきた」と振り返る。

「ばんばんインコースにスライダーを投げてきてましたから。それで、三振した記憶がある。ものすごいスライダーでしたよ。ぜんぜん打てる気がしなかった。昨日と違う、どうしよ、どうしよって、どんどん焦ってしまった。どうやって2点取ったのかも覚えてない」

しかし、陶山はこう反証する。

「キャッチャーの言う通りに投げてただけですよ。たぶん、何も変えてない。ただ、向こうに比べたらこっちは開き直っていけたので、気は楽でしたね」

気持ちの差が、土島に陶山のボールを実際以上に感じさせたのかもしれない。

五回、六回、七回と、駒大苫小牧は0アウトから走者を出し、いずれも強攻したものの、得点に結びつけることはできなかった。香田は逸《はや》る気持ちを抑え切れずにいた。

「七回の0アウト一、二塁は送るべきだった……。でも、前日のばっかばっか打ってたイメージを振り払えなくてね。一気に取っちゃえって。明らかに違う展開になっていたのに、そこに気づけなかった。優勝したときの俺だったら間違いなく送ってたね」

ゲームセットの声を聞いたとき、スコアボードは2－5で駒大苫小牧の敗北を示していた。整列したとき、倉敷工業の選手たちは複雑な笑みを浮かべていた。陶山が胸中を明かす。

「8－0の試合がなくなって、僕たちからしたら大ラッキーでしたからね。申し訳ない……という感じでしたね。普通にやったら、向こうの方が強かったですよ」


試合後、取材ゾーンで香田は朝日放送の『熱闘甲子園』に宿舎取材を申し込まれた。最後のミーティングの様子等を撮影させて欲しいとのことだった。しかし、きっぱりと断った。

「冗談じゃない、みたいな気分だったから。再試合で負けて、恰好《かっこう》のネタになる。笑ってる映像を流されて、悔しさまで流されたらたまんねえからな。主催の朝日系の番組だから、高野連からもなるべく受けてくれみたいな感じで言われてるんだけど、テレビの前だからって恰好つけて、本当に言いたいことが言えなくなるのも嫌だった。あと……また文句を言ってしまいそうで怖かった。なんで昨日、あのままやらせてくれなかったんだって」

バスに乗り込むまではなんとか堪《こら》えていた香田だったが、バスが走り出すと堰《せき》を切ったように涙があふれ出した。

「悔しくて悔しくてしょうがなかった。あれだけの試合をしながら勝たせてやれなかった情けなさと、なんでノーゲームなんだという……。つくづく俺は甲子園では勝てない監督なのかなと思ったよね」

その晩のミーティングのとき、土島は香田がフェイスタオルを持ってきたことをよく覚えていた。香田が思い出す。

「自分が何を話すかイメージしてたんだけど、たぶん、堪えきれないだろうなと思ったんだろうね」

何かをしゃべろうとすると声が震え、うまく言葉が出てこなかった。

「……申し訳ない」

「……勝たせてやれなかったのは俺の責任だ」

「本当に、ごめん……」

しゃくり上げながら語った香田は、用意していたわずかな言葉を伝えるのに五分近く費やした。

いつも怒っているイメージしかなかった香田が泣いていた。

白石が回想する。

「泣きましたね、僕も。監督は自分を責めてましたけど、僕は感謝しかなかったです」

土島も号泣していた。

「初勝利が欲しくて……。（北海道勢）五〇勝目は俺たちのものだって思ってたんですけどね。監督だけは、いつも真剣に日本一を目指してやっていた。甲子園を目標にしてると出ただけで満足してしまう、そこが北海道の悪いところだからって。声を出すときも、そんな声じゃ甲子園の決勝では聞こえねえぞって。でも、僕はついていけなかった。口では全国制覇と言いながら、心のどこかでは無理だと思ってた。再試合で負けたのは、その弱さが出たのかなと思いましたね」

僕はついていけなかった——。土島だけではない。白石も「僕はついていけなかった」とコピーしたかのようなセリフを吐いた。

「日本一、日本一、って言ってたけど、なれるわけないと思っていた」

ミーティングの後、ホテルでは、一年生と二年生が泣きながら三年生の部屋を回った。ある選手は謝り、ある選手はお礼を言った。そして、三年生は上着や、革手袋や、帽子や、スライディングパンツに言葉を添えて下級生にプレゼントした。それが負けたときの恒例行事だった。

そうした儀式が終わると、三年生だけでコンビニへ繰り出した。普段は口にすることのなかったスナック菓子や炭酸ジュースを買い込み、みんなで試合の感想を話しながら『熱闘甲子園』を観た。そして、番組が終わり、いつしか話題はいつものように香田に怒られた話になっていた。練習後、プロレスごっこをしていたら、香田が激怒し、未だになぜ怒られたのかがわからないという話等々。笑い声は、深夜三時頃まで続いた。

香田らスタッフも、その頃、ホテルの一室でやけ酒を飲んでいた。翌日は、みんなでユニバーサル・スタジオ・ジャパンへ遊びに行ったのだが、香田はアトラクションを回るたびに吐き気を催し、何度となくトイレに駆け込んだ。

夏休みが終わり、久々に学校へ行くと、香田の机の上に珍しく何通もの封書が置いてあった。そのうち何通かは、香田の采配を責めるものだった。

「一通は、八十何パーセントはおまえの責任だ、って細かく書いてあるの。つまり七回までやらないと試合は成立しないわけだから、なぜわざと三振とかさせて試合を進めなかったんだって。打ち過ぎなんだ、みたいな手紙が一通や二通じゃなかった。それも腹立ってね。来年、絶対に甲子園に行かないと話にならないと思った」

新チームのキャプテンは、佐々木孝介に決まった。現在の駒大苫小牧の監督でもある。佐々木が香田と初めて会ったのは、中学一年生のときだ。香田が二歳年上の兄の勧誘で家へ来ているとき、たまたま出くわしたのだ。

「今でもよく覚えてるんですけど、英語の塾から帰ってきたら、監督が、居間であぐらかいて座ってたんですよ。目が合った瞬間、この人なんか違うと思った。僕のことを子どもとして見てないというか、こいつどんな選手なんだろうって目で見てるんですよ。全部、見透かされているような。そのときにもう、僕もこの監督と野球をやろうって思ってましたね。その二年後、兄ちゃんが二年生のときに（香田が指揮する駒大苫小牧が）初めて甲子園に出たんですけど、そのときも、やっぱりなって思いましたから」

佐々木はサッカー選手のクリスティアーノ・ロナウド似の涼しげな顔をしているが、情熱的な男だった。同級生で投手の鈴木の話だ。

「孝介は、キャプテンは嫌われてもいいっていう考えでしたからね。何回、孝介に怒られたかわかんないですよ。『おまえ、やる気あんのかよ！』とか。ベンチ外のやつとかにも『試合も出てねぇくせに、ふざけるんじゃねぇよ！』とか平気で言いますからね。ただ、野球を離れると、すっごくおもしろいやつなんですけどね」

また一つ、悔しさを積み重ねて再スタートを切った駒大苫小牧だったが、選抜大会出場をかけた〇三年秋は、全道大会の決勝戦で、またしても鵡川に３－７で敗れた。

キャプテンの佐々木は語る。

「追い込んで、追い込んで、追い込んだのに覇気がなかった。絶対に勝たなきゃっていう気持ちはあったのに……。雰囲気が最後まで上がってこなかった。ウンコでしたね」

ウンコとは「どうしようもない」という意味で、佐々木がよく使う言葉だった。

このときもまた香田は新聞記事をそれぞれ目に付くところへ貼っておくよう指示した。

「秋は甲子園から帰ってきてすぐだったから、今一つ、調整がうまくいかなかった。選抜は鵡川が出ることになって、それがまた悔しさに拍車をかけたよね。イラつくから、意地になってた。普通に『じゃあ、ティー、三〇回、五〇セットだ！』とか。したら、なげーんだ。でも、やらせちゃった手前、途中で時間もあれだから……とか言えねえしさ。そんなことが何回もあったね」

香田の体重が九〇キロを超えたのも、この頃のことだ。もともと大食漢な上に、毎日、夜九時過ぎ、あるいは夜一〇時過ぎまで学校にいて、それから帰宅し食事をしていたため、みるみるうちに体重が増えていった。

冬場は「今、本州のチームは外でやってるから、うちらも外でやるぞ」と例年以上に外での練習が増えた。

またこの年の一〇月から、香田は一人につき一本、約六〇〇〇円の竹バットをあてがった。金属バットよりやや重い九五〇グラムのバットで、下半身でしっかりスイングする癖をつけるねらいがあった。

「一人一本あげた方がバットに愛着が持てるでしょ。持ち帰って素振りもできるし。それと、何となくバットとグローブを持ってグラウンドに出てくるという姿が好きでね。いかにも野球小僧って感じで。この冬は全部、竹バットで練習した」

竹バットで冬場は一日千スイングをノルマにした。このとき一年生だった五十嵐は振り返る。

「四時間マシンガンとかやってると、腕が上がらなくなるんですよ。構えようと思っても構えられない。そんなの初めての経験だったので、びっくりしましたね」

「マシンガン」とは、ゆっくりボールを上げるのではなく、矢継ぎ早に次々とボールを上げ、それを打つ練習のことである。再び、五十嵐。

「ただ、竹バットでずっと打ってたら、打球がぜんぜん変わりましたね。外に出てバッティング練習するの、楽しかったですもん。スコン、スコン（ボールが）飛ぶので」

香田は中途半端なスイングをしている選手には「折れることを気にしながら振ってるからだ！」と叱ったが、内心では気が気でなかった。

「多い選手だと、一シーズンで五、六本ぐらい折ってたからね。もう折ったのかよ……って思っても、そうは言えないじゃない。一本六〇〇〇円ぐらいするから、部長とひいひい言ってたよ」

香田が苫小牧へやって来てから一〇度目の冬が過ぎようとしていた。

数年、あるいは数十年に一度しか花をつけない植物がある。体内に極限までエネルギーを蓄積し、時期がくると一気に咲き誇るのだ。

駒大苫小牧も、その時期を待っていた。

第四章　壮年期（二〇〇四―〇五年）

駒大苫小牧が甲子園の大会期間中、定宿にしている伊丹《いたみ》空港の目の前の「ホテルくれべ空港」に香田宛の速達の茶封筒が届いたのは、初戦の二日前だった。

二〇〇四年夏、二年連続で甲子園出場を決めた駒大苫小牧は、大会六日目第一試合で佐世保実業高校と対戦することになっていた。

ミズノの渡辺は「初めていいクジを引いた」と思った。

「それまでの三回は、ずっと二日目だった。大会の雰囲気に慣れるには、ちょっと早いもんね」

通常、夏の甲子園は、各チームとも大会七日目までに初戦が組まれる。そして、どのチームもねらっているのが、大会五日目第三試合以降の組み合わせだ。というのも、そこから二回戦に入るからだ。つまり、勝ち進んだ場合、一回戦から登場するチームよりも一試合少なくて済むのだ。

ただ、七日目では、やや間延びする。また遅い時間帯の試合になればなるほど、前の試合が長引き待たされる可能性が高まる。そういう意味では、調整しやすさということを考えると、数少ない大当たりのクジと言えた。

やや分厚い封筒の裏には、土島、白石ら一二名もの名前が書かれていた。前年に引退した野球部員たちである。

「あれ、なんだろうなと思った」と香田。封を切ると、A4サイズのレポート用紙四枚は、手書きの文字でびっしりと埋まっていた。一切改行のないまま、前三年生たちの応援メッセージが綴《つづ》られていた。そして数分後、香田は一度目の涙を流した。

「一人で部屋で泣いちゃった。書くのにえらい時間かかったんじゃないかなって、感動してさ」

　そうして胸を一杯にしながらも、すぐに監督としての算段も立てていた。

「……どっかで使えるな」


　一〇度目の冬を越え、迎えた〇四年春。苫小牧駒澤大を卒業した教え子の茂木雄介が、コーチとして駒大苫小牧に帰ってきた。自分が現役だった四年前と比べ、あまりの変化に驚き入った。

「練習にいろんなアレンジが加えられてたし、甲子園に対する意識がすごく高くて。僕が高校生の頃は、行くぞ、行くぞって言ってたけど、正直、ここまでではなかった。ポッと入れられて、最初はちょっとついて行けなかったですね」

　先述した「マシンガン」と呼ばれる、ティー打撃の際に間髪を容《い》れずにボールを上げ、それを打つ練習があった。それをピッチングマシンで行うようになっていた。

「マシンって普通、『はい、行きま～す』って入れて、パカーンって打つじゃないですか。それをどんどん入れて、ガンガン打つんです。マシンでマシンガンかよと。なんか、あらゆる練習が、すっごい発展していってるんです」

「長竹」と呼ばれる約一メートルの特注バットも備えてあった。通常のバットは八四センチか八五センチである。長竹で素振りをするだけでなく、ティー打撃もした。

走塁方法もさらに細かくなっていた。ベースを蹴るとき、体の角度までを意識していた。それも一塁と二塁と三塁では少しずつ違う。

一塁走者のリードも、走るときは一塁と二塁を結んだ線のやや内野寄りに位置を取った。すると投手から体が大きく見えるぶんリードが小さく見える。逆に走らないときは線の外野寄りに回って、体を小さく見せ大きなリードを取っているように見せかけた。

茂木が続ける。

「冬になったら冬で、外で内野ノックをやってるよって。今日は暖かいし、紅白戦やるかとかって、僕らの頃では考えられなかったですから」

茂木がもっとも面喰らったのは、下級生が上級生を呼びつけにしていることだった。主将の佐々木孝介に対しても、ミスをすれば、下級生から「孝介！　しっかり投げろよ！」と叱責が飛ぶ。

「おお、すげえ、みたいな。後輩が先輩に対して『出とけよ！』ぐらいの勢いでしたから」

グラウンド外は別として、グラウンド内では上下関係は一切なかった。「さん付け」を廃止した理由を香田が説明する。

「大学生のとき、下級生だからって、何でこんなにビビりながらやんなきゃいけねえのよっていうのがあった。エラーしたら地獄じゃねえか、みたいな。そんなんじゃいいパフォーマンスは発揮できねえ。そう考えていくと、何々さん、何々さん、っていうのが引っかかる。俺は下級生です、って言わんばかり。完璧を求めていく中で、さん付けは、どう考えても邪魔だった」

二年生でサードだった五十嵐大が思い出す。

「入学したばかりの頃は、ボール回しのとき、つい何々さんとか言うと『何が、さんだ！　だったら、もっと大きな声で呼べ！』とか怒られる。だから、すぐに慣れましたね。ただ、筑波（大学）に入ったとき、同じ調子で先輩に『何やってんだよ！』ってやったら、いい顔されなかったんで、すぐにやめました」

〇四年、駒大苫小牧は春の全道優勝からスタートした。しかし、春の大会中は例年、夏に向けての強化期間に当たっており、翌日も変わらず朝六時半から練習をした。そして続く夏は、支部予選の決勝で、まずは前年秋に負けた鵡川を7－0のコールドゲームで下す。香田が言う。

「やられたら、必ずひっくり返す。俺の中で続けて負けるなんて、ぜってー、ありえねえから」

南大会も準決勝の東海大四戦で3－2と競った以外は、危なげなく勝ち上がった。

決勝戦の相手は、前年に続いて同支部内のライバル北海道栄だった。この試合で香田は就任二年目の夏、苫小牧工戦で「超遅球」の斎藤正幸を起用したときを彷彿《ほうふつ》させるような奇策を見せた。ここまでまだ一度も登板のなかった二年生の松橋拓也をいきなり先発のマウンドに送り込んだのだ。

ただ、香田は「奇策」と言われることが不服なようだ。

「勝ちにいっての采配だから。俺の癖で、ここ一番で思い切りが出ちゃうというか」

五月上旬に右ヒジの側副靭帯《じんたい》を損傷し、全治三ヶ月の診断を受けていた松橋だったが、その頃にはほぼ回復していた。

「僕はびっくりしたというより、嬉しかったですね。やっと投げられるって」

いちばん驚いていたのは、相手ベンチの渡邊伸一だったかもしれない。メンバー表を交換してきたキャプテンの表情で何かあったことだけはすぐにわかった。

「先生、先発は松橋です」

渡邊は我が耳を疑った。

「絶対、鈴木（康仁）やろうと思ったんです。そこまであんまり投げてなかったですけど、準決勝あたりから調子を上げていた。エースの岩田（聖司）は投げ過ぎて、疲れてましたしね。だから、みんなには鈴木をイメージしておけよと。練習試合もしているし、ビデオも撮ってたし、だいたいイメージはできていたんですけど……。普通じゃ考えられないですよね。決勝ですよ」

渡邊は時間が経ってから、香田に松橋先発の真意を問い質《ただ》した。

「松橋って割とぽーっとしてて、動揺しないタイプらしいんです。抑えなきゃって緊張するタイプじゃないと。だから行けるところまで行けと送り出したそうです」

　香田采配に幻惑されっぱなしの渡邊は嘆息する。

「香田ってピッチャーもよく代えるし、打順も日替わりですごく変えてくる。それで控えでポンと出たやつが打ったりするんです。一度、練習試合で完投ペースだった先発投手が九回1アウト走者なしからフォアボールを出した途端、交代させられたことがあった。そんときも、なんで？　って聞いたら、あのフォアボールが気に入らんと。香田なりに根拠はあるんでしょうけど、ものすごく感覚的なんですよね……俺にはわからん」

　左投手のボールの軌道をイメージしていた北海道栄は、序盤、一四〇キロを超える速球を持つ右腕・松橋のストレートになかなか合わせられない。

　松橋は速球でぐいぐい押し、4回1失点と期待通りの役割を果たした。その後、駒大苫小牧は岩田、鈴木と二人の三年生左腕でつないで、6－3で堂々と押し切り、南大会としては二二年振りとなる連覇を達成した。

　渡邊が〇四年夏の駒大苫小牧の印象について語る。

「力量的には白石のときよりも、ちょっと上でしたね。前年は甲子園でも一つか二つは勝てるかなと思ったけど、こいつらなら二つ三つ勝てるんやないかと思った」

　今でもよく考える。〇四年当時、日本全国で北海道のチームが日本一になれると心の底から信じていた人間は果たして何人いただろうか。

　香田は静かに話す。

「やるとしたら俺だろって心の中では思ってたよ。本当だよ。本当に思ってた。絶対、俺が持ってくるって。やれるって」

　香田以外で本気で優勝できると考えていたのは、強いて言えば、我喜屋優ぐらいだろう。

「白老町長に『そろそろ駒澤が優勝するよ』って言ってたもん。町長、怒ったよ。地元に（北海道）栄がいるのに何でって。でも、栄の監督には頼まれてないからね。何も教えなかった。だからいつまでたっても子どもの野球なの」

　二〇〇〇年代に入り、白河越えの気運がにわかに高まったのは、近畿圏の選手を集めてのし上がった青森の二強、青森山田と、八戸市の光星学院の台頭がきっかけだった。夏の甲子園において、九九年に青森山田がベスト8、光星学院が二〇〇〇年はベスト4、さらに〇一年、〇三年と続けてベスト8入り。光星学院の監督だった金沢成奉《せいほう》（現明秀《めいしゅう》学園日立《ひたち》高校監督）は大阪の太成《たいせい》学院大学高校、宮城の東北福祉大学でプレーした熱血漢だった。地元大阪の硬式野球出身の中学生を勧誘し、鍛え上げ、瞬く間に光星学院を強豪校に育て上げた。その頃、金沢は憤然たる面持ちで、雪国が勝てない理由をこう語っていたものだ。

「全国で本気で勝とうと思っている指導者がいなかったこと。これがすべて」

その言葉に、深く共感した。もちろん、本気で勝とうとしていた監督もいる。東北でもっとも執念深く優勝をねらい続けた最初の男は、宮城県の二強、東北高校と仙台育英で指揮を執った竹田利秋（現國學院大學総監督）だろう。じつに二七回も甲子園に出場し、仙台育英時代の八九年夏、大越基《もとい》（元ダイエー、現早鞆《はやとも》高校監督）を擁し、自身初となる決勝の舞台まで辿り着いたが、あと一歩届かなかった。

「昔は冬場は三ヶ月、野球ができなかった。また、南の方とは日没も一時間ぐらい違う。そうやって考えると、うちは一年のうち七ヶ月ぶんぐらいしか野球ができなかった」

竹田の後を継いで仙台育英の監督となり、〇一年春、一五年夏と二度、決勝で涙を呑んだ佐々木順一朗も「本気で勝とう」と思い続けていた内の一人だ。

佐々木は期待を背負いながら勝つことの難しさを語る。

「やっぱりね、行けると言われたところですぐに行かないと。優勝に近いと言われながら勝てないと、どんどんプレッシャーがかかってきて、いつもと違う自分が出てきてしまう。優勝がどんどん遠くなる」

これまで雪国の二大ハンディは「気候」と「気質」だと言われ続けていた。しかし、〇三年夏に羽黒《はぐろ》高校（山形）が甲子園に初出場したときに監督を務めていた東京大学野球部出身の竹内一郎は、「気候よりも気質の方が大きかった」と話す。

「雪のハンディなど、東北人の気質の問題に比べたらぜんぜんですよ。私には東北の人たちは闘争心に欠けているように見えた。あるとき、エース候補の子が『野球を見るのは好きだけど、やるのはしんどい』って、辞めてしまった。最初の頃はそんな部員も引き留めてたんですけど、あの瞬間、東北の選手だけでは厳しいかなと思いましたね」

竹内が羽黒の監督に就任したのは一九九八年だった。最初の二年間は地元の選手にも目を向けていたが、三年目からは神奈川や千葉など県外出身者にそれまで以上に依存するようになり、さらにはブラジルからも選手を招くようになる。

「できるだけ早く甲子園にチームを連れて行くには、地元の子の気質が変わるのを待っている時間はなかった。だから関東などから選手を獲ってきたんです。彼らは勝つために田舎までやって来るわけですから、地元のやつらなんかに絶対負けないって気持ちでやりますよ。東北の子にいちばん足りないのはそのあたりのガッツですね」

結局、この時期、東北勢が強くなったと言っても、全国で活躍していたのは県外から選手を集めている私学ばかりだった。

当時、岩手県内のある公立高校の監督は、こう複雑な心境を吐露していた。

「一握りの私学だけが強くなる一方で、弱いところはますます弱くなっているという一面もある。公立校からしたら『冗談じゃないよ』っていうのはあると思いますよ。でも、もうどこでもいいから早く優勝して欲しいですね。そうすれば、悲願の白河越えなんて言葉もなくなる。なぜ勝てない、なぜ勝てないって言われなくなれば、もっと普通に勝てるようになると思いますよ」

雪国の勝利を長らく阻んでいたもの。その最大の要因は、コンプレックスだったように思う。
○四年春、秋田の名門・秋田商業高校が選抜出場を決めたとき、前監督の小野平《たいら》が、報道陣に「長靴を履いて走っているところは撮影しないで欲しい」と願い出たことがあった。理由を聞くと、関西圏の強豪校の監督に「その手の写真を見ると負ける気がしない」と言われたからだという。秋田商の監督でさえそこまで気にするものなのかと、劣等感の根深さを実感した。
香田が監督に就任するときも、当時の校長に「一度でいいから全道に出て欲しい」と懇願されている。ほとんどの北海道の高校にとって、春秋の全道大会および夏の南大会が開催される札幌市の円山《まるやま》球場が、あるいは夏の北大会が開催される旭川スタルヒン球場が甲子園のような存在で、その先は別世界のように考えていた。

香田が生まれ育った佐賀県も九州ではもっとも参加校数が少なく、それだけに代表校の九州大会等での成績はいつも振るわなかった。

「九州の中で佐賀だけガクンと落ちるからね。古い体質のままで、パッとした選手もいなかった。田舎っぺだしさ。昔、夏の甲子園は佐賀と長崎で一校しか出られなかったんだけど、代表決定戦はほとんど長崎が勝ってるもんね」

香田の中に可能性という種が蒔《ま》かれたのは、一九九四年夏、母校の臨時コーチとして佐賀県勢初となる全国制覇を味わったときだ。六月の頭に教育実習で二週間指導し、その後、大学が休みに入る七月頭から甲子園の日程が終了する八月下旬まで約二ヶ月間、選手たちと同じ時間を過ごした。

「甲子園のときは、相手チームの分析とかは俺がやってた。相手チームの練習会場に偵察に行ったりしたもん。どんな服装で行けばいいのかわからなくてさ」

佐賀商史上、「最弱」とまで酷評され、全国的にはまったくノーマークだった公立高校の快挙に、メディアは「ミラクル佐賀商」と快哉を叫んだ。香田が首を巡らす。

「あのチームでも勝てるんだから……というのはあったよね。弱かったもん。でも一〇回やって一回勝てるかどうかの相手でも、一発勝負になったらわからない。そら、能力がある方が有利だけど、甲子園って能力だけじゃない何かがあるんだっていうのを肌で感じた。あいつら、勢いだけはあったから。力のあるチームがドーンと行く年もあるんだろうけど、こういう流れを持ったチームが勝てる年があるんだと。だから、人よりは全国制覇が近くに感じられたのかもしれない」

また駒大では在学中に準レギュラーとして二度、全国制覇も体験した。駒大は中畑清、石毛宏典、森繁和など六〇人を超えるプロ野球選手も輩出している。プロレベルの野球も身近な存在だった。それだけに戦う以上、その頂点を目指すのはごく自然なことだった。

香田も来道当初、北海道人の気質にたびたび苛立ちを募らせた。

「最初に北海道に来たとき、『内地は』『内地は』って言うから、何のこと言ってるのかわからなかった。内地と言っている時点で、自分たちは外だと思っている証拠でしょ。

一歩、引いちゃってる。その言葉からして気にくわなかった。いっつもイライラしてた。小学校のときからハンディがあるから仕方がないって言われ続けてる。確かにクソ寒いし、グラウンドは凍るし……っていう自分もいた。でも、そうですね、とは言いたくなかった」

しかし、違う角度から眺めれば、そんな北海道人の気質もマイナス面ばかりではなかった。

「北海道の選手は、ふわ～っとしてる子どもが多いんだよ。のんびりしているところは沖縄の子どもに似てるかも。端っこって、そうなっちゃうのかな。でも、よく言えば指導者色に染めることができる。素直だから、こういう風にするんだって言うとちゃんと染まってくれる。もともと投げる、打つという能力は高い子が多いから、ちょっと知識を与えてやれば変身するんだよ」

二〇〇四年のメンバーは全員、北海道出身者だった。地元だけというと、それだけでハンディキャップを背負っているようなイメージを持たれがちだが、北海道が他の雪国と違うのは面積の広さと人口の多さだ。東北で断トツの人口を誇る宮城県でさえ約二三〇万人だ。五〇〇万人を優に超える北海道は、単純に考えれば、その倍以上の人材がいる。地元出身者とはいえ、素材は豊富なのだ。

北海道出身の茶木は、香田と選手には一つの共通点があったと話す。

「北海道人、純粋ですもん。香田先生も、すっごく純粋。それでいてカリスマ性がある。

その組み合わせがよかったんでしょうね」

コンプレックスとは、つくづく棒高跳びのバーのようなものだと思う。バーの位置が四メートル五〇のときは、四メートル六〇、あるいは七〇近く飛んでいても、実際にバーの高さが四メートル六〇に設定されると、意識し過ぎるあまり四メートル五〇のジャンプさえできなくなってしまう。それは、走り高跳びも同じだ。

おもしろいもので、同じ跳躍競技でも、競技後に記録を計測する走り幅跳びや三段跳びは本番の方が好記録が出やすい。アドレナリンの多寡がそのまま記録につながる。一方で、棒高跳びや走り高跳びは逆だ。五メートル八三の日本記録を持つ澤野大地《だいち》は、かつて「練習では何度も六メートルを跳んだことがある」と語っていた。棒高跳びの練習はバーの代わりにゴムを張って行うのが一般的だ。上げ下げする必要がないし、故障の防止にもなる。「バーは絶対に落ちない」という意識が、体をリラックスさせ、本来の力を引き出すのだ。

〇四年夏の駒大苫小牧の選手たちは、跳べるかどうかは別として、少なくとも「バーは落ちっこない」、そう考えているように映った。

屈辱。無念。未練。〇四年夏の駒大苫小牧には、そんな感情の層が積み重なっていた。

香田が振り返る。

「あの年は特にやってやれみたいなところがあったからね。倉敷工業戦であれだけの悔しさを味わっていたというのもあるし、あれだけ点を取って自信になったところもあったし。いつかじゃない。あの悔しさを覚えてるやつらが、やんなきゃダメだと思ってた」

その思いが、いつも以上に自分を追い詰めてもいた。キャプテンの佐々木が思い出す。

「監督、緊張してましたよ。甲子園入ってからもカリカリ、カリカリしてましたもん」

開会式の日、バスが甲子園球場に到着すると、朝から神経を尖《とが》らせていた香田が途端に怒りをぶちまけた。朝、あいさつをしない選手が数名いたことが気に食わなかったのだ。

「ダメだ。あいさつもできないおまえらと野球なんかできねえ。開会式なんか出る価値ねえよ。もう出場辞退するわ」

その後もしばらく香田の機嫌は直らなかった。佐々木が言う。

「練習中も、あいさつもできねえやつが勝てるわけねえんだから、どうせ負けるよ、みたいな。でも、こっちは気持ちがわかるじゃないですか。本当に勝ちたいんだなって」

そうして迎えた大会六日目、佐々木が副部長の茶木圭介から「室内で読め」と、士島ら一二人の手紙を手渡されたのは甲子園へ向かうバスに乗車するときだった。

これから試合に臨むチームは、球場内の室内練習場でアップをしながら待機する。そこで読め、という意味だった。

佐々木は茶木の意図を一瞬にして理解した。前夜、ノーゲームになった倉敷工業との試合映像をみんなと一緒に観たのは、この伏線でもあったのだ。佐々木は後ろのポケットに前年春、石垣島でキャンプを張ったときに三年生たちと撮った記念写真を忍ばせていた。裏にはマジックで〈いつも通り〉〈大きく深呼吸〉と書かれていた。

選手たちは、行きのバスの中でも再び倉敷工業戦のビデオを鑑賞した。雨で流れた、打ちまくった方の試合である。そうしてセルフイメージを高めた。

伊丹空港の目の前にあるホテルから甲子園までは、バスで約二〇分。その間、感情を昂《たか》ぶらせようと、相応《ふさわ》しい内容の試合映像を流すようになったのは、このときからである。近年は、女子サッカー日本代表のなでしこジャパンなどが取り入れて話題になった、いわば「モチベーションビデオ」である。駒大苫小牧は、それをいち早く導入していた。翌年は、ゆずの『栄光の架橋』をバックに編集されたこの年の済美との決勝戦のダイジェスト版を流すのが恒例になった。

室内練習場で軽く汗を流し、グラウンドへ移動する直前、佐々木は円陣の真ん中に立って手紙を読み上げた。その一部だ。

〈コースケ、ギャルにちやほやされないで頑張れ！　セージ、セージファンはいないと思うけど奪三振ショー期待してます。イトヤ、強肩貧打で大活躍！　ユウ、2年連続ホームラン、そして先制打。カツヤ、自分らしく勝つきもちだけもってがんばれ！　マンベ、先頭打者アーチが見たい！　なんてね。タダシ、快足とばしてチームに流れ

を！　３年生は監督を信じ、親に恩返しできるようがんばってください！　石川廉〉
〈あの悲劇の夏から一年が経ち、俺達の借りを返して貰《もら》う時がやっときました！（中略）俺たちが歌うことのできなかった駒澤校歌を絶対聞かせてください！　白石守〉
〈今年こそ、監督を男にしてやってくれ！　頼んだ！　土島直也〉

ほとんどの選手が泣いていた。メッセージをしっかりと伝えなければならない佐々木だけが堪えていた。

「この時間の大切さをわかってましたから。監督は、この空気感をつくりたかったんだなと」

円陣の外で聞いていた香田も、また泣いていた。

「みんな、ヒクヒクなってたから、この後、大丈夫かなって心配になった。やっべ、失敗したかなって。でも読み終わって落ち着いてきたら、やってやるぞって結束した。先輩たちの気持ちを背負って戦うんだって、すごくいい雰囲気になったね」

それから約二時間半後――。駒大苫小牧は佐世保実業相手に、前年、倉敷工業との二試合で放った計15安打と同じ安打数を一試合で放ち、7－3で甲子園初勝利を収めていた。まるで倉敷工業との第一試合の続きを見ているかのような快打だった。同時に、二年がかりで、記念すべき北海道勢五〇勝を飾った。ただ初戦を突破した段階では、駒大苫小牧はまだ、テレビの実況アナウンサーが「駒大岩見沢」と言い間違えても、誰もそれを訂正しないほどの存在だった。

試合後、記者に囲まれた香田は「校歌の前奏が違うので驚いた」と、自らその違いを鼻歌で披露するなど、子どものようにはしゃいでいた。

「甲子園で校歌を歌う場合、何分以内って決まってるらしくて、短く編集されてたんだよ。だから北海道のときより、なんかテンポが速いんだよね。それで、あれ、違うって焦っちゃってさ」

一年間、悔しさを背負い続けていたぶん、解放感も大きかった。

「内心、甲子園では勝てないチームなんじゃないかって思い始めてたからね。勝てるじゃんって、すっごい楽になった。重いリュック、やっと捨てられたみたいな感じだったね」

ただ、喜びが大きければ大きいほど、香田の中で、土島や白石らへの申し訳ないという気持ちもぶり返した。

「一年前もノーゲームになってなかったら、ベスト8とか、最初の伝説をつくってくれたかもしれない。プロ注目の投手から、あれだけバンバン打てたんだから。ただ、これだけは絶対言えるんだけど、かがんだぶん、ジャンプしたときは大きかった。何もなかったら、何もない」

続く三回戦の相手はすでに、三年前の〇一年夏に全国制覇を遂げた東の横綱・日大三に決まっていた。日大三も二回戦からの登場だった。大会五日目の第三試合、「優勝候補対決」と話題になった西の横綱・PL学園戦で、18安打をマークし、8－5で打ち勝っていた。

この夏、駒大苫小牧はベンチ入りメンバー一八人中六人までもが投手だった。異例の多さである。前年から二番手として活躍し、エース候補の最右翼だった三年生の鈴木は春先、左ヒジの靭帯を損傷し、医師に「もう夏は間に合わないかもしれない」と言われていた。南大会にギリギリ間に合ったものの、投げ込み不足は否めない。また、五月に同じように右ヒジの靭帯を痛め、南大会の決勝で公式戦初登板を果たした二年生の松橋も、同様だった。計算できるのは、地方大会で6試合に登板して35回三分の一を投げ、6失点に抑えた背番号「1」の岩田だけだった。スライダーが武器の、身長一七四センチの小柄な左腕だった。

香田は鈴木も、松橋も「投げられたとしても少ないイニング」と決めていたため、一人でも多く投手をベンチ入りさせておくことにしたのだ。

ただ、嬉しい誤算があった。佐世保実業戦、背番号「11」を付けた鈴木は、九回表0アウト一、二塁でリリーフし、最初の打者を四球で歩かせたものの、満塁から三者連続三振に切って取った。最後の三人に投じた全15球のうち、変化球は1球しかなかった。

鈴木は地方大会では、6回三分の一しか投げていない。彼の夏は甲子園から始まったようなものだった。そして大仰な言い方をすれば、この試合で覚醒した。

「甲子園行ったら、なんか、フォームがびしっと合った。あの試合で一四一キロ、出したんですよね。それまでは三九どまりだったので、初めて一四〇の壁を越えた。もう、俺を見ろ、って感じでしたね。やべー、超気持ちいいって。嬉しくて、ワクワクしてて、ヤバい、俺の大会になるんじゃねえかみたいなことを考えてました」

その回復と成長は、香田の想像を超えていた。

鈴木の復活はチームを勢いづけた。自由奔放で、その気になりやすく、大舞台向きの性格だった。鈴木は「ヤバい」と「やべー」を何度も繰り返した。

「日大三高は僕らが中三のときに、すっごい打って、全国制覇している。やべー、やべーって言いながらも、勝っちゃったらどうすんのよ、勝ったら優勝だなみたいなノリだった」

帰りのバスの中で、香田はいつものようにいちばん前の席に陣取り、後ろの様子をうかがっていた。選手たちは興奮を隠し切れない。

「早く日大三高とやりてぇ〜！」

「俺、もう、負ける気しねえ」

勘違いか、はたまた自信か。香田は「バカ言うな、日大三高だぞ」と思いながらも、佐賀商が優勝したときと似た雰囲気を感じていた。

「悪い言い方をすれば、完全に天狗《てんぐ》。でも佐賀商が優勝したときも、これから試合だってときにバスの中で写真撮影をしたり、ぜんぜん緊張感がなかったんだよ。練習では打球がぜんぜん飛ばないのに、試合になるとパカーン、パカーンって。不思議だったね。そういうのも参考になった。短期決戦は勢いに乗った方が勝ち。だったら、いい意味で勘違いさせたままにしといた方がいいんじゃないかと思ってね。ほっとけって」

鬼門となっていた初戦を突破し、自信をつけたのは選手たちだけではない。日大三との試合前日、電話で香田と話した深紅の会の会長である梶川昇が思い出す。

「いちばん変わったのは香田だったかもしれないよ。日大三高とやるときも、電話で、まるで別人だった。すごい落ち着いてて、『やってみないとわからないっすよ』って。優勝候補だべよって言っても、あのピッチャー、ああでこうだから打てると思うとか言っててね。それまで甲子園ではビビって、分析なんてする余裕なかった。とにかくがんばってみますで終わりだから。佐世保実業に勝ったことが、すごく大きかったんだね。あそこから全国で勝てる監督になっていった」

日大三との三回戦は、お盆休み期間中の八月一六日に割り当てられていた。初戦に続く第一試合で、プレイボールは八時三〇分。駒大苫小牧が陣取った三塁側の空からは柔らかな朝日が差し込んでいた。

〇四年夏の日本列島は、東京では過去最高となる四〇日連続で真夏日を記録するなど、全国的に記録破りの猛暑となった。西日本の夏の平均気温も、甲子園に近い神戸が平年値を一・九度上回る二七・二度を記録し、一九九四年に次ぐ二位タイを記録。熱を吸収するグラウンド上の体感温度は、気温プラス一〇度と言われるので、選手たちは常に四〇度近い体感温度の中で戦っていたことになる。それだけに、まだ気温が上がり切らない第一試合は、体調管理の面を考えると有利と言えた。

駒大苫小牧には試合前、必ず行う儀式があった。この年限りで定年退職となる部長の江口昌隆は、野球に関してはまったくの素人。事務的な仕事だけを淡々とこなし、部の運営に関しては一切、口出しはしなかった。その江口は試合のとき、掌で包み込むことができる程度の石を必ずベンチに持ち込んでいた。選手いわく「そのへんに落ちているような石」だという。選手たちは試合前、縁起を担いで必ずそれを触った。また江口は試合中、ベンチの奥で石を掲げ選手の背中に「パワーらしきもの」(佐々木孝介)を送っていた。選手たちも、そんな江口をバカにする風でもなく、自然と受け入れていた。

プレイボールを間近に控え、主将の佐々木は、いつになくリラックスしていた。

「欲がなくなったわけじゃないけど、先輩たちの借りも返したし、もういいじゃんみたいな感じだった。入り方も思い切ってやろうぜ、みたいな雰囲気でしたね」

駒大苫小牧の先発は、初戦に続いて背番号「1」の岩田だった。日大三の一回表の攻撃。前の試合で六打席連続安打をマークしていた筋骨隆々たる一番・松島侑也《ゆうや》が低いライナーの痛烈なレフト前ヒットを放つ。

ショートの佐々木は、ほとんど動けぬまま定位置の三塁側、すぐ横を抜けていく打球を見送った。

「化けもんかと思いましたね。こりゃ、つええ～って」

しかし、主導権を握ったのは駒大苫小牧の方だった。一回表のピンチをしのぐと、その裏、三番・桑島優、四番・原田勝也の連続ヒットで、幸先《さいさき》よく1点を先制。続く二回裏にもヒット1本ながら、相手のミスに乗じて2点を追加し、3－0とリードを広げる。

先発の岩田がつかまったのは三回表だった。あと数十センチでセンターフェンスを越えるかという2本のフェンス直撃の二塁打を打たれるなど3本の長短打で2点を失い、3－2。岩田の回想だ。

「三高の打線は、ヤバかった。四番の佐々木大輔なんて、高めのウエストボール（意図的に外したボール）を、フェン直（フェンス直撃）ですから。どこ投げりゃいいんだっていう」

岩田はその後も2アウト一、三塁から四球で歩かせ、満塁と傷口を広げる。香田はここで佐世保実業戦で快投した鈴木に早々にスイッチする。初回からすでに肩をつくっていた鈴木は、軽やかな足取りでマウンドに駆け上がった。

「マウンドに立った瞬間、もっともっと目立ってやれって、アドレナリンが一気に出てきた」

このピンチを鈴木は一三八キロの真ん中高めのストレートで空振り三振に切って取る。

その裏、駒大苫小牧は六番・糸屋のタイムリーで4－2と再び突き放しにかかった。

佐々木は「やればできんじゃん」と、チームメイトを頼もしく思った。

「打つたびに、それが自信、自信、自信になっていった。誰かが打つと、こいつが打てるんなら俺も打てるよって雰囲気になる。日大三高の打球は詰まってもフェンス直撃とか、やっぱり違った。でも、負けてらんねえぜっていう欲が、ぐおおお〜って上がってきた」

リリーフした鈴木は日大三の強力打線を向こうに回し、四回から七回まで毎回、2個ずつ三振を奪っていく。驚異的な奪三振ペースだった。

「僕は三振をどんどん取るタイプのピッチャー。プロのスカウトの人、球場のどこかにいるかな、俺のボールを見てくれ、みたいな感じでした。そうしたら日大三高戦は、あなっちゃいました。キレキレでしたもん。指も（ボールに）ガバーッって引っかかってました。指に引っ付いてくる感じです。みんな、簡単に振ってくれましたもんね。ヤバかったっス」

鈴木の球種は、真っ直ぐとスライダーの二種類だけ。ただ、球速こそ一四〇キロ前後だが、直球は手元でホップするような独特の伸びがあった。道内のある審判員は「主審をしていて怖いと思ったのはアイツの球だけ。真っ直ぐだけなら田中（将大）以上」と語ったように、身長一七〇センチと岩田よりさらに小柄だが、紛《まご》う方なき本格派左腕だった。

この大会で初めてエース番号を背負うことになった岩田は言う。

「1番は付けてたけど、誰が見ても鈴木の方がいいだろうなっていうのは、心の中にありました。口に出したことはありませんでしたけど」

しかし疲れが見えてきた八回、その鈴木がつかまった。タイムリーとスクイズで4-4と同点に追いつかれる。その裏、駒大苫小牧は、負けじと4本の長短打を集中させ、7-4と一気に3点を勝ち越す。勝負あったかに思えたが、日大三は最終回、7-6と追い上げ、なおも2アウト一、三塁と攻め立てた。

が、このピンチも、鈴木のストレートが勝った。見逃せばボールと判定されるだろう、インサイド高めの一三六キロストレートで、最後は空振り三振で締めくくり、両腕を突き上げ、吠《ほ》えた。

「あの試合がピークだった」と語る鈴木は、この試合、6回三分の一を投げ、125球を費やして、19個のアウトのうち13個を三振で奪った。一試合で6イニングス以上投げたのは、ほぼ一年振りぐらいのことでもあった。

副部長の茶木が感慨深げに振り返る。

「絶対ホームランだろうっていう当たりが3本あったんですけど、3本ともフェンス直撃で救われた。女神って、いるんですすよ」

北海道勢のベスト8は、九五年、「ミラクル旭実」と呼ばれた旭川実業以来九年振り、また、北海道勢が東京勢から勝ったのはじつに五四年振りのことだった。

甲子園から宿舎へ戻るバスの中、右側の最前列に座っていた監督の香田のところへ

「全国高校野球選手権大会」と黒く印字された使用済みの試合球が回ってきた。その日のウイニングボールだ。

球場を出発したバスは大会本部の指導で、最初の数分間、カーテンを閉め切っていた。ファンが寄ってくると危険なためだ。走り始め、しばらくしてから、カーテンを開けた。バスが高速道路に入り目に付きにくくなったところで、香田が後ろを向いた。

ウイニングボールを右手に握りしめ、「やっちゃいましたーっ！」と叫ぶ。選手たちも「うおおおお～」と声の限り叫んで応える。前年夏、南大会を制してから定着した勝利のパフォーマンスだった。香田は続けて「今晩は焼き肉だぁーっ！」と絶叫した。「やーきにく！」「やーきにく！」と「焼き肉」コールがわき起こり、それが次第に「ゆーしょ！　ゆーしょ！」と「優勝」コールにすり替わっていた。

香田が振り返る。

「最終回なんて、俺の方がおろおろしてたくらいだからね。こいつら、すげーなって。この一勝で、本当に止まらなくなった感じがあった」

香田はこの試合、4－2でリードしていた六回に1アウト二、三塁の場面で、スクイズのサインを出して失敗している。

「流れはこっちにあったのに慎重になり過ぎたね……」

香田は本来、割と動く方だ。しかし、この失敗で一つ心に決めたことがあった。

余計なことをして勢いを止めることだけはやめよう――。

つまり、動かないという「采配」である。

その日の晩は、ホテルの屋上でバーベキューをして甲子園二勝目を祝った。

初戦を突破した後、ある練習会場で、ちょっとした事件が起きていた。

試合がない日は各高校とも大会本部によって振り分けられた甲子園周辺の野球場で約二時間、汗を流す。その日、割り当てられた会場は、駒大苫小牧の後、横浜高校が使用することになっていた。

横浜は全国優勝四回を誇る関東随一の名門校だった。当時指導していた監督の渡辺元《もと》智《のり》と部長の小倉清一郎《きよいちろう》と言えば、高校球界では知らない人はいない名コンビで、渡辺が精神面をケアし、小倉は戦略部門を担当していた。

その横浜の選手たちが、練習終了時間の一五分ほど前、これからグラウンド整備を始めようというときにライト側の入り口からグラウンド内へ入ってきた。

ある選手が不快感を滲ませ思い出す。

「整備は俺たちがやっとくから、どけ、早くベンチ空けろ、みたいな感じで入ってきて……」

横浜の選手に気圧《けお》され、尻込みしている駒大苫小牧の選手たちを見て、いち早く反応したのは副部長の茶木だった。

「自分で使ったグラウンドだろ！　最後まで責任もって整備しろ！」

茶木はしばらく怒りが収まらず、選手たちを怒鳴り散らした。その場に居合わせたミズノの渡辺が話す。

「まあ、失礼なチームだというより、ありがちなことだなと思って見てたんです。でも(茶木)圭ちゃんが、えらい怒ってて」

どうやら、部長の小倉が、ずいぶんとぞんざいな口の利き方をしたようだ。大の甘党で、見事な太鼓腹をした小倉は少々口が悪いが、裏表がなく親しみやすい人物だ。ただ、初対面の人からすると、言動に粗野な印象を受けるかもしれない。小倉にこのときの話をすると「あ? 覚えてない」と一蹴したように、本人も別段、悪気があったわけではないのだろう。

しかし、茶木の言うことももっともだった。香田も茶木がぶち切れている姿を見ながら、闘志を掻き立てられていた。

「ほっとけと思ったけど、よく考えたら腹立つなって。渡辺さんと小倉さんが、どんだけの人か知らねえけど、勝負は年功序列じゃねえんだ、ぜってえ負けねえぞって思った。駒大苫小牧を辞めたあと、渡辺さんと食事をしたことがあるんだけど、そんときの話をしたんだよ。ここで言わなきゃ男がすたると思って。このクソおやじが、と思って戦ってましたって。渡辺さん、笑ってたよ」

日大三に勝った翌日の第一試合終了後、準々決勝の組み合わせ抽選会が行われた。その様子をテレビで見ていた選手たちは「横浜引いてこい! ぶっ潰してやる!」と息巻いていた。まずは、主将の佐々木が一三日目第二試合のクジを引いた。その直後、空白だった相手校の欄に「横浜対明徳義塾の勝者」と入った。抽選直後に控えていた試合の勝者と当たることになったのだ。

部員の間で「よっしゃー！」と大歓声があがる。クジ運が悪く、いつもはブーイングばかり浴びせられていた佐々木に「孝介、よくやった！」の声が飛んだ。

横浜のエースはダルビッシュと並び称され、世代を代表するエースの涌井秀章だった。プロ入り後、三度の最多勝投手になるほどの投手だ。しかし、その涌井を俎上《そじょう》に載せようとする選手すらいない。誰もが打てるという前提で物を言っていた。

香田はその様子を黙って見守っていた。

「もう知らねえ、みたいな感じだよね。日大三高とやるまでは、ここで終わりかなっていう弱気な言葉もあった。でも日大三高に勝ってからは、弱気な言葉は一つもなかった。だから俺も、こうなったら……みたいな感じだった。北海道の野球は甘いと言われ、雨天ノーゲームもあった。そのぶん倍返ししてやろうと思った」

駒大苫小牧の怨念が伝染したのか、横浜と明徳義塾の試合は7－5で横浜が制し、準々決勝の相手は、望み通りとなった。

やや話が逸れるが、同じ日の第三試合で、世紀の大番狂わせが起きていた。

アテネ五輪と重なった二〇〇四年夏の甲子園は、東北勢の初優勝がもっとも期待された年でもあった。青森を筆頭に東北勢の上位進出が目立ち始めただけでなく、その年は、断トツの優勝候補と目されていた東北高校が出場していたからだ。前年夏は、二年生エース・ダルビッシュを擁し準優勝。そのダルビッシュが最上級生となっただけでなく、控え投手や打線も強力で、ダルビッシュ抜きでも全国優勝できると言われるほど戦力が充実していた。

ところが、一校、また一校と東北勢が敗れ、この日の三回戦で、大本命の東北が初出場校の千葉経済大学附属高校に延長一〇回、1－3で敗れた。八回まで1－0でリードしていたのだが、雨中決戦となった影響もあり、エラーで同点に追いつかれ、流れを失った。

その晩、ある局の女性アナウンサーが言った。

「これで優勝旗の白河越えは、またしても来年以降にお預けとなってしまいました」

しかし、私も含め、ほとんどの視聴者がなんの違和感もなくその言葉を聞き流していたのではないか……。二日後に、駒大苫小牧が準々決勝を控えていたというのに。

準々決勝は、台風が接近中ということもあり、薄曇りの中での試合となった。試合前、円陣のときは気合いを通り越し、殺気立っていた。一人の選手が、吠えた。

「あいつらなめてっからよ。ぶっ殺してやれ！」

この言葉など品のいい方だ。それ以外はあまりに過激で、とてもここでは書けない。

もはや、ケンカだった。主将の佐々木は荒ぶる気持ちを思い出すように語る。

「相手がどこだろうが、盗塁とかしてきたら、タッチとかも、ぶっ飛ばすぐらいしてやろうと思ってましたから」

香田は、そんな佐々木に率いられた当時のチームカラーをこう評する。

「茶木も含めて、やんちゃ坊主の集まり。この年の三年生は、俺が、俺が、っていう選手ばっかりだった。生意気だし、個性的だし、よく空中分解しなかったと思うよ」

この言い方は、おそらく謙遜である。もっと言えば自慢だ。香田は彼らの長所を誰よりも熟知していた。だから、よく叱ったし、ときにぶち切れた。でも、決してつぶさなかった。駒大苫小牧は香田が意図的につくった、ギリギリ空中分解しない「俺が、俺が」という集団だった。

一回表、先頭の桑原佳之《くわばらよしゆき》はサードゴロに倒れた。桑原は三年生の中では珍しく大人しいタイプの選手だった。しかし、ベンチに戻ってくるなり、強気に言った。

「ぜんぜん球きてねえから」

その直後、快音が響いた――。二番・沢井義志《ただし》のゴロは三遊間のど真ん中をきれいに割った。桑原の言葉が説得力を持った。

横浜は一回戦から登場したため、涌井はこれが四試合目の登板だった。しかも、報徳学園、京都外大西、明徳義塾と、西の強豪校ばかりを相手に全試合完投していた。普段なら一四〇キロを簡単に超える直球が、この日は、ほとんどが一三〇キロ後半どまり。疲労感は否めなかった。

それだけではない、と話すのは部長だった小倉だ。

「神奈川大会での登板回数は、エースは36イニングスまでに限定しておきたいんだよ。準々決勝まで18イニングスに抑えて、準決勝、決勝は完投でも仕方ない。それで、ちょうど36回でしょ。だけど、この年は組み合わせが悪くて、早くから涌井に頼らざるをえなかった。それで、40回以上（42回）投げさせてしまった。そこからして誤算だった。甲子園では、バテバテだったもんな。球威がないときの涌井は、怖さがないんだよ」

九番打者で、涌井から1安打をマークした五十嵐大が涌井の印象を語る。

「雰囲気を感じませんでしたね。覇気がないというか、さばさばしてる。大人っぽいと言えばそうだけど、元気がないように感じました」

二回表、駒大苫小牧打線のバットから、再び曇天を晴らすかのような軽快な音が響いた。先頭打者の七番・林裕也の打球は逆風を物ともせず濃緑のバックスクリーンに向かって低いライナーで真っ直ぐのびると、柵の向こう側で跳ねた。林にとって、公式戦初本塁打だった。

「とりあえず、対戦が楽しみだった。初戦が左のスリークォーターで、次が右のサイド。やっと右の普通のピッチャーがきたなって。涌井でしたけど、得意だっていう勝手な思い込みで入りました。対策は特にない。七番でなめてくるなと思って、真っ直ぐを待っていた。涌井は調子悪かったと思いますよ。ただ、一三八キロとかでもキレがすごかった。はえーって思いましたもん」

この一打で駒大苫小牧は俄然、勢いづいた。

林はチーム内では誰もが認める天才打者だった。南大会の準決勝までは三番を打っていたが、調子が上がらず、決勝から七番に降格されていた。横浜戦前日の練習中、香田は林と、同じく二年生の五十嵐を呼んで言った。

「裕也、大、ちょっと来い。クソ二年生なんか調整なんていらねえんだ。体が切れてねえから、ずっとバット振っとけ」

林と五十嵐は言われるがまま素振りと、ティー打撃と、フリー打撃の三つを繰り返していた。そして一時間半ほど経った頃、香田にこう言われた。

「まだ、やってたのか」

ただ、この練習で久々にいい感触を思い出してもいた。

林は三回表にはレフト前へ弾《はじ》き返して（記録は二塁打）2点目を叩き出し、五回表はライナーでライト線を破る三塁打で4点目をもたらした。打ったボールはそれぞれシンカーと、カーブだった。そして、七回表は三遊間を抜くシングルヒット。一試合で単打、二塁打、三塁打、本塁打のすべてを記録する「サイクル安打」を達成した。大会史上、五人目となる大記録だった。林は九回にも安打を放ち、5打数5安打と大暴れした。

「サイクルはあんまり気にしてなかった。たくさん打ったなとは思ってましたけど。ぶっちゃけ、ホームランで満足してましたし。もういいべって。後の打席は体が勝手に反応してくれました。甲子園マジックっすね！」

林の活躍に引っ張られるように、駒大苫小牧打線は涌井に計14安打を浴びせ、七回でノックアウト。主将の佐々木も、負けじと2安打を放った。

「みんなが言うように球がきてなかった。一四〇キロのボールでも疲れた一四〇キロ。この後、埼玉国体でも横浜と対戦したんですけど（一〇月二四日、一回戦でぶつかり2－6で敗戦）、そんときの涌井は別人でした。なんだこれって。3タコでした。やっぱり、すごかった」

投げても日大三戦で三回途中でノックアウトされた岩田が、この日は、7回三分の〇を投げて1失点と好投する。

「前の試合のこともあったので、ここで絶対、いいピッチングしなきゃって、相当、集中して入ってました。ただ、日大三高と比べると、打線はかなり劣ってましたね」

残りのイニングスは、抑えのエースとしての役割が定着しつつあった鈴木がぴしゃりと抑えた。

終わってみれば駒大苫小牧は、あの横浜を6－1と圧倒していた。点数も、内容も、どちらがどちらかわからなくなるような結果だった。

佐々木は「俺が、俺が」チームの長所をこう語る。

「僕たちの代のチームは相手が有名校だからって、引け目を感じるようなやつはいなかった。良くも悪くもバカばっか。俺は甲子園で目立ちたいんだって。糸屋とか鈴木も、新聞にでかく載ることばっかり考えてましたから」

そうした性格的なこともさることながら、彼らのほとんどが中学時代に全国の舞台を経験していることも大きかった。新琴似シニア出身の岩田、糸屋、桑島だけでなく、余市《よいち》シニア出身の佐々木や林、苫小牧クラブ出身の鈴木や原田も、中学生時代に全国大会に出場し、道外での試合経験を積んでいた。そのため、この夏、対戦校の中には中学時代から見知った選手もいた。

新琴似シニアは三年前、シニアリーグの全日本選手権大会に出場し、初戦で中本牧《なかほんもく》シニア（神奈川）とぶつかった。プロ野球選手を計一〇人も輩出している名門チームで、横浜高校とそっくりのユニフォームだった。横浜のベンチ入りメンバーの中に中本牧シニア出身の選手が三人もいたのだ。岩田が話す。

「中本牧との試合は、事実上の決勝戦って言われてたんですけど、サヨナラ負けしてしまって。横浜に対する意識というより、そんときのリベンジを果たしたいという気持ちが強かったですね」

新琴似シニアがスタートしたときは道内の硬式野球チームは一〇チーム前後だったが、この頃には三〇チームを優に超え、チーム数の増加とともに年々レベルも上がっていた。

香田が言う。

「駒大苫小牧が優勝するより先に、北海道の中学生チームが全国を経験していた。だから全部が全部、うちに入ってきて意識改革したわけじゃない。少しずつ、全国で戦っても引け目を感じない選手たちが増えていた。北海道全体にそういう空気が生まれつつあった時期なんだよ」

勝ち気な糸屋はニコリともせずに言う。

「本州で試合をしても、自分たちが劣ってるとは思わなかった。中学のときに差がないことはわかっていたので」

五番の糸屋（日大三戦のみ六番）は、佐世保実業戦で3安打（いずれも二塁打）、日大三戦で2安打、横浜戦でも2安打と、当たりに当たっていた。しかも全7安打中5本までもが初球打ちと、超積極的な打撃が目立った。

「いい球がきたら、振るって決めてる。体が勝手に振りに行ってる。追い込まれたらピッチャーが有利になるので、自分の中ではファーストストライクだけを意識して打席に入ってました」

この傾向は、チーム全体の特徴でもあった。特に目立ったのは日大三戦と横浜戦で、前者は11安打中7本が、後者は18安打中7本が初球をとらえたものだった。

打者心理として、結果を怖れれば怖れるほど待ってしまうものだ。「初球から思い切りいけ」という指示は、言うほど容易ではない。初球から振りに行けるのは、精神的に有利に立っている証拠だ。極端な例だが、相手が小学生なら少々ボール球でも打てるだろうと初球からガンガン振っていくはずだ。こんなところにも駒大苫小牧が雪国コンプレックスを完全に克服していたことが表れている。

これだけ積極的になれたのは、この年から、専属でデータ収集および分析をしてくれるデータマンを雇ったことも影響していた。そのスタッフは映像を繰り返し観て、相手チームの各打者の長所と欠点や、各投手の球種や配球傾向を細かくまとめてくれた。佐々木はそれを参考にしていた。

「涌井のときは、けっこう真剣に読みました。なんかねえかなって。そうしたらボールツーになったら九〇パーセント以上の確率で外の真っ直ぐがくるとか、すごい役立ちましたね」

しかし、林のようにデータに頼らない打者もいた。

「自分は積極的に行こうというだけで、配球とかはぜんぜん考えてなかった」

香田もデータに関しては「ないよりはあった方がいい」というタイプで、データを鵜《う》呑《の》みにせず、あくまで参考に止《とど》めた。近年はスピードガンを持っている高校も増えたが、香田は買おうと思ったことすらないという。

「あんなもん、いらねえよ。一四五キロの投手と対戦するときにマシンのスピードを一四五キロにセットしたからって、実際に打てるもんじゃねえし。打席に入って感じねえと。感性第一でしょ」

もう一つ駒大苫小牧打線の特徴を挙げれば、打席の中での立つ位置だ。ベース寄りのラインぎりぎりに立つ。そして内角を投げにくくさせ、外の甘くなったボールを叩くのだ。林が説明する。

「ラインが消えてきたら、もうわからないんでかなり前に立ってましたね。（ラインがあったら）踏んでるぐらいじゃないですか。怖いっすよ。でも、練習のときからやってましたから。インコースを突かれたらお手上げですけど、高校生でそこに投げ切れるピッチャーはそうはいない」

駒大苫小牧と、横浜の決定的な差――。それは、やらされているか自ら考えてやっているかの違いだと話すのは、新琴似シニアの生島宏治だ。

「あの試合、ランナーが一塁にいて、ここで長打が出たら1点入っちゃうのに横浜の外野が前にいることがあった。変だなと思っていたら、小倉さんがベンチ前に出てきて、外野手を下げた。状況が変わって、ランナー二塁になった。すると、今度は外野手が深いまま。ラッキーだな、ヒットが出たら還ってこられるなと思っていたら、やっぱり小倉さんが出てきて、外野手を前にこさせた。つまり、やらされてるんですよ。駒澤の選手はベンチの指示がなくても自分で動いてましたよ」

一勝するたびに、北海道球界の歴史が掘り起こされた。各スポーツ紙には「北海道勢76年ぶり」の文字が躍った。夏の四強入りは、一九二八年の北海中（現北海高校）以来の出来事だった。一九二八年は、昭和天皇が即位して三年目、昭和三年である。東京の街でもまだ人力車が走っていた時代の話だ。

地元では初戦突破から一勝挙げるごとに号外が出されたが、はけるペースがどんどん早まり、この頃は配布スポットは軽いパニック状態に陥っていたという。

雪国のチームが、必ずと言っていいほど報道陣から受ける質問がある。

「暑さ対策はどうしてますか？」

じつは私も「ベタだよな……」と思いつつ、つい聞いてしまう。ウインドブレーカーを着て練習しているとか、毎日サウナ通いをしているとか、滋養強壮剤を飲み続けているとか、記事にしやすいネタを拾えるからだ。

雪国で生まれ育った選手たちの大敵。何はさておき、それは暑さだ。

道内でも駒大苫小牧が勝つまで「春が勝負」が定説だった。一九六三年の北海の準優勝も、「ヒグマ打線」の呼称が定着した九三年の駒大岩見沢のベスト4も、いずれも選抜大会だ。

特に苫小牧あたりは、道内でも比較的涼しい地域だ。私は関東で生まれ育った人間だが、苫小牧に行くときは真夏でも薄手の上着を手放せない。夜など、相当冷え込む。苫小牧工の元監督・金子満夫は、駒大苫小牧の躍進をこう不思議がった。

「選手のときは春しか甲子園に行ったことがなかったんですけど、監督になって初めて夏に行った（七二年）。初戦は涼しかったんだけど、二回戦が暑くて暑くて。津久見《つくみ》（大分）に、こてんぱんにやられた（1－13）。だから、駒澤はどうしてあんなにケロッとしているのかと思ってさ。我々苫小牧の人間からしたら札幌でも暑い。魔法でもかけてるんじゃないかと思った」

それは、ある意味で、正しい。

香田には暑さ対策の質問はぶつけにくかった。「そういうこと聞くからいけないんでしょ」と露骨に嫌な顔をするからだ。そうして、自分がかけた「魔法」を守っていたのだとも言える。

駒大苫小牧が二〇〇四年から〇六年にかけて三年連続で決勝に進み、私は、もはや北海道のチームにとって暑さは障害ではなくなったのではないかと思っていた。温暖化が進み、近年は北海道各地の最高気温が全国ランキングの上位を独占するなどの珍現象も起きている。

が、その見立ては誤りだった。〇七年夏、北北海道代表の駒大岩見沢の選手たちは、大阪の暑さに嫌気を起こしていた。ある選手は「アップをしてたら息苦しくなった。練習になりません……」とこぼし、一回戦で帝京高校に1－7で敗れると、ホッとしているようでさえあった。

〇一年夏、香田が初めて監督として甲子園に出場したときの、二年生セカンド・熊原陵太が「暑くて、早く帰りたかった」とぼやいていたのを思い出す。

また、この後、〇五年、〇六年と四番を任された本間篤史《あつし》は、亜細亜大を経て、地元の社会人チームＪＲ北海道に入った。

「進路面接のとき、本当は『監督にお任せします』って言わなきゃいけないんですよ。でも、自分は勝負に出て『ＪＲ北海道以外行きたくありません』みたいな言い方をした。なんか、もう……関東の夏、やっていけないなと思って。この暑さ、無理って」

ＪＲ北海道は企業チームとしては、決して上位のチームとは言えない。にもかかわらず、人生の重大な決断を気候を理由に決めてしまうほど、やはり北海道人にとって本州の暑さはいかんともしがたい壁なのだ。

しいて挙げれば、駒大苫小牧が実行していた暑さ対策は三つあった。一つは、夜はクーラーを消して寝ること。ただ、これは雪国のチームに限らず、他の地域の学校でもよくやっていることだ。副部長の茶木は夜、部屋を巡回し、電源をオフにし忘れている部屋があったら消して回った。

「夜中、汗をかくので、ホテルの人にタオルとかを余分に用意してもらっていたんですけど、一週間もすれば慣れますよ。僕も消して寝てましたから」

鵡川の元監督である佐藤茂富は「暑くて寝れないと疲れが取れないので、二七度に設定してつけて寝た方がいいんだ」と話していた。

二つ目は、練習をし過ぎないこと。〇一年に出場したときは、紅白戦で負けたチームの選手に罰走を命じるなど直前まで追い込んだが、香田は「あれは逆効果だった」と反省する。

「〇四年のときは、甲子園行ったら何のストレスもかけないようにした。二時間あっても練習するのは、実質、一時間半。あとはミーティングぐらい。慣れないホテル暮らしで、しかも暑いわけだから。少しでも、もっと甲子園にいたいって思えるような環境づくりを心がけた」

疲れがたまっていると判断した場合は、ベンチ入りメンバーは軽く体を動かしただけで上がらせ、グラウンドでは練習要員として連れてきていたメンバー外の選手が主に練習していることさえあった。

また、香田は甲子園のときはユニバーサル・スタジオ、神宮大会のときはディズニーランドと、必ず「ご褒美」を付けた。三塁手の五十嵐が振り返る。

「一回戦が終わると、ユニバーサル・スタジオに行けるんです。それが楽しみで楽しみで。僕は三回（〇四年夏、〇五年春と夏）も行ってるんです」

のちのことを考えると信じがたいが、当時は取材環境も恵まれていた。報知新聞の中尾肇が話す。

「香田さんって甲子園に行くと、すごく機嫌よくなるんですよ。しかも練習日は、暑いからってメンバーは三〇分ぐらいで終わらせることもあった。そっからスタンドなどに座って、好きなだけ取材をさせてくれた。一時間どころじゃなかったと思うよ。あの頃は、むしろ他の学校よりも自由に取材ができた」

暑さ対策の三つ目は、体力が落ちないようとにかくよく食べさせた。ただ、この方針は甲子園に限ったことではなく普段から一貫していた。

駒大苫小牧では入学時より最低でも一〇キロ太ることを目標にし、練習中も、卵か納豆でどんぶりご飯を食べた。納豆が苦手だという選手にも「薬だと思って食え」と好き嫌いは許さなかった。四番だった原田はこう言って顔をしかめる。

「練習がしんどいときは、気持ち悪かったですね。のど通らないですもん。泣きながら食べてました。でも、食べるの、絶対大事ですよ。打球とか、ぜんぜん変わってきますから。食べない選手は、やっぱダメっすね」

香田も、伸びる選手の共通点は「飯を食うヤツ」だと話す。

「体ができてくると、自然と全部がよくなるんだよ。力がつくし、技術も身につく。そうすると自信もついてきて、歩く姿勢とかまで変わってくるからね。鵜川も朝からどんどん食わせるから、みんな体大きいでしょう。自信に満ちあふれ、打席に立ったときの怖さがある。食べることも練習だと思うよ。ある意味、体を動かすことよりも大事かもしれない」

甲子園期間中は、食卓にいつもニンニクがどっさりと置いてあり、選手は朝、昼、晩ともどんぶり三杯がノルマだった。「サイクル男」の林は、〇四年、〇五年と二度、夏の甲子園を経験したが、いずれも約三週間の大阪滞在で「五、六キロ太った」と笑う。

「朝、八時ぐらいに三杯食って、一時から練習のときは、一一時ぐらいに昼飯でまた三杯食わなきゃならない。マジ、きついんすけど、一週間ぐらい経つと何とか食べられるようになってくる。そうするとホテルの人たちが、よく食べるなーって、おかずを増やしてくれたりして。マジ、いらねーって」

毎年世話になっていたホテルくれべ空港の人たちと駒大苫小牧は、香田の言葉を借りれば「家族同然」だった。香田が振り返る。

「大社長と若社長って呼ばれてる人がいて、大社長が、飯の後、お好み焼きを一人に三枚ずつ買ってきてくれたりね。屋上で烏骨鶏《うこっけい》を飼ってるんだけど、三個ぐらい産むと、朝、『じゃあこれはピッチャー陣に』とか配ってくれたり。屋上にティー打撃用のケージまで作ってくれたんだから。くれべは、ずっといたいなーって思える空間を作ってくれた。北海道に帰るときも毎年、涙、涙の別れだったから」

香田はどこへ行っても、そうして周囲の人間を「チーム香田」の一員に取り込んでしまう。

クーラーを消して寝ることと、練習量を減らすことと、食事をたくさん食べること。この程度のことで暑さを克服できるのであれば、どこも苦労はしない。やはり、釈然としない。

当時二年生で、翌〇五年、レフトとして夏連覇に貢献することになる青地祐司《あおちゆうじ》も、これらの事項を順守しても「暑いもんは暑いですよ」と本音をもらす。

「関西の暑さに慣れてないせいか、毎年、伊丹空港降りた瞬間に、一気に汗が噴き出すんですよ。ワイシャツが一瞬にして、べちょべちょになる……。あの瞬間、今年も甲子園に来たなーって感じがするんですよね」

ならば、なぜ——。

納得できぬまま問い詰めると、駒大苫小牧の選手は、最後は決まってこう言う。

「暑いなんて言えないんです」

雪上練習は寒くないのかと尋ねると「寒いなんて言えないんです」と言うのと同じだった。

香田は暑いと発することはもちろん、そう感じさせる表情をすることも、それを連想させる仕草をすることも嫌った。

前年のエースだった白石の話がすべてを語っている。

「甲子園は、やっぱり暑かった。札幌でも暑かったぐらいですから。でも僕らにとって何がいちばん怖いって、それを態度に出して、監督に『暑いんだったらやるな。出とけ』って言われるのがいちばん怖い。学年関係なく周りも出とけ、出とけってなりますから」

これが「魔法」の正体だ。

茶木は「洗脳ですよ」と笑った。

「沖縄でも暑いって言わせなかった。暑いって言ったら、めちゃくちゃ怒りますから。氷の上で転んだら、氷の上だと思うからできねえんだ、沖縄だと思えって言うぐらいの人ですからね」

ただし、それを求めるのは本当に短い時間だけだ。香田は言う。

「一日中、我慢しろって言ってんじゃない。甲子園での一時間半から二時間、それだけ気合いを入れてけと。それ以外は、涼しいところで休養しててもいいんだから」

林は、暑さ対策は「最後は気持ち」だと話す。

「暑くたってなんだって、甲子園まできたらやるしかないじゃないですか。そのために死ぬような思いをして練習してきたのに」

キャプテンの佐々木はむしろ、道外に出たときの方がモチベーションが高まったと話す。

「北海道の代表で来てるんで、舐《な》められたくない、ざけんなよ、っていう。恵まれてるやつらには絶対に負けねえって意地だけですよ」

やるしかない、そして、意地——。香田によって「言い訳」を去勢された彼らは、いつだって最後は、この境地にたどり着くのだった。

寒さと暑さという正反対の環境だが、それらをしのぐ方法は同じだった。

「明日、三年生は最後になるけど……」

前日ミーティングの最後は必ず佐々木が締めることになっていたのだが、いつもまずはそう切り出した。すると、場が和んだ。

佐々木の中では笑わせようという意識があったわけでもない。もちろん、投げやりになっていたわけでもないのだが、自然と、そんな言葉が口をついて出た。

しかし準決勝、東海大甲府戦の前日はいつもの入りと違った。

「ええ、明日は……勝てるべ」

それでまたドカンと笑いが起きた。侮っていたわけでも、舐めていたわけでもない。

でも、それも佐々木の本音だった。

ミーティングの後、香田は佐々木、捕手の糸屋、そしてここまで投げてきた岩田と鈴木を部屋に呼び、こう告げた。

「明日、松橋で行こうと思うんだけど」

南大会の決勝でも投げているので、投手陣と、糸屋はうなずいている。

「えっ？」

と唯一、不満げな反応を見せたのは佐々木だった。佐々木はさすがに松橋には荷が重いのではないかと感じていた。

横浜戦で7回三分の〇を投げた岩田は、左手中指の腹の部分の皮を大きく剝がしていた。経験のないケガだったが、おそらく汗をふくためにベンチ内でおしぼりを頻繁に使ったせいで手の皮がふやけてしまったのだ。

香田は、東海大甲府戦は、できれば松橋と鈴木の二人で乗り切って欲しいと考えていた。

「俺の中で迷いはなかった。松橋なら大丈夫だよって。あわよくば5回ぐらい投げてくれるんじゃないかと思ってたぐらい」

準決勝二試合が行われることになっていた八月二一日、駒大苫小牧の試合は第二試合に組まれていた。プレイボールは一二時五五分。甲子園の空は鉛色だったが、じっとしていても汗がにじむ蒸し暑い一日だった。

記者席は、事前に配付される先発オーダー表を確認したときから、小さくざわついていた。

松橋って誰だ？　と。

一回表、その松橋のストレートが軽々と時速一四〇キロを超えるたびに、球場がどよめいた。

「まだ、こんなピッチャーがいんのかよ」

記者席のあちらこちらから、そんな感嘆にも似た言葉が漏れた。

松橋は、ダルビッシュ有、涌井秀章と並んで今大会最速タイとなる一四七キロをマークするなど、自慢のストレートでぐいぐい押し、一回と二回は2三振ずつ奪い、いずれも三者凡退に抑える。ところが三回表、下位打線にチャンスをつくられると、二回り目に入った上位打線に打ち込まれ、3失点。2アウト二塁の場面で、鈴木にリレーした。

このピンチこそ鈴木は三振で断ったものの、四試合目の登板となったこの日のボールには疲労がありありと感じられた。四回、五回と0点でしのぐが、奪三振率の高い鈴木にしては珍しく六つのアウトのうち三振が一つもなかった。

「体が重くて、腕も二頭筋も張ってて……。ボールがうまく引っ掛かるときと、抜けるときがはっきりしていた」

一方、駒大苫小牧の打線は相変わらず好調で、二回裏から2点、2点、3点、3点と4イニングス連続で援護し、五回を終えた時点で10－3と大量リードを奪う。

この試合、香田は前の試合でサイクル安打を放った林を七番から三番に上げ、逆に三番だった桑島を七番に下げた。香田野球を見続け、『深紅の旗は我にあり』を著した蔵重俊男が解説する。

「オーダーの組み替えとか、よくやるんだよ。だいたい調子いいやつが、一番か三番に入る。香田の野球は、一番と三番がキーなんだね。最初の頃は割と固定してたんだけど、頻繁に入れ替えるようになって脱皮していった。野球が見えてきたんだと思う」

その説を香田にぶつけると、いつものように、すげない答えが返ってくる。

「そうなのかな、うん。俺の理論はこうだ、ってのがあるわけじゃないけど。イメージしたときに、パーンと自分の中に出てきたものをやってるだけで」

リリーフした鈴木は、五回までは無失点で切り抜けたが、六回表に2失点、七回表にも2失点し、10－7と追い上げられる。ここで、香田は岩田につないだ。皮がむけてしまった左手中指は、水絆創膏《みずばんそうこう》で応急処置を施していた。岩田は九回表に1失点したものの、東海大甲府の追い上げムードを変化球を低めに集める丁寧なピッチングで断った。

初登板の松橋、万全ではない鈴木と岩田という三人のリレーで終盤、詰め寄られながらも10－8で鮮やかに逃げ切った。

かつての教え子で、就任二年目に苫小牧工を破ったときの「超遅球」左腕の斎藤正幸は、「ずいぶん変わったなあ」と嘆《たん》じながらテレビを眺めていた。

「僕らの頃は、先発完投が多かった。でもこのときはスパッとピッチャーを代えたり、誰も予想してないピッチャーを先発させたり、大胆になったなあという印象を受けましたね」

斎藤の一学年下で、主将も務めた梶川弘樹は、別人を見る思いだった。

「監督、こんなに堂々としてたっけって思いましたね。僕が言うのも何ですけど、僕らの頃は采配に自信がなかったのか、基本的にはセオリー通りだった。でも甲子園では落ち着いてるし、何をやってくるかわからないような雰囲気があった」

甲子園のベンチは独特の作りをしている。よく見られるような壁に囲まれた「箱形ベンチ」ではなく、テラスのような構造になっているためスタンドからもベンチの様子が丸見えだ。最初の頃はそのさらされている感じが気になって仕方なかったという香田だが「なんか、戦うたびに余裕が出てきたんだよね」と振り返る。

「甲子園のベンチって、常に見られている感じがある。ランナーが三塁にいるとスタンドから『スクイズくるよ』とか聞こえるしね。だから、ミスったりしたら奥に引っ込みたくなるんだよ。この年も日大三高とやってる頃までは、どの監督も堂々とやっててすげえなって相手のいいところしか見えなかった。でも、横浜戦で、渡辺さんと小倉さんの二人が動揺しているのを見たら、あの二人でもああなるんだって、すごい楽になったんだよね」

大きくばかり見えていた相手チームの力量も、客観的に見られるようになった。

「練習見てても、どこもぱっとしなかった。そんぐらい俺たちがやってきたってことなんだなと」

体は大きくても、そこまですごい打球を飛ばすわけではない。ピッチャー一人を見たら自分たちより上でも、守備全体を見ると隙があった。

「ショートはうまくても、ファーストはそうでもなかったり。うちのファーストの桑島は、やろうと思えばセカンド、ショートもできたからね。うちの方が全体的に動きがよかった」

北海道勢初となる夏の決勝を翌日に控え、香田の心は静かな自信に満ちていた。だから、その日の晩も、こう言えたのだ。

「おまえら、もう十分だろ。優勝でも準優勝でも優勝つくし、いいじゃねえか」

今さら鼓舞する必要もなかった。ただ、心の中を大きく占めていた思いをそのまま言葉にした。


二〇〇四年八月二二日。夏の甲子園の決勝の舞台に、初めて道産子たちが立った。相手は愛媛代表の済美高校だった。

済美は二年前、共学化するのに合わせて野球部を立ち上げたばかりの新鋭だった。監督は公立高校の宇和島東を八八年春に日本一に導くなど強豪校に育て上げ、名監督と謳《うた》われていた上甲正典だった。上甲の指揮のもと、済美は同年春、選抜大会で初出場初優勝を飾っていた。つまり、この試合に史上初となる二季連続初出場初優勝という偉業がかかっていた。「史上初」がかかっているという意味では、済美も同じだった。

せめて大敗しなければ――。戦前、そんな見方が大勢を占めていた。もちろん、主語は駒大苫小牧の方だ。

「一六三勝、優勝一〇回」対「八五勝、優勝〇回」

これがその時点における愛媛県勢と南北合わせた北海道勢の甲子園における通算勝利数と全国優勝の回数だった。「王国」愛媛と、「空白地帯」北海道では、一昔前のサッカー界におけるヨーロッパ勢と日本ぐらいに格の違いがあった。ただ一つ好材料を挙げれば、不思議なことに上甲は北海道勢には〇勝二敗と、相性が悪かった。宇和島東時代、甲子園で九四年夏に北海に、九七年夏に函館有斗にそれぞれ敗れていた。

しかし、彼らはそんな情報もまったく必要としていなかった。主将の佐々木は完全に相手を呑んでかかっていた。

「整列したとき、勝てると思いましたね。済美の選手の目がかわいいんですよ。それを見て『食ったろう』って」

駒大苫小牧の先発は、左手中指の皮を剝がしていた岩田だった。

三試合振りに空はくっきりと晴れ渡った。一三時一分と、これまででいちばん遅いプレイボールとなり、岩田はこれまでとは違う息苦しいような暑さを感じたが、マウンドに立った瞬間、そんな意識も吹っ飛んだ。

「どこ見ても人しかいないんで、緊張の方がひどかったですね」

これまでの四試合は、八〇〇〇人、一万人、一万八〇〇〇人、三万人と少しずつ観客が増えていった。ただ準決勝であっても濃緑の部分、つまり空席を見つけることができた。しかし超満員の五万二〇〇〇人に膨らんだこの日は、周囲をぐるりと囲む、そそり立つようなスタンドが観客の服のせいで真っ白に見えた。

「満員になったときの甲子園って、こんなにすごいのかって。あの光景は、今でも覚えてますよ」

決勝戦は、ボクシングで言えば、ノーガードの打ち合いだった。

岩田は東海大甲府戦同様、指先に水絆創膏を重ね塗りしていた。前日の晩と、当日の朝、二度塗り、準決勝はそれで持った。ところが決勝は塗り方がまずかったのか、投球練習のときにすでに塗り固めた皮膜がはがれてしまい、初回から乱調気味だった。ヒットと四球でためた走者を二塁打で還され、いきなり2失点。

「もう、痛くて。血が滲んでましたからね。変化球とかはまだいいんですけど、真っ直ぐの握りで（中指が）縫い目にかかると痛かった」

しかしいきなり先制される展開にも香田はベンチで悠然と構えていた。

「むしろ、すっきりしたというか、ゲームが動いていいんじゃないかと思った。0－0とかで膠着《こうちゃく》するよりも、追う展開の方が楽だしね。あまりにも衝撃的なことが続いたから、俺も勘違いしちゃってたのかも。やることなすことうまくいくから、マイナスのイメージがぜんぜん浮かんでこない。選手たちも完全に俺の手を離れて、なんでおまえらそんなに打つの？　みたいな。決勝もボコボコに打たれるかもしれないけど、うちも打つだろうなと思っていた」

駒大苫小牧が初回の攻撃に入る前、吹奏楽部が必ず演奏するのが、映画にもなったアメリカの伝説的なブルースバンド、ブルース・ブラザースの『I can't turn you loose』というアップテンポなナンバーだった。

聞いているときは気づかないものだが、いつの間にか、この曲は私の意識下にも刷り込まれていた。音楽による記憶の喚起力とはすごいもので、翌春、全道大会の駒大苫小牧の試合を観戦し、この曲が流れた瞬間、〇四年夏の光景が一気に蘇《よみがえ》ったものだ。

また、チャンスと見るや演奏されるのが駒大伝統の応援歌『駒大コンバット』をアレンジした『チャンス』と呼ばれる曲である。

駒大苫小牧の強さの秘密――。のちに、「吹奏楽部っすよ」と半ば本気で語ったのは、このとき一年生で、アルプススタンドで声援を送っていた田中将大である。

「吹奏楽部の応援があると余計にやる気になる。関係ないファンも一緒になって応援してくれますからね。気持ちがいい。それだけ惹きつける力があるんだと思う。支部予選とか全道でも応援がないと、やる気が半減する。半減は大袈裟《おおげさ》かもしれないけど、テンションがぜんぜん違いますね」

道内の公式戦では、必ずしも吹奏楽部の演奏があるとは限らないので、田中は試合前日、吹奏楽部が来るかどうかをいつも気にしていた。

駒大苫小牧が強くなるにつれ、吹奏楽部は、駒大苫小牧の代名詞のような存在になっていく。香田が言う。

「駒澤の応援を聴くためにスタンドに応援に来たっていう人もいたしね。それぐらい吹奏楽部の演奏は人気があった。毎年、苫小牧でやってる定期演奏会だって、チケット即完売だもん。乗りがいいから、相手チームまで口ずさんだりしてるって聞いたこともあるよ」

強豪チームが出現すると、その学校独自の応援曲がトレンドとなり、さまざまな高校が真似するようになる。『I can’t turn you loose』も『チャンス』も、道内を中心にいろいろな高校が応援曲として取り入れるようになった。しかし、いずれも似て非なるものだった。本家のものよりテンポが遅く、聴いていると「違う！」とフラストレーションが溜《た》まった。

駒大苫小牧の吹奏楽部の顧問、内本健吾が曲調の由来を説明する。

「あのテンポは、香田先生の野球のイメージに僕たちが合わせてるんです。とにかくスピード感がありますよね。アウトを取った後のボール回しとかも。これまでの野球の応援だと何か合わないなと思ってて。何が違うのかよくわからなかったんですけど、あるときスピードだなと気づいて」

駒大苫小牧の吹奏楽部は歩きながら演奏するマーチングにも力を入れている。マーチングとブラスバンドの違いは、ひと言で言えばテンポだ。歩きながら演奏するマーチングはブラスバンドよりテンポが速い。内本が「マーチングの設定テンポは一八〇なんです」と説明する。

一分間に一八〇拍打つことができるテンポだ。たとえば、ロックバンドのディープ・パープルの代表曲『Highway Star』が同じくらいのテンポであるように、かなりのスピード感がある。また、一八〇はフルマラソンで四時間以内で走るのにも最適なリズムだと言われている。内本が続ける。

「野球の応援も一八〇に合うように作ってます。テンポ一八〇というのは、（ぽんぽんと机を叩きながら）これぐらい。ブラスバンドでは通常、ここまで速くすることはない。でもうちはテンポを速くすることには慣れていたので、香田さんの野球にもついていけたんだと思います」

また、駒大苫小牧の吹奏楽部が特徴的なのは、一人の打者が打ち終え、次の打者の応援曲が始まるまでの間も音を途切れさせないことだ。打楽器のパーカッションによるリズミカルな間奏を入れ、曲と曲をつなぐのだ。投手が交代し、次の投手が投球練習をしているときは、テンポを落とし、音量を下げて演奏を続けた。

「香田さんって、畳み掛けるような攻撃をするじゃないですか。その流れを応援で止めるわけにいかないので」

吹奏楽部が奏でるリズムは、香田野球のリズムでもあった。だからこそ、音楽と動きがシンクロし、あれだけの一体感を生んだのだ。

香田と内本は同い年である。香田が監督になったばかりの頃は二人でよくスノーボードに出かけ、帰りに温泉でこれからのことを語り合ったという。内本が思い出す。

「当時は野球部も吹奏楽部も何もない状態。あるのは夢だけでしたから。そういうときの悩みって、だいたい同じじゃないですか。生徒との信頼関係だったりとか。そういうのを愚痴り合ったり、彼から指導法を勉強させてもらったりもした。香田先生は荒々しいイメージもありますが、反面、ものすごく繊細な部分もありますからね」

そんな内本のことを香田は「ウッちゃん」と呼んだ。

「ウッちゃん、天才だから。ちょっと長嶋茂雄《ながしましげお》みたい。約束を完全に忘れてたり、風呂一緒に行ったら、ワイシャツの中の下着がびりびりに破れてたり。天然なんだよ。でもステージに上がって指揮棒を持たせたら豹変《ひょうへん》する。完全に入っちゃうから。生徒たちも、ちょっとわけわかんなくなってるんだけど、毛嫌いはしてないんだよね。吹奏楽部は女の子たちがそういうウッちゃんの世話を焼きながら、まとまってるところがある」

まるで誰かのことのようだ。そう、香田だ。私も香田が穿いていたステテコ風の下着がびりびりに裂けていたのを目撃したことがあるし、そんな香田を放っておけないといろんな人が巻き込まれていくのを目の当たりにした。そして、何より香田もグラウンドに立って「指揮棒」を振らせたら天才だった。

一芸は百芸に通じるのだろう、内本は少年野球の経験しかないものの「野球が見える」と話す。

「野球って、流れがすごくあるんです。それが少しずつ見えるようになってきて、ここで『チャンス』をかければ点が入るなっていうのがわかってきた。だから2アウト一塁からでも予感があれば迷わずかける。『チャンス』をかけると点が入るよねって言われて、一度、シーズンを通して調べたら、八割ぐらい入ってるんですよ」

内本は球場で指揮をしているときは、演奏の入りの合図を出したら、あとはグラウンドの方をずっと見ているという。

「野球ってリズムの塊だと思うんです。すべての動作にリズムがあって、間がある。ネクストバッターズサークルから打席に向かうときの様子も、乗ってる子って、ぜんぜん足取りが違うんです。だから、打者一巡目は『チャンス』は絶対にかけない。どんなにチャンスでも。勢いに乗せてあげられればいいけど、空回りさせてもいけないので、最初の一巡で、乗ってる選手と、そうでない選手を見極めているんです」

甲子園における駒大苫小牧という「作品」は、香田と内本の合作でもあった。

「音楽って、そもそも心を表現するものですからね。上手にやろうとすることよりも、ハートを入れることの方が大事なんです」

野球が演奏に息を吹き込み、その演奏がまた野球に息を吹き込んでいた。

吹奏楽部の『I can't turn you loose』に送られた駒大苫小牧は、一回裏、すかさず反撃に出た。1アウト二塁から、三番・林が右中間にタイムリー三塁打を放ち、1－2とする。香田はその様子を、当然のことのように眺めていた。

「これで今日もある程度は打てるだろうな、という気はしたね」

だが、依然として岩田が安定しない。二回表にも先頭打者に四球を許し、1アウト二塁から、九番のピッチャー福井優也（広島）にまでヒットを打たれた。ここで香田が様子をうかがいに伝令を出す。それに合わせて内野手が集まった。

険しい表情の佐々木は「ストライク取れよ」と毒づき、捕手の糸屋も「何やってんだよ」と吐き捨てた。岩田が回想する。

「まあ、二人はいつものことですから。ファーストの桑島だけ、優しかったですね。セカンドの（林）裕也と、サードの（五十嵐）大は二年生だから、そこまで言えないじゃないですか」

岩田の不甲斐《ふがい》ない投球に苛立っていた糸屋が忌々しげに思い出す。

「初回から、もうボールに血がついていた。フォアボールを出すたびに、本人もかなり手を気にしていましたしね。だから監督には目で訴えてました。代えてくれ、代えてくれって」

佐々木もいきり立っていた。

「（岩田）聖司のマメがつぶれてるのはわかってたけど、投げるって言った以上、責任を持って投げろって思った。あまりにもフォアボールが多過ぎた」

それでも岩田は、伝令役の選手に言った。

「大丈夫、まだ行けるから」

が、大丈夫ではなかった。その直後に四球を出し、続く打者に犠牲フライを打たれて追加点を許した。

犠牲フライの後、岩田が四つ目となるフォアボールを出し、2アウト満塁。ここで佐々木は叫ばずにはいられなかった。

「セージ！　もう出とけ！」

出とけ――。駒大苫小牧における「最後通告」である。傷を負ったエースにも甘い慰めの言葉などかけないところが彼らの逞《たくま》しさだった。

岩田は笑顔を取り繕いながら思い出す。

「冷てえなーというか、そりゃねえだろと思いつつ。あのときは、もう泣きたかったですね。まあ、泣きましたけど。ベンチに戻ってから……」

岩田は結局、ここで降板。抑えのエース鈴木にマウンドを譲った。岩田が行けるところまで行き、鈴木が締める。甲子園で確立した必勝パターンだった。

ただ、その鈴木も、このときはすでに疲労困憊《ひろうこんぱい》だった。

「決勝のときは、疲れるので投球練習もほとんどしてなかった。上腕二頭筋がパンパンに張ってて、痛くて。痛み止め飲んでましたから」

立ち上がりは散々だった。四球、デッドボールと、いきなり二者連続押し出し。1－5と、点差は4点に広がった。それでも香田の心の針はマイナスには振れない。

「ワンサイドか……って、ちょっとは過《よぎ》ったけど、こんだけの試合やってきてたんだから黙ってはいないと思った。やつら、絶対、取り返すんじゃないかなみたいのはあった」

選手も動じていなかった。佐々木が「相手ピッチャーの球もたいしたことなかったので、打ち返せるって思ってました」と言えば、糸屋は「ヤスは準備もできてなかったし、興奮しまくってただけ。これぐらいの点差ならまた戻ってくると思っていた」と振り返る。

その言葉通り三回裏、駒大苫小牧は、五番・糸屋のタイムリー三塁打、六番・佐々木のタイムリー二塁打と、連続長打で2点を返し、3－5と食らいつく。

佐々木の二塁打はライトとセンターの真ん真ん中をライナーで抜けていった。

「前日の晩、決勝戦だけは自分のためにやろうと思った。そこまでチームのことばかり考えてきたので。なのに一打席目、しょぼしょぼの三塁へのファウルフライで……ボールを最後まで見て、逆方向みたいな。何やってんだ！　って。だから、インコースの高め、デッドボールじゃねえのかってぐらいの球でしたけど踏み込んで右中間にバコーンって。一打席目の凡打で完全に吹っ切れましたね。二打席目からは全打席、ホームランをねらってやるぐらいの気持ちでした。初めて、欲だらけでしたね」

済美の二年生エース福井は、右のスライダー投手である。対策は横浜高校の涌井のときと同じだった。佐々木が解説する。

「（ホーム）ベースに寄れるだけ寄る。インコースは当たれぐらいの感じです。そうして、スライダーを投げづらくさせる。左（打者）は特に寄ってましたね」

疲労が蓄積していたのは福井も同じだった。三回戦の岩国高校（山口）戦で熱中症にかかり、以降は本来の調子とはほど遠い出来だった。しかも駒大苫小牧の投手陣とは違い、ここまでの四試合をすべて一人で投げ切っていた。捕手の西田佳弘が証言する。

「リードどころじゃなかった。構えてもそこにこないんで……」

福井は「最初の5点で勝ったと思った」と振り返る。福井にとって、それまでもっとも強いと感じたのは、隣県で、しょっちゅう練習試合をしていた高知の明徳義塾だった。しかし、駒大苫小牧の打線は「明徳以上」だった。

3－5の2点ビハインドで迎えた四回裏、駒大苫小牧は1点を返し、なおも1アウト満塁の好機。ここで五番・糸屋の三遊間を抜けるかに思われた強烈なゴロが、二塁走者の林の左後ろ足に当たり、林は守備妨害でアウトになってしまう。糸屋は露骨に不機嫌そうな顔をし、「何してんだよ！」と声を荒らげた。林は気まずそうに思い出す。

「ショートの守備の邪魔をしようと思ったら、当たっちゃったんです。糸屋さん、めっちゃ切れてましたね。ベンチで糸屋さんに『死ね』って言われましたから」

好機は潰《つい》えたかに思えた。しかし、ここでも続く佐々木のバットがチームを鼓舞した。初球、高めの直球をジャストミートし、センターの前でワンバウンド。2点タイムリーとなり6－5と逆転、流れを呼び戻した。佐々木は一塁を回ったところで、軽くジャンプをしてガッツポーズを決めた。

『落ちれ！』って叫びながら走ってましたね。球種は……真っ直ぐ、真っ直ぐだったと思います。コースはわからないですね。それぐらい無心だった」

　済美も五回表、ピッチャーの福井の二塁打ですぐさま6－6の同点に追いつく。まさに「息詰まる投手戦」ならぬ「息詰まる打撃戦」だった。鈴木が振り返る。

「打たれたら済美の応援席がぶわーっと盛り上がって、打ち取ったら反対側がぶわーって盛り上がって。その光景が忘れられない。すごかったです。あの応援があったから、決勝だったから、何とか投げられたんだと思います」

　六回表。駒大苫小牧は、再び崖下に突き落とされる。いや、そのように映った。立ち直りつつあった鈴木が、本塁打を含む四連続安打を浴びるなどし、一気に3失点。6－9とまたしてもリードを大きく広げられたのだ。

　済美を率いる上甲は「北海道の子どもたちだから、後半ばてる」と踏んでいた。ところが、駒大苫小牧のエネルギーは尽きるどころか、次から次へと湧き出てくるかのようだった。その裏、0アウト一塁。五番・糸屋は送りバントのつもりで打席に立った。

「3点差なら、普通、うちのチームは送りバントですから」

　この大会、0アウト一塁のケースは、ほぼ百パーセント送りバントだった。が、糸屋がベンチを見ると、香田はダミーで体のいくつかの部位を触ったあと、胸を叩いていた。ノーサイン。つまり、好きに打て、という意味だった。

自他共に認める「お祭り男」の腕が鳴った。

「え？　いいんだ、って。じゃあ、いっちょねらってやろって思いましたね」

駒大苫小牧の南北海道大会におけるチーム打率は、三割四分八厘。高打率ではあるが、地方大会のチーム打率としては参加四九校中、二四番目の数字だ。ところが甲子園では決勝前までのチーム打率が四割二分六厘と跳ね上がっていた。

香田は日大三戦でスクイズを失敗してからは、競馬で言えば「馬なり」を心がけた。

「イケイケのときは、スクイズなんてやらずに自然の流れに任せた方がいい。この試合も送りバントだけでしたからね」

香田は三回裏0アウト一塁でも、4点差だったにもかかわらず「欲張らずに1点ずつ近づいていけば何とかなる」と、サイクル男の三番・林に着実に送らせていた。ところが、糸屋のときは香田の中でひらめくものがあった。

糸屋は準決勝まで14打数10安打という神懸かり的な数字を残していた。そしてこの日も3打数2安打。ネクストバッターズサークルから打席へ向かう姿に、どんなボールにでもアジャストしている糸屋の姿が重なった。

「不思議なほど、迷いはなかった。行け、みたいな感じ。糸屋も俺に任せてもらって、嬉しそうというか、おっしゃー、みたいな感じに見えた。あの大会の、あの日の糸屋なら、なんか、行けるって思っちゃったんだよね」

香田にとって糸屋は、もっとも扱いづらい選手のうちの一人だった。中学時代、ピッチャーだった糸屋はもともと打撃もよく「キャッチャーをやれば毎試合出られる」という理由で自ら捕手コンバートを申し出た。人一倍目立ちたがり屋で、すぐに大きいのをねらいたがる。バットを短く持てと指示しても無視するし、ファウルだと一塁へ走る姿勢すら見せない。また、打撃の調子が悪いと守備も適当にこなそうとする。そのたびに香田はカミナリを落としてきた。捕手向きの性格ではなかったが、この大会ではその糸屋が守りでも見せていた。好調な打撃に引っ張られるようにカンが冴え、何度となくスクイズを外して窮地を救った。香田はそんな糸屋に初めて賭けてみようと思った。この勝負どころで、今まで締め続けてきた手綱を手放したのだ。

右打者の糸屋が甲子園に来て変えたことは、一つ。右方向へ強い打球を打つという意識を持ったことだった。いつもは大きいのをねらって引っ張りがちだったが、甲子園クラスの投手には通用しないだろうと考えた。結果、じっくりとボールが見られるようになった。

「どんなボールでも芯を外さない自信があった。前の打席は打球が低かったので、林の足に当たっちゃった。今の俺なら、ちょっとすくい上げるように打てば入るなっていうイメージはあったんです。それぐらい調子がよかった」

二球目。そのイメージ映像を具現化するのに最適な、やや低目、インサイドよりのストレートが来た。糸屋が銀色のバットを一閃《いっせん》すると、鈍く重い音を残し、打球は左中間に向かって一直線に伸びていく。糸屋は数歩走り始めたところで、すでに右手の人差し指を掲げていた。打った瞬間、ホームランとわかる当たりだった。捕手の西田の回想だ。

「どこまで飛ばす気や……って感じでしたね」

――正直に告白すれば、このとき、私は生まれて初めて記者席でガッツポーズをした（机の下で拳《こぶし》を握りしめた程度だが）。完全な無条件反射だった。そのことに、自分でも驚いた。

ベンチで両手を組んで祈るように見守っていた先発・岩田の涙の種類は、悔しさから感激へと変わっていた。

「こいつら、すげーって思っちゃいましたね。同じチームながら」

スコアは８－９まで縮まった。

糸屋の一発で、まるで部屋のカーテンを取り替えたかのように、球場の雰囲気が一変した。福井が苦々しげに思い出す。

「僕たち一塁側ベンチだったんですけど、一塁側まで駒大苫小牧の応援が伸びてきていた。最初は済美の連覇を見に来ていたお客さんも、途中から、駒大苫小牧もやるなって感じになってきたんじゃないですか」

六回裏、駒大苫小牧は九番・五十嵐のタイムリーでさらに1点を追加し、９－９と試合を振り出しに戻す。

勝ち気な福井は、憤然と言い放った。

「普通、いい加減あきらめろよって思いません？」

三塁側のアルプススタンドで吹奏楽部の演奏を指揮していた内本は、かつてないほどの勢いを感じ取っていた。

「球場が唸《うな》っていたというか、渦巻いてた。歯車ががっちりかみ合って、回っちゃった後は、もう何もすることはないという感じでしたね」

早稲田実業のスラッガー清宮幸太郎《きよみやこうたろう》（日本ハム）が二〇一五年夏、一年生として初めて甲子園でプレーしたとき「これほど流れを読みやすい球場もないですね」と感想をもらしていたが、歓声の大小がそのまま試合の趨勢《すうせい》を反映していた。

甲子園の雰囲気が独特なのは、両校の応援団およびファンはごく一部で、それ以外の観客は基本的に中立なところだ。そして、心惹かれた方になびく。その声援は強制や義理ではなく、あくまで純粋なだけに、選手に与えるエネルギーは計り知れないものがある。

早大で、大観衆で埋まった神宮球場の早慶戦を経験した斎藤佑樹が、〇六年夏に感じた甲子園の雰囲気との違いをこう語っていたことがある。

「大学は、ノリというか、そうするものだから応援しているという感じだった。でも、甲子園は、本当に応援したいからしてるんだという気持ちが伝わってきた」

〇四年夏の決勝は最初はほんの一部だった駒大苫小牧に対する応援が、徐々にエリアを拡大していき、この頃にはバックネット裏にある記者席のすぐ横まで伸びてきていた。

この試合における流れは、大会の流れでもあった。内本が証言する。

「最初の頃は甲子園に来ても、完全にアウェー。ポツンといる感じだった。でも日大三高や横浜に勝ったあたりから、どんどんホームでやってるような雰囲気になっていった。ぜんぜん関係ない人が一緒になって応援してくれて。どの試合も最初はアルプスタンドしか応援してないいんだけど、気づくと内野席の方まで行ってるんですよ」

「北のチャレンジャー」を標榜する雪国の選手たちが、全国の強豪を次々と倒していくという物語。私も含め、観衆はそのドラマに酔いしれていた。

七回裏、2アウト三塁で、「甲子園は、ホーム（グラウンド）だと思いました」と話す六番・佐々木に五度目の打席が回ってきた。

「僕の打順になると『必殺仕事人』のテーマソングがかかるんですけど、それが流れるとバックネット裏まで大拍手で。そのことはめっちゃ印象に残ってます」

〝欲まみれ〟の打球は、今度はレフトの頭上を越えた。二塁打となり、10－9と再び勝ち越す。

「球場の盛り上がりが『やるじゃん！　北海道っ！』って言ってるようでしたね」

このタイムリーが呼び水となり、駒大苫小牧は佐々木の後、3連打でさらに2得点。12－9と初めて済美を突き放した。捕手の西田が明かす。

「焦りですね。負けがちらつき始めていた……」

チームで20安打と打ちまくったこの日、先発した駒大苫小牧の野手の中で唯一、ヒットがなかったのが四番の原田勝也だった。

地元記者が、駒大苫小牧が〇四年夏から三年連続で決勝に進んだ当時、老若男女にかかわらずいかに道民が盛り上がっていたかを表すエピソードとして、こんな話をしていたことがある。

「小学生だったうちの娘も三年間、一番から九番まで駒大苫小牧の選手の名前が言えましたから。それで『四番・原田』って言うときだけ、バントの構えをするんです。何も教えてないのに」

原田は南北海道大会では、チーム最高となる五割六分五厘をマーク。甲子園でも初めの二試合は安打を記録したが、以降は警戒され四死球が急増。また、次打者の糸屋が当たっていたこともあり、四番という打順を任されながらも送りバントを指示されるシーンが目立った。

この日も四打席目までは、3四死球。七回裏に巡ってきた第五打席では、佐々木のタイムリーを呼び込む送りバントを決めていた。

最後の打席は、12－10と2点差とされて迎えた八回裏、1アウト一塁という場面で回ってくる。香田はここでも送りバントを命じた。このとき、原田の目にはうっすらと涙がにじんでいた。

「え、なんで？　って。周りがみんな打ってたんで、正直、打ちたい気持ちはありました。でも、終わって考えてみると、バントでよかったと思います。自分の仕事をした、って思いますね」

香田は三番と五番は度々入れ替えたが、四番の原田はほとんど動かさなかった。灰汁《あく》の強い選手が多い中、香田はそう言える原田を誰よりも信頼していたのだ。

原田のバントで2アウト二塁とし、続く糸屋がこの日4本目となるヒットを放ち、駒大苫小牧は再び13－10と3点差に突き放した。

初優勝までアウトは、いよいよあと三つ。

済美もこのままでは終わらない。九回表、いきなり連続安打で0アウト一塁、三塁とする。しかし、ここで二番・小松紘之《ひろゆき》の打球はショートゴロ。二塁ベース手前のやや緩いゴロで、ショートの佐々木からすると、なかなか厄介な打球だった。

「待ってればいいのに、一歩目のスタートが悪かったんで、冷静さを欠いて思い切り突っ込んじゃった。合わないと思ったときはもう遅かった。もろハーフバウンド」

ゴロをさばくときの基本は、バウンドの上がりっ端か、落ちてくるときだ。その中間、もっとも難しいところで捕らざるをえなくなった。

「でも適当に（グラブを）出したら、入った。どうやって捕ったか、わからないっす。神が降りてきましたね。雪上ノックの効果としか思えない」

セカンドの林が「ラッキーだった」と振り返ったように、ショート－セカンド－ファーストへと渡るダブルプレーが成立する。

あと一人となったところで、すでに肩で大きく息をしていた鈴木は、続く三番打者を「三振でカッコよく決めてやろうと思ったら歩かせちゃって……」と2アウト一、三塁とピンチを広げてしまう。ここで迎える打者は、この大会すでに3本塁打をマークしていた四番・鵜久森淳志《うぐもりあつし》（ヤクルト）だった。

一発出れば同点というピンチであるにもかかわらず、佐々木はこんなことを考えていた。

「守りながら、もう泣いてましたね。甲子園を目指せる野球はもう終わりなんだなって。ほろっと出てくる、汗みたいな涙だった。正直、打って欲しかったですね。まだ試合をやりたかった。五万何千人の中で、こんなにいい試合をして」

そんな佐々木の感傷はよそに、バッテリーは必死だった。鈴木は前打者との対戦でほぼ力を使い果たしていた。

「やっちゃった……みたいな。鵜久森の前で終わらせとく予定だったのに。彼に回したのは誤算でしたね。これも俺の運命かなって思って、ちょっと空を見上げちゃったりして。でも最後だから、気持ちで行こうと思った」

受ける糸屋も腹をくくった。

「（鈴木）ヤスは力んで力んで、ひどい顔をしてたけど、最後は気持ちで、またちょっとボールがき始めていた。真っ直ぐを待ってるのはわかってましたけど、もう、真っ直ぐでいくしかないと思ってました」

糸屋が右打者の鵜久森の後ろに隠れるぐらいに思い切りインコースに構えた。鈴木も初球、「そのあたり」を目がけて思い切り腕を振った。だが指にボールがしっかりひっかからず、体重が乗り切らなかった。ボールは真ん中より、やや高めに入った。ホームランボールである。

瞬間、糸屋は「しゃーない」とあきらめた。だが、鈴木は「勝った」と確信した。

「当たる直前、バットがボールの下半分を擦《こす》ったのが見えた。そんなこと、初めてです。これは上がるなって」

野球の神様が二七個目のアウトに選んだのは、佐々木の上空だった。やや深い打球だったが、佐々木は「オーライ！　オーライ！」と叫びながら、センターの桑原の動きを制した。

滞空時間はおよそ六秒。それはそのまま、優勝へのカウントダウンになった。

香田の思いを誰よりも敏感に感じ取り、「嫌われ役」に徹しながらも、香田と選手をつないだのは佐々木だった。

「日本一のイメージはできなかったけど、甲子園で勝つことが目標だった。その先に全国制覇があった。監督も俺たちが北海道の野球を引っ張っていくんだって言っていたし、僕らもそう思っていた。あのメンツじゃないとできなかった。ノーゲームを知ってるやつらじゃないと。先でも後でもない、僕らの代じゃないとダメだった」

やけに長く感じられる「六秒」だった。

「打球を見ながら、不思議なぐらい周りがよく見えた。まだ捕ってないのにみんなマウンドに駆け寄ってて、おいおい、落としたらランニングホームランになるぞって」

佐々木は最後、ホームに背を向け、手をぐいっと伸ばし、使い古されて真っ黒になったグラブにウイニングボールを収めた。

午後三時五五分――歴史が変わった。

その瞬間、まだ「試合中」だったのは佐々木と、カバーに入っていたセンターの桑原とレフトの原田の三人だけだった。鈴木はすでにマウンドの上で糸屋と抱き合っていた。

「終わったと思って、ガッツポーズしながら打球を見てたら、後ろから糸屋に抱きつかれて。孝介がフライを捕る前にホームベース、がら空きでしたね」

他の選手たちもすでにマウンド上で互いに体をぶつけ合い、抱き合い、雄叫《おたけ》びを上げていた。そして何度も何度も「ナンバーワン」を天に突き上げた。日大三戦のときまでは、まだテレビのアナウンサーと解説者が、マウンドに集まるたびにこのポーズをする駒大苫小牧の選手を見て、「1アウトの確認をしているのでしょうか……」といぶかしんでいたが、このときにはすっかりその意味もファンの間で定着していた。

13－10。駒大苫小牧20安打、済美19安打という史上希《まれ》に見る大激戦の試合時間は、二時間五四分にもおよんだ。

かんけーねーよ――。

それが香田の口癖だった。外が吹雪いていようと、マイナス一五度であろうと、「かんけーねーよ」と雪上でノックを打ち続けた。相手がどんな名門校だろうと、どんな名監督だろうと、「かんけーねーよ」と、闘志を剝き出しにして立ち向かっていった。その積み重ねが、誰も成し遂げたことのない雪国の日本一につながったのだ。

勝利監督インタビューで、お立ち台に上った香田は顔をくしゃくしゃにしながら満員の球場に響かせた。

「道産子が、がんばりました！　サイコーだ！」

その脇で香田のあとにインタビューを受けるために待機していた打のヒーロー糸屋はほくそ笑んでいた。

「なに泣いてんだよ」

糸屋は最後まで糸屋だった。


この大会で駒大苫小牧は、五試合連続で二桁安打を記録。三年前、〇一年に日大三が優勝したときに打ち立てた大会最高チーム打率四割二分七厘を大きく上回る打率四割四分八厘の新記録を樹立した。

済美の上甲は「池田高校（徳島）を彷彿させた」と、かつて金属バットによる打球音が山にこだまする様子から「山びこ打線」と怖れられた四国の伝説の高校と重ね合わせた。

ちなみに史上二位のチーム打率を記録した〇一年の日大三は、その年、西東京大会で四割五分一厘と打ちまくっていた。これは参加四九校中、最高打率だった。つまり予兆はあった。それに対して、南北海道での駒大苫小牧と甲子園での駒大苫小牧は、まるで別チームと言ってよかった。

サイクル男の異名をとった林は、南大会では打率三割〇分八厘だったが、甲子園では五割五分六厘と糸屋に次ぐ高打率を残した。

「アドレナリンじゃないですか。試合がしたくてしょうがなかったし、早く打席に立ちたくてしょうがなかった。わけわかんないっスね」

日大三の監督の小倉全由《おぐらまさよし》、済美の監督の上甲に「あの九番にやられた……」と怖れられた九番・五十嵐も、打率四割二分一厘と貴重な働きをした。

「甲子園ってバックスクリーンが深い緑で、大きくて、球が見やすいんです。甲子園ではボールがすっごい遅く見えた。一五〇パーセントぐらい力が出てましたね。しょぼいしょぼいって言われてた沢井（義志）さんまでが、佐世保実業戦でホームラン打っちゃうわけですから。マジックですね。みんな『振れば当たる』って言ってましたもん。大学野球やってから、なんでこんなに1点が遠いんだろう……って思いましたね。高校野球のときは簡単に点が入ったのにって」

打撃ばかりに目が行くが、もう一つ忘れてはいけない数字がある。八強以上に進んだチームの中では防御率は最低の五・六〇だったが、失策数は最少の一つ。原田は「守りで勝った気がする」と話す。

決勝でも済美は二塁走者が二度、シングルヒットでホームを突いてアウトになっているのに対し、駒大苫小牧は同じケースで三度、生還している。

「二塁から一本で戻ってくる練習は、間違いなく生きてましたね」と原田。

最初は「意味あんのかな」と思ったと話す雪上練習の成果も実感した。原田が続ける。

「いつも滑るところで練習してたら、一歩目がポーンって楽に切れるようになった。そのお陰で、それまでは背後の打球が怖くて深く守ってたんですけど、前に守れるようになった。ホームで刺せたのはそのせいですよ」

原田は系列の苫小牧駒大へ進んでからは「前で守れなくなった」と話す。

「大学の監督さんはとても落ち着いている方で、香田監督の方がぜんぜん怖いっス。なのに大学では一歩、引いちゃうようになった。高校のときは怖れたこと、なかったんですよ。練習中はピリピリしてるけど、試合になったら好きにやっていいからって。練習の方が緊張してました。やっぱ、練習ですよ。ただ、やってたんじゃないですよ。考えながらやってた。自信があったんでしょうね。だから迷いもなかった」

駒大苫小牧が甲子園で化けた原因を「想念」という言葉で説明するのは、香田の就任当時から駒大苫小牧を見続けてきた蔵重だ。

「長嶋茂雄がテレビのインタビューで、天覧試合で、なぜ自分が（サヨナラホームランを）打てたのかわからないっていう話をしていたことがある。ただ、打てる、打てる、打てる、って自分が念じ、周りが念じたときに、自分が考えてることが形になるんだという話をしていた。想念がそうさせたんだと。駒澤の優勝もまさに想念だったと思う」

蔵重が長嶋に見立てたのは、もちろん香田だ。

香田はサインを求められると、「積練来夢」という言葉をよく添える。長い年月、想《おも》い、練習を積んでいけば、夢は必ず実現するという意味だ。

「他人には言えないけど、自分の中には当たっちゃったよっていう感覚があった。北海道なんて無理だっていう雰囲気があったからこそ、俺がやってやるんだって思ってた。大フィーバーになったときは、現実になっちゃったよって思ったもんね」

香田が想い、選手が想い、その親が想った。その想念は、やがて五〇〇万人の道民の想いとなり、最後は数千万人規模の全国の高校野球ファンの想いと重なっていた。

決勝の翌二三日の午後、駒大苫小牧の選手たちは伊丹空港から羽田空港を経由し、北海道へ向かった。機体が津軽海峡を越えるとき、放送で「みなさまと一緒に深紅の優勝旗が津軽海峡を越えます」とアナウンスされ、機内は温かい拍手で包まれた。

新千歳空港に降り立つと選手たちは荷物受取所で、あらかじめ取り出しておいた金メダルを首にかけた。優勝旗も、そこでポールを継ぎ足し、旗を結わえつけた。優勝旗を携えた佐々木を先頭に一列になって到着ロビーへと続く自動扉を抜けた。すると、何重もの人垣が携帯電話を掲げて待ち構えていた。警備員に誘導され、バス乗り場に移動しても、そのバスも群衆に囲まれている。新聞報道等では、約一七〇〇人の道民が出迎えたと伝えた。

学校へ帰ると、今度は花火と、約一〇〇〇人の人たちが待ち受けていた。祝勝会が終わり、選手たちが野球部寮へ戻ると、寮の前には車が四、五台駐《と》まっていた。いわゆる「追っかけギャル」たちだった。中には神奈川からはるばる車で来ていた女の子もいた。

翌二四日もイベントおよび報告会は続いた。北海道庁前の広場には約七〇〇〇人、苫小牧市役所の前には約二〇〇〇人の人たちが押し寄せた。ある者は「ナンバーワン」ポーズを決めながら歓喜の声を上げ、ある者は感激で涙さえ流した。

優勝の瞬間、マウンド上にいた鈴木が振り返る。

「壇上に立ったら、後ろまで人だらけ。右見ても人、左見ても人。前の方は、女の子ばっかり。ちょっと勘違いしそうになりましたね」

ただ、北海道中が祝賀ムードで包まれる中、周囲が熱狂すればするほど香田の酔いは逆に冷めていった。そして、心配ばかりが頭を過った。

「ああ、あのときと同じ状況がきたなと思ったよ。あんときのフィーバーも異常だったからね。いつも勝ってる地域ならあんなことにならないんだろうけど」

ちょうど一〇年前、九四年夏に佐賀商が日本一になったときと、驚くほど状況が似通っていた。

学校として、かつ県勢として初優勝なのも一緒。佐賀商は大会前、まったくノーマークだったが、二回戦で大型左腕の吉年滝徳《よしとしたきのり》（元広島）を擁する関西《かんぜい》高校（岡山）に勝ち、勢いに乗った。その勝ち進み方もだぶって見えた。佐賀商が優勝したときも翌日、博多《はかた》駅に到着すると、見たことのないような人だかりに出迎えられた。香田は思わず、テレビで観たビートルズがやって来たときの光景を想起した。

九州七県の中で、佐賀は人口も面積も最少。何かと肩身の狭い思いをしていた。それだけに県民の喜びようは尋常ではなかった。佐賀商のメンバーは、どこを歩いていてもサインや握手を求められ、ファミリーレストラン等で食事をしているだけでも大騒ぎになった。まるで芸能人のようだった。いろいろな人間にちやほやされ、女性関係が乱れた末に人生を踏み外してしまった選手もいた。

そして以降の佐賀商は、さっぱり勝てなくなった。香田は「ＯＢだから言えることだけど」と前置きしてから話す。

「優勝した後、しばらくしてから佐賀商のグラウンドへ行ったら、ボールが散乱してるわ、ゴミが落ちてるわで、ひどかった。あいさつ一つもまともにできないようになって、評判も急降下した。そこから立て直すのが、本当に大変だったんだから」

優勝した日の晩、香田は選手たちにさっそく佐賀商が勝った後の話をした。

「おまえらには、そうなって欲しくない。だから、いいか、勘違いすんじゃねえぞ。周りの人たちに感謝しろ。おまえたちの力だけで勝てたと思ったら、大間違いだからな」

負けの要素を忍び込ませたくない――。

香田はこの頃、このフレーズを繰り返していた。

「優勝した瞬間、もう負けの要素が忍び込んでると思ってたから。瞬間的な表情でも、態度でも、仕草でも、ちょっとでもおかしいと思ったら、容赦しなかった。勘違いすんじゃねえぞって」

なぜ全国制覇を成し遂げた後もなお、そこまで勝利への欲を持続できるのか。

「日本一になって、次の年、こんなもんかって言われたくないじゃない」

一五歳のとき、高校の推薦入試を落とされて、自意識に目覚めた「だっちょ」。

〈推薦組には、ぜってー負けたくなかったから、こいつらの見てないところで練習しようと思った。完全に意地になってたね〉

こんなもんかって言われたくない、ぜってー負けたくなかった――。この反骨精神の根っこは一緒だ。一五歳のときに走り始めた自我は、その存在が脅かされると、より一層、強烈な主張を始めるのだ。

勝ったあと――。香田にとっては、そこにこそ自分の全存在がかかっていた。

まずは自分が浮ついた姿を見せるわけにはいかないと、立て続けに八〇件近く依頼がきた講演の類は片っ端から断った。中には一回一〇〇万という高額な依頼もあり、正直、目がくらんだが、そういうものほど用心した。

すでに知名度のある監督を除き、甲子園で好成績を残すと、ほぼ例外なく、監督の下には講演依頼が殺到する。そうしたケースを間近で見たのは香田が初めてだったが、香田の振る舞い方を観察し、高校野球の監督とはそういうものなのかとも思った。しかし以降、ここまで頑なに講演依頼を固辞する指導者を見たことはない。この人も非常に慎重な性格なので講演を受けないタイプなのではと思うことは度々あったが、程度の差こそあれ、意外なほどあっさりと引き受けた。

そして「程度」は、その後の勝敗と大きく関わっていったように思える。もちろん、それがすべてではないが、私は今では講演を受けるか受けないかで、その人が後々勝てる監督か否かを判断しているところさえある。

北海道の土地柄もあるのだろうが、高校野球で日本一となり、こんなにも精神的に追い詰められていった監督を私は見たことがなかった。

この頃、地元のタクシーに乗ると運転手が「これでまた百年近く優勝はねぇな」と笑っていたものだが、それが北海道全体の雰囲気だった。香田も「そりゃそうだ」と思いつつ、でも、監督である自分がそう思ったらまた元の北海道に戻ってしまうという危機感があった。

「選手には去年の三年生以上のものを残すんだって言っていた。連覇という言葉は使わなかったけど、先輩を超えるんだってことは何度も何度も言った」

香田は、常に「どんだけ敏感に気づけるかだ」と自分に言い聞かせた。

強豪校の中には携帯電話の所持を禁止するチームも少なくないが、香田は所持することは認めていた。ただ、使用は教室と自分の部屋だけに限定した。それ以外は、廊下でも、部室でも、道端でも、使ってはいけないこととした。青地が思い出す。

「たとえば部員の誰かが部室で携帯いじってるのに気づいたとするじゃないですか。そういうときでも、そいつを名指しで怒ったりはしないんです。みんなの前で『いいか、部室で携帯いじんなよ』ってポンって言う。暗に、見てるぞってことを伝えてくる。そっちの方が怖いというか、僕らには効きますよね」

そんな中で、もっとも香田の当たりがきつかったのは、甲子園で活躍した新キャプテンの林と新副キャプテンの五十嵐だった。

「甲子園ボケしてんじゃねえぞ！　このクソ三流選手が！」

香田は必要以上に罵声を浴びせた。

「あいつらの態度がチームの態度を決めると思ってたからね。天狗になる余裕を与えないぐらい練習させた。意図的に頭を混乱させるぐらい追い詰めて、その中で、去年はこうだったけど、今年はこうだぞって置き換えていった」

茶木も二人をマークしていた。練習試合の相手チームを正門のところで見送る際、林と五十嵐が、笑顔を見せ、手を振ったことがある。すると二人は茶木に呼び出され、

「おまえら何浮かれてんだ」とすごまれた。

以降、二人は手を振ることも、笑うことも自重するようになる。バスの中にいるときも、運転手の茶木がバックミラー越しに目を光らせているので、気が抜けなかった。香田に「手ぐらい振ってやれ」と言われたときだけ、ここぞとばかりに愛嬌《あいきょう》を振りまきつつ、手を振った。

現役選手の中では、林と五十嵐がいちばんサインを求められる機会が多かったが、彼らは断固として拒否した。五十嵐が話す。

「サインなんてしていることがばれたら大変なので、身内とかでも監督の許可を得るようにしていました」

写真撮影も、監督のもとに林や五十嵐と撮らせて欲しいという客がやって来て、監督に呼ばれて応じることはあったが、独断で対応することは絶対にしなかった。

ちなみに、選手宛に届いたファンレターは、三年生たちには卒業時に渡されたが、二年生に届いたファンレターは勘違いするといけないという理由で破棄された。

香田の管理下にあった現役選手たちとは対照的に、三年生たちは、香田の言葉を借りれば「調子に乗っていた」という。

衆人環視の中ではサインや記念撮影に応じてはならないルールもうやむやになり、髪の毛をうっすらと染めてくる「猛者《もさ》」まで現れた。岩田が思い出す。

「高校生なんで、あんなにちやほやされたら、普通にしてろって言われても無理じゃないですか」

苫小牧市内はもちろん、札幌でも選手たちが歩いていると、握手やサインをせがまれた。休日にファミリーレストランやファーストフード店で食事をしていると、あっという間に人に囲まれ、撮影会が始まった。

また、ありがたい話だが、苫小牧市内でタクシーに乗ると「君たちは夢をくれたんだから」と、料金を受け取ってもらえなくなった。

再び、岩田。

「いちばんかわいそうだったのは孝介ですね。どこ行っても呼び止められて。近所のコンビニで待ち伏せされたりしましたから。だから、後輩が孝介の代わりに買い物に行ったりしてました」

ファンレターの数が断トツだった佐々木は、たびたびファンとのツーショット写真がネット上に掲載され、一時期、「あいつは十股かけてる」とまで噂された。

三年生の進路も、香田の悩みの種だった。甲子園に行く前までは、高校で野球を辞めるとまで話していた選手が途端にプロへ行きたいと方向転換したりし、香田を困惑させた。

そんなある日、ついに香田の癇癪玉が破裂した。標的になったのは、例によって原田だ。自動車学校へ通っていた原田は、その日、仮免許のテストがあり、学校の授業に遅刻する予定だった。そのような場合、事前に香田に連絡しなければならないのだが、朝一番に監督の携帯電話にかけても香田が出なかった。そこで代わりに副部長の茶木に伝えた。ところが、その茶木が香田へ伝えるのを失念していたのだ。

「自動車学校が終わって、監督に戻りましたって報告しに行ったら、はっ？　聞いてねえよみたいな。あれれ……って。茶木さんに連絡したんですけどって言ったら、知らねえよって。あんとき、ちょうど機嫌悪かったんですよ」

その後のことは想像に任せる。原田の弁だ。

「ほんと、殺されるかと思いました……」

あまりにも理不尽に思えるが、他の選手に聞くと、香田の携帯がつながらない場合は自宅に電話しなければならないそうだ。そうすれば大抵、妻のひとみにつながる。そしてひとみに伝言しておけば確実なのだという。

そうして香田は態度でも言葉でも、何度も「もう優勝は忘れろ」と伝えたが、周囲がそれを許してくれなかった。

「大フィーバーだからね。旭山動物園が一時期すごいことになってたけど、それ以上だったんじゃない？」

グラウンドの様子も一変した。毎日、数十人のファンと、二〇人前後の報道陣がやって来るようになった。新聞社が、計八紙、その上、テレビ局も三、四局は常にいた。プロ球団も顔負けの注目度である。その光景は、とても高校のグラウンドには見えなかった。

日刊スポーツの本郷昌幸が言う。

「北海道は弱いくせに、高校野球人気が高いんですよ。彼らは、北海道民が何百年経っても無理だと思っていたことをやっちゃった。初めてだったんじゃないですかね、『おらが道の』って言えるスポーツチームが出てきたのは」

それまで北海道には地元のスポーツチームを応援するという文化がなかった。日本ハムは同年に移転してきたばかりだったし、九六年にサッカーチームの北海道コンサドーレ札幌が誕生したが、道民が熱狂するほどの実力がなかった。本郷が続ける。

「駒苫はアマチュアチームでしたけど、道民の中でマグマのように溜まっていたエネルギーが一気に爆発しちゃったんでしょうね。道民の期待が一気に駒大苫小牧の方へ行っちゃった。読者は毎日、何かしら駒大苫小牧の記事を読みたいわけです。だから僕らも練習しかなくても毎日、学校に通ってたんです」

五〇人以上もの視線に囲まれながら練習していると、さすがの香田も調子が狂う。

「テメエこの野郎って言いたいときでも、おまえらさ、ダメだろみたいに言っちゃったり。自分が自分じゃなくなっていくようで、どうしたらいいんだ、どうしたらいいんだって。どんどんどんどん、ストレスが溜まっていった」

香田の機嫌の善《よ》し悪《あ》しはわかりやすかった。機嫌が悪いと、目が細くなり、耳まで赤らむ。選手とあいさつを交わすときのナンバーワンのポーズの位置も低く、どこかおざなりになる。新キャプテンになった林が振り返る。

「取材の人も、ファンの人も、正直、来ないで欲しかった。僕らは何も悪いことしてないのに、それだけで監督の機嫌が悪くなるんですよ」

私もその頃、何度か駒大苫小牧を訪れたが、確かに異常だった。しかも一気にファンが増えたものだから、立ち入り禁止区域なども設定されないまま、ファンは思い思いの場所で見学している。不用心だし、危険でもあった。

ある日、どさくさに紛れて、茶木のグラウンドコートが盗まれたことがあった。ポケットの中にはロレックスの高級腕時計が入っていた。茶木が恨めしげに言う。

「長男が生まれたときに奮発して五〇万のロレックスを買ったんですよ。二〇歳になったときにあげようと思って。買ったばっかりだったのに……」

グラウンド周辺は、まったく統制が取れていなかった。取材環境も同じだった。日刊スポーツの本郷の記憶だ。

「札幌ドームで練習したときだったかな、テレビ局とかって割と平気で近くまで行って撮っちゃったりするんですよ。それで監督にキレられて。俺らは新聞だから関係ないよなと思っていても報道陣ということで一緒くたにされちゃう」

どこの社もオリジナルなネタが欲しいため、当然と言えば当然だが、個別のインタビュー時間を欲しがった。しかし、それももっともな話だが、香田はそれに納得がいかなかった。

「おまえら、まとまって来いよって思うじゃない。今日はどこどこ、明日どこどこって、俺たちはいつ練習すんだよって。あんたらは記事書くのが仕事かもしれないけど、俺はこのチームを守らないといけないんだよって。記者ともしょっちゅうケンカしてた」

報道陣と香田の関係は、衝突と和解を繰り返していたが、ある日、さすがに香田が音を上げた。毎日押しかける記者に懇願した。

「もう来ないでくれませんか……」

以後、報道陣はなるべく練習日の取材は自粛するようになったが、練習試合があると聞けば行かないわけにはいかなかった。

優勝した翌月の二週目頃だったか、私も取材を申し込もうと香田に電話をすると「……はい」と極端にテンションの低い声が返ってきた。以前にも取材で世話になったことがあるのだと告げても「はあ」とまったく手応えがない。想像以上に疲弊しているようだった。聞けば、北海道に帰ってから練習をまともに見られたのは二日しかないという。

ひっきりなしに携帯電話が鳴るようになり、取材依頼だけでなく、あいさつ回りや、小さな宴席に呼ばれるなど、毎日のように何かしらスケジュール帳に予定が書き込まれていた。

郵便物は中傷するものも含め毎日、一〇通以上届くようになった。それにもできる限り、目を通した。差し入れも全国各地から届いた。米などの食料品がもっとも多かったが、大量のカイロを送ってきてくれた人もいる。実用的なものならまだいい。自作の陶器や絵画、フクロウの彫り物など、扱いに困るものも珍しくなかった。それらの礼状も書かなければならない。自分の時間がどんどん削られていった。

「行事とかでも、なんでこんなことやるのよってのがいっぱいあった。でも応援してくれた人たちの好意を無下にすることもできない。すごく迷ったよ。マスコミやファンとのやりとりでも、なんでそうなのよっていうことがいっぱいあった。もう忘れたい、前へ進みたいのに、そうさせてくれないことが多過ぎた」

九月に取材を申し込んだにもかかわらず、すでにこう言われた。

「もう過去のことは振り返りたくないんですけど……」

それからしばらく経ち、別の内容の取材を申し込むと、香田の対応は一変していた。

「注目していただけることは大変ありがたいので」

つくられた感じの抑揚から本音でないことは明らかだった。今後、メディアとどう付き合っていけばいいのかという香田の葛藤や苦悩が手に取るようにわかった。

香田は、急速に凍らされた氷のように見えた。時間をかけて固まった透明な氷と違い、空気を閉じ込め白く濁ってしまった氷。どこへ行っても声をかけられ、サインや写真をせがまれた。密かに望んでいたことでもあり、優越感を刺激されたが、どんな快楽でも度が過ぎれば苦痛になる。あまりにも急に郷土の英雄に祭り上げられてしまったため、香田の中にはメディアへの対応の仕方など、整理されぬまま閉じ込められてしまった「空気の泡」がいくつも見えた。


道民の興奮が冷めやらぬまま、駒大苫小牧は秋の支部予選を迎えた。

一回戦の室蘭大谷戦は、九回2アウトまで負けている展開で、そこから4－4の同点に追いつき、延長一一回にサヨナラ勝ち。二回戦の苫小牧工戦は初回にエースの松橋がいきなり3失点。重苦しい出だしだったが、最後は何とか5－4で競り勝った。準決勝、代表決定戦は大差で勝利したものの、「ここの予選はいつ何が起きてもおかしくないと思っていた」（香田）と、改めて室蘭支部のレベルの高さを思い知らされる。

ただ、全国でスタートがもっとも遅く、しかも香田が満足に練習を見られない中で結果を出せたことは自信につながった。香田が言う。

「先に点を取られても、大丈夫、我慢していれば自分たちの流れになるって言い聞かせていた。優勝だ、優勝だって、浮ついた生活をしていたら、先制された時点で、もっとばたばたばたばたしていたと思う」

円山球場で開催される全道大会では、球場慣れするために開幕前、公式練習の日が設けられている。五十嵐がそのときのことを思い出す。

「全道が始まる前あたり、公式練習の日あたりが、監督はいつもいちばんピリピリしてるんですよ。毎回、何かしらで怒られてる印象がありますね。なんで俺たち怒られてんのかなって思うときもありますけど……。バスに乗ったあたりから不機嫌になってきて、このときも途中でVジャンを忘れたやつがいることが発覚して、『帰れ！』ってバスを降ろされてましたね」

球場に到着すると、野球用のショルダーバッグのかけ方も統一しろと香田が言い出した。通常は肩を守る意味でも右利きは左肩に、左利きは右肩にかけるものだが、このときは右利きも左利きも関係なく、同じ方の肩からたすき掛けにさせられた。ただ、香田がかけ方を統一したのは、このときだけだったという。

香田も必要以上に緊張していたのか、あるいは、これも選手の気持ちを引き締めるための一つの演出だったのだろうか。

全道大会は、支部予選で安定性を欠いていたエースの松橋が復調したこともあり、危なげなく勝ち進んだ。準々決勝では、強敵・北海を松橋が3安打完封。最終回は三者三振で締めくくった。

北海の平川の目には、戦い方がさらに洗練されてきているように映った。

「〇三年春に藤代に負けてから走塁が変わった。でもこのあたりから、カバーリングにものすごく力を入れ始めましたね。あ、このカバーリングいいなっていうのが、たくさんありましたから」

送球ミスが起きたとき、カバーがいるのといないのとではその後の展開が大きく変わってくる。ただ状況によっては、どうしても人数が足りなくなってしまう場合がある。たとえばランナー二塁でピッチャーがけん制し、それが悪送球となってセンターに逸れた場合、走者は三塁をねらう。その走者を刺そうと、突っ込んできたセンターは三塁に放る。そのとき、三塁手の後ろはがら空きになっていることが多い。比較的近くにいるレフトやピッチャーは余っているが、間に合わないのだ。

駒大苫小牧はどうしていたか――。平川が続ける。

「ピッチャーが二塁にけん制球を投げると同時に、キャッチャーが全力で走ってるんです。センターが捕った時点では、もうサードの後ろにキャッチャーがいる。がら空きになったホームにはファーストが入ってました。キャッチャーはおそらくピッチャーがけん制するのはわかってるんで、ピッチャーが体を反転させた瞬間にスタートを切ってるんですよ。これには驚かされましたね」

しかし、そのような捕手のカバーが試合で生きるケースは年間一度あるかないかだろう。同じ疑問を持った平川が香田に問い質すと、こう返されたという。

「それが実力なんだよ。その一回あるかないかわからないプレーのために、それができる選手じゃないとダメなんだ」

新琴似シニアの生島が、まさに同じ話をしていた。

「彼は百回に一回あるかないかのプレーまで突き詰める。なぜかって言ったら、その一回が起きたときに負けちゃうから」

駒大苫小牧は〇六年の決勝で早実に負けるまで、夏の甲子園でじつに一四連勝している。偶然性が大きく影響するトーナメント方式で、しかも毎年選手が入れ替わる高校野球において、この連勝記録は尋常ではない。しかし、「百分の一のプレー」さえ疎かにしなかったということが、一四連勝できた一つの答えになっているように思える。

元サッカー日本代表監督の岡田武史《おかだたけし》は、ことあるたびにこう語っている。

勝利の神様は細部に宿る——。

これも香田の百回に一回あるかないかのプレーの話に通じる。

カバーリングに関し、山梨学院高校の監督・吉田洸二《こうじ》がおもしろい話をしていた。吉田は清峰高校時代、翌〇五年の神宮大会の初戦で駒大苫小牧と対戦し、2－6で敗れることになるのだが、やはりカバーリングの動きに目が留まった。

「ノックのときからカバーリングをしっかりやっていたんですよ。カバーリングって要するに保険ですよね。保険というのは大人の考えじゃないですか。子どもたちがいちばん退屈を覚えることなんですよ。それをあそこまで徹底できるんだから、強いはずだと思いましたね」

香田にとって新しいカバーリングを考案することは、一つの快楽だった。

「優勝した後は、なんかおもしろいことないかなっていっつも探してたね。よそと違うところを見せたいっていうのかな。パフォーマンスっぽいことじゃなく、理にかなっていて、一つ先いってるなって思われるようなことをやりたいじゃない」

決勝は秋の全道大会としては異例の一万五〇〇〇人の大観衆を集めた。この頃、駒大苫小牧フィーバーは、もはや常態と化していた。駒大苫小牧が出る試合は、どの球場へ行っても満員札止めだった。準決勝では駒大苫小牧の選手たちをひと目見ようと正面玄関前にファンが詰めかけたため、バスを外野の非常口の前に回しそこからこっそり脱出したこともあった。五十嵐が戯《おど》ける。

「ジャニーズJr.になった気分でしたね。だって僕のこと見ただけで、『キャーッ!』ですよ。何もしゃべってないのに。目が合っただけで、女の子、泣いちゃったこともある。人生、最大のモテ期でしたね」

しかし、そんな狂騒に踊らされることなく、駒大苫小牧は決勝で北海道札幌藻岩《もいわ》高校を9－1で下し、力の差を見せつけた。

どんなに力があっても、簡単な優勝などない。香田は、この優勝の価値をこう噛みしめた。

「がむしゃらに、ひたむきにやった結果でしょ。なんとか一つのベースを取るんだって。俺ら、優勝チームだなんて思ってやってなかったからね」

香田は選手の勝利への執着心を引き出そうと、一度、内野ゴロはすべて一塁へヘッドスライディングするというルールを設けて紅白戦をやったこともあったほどだ。

この秋、「負けの要素」が忍び込む隙間は、ほとんど見当たらなかった。


日本一になっても香田の練習への好奇心、新し物好きは、少しも衰えないどころか、さらに拍車がかかっていった。

あるとき、済美が導入していたドイツ製のボート競技用トレーニングマシン「エルゴメーター」をいきなり二台買ってしまったことがある。茶木が思い出す。

「二台で一〇〇万円以上するんです。慌てて、二年ぐらいのローンを組んでもらいましたよ。いつも『買う前に絶対、言ってくださいね』って言っても、『ごめん、買っちゃった』って。監督は、高いから買えない、じゃなくて、まず買っちゃうんですよ。ある意味、芸術家ですよ。理論理屈よりも、思いが優先しちゃう」

選手を勧誘しに行くときもそうだった。全額免除の特待生は定員が決まっていて、すでに枠が埋まっていても、何としてでも来て欲しいと思うと、つい「全額免除にしますので」と口走ってしまう。そして帰りの車の中で、茶木に泣きついた。

「（茶木）圭介、どうにかなる？」

「学校に頼んでみるしかないじゃないですか」

部員から集める部費だけではとても足りず、香田や茶木は身銭を切ることもしばしばだった。

香田は、自分のお金を使うときでもじつに気前がよかった。複数で飲んでいるとき、香田は当たり前のように勘定を持つ。奢り癖があるのかと思っていたが、単純にそういうわけでもなさそうだ。ロレックスの腕時計をなくしたとき、妻のひとみはカンカンなのに、香田は「どっかに置いてきちゃったんだよなぁ……」とまるで手袋をなくしたかのようにのんびりとしていた。ただ、経済感覚が抜け落ちているだけなのかもしれない。

香田を観察していると、才能とは、つくづく偏りなのだと思う。ある分野に秀でている人間というものは、得てして、他の分野が極端に疎かになっているものだ。

〇四年冬、駒大苫小牧を訪れると、こちらも済美が導入していた鉄バット二〇本とゴルフボールがあった。鉄バットは監督の上甲が考案したもので、細い鉄の棒の先に重りが入っていて、一キロ以上の重さがあった。

毎年、夏の甲子園に出場したチームのうち、「ベスト8＋2チーム」の計一〇校が、その年の秋に開催される国体の高校硬式野球の部に出場する。香田は一〇月下旬に出場した埼玉国体のレセプションで、上甲からいろいろと情報を仕入れてきたらしい。

「鵜久森は鉄バットでよくなったって言ってたね。パワーもそうだけど、細い棒で小さな球を打つと集中力がつくみたい」

また、それもどこかのチームが使っていたのだろう、特注品のハンマーも依頼済みだった。

「ハンマーを下ろす動きって、ピッチャーの投げる動作と同じらしいんだよね。ハンマーで地面をどーんと叩けば、それだけで練習になる」

室内練習場では選手たちがさっそく鉄バットでゴルフボールを打っていた。冬場の「追い込み期」のノルマは前年同様、一日千スイングだ。

一メートル近い長竹バットと鉄バットで、黙々と「マシンガン」と呼ばれる連続ティー打撃などを行っていた。長竹バットでもマシンガンをしていたが、鉄バット以上にしんどそうで、うめき声がもれる。五十嵐が回想する。

「冬場は毎日、九時ぐらいまでやってた。追い込み期はクリスマスぐらいまで続くんですけど、それまでは鬱になりますね。バッティンググローブはひと月も持たないで破れちゃうんですけど、新しいのを買いに行く時間もなくて」

茶木によれば、この鉄バットも最終的には一年使ったかどうかだったという。駒大苫小牧の練習メニューとして残るには、香田が次から次へと「新たな敵」を送り込んでくるため、その激しい過当競争を勝ち抜かなければならなかった。

選抜大会への出場が決まっていた駒大苫小牧は、二月九日から一〇日間、徳之島で合宿を行った。

この期間は、想定練習を繰り返した。合宿には、道内の各メディアも大挙して押し寄せた。想定練習を初めて目の当たりにした日刊スポーツの本郷が話す。

「何だこれはと思いましたね。ピッチャーはボール持ってないのに投げたつもり。バッターもバット持たないで打ったつもり。で、外野手が、飛んでないフライを飛んできたつもりで追いかけてる……」

想定練習中、香田はしょっちゅう「ちょっと待て」とプレーを中断させた。

「おまえ、今、どういうつもりで球を追ったんだ」

「レフト線への大きな打球のつもりで追いました」

「だったら、今の追い方はちげえだろ。そうは見えなかった」

ワンプレーごと、こうしたやりとりが繰り返される。

打者が「右中間にライナーで抜けていった！　三塁打！」と叫ぶ。にもかかわらず、三塁にスライディングした後のんびりしていると、香田なり、周りの選手なりがすかさず指摘する。

「なに止まってんだよ。外野からの中継がうまくいかなくて、ホームまで戻ってこれるかもしれねえだろ。早く立ち上がって、周りを見ろよ」

中継までちゃんと見ているかどうかは、顔の動きを見ていれば一目瞭然だった。それでも「見てました」と主張する選手は「うそつけ、そのタイミングで、その首の動きで見えるか」と畳み掛けられる。

　新琴似シニアの生島は、ここにも駒大苫小牧の強さを見る。

「道内の監督のほとんどが『やれ』だから。違うんだよ。自分たちで考えて『やる』んだよ。そこを気づかせることができるのが、いい指導者。ぼんくらな指導者は押しつけるだけ。香田は練習中、よく止めるでしょう。それで自分たちで考えさせるんだよ」

　想定練習の内容も年々、進歩していった。この頃になると、カバーリングに対する意識も格段に高まっていた。

　ライトの方でプレーが行われている場合でも、香田は九人全員の動きに目を光らせていた。しかも動きだけでは満足しなかった。少しでも流したような態度が見えると、すかさず叱責が飛んだ。

「おまえ、今、ボールが来る気で入ってねえだろ！　来る気で入ってるやつは、そんな姿勢してねえよ！」

　選手たちは、ボールが飛ぶ方向に関係なく、一瞬たりとも気が抜けなかった。

　来る選抜大会に向け、専門各誌は特集号を組んだ。

〈松橋、吉岡という2本柱に、成長著しい2年生の田中……〉（ベースボール・マガジン社『センバツ２００５』）

駒大苫小牧の投手力を紹介するくだりはどこもこんな調子だった。

開幕直前、関西入りした駒大苫小牧は、最終調整を兼ねて京都外大西、中京大中京（愛知）、神港学園（兵庫）などと練習試合をこなした。香田は三人の投手をまんべんなく起用したが、結果を出すのは決まって「成長著しい田中」だった。

香田が回想する。

「松橋はいいときはいいんだけど、ダメなときはとことんダメ。だから、なかなか周りから信頼されない。もともと小学校まではゲームマニアみたいな子でね、ときにたまたまボールを投げたらいい球投げるから、野球やろうよということになって野球を始めたんだよ。だから、フィールディング下手、けん制下手、セット下手。球を投げるだけで、野球ができない。こっちも頭にくることだらけでね」

駒大苫小牧はバスで遠征をするときは、帰路、バス内ですぐにミーティングに入る。その方が効率的だからだ。

普段は主将が進行役を務めるが、愛知まで遠征し中京大中京に惨敗した日は、もう一人の副主将の青地が進行役を担当することになった。試合内容からいって、やや荒れ模様になることが予想されたため、プレーで引っ張るタイプの林より、男気があって、物事をはっきり言えるタイプの青地の方がいいだろうという香田の判断だった。

進行役はいつも中央の補助席に座る。まずは思い思いに反省点を挙げ、香田がそれに対し感想を述べる。最後によかったところを言い合い盛り上がって終わるというのがいつものパターンだった。この日、悪かった点として、真っ先にターゲットになったのは大乱調だった松橋である。

「打たれた日のミーティングは、いつも憂鬱でしたね……。A級戦犯みたいな言い方をされる。辞めちまえって」

最初はみんな遠慮がちだった。ところが途中、香田の「おまえら、あんな試合見てて、何も思わねえのかよ」のひと言で一気にヒートアップした。そして一年生の控え投手・岡田雅寛《まさひろ》の言葉がとどめを刺した。

「松橋さん、天狗になってるんじゃないっスか。ドラフト一位とかって言われて、調子こいてるんだと思います」

その年の正月、地元のスポーツ紙『道新スポーツ』の一面で「松橋　日ハムドラフト1位候補」と書かれたことを指していた。それにしても「調子こいてる」とは痛烈である。

松橋はただただうつむいていた。

「初めて本気で野球やめたいって思ってましたね……」

青地が回想する。

「言っちゃった……とは思いましたけど、うちのチームは、それでふて腐れちゃいけないんです。下級生に対する圧力になるんで。野球に関しては、垣根がないというのがうちのよさでしたから」

香田も「あれだけのミーティングができるってことは、やっぱりいろんな意味で力があったんだと思うよ」と評価する。

チームの田中に対する信頼は日増しに高まっていた。香田は一つの決断を下す。

「選抜の前あたりから、またグンと伸びてきた。変化球はいい、コントロールはいい、真っ直ぐも松橋よりは遅いけど見劣りするわけでもない。選抜の初戦は、どこと当たっても田中だなと思った」

松橋もライバルながら田中の成長スピードを間近で眺め、感嘆の念を禁じえなかった。

「田中が何かの取材で『選抜ではエースで行きたい』って宣言していた。こいつ、本気だなって思った。黙ってやられるわけにはいかないと思ったけど、調子が上がらなかった。この頃の田中の成長は尋常じゃなかった。新幹線みたいなスピードだった」

選抜大会の一回戦、戸畑《とばた》高校（福岡）戦の先発マウンドに背番号「10」の田中が立ったのは、当然の成り行きだった。


田中がいたから――。

〇五年以降の駒大苫小牧の強さを語るとき、そう一括《ひとくく》りにされてしまうことがある。その裏には、あたかも「あそこはいい選手を全国から集めてるから」という嫉妬や揶揄が込められているのを感じる。

かつて道内を代表する強豪校の監督だった人物は言った。

「駒大苫小牧が強くなってきて、うちに来てた選手が全部、苫小牧に流れるようになった。俺にあの頃のメンバーを預けてくれたら、五年連続世界一にしてやるよ」

しかし、苫小牧工の監督を一九九七年限りで辞し、九九年から五年間、札幌日本大学高校の監督を務めた金子は、こう冷静な見解を示す。

「選手はどこも獲ってますよ。札幌第一、東海大四、旭川実業あたりは、駒澤と同等の選手が行ってる。昔、北海が強かったときの方が、もっと一極集中してましたね。駒澤は選手を育て上げたってことですよ。平山（友祐）っていうピッチャーがいたんだけど、新琴似というチームの四、五番手ぐらいの投手だった。それでも立派にエースまで育て上げましたから。私もいい選手を獲りましたが、肩やらヒジやらを痛めさせてしまったこともある。でも駒澤は確実にものになる。勝ったときは同業者だからジェラシーもあったけど、今はすごいことやったなという思いだけですよ。アイスホッケーで言えば、沖縄代表が全国優勝したようなもんでしょ」

平山を香田に託した新琴似シニアの生島も話す。

「マー君がいたから勝てたと言う人がいるけど、気づかないんだ、そういうヤツは。素人と一緒」

もちろん、香田もスカウティングはした。しかし、田中に限っては集めたわけではなかった。向こうからやって来たのだ。

田中はそもそも中学三年の春には奈良の智辯学園高校に進学が「内内定」していた。

ところが、田中のことを高く評価していた部長が夏に姉妹校の智辯和歌山に転任することになり、責任を感じた部長は、「内内定」をいったん白紙に戻すことを提案した。

当時、田中が所属していた兵庫県・宝塚ボーイズの監督の奥村幸治は、田中を駒大苫小牧の練習を観に行ってみないかと誘った。その年、二〇〇三年春の選抜大会における駒大苫小牧の印象が鮮烈だったからだ。

「ボール回しから、ノックから、カルチャーショックでしたね。春なのに茨城代表の藤代よりも駒大苫小牧の方がぜんぜん動きがいいんですよ。すごく楽しそうにやってましたし。監督はどんな指導してるんだろって思った。打者も肩の開きの抑え方を知っていて、八番バッター（桑島優）がレフトポール際にホームランを打った。小さい体なのに、すごい打球で。こらすごい！　って」

奥村はかつてオリックス、阪神、西武と三球団で打撃投手を務めた経験があり、オリックス時代はイチローのお気に入りだったことから「イチローの恋人」と呼ばれた人物でもあった。

その年の夏、奥村は田中ともう一人、山口就継《やまぐちよしつぐ》という内野手をともない、駒大苫小牧の練習を見学に行った。そこで練習に参加した田中は入学を即決した。

「駒大苫小牧を見に行って、やりたい野球が見つかったなと思った。雰囲気もそうですけど、練習の内容、細かさも、中学でやってるときと同じだった。取り組む姿勢とかも、いいなと」

一回見ただけでわかるものなのかと問うと、「わかります」と言った。

まだ日本一になる前のことである。この頃の選手は、なぜ駒大苫小牧を選んだのかと聞くと「雰囲気で」と答える選手がほとんどである。林もそうだった。

「慎重に選びたかったので、一二校ぐらい回った。最後に見たのが苫小牧で、ノックを見終わった時点で、ここにしようって決めた。雰囲気がぜんぜん違った。先輩とかも気軽に声をかけてくれて、すごく優しいんです」

中学生が体験練習に参加したとき、香田も選手たちも頻繁に声をかける。練習内容も魅力的だが「ここなら自分の居場所がある」（林）と感じさせてくれることが大きいそうだ。

林の同級生に山下修吾という駒大苫小牧入学後、初めて本格的な野球を経験した選手がいた。ミズノの渡辺正道は、その山下こそ駒大苫小牧を象徴する選手なのではないかと話す。

「監督ともよく話してたんですよ、この代でいちばんうまくなったのは修吾ですよねって。伸び率でいったら断トツ。最後の方は、他のチームなら、そこそこできるべってぐらいの見栄えになってましたから」

素人同然でもそこまで溶け込み、自分を成長させることができた。田中がわざわざ兵庫から北海道に来ることに抵抗を覚えなかったのも頷《うなず》ける。

そうは言っても、引き受ける立場の香田は戸惑ってもいた。

「北海道レベルで行けばいいなとは思ったけど、これは……っていうほどでもない。だから聞いたよ、他を探してもらってもいいんだよって」

その頃の田中のストレートは一三〇キロちょっと。中学生にしては速いが、香田は普段、松橋の一四〇キロを超える真っ直ぐを見慣れていたため、度肝を抜かれるというほどでもなかった。

「そのときから、スライダーは曲がり過ぎじゃない？　っていうぐらい曲がってた。レギュラーにはなれると思ったけど、わざわざ北海道に来てもらってもいいのかなというのはあったよね」

田中は中学時代、投手と捕手を兼任していた。宝塚ボーイズが所属していたボーイズリーグでは、投手は一日8イニングス以上投げてはいけないという規則があり、打撃もいい田中は投げないときは捕手として試合に出場していた。ただ、引退してから急激に伸びたため、現役中にさほど注目を集めた選手ではなかった。そこが駒大苫小牧にとっては幸運だった。

田中のような選手に恵まれたのは、香田のスカウト力ではない。魅力あるチームづくりをしていたからだ。それにしても、あのタイミングで田中と出会うとは――。

北海の平川は言う。

「それも香田の持っている星ですよ」

話はやや遡《さかのぼ》り、〇四年四月——。佐々木孝介らが前年夏の倉敷工業に負けたときの涙を忘れるなと奮闘していた時期でもある。兵庫から「越境入学」してきた田中は、身長こそ一八〇センチを超えていたが、体重は七〇キロちょっとしかなく、ひょろりとした一年生だった。道外から選手がやって来るということで、先輩たちも興味津々だった。

松橋は最初の印象をこう話す。

「真っ直ぐは驚くほどではなかったですけど、スライダーがすごかった。縦に割れるというか、軽く感動しましたね」

通常、スライダーは中指で弾くのだが、田中は人差し指で回転をかけていたという。再び、松橋。

「しかも投げる瞬間まで人差し指を浮かせていて、投げる瞬間に一気に握りつぶす。そうすると縦に落ちますって。イメージしづらいですよね。僕もわけわからなくなりましたもん。身体能力が抜群なわけでもないし、体力もそんなにある方じゃない。でも指先の感覚がすごいんですよ。こいつはピッチャーをやるために生まれてきたんじゃないかと思いましたね」

松橋に誉められ気をよくした田中は、ある中学生の野球雑誌に紹介されたことがあるのだと自慢した。

「彼、すっごい自慢したがりなんです。負けず嫌いだし、自分がいちばんじゃないと気が済まないタイプ。逆に僕はピッチャーとしてプライドがなさ過ぎたんですけど……」

　田中の一年夏、同じく一年生でPL学園のエース格になっていた前田健太（ドジャース）が「桑田二世」と呼ばれ話題になっていた。しかし、そのことも田中にとっては、おもしろくなかったようだ。松橋が続ける。

「中学校時代、対戦したことがあったそうで、自分の方がすごかったですって、ずっと言ってましたね。そのときは軽く笑ってたんですけど。やっぱり、北海道では見たことのないタイプでしたね。無礼なやつではないですけど、勝ち気で、一歩間違えればケンカになってもおかしくないところはありましたから」

　松橋が田中の底知れぬ能力に恐れを抱いていた一方で、一学年上の捕手・小山佳祐《こやまけいすけ》は「いいキャッチャーが入ってきたな」と危機感を抱いていた。

「地肩が強いし、捕ってから投げるのも速かった。座ったまま一塁けん制で（走者を）刺したりしてましたから」

　入学してしばらくは田中は、あくまで「投手もできる捕手」だった。

　初めて日本一になった後、一年秋に新チームが発足してからも、一学年上に松橋、吉岡俊輔という二本柱がいたため、田中は主に捕手として起用された。香田も田中の肩のよさには驚かされたという。

「だって、座ったままセカンドに投げられるんだもん。それが、すんげー球行くの。まだ、ひょろひょろして軸がしっかりしてないから、立ち上がって投げるよりもビシッと行くんだよね。あいつ、キャッチャーでもプロ行ってたと思うよ」

松橋とエース争いをしていた吉岡は、それ以外の部分も評価する。

「的が大きいだけでなく、キャッチングがすごくうまいんです」

高校生ぐらいだと逆ハンドで捕球した場合、球威に押され、ミットが外側に流れてしまう。しかし田中は最初から動かなかっただけでなく、微妙にストライクゾーンにずらして捕るため、ストライクゾーンが広く感じられた。

松橋はリードの傾向にも田中の性格がよく表れていたと言う。

「他のキャッチャーはアウトローが好き。でも田中はインハイでした。（打者を）のけぞらせたいんでしょうね」

その秋、駒大苫小牧は全道大会で優勝し、翌春の選抜大会出場を確実なものにしたが、投手としての田中は支部予選で二試合に登板し、計3回投げただけだった。

「投手もできる捕手」から「捕手もできる投手」に変わるきっかけとなったのは、続く一一月の明治神宮大会だった。

一回戦は松橋が完投勝利。そして準々決勝の羽黒（山形）戦で、香田は「突然ひらめいた」と田中の先発を決断する。

羽黒の監督・横田謙人《けんと》が振り返る。

「背番号2かよ、って思いましたね。でも、向こうは王者ですから、なめられて当然。ただ、引きずり下ろしてやろうとは思いましたよ」

そのときの田中は捕手のレギュラー番号である「2」をつけていた。この後、高校球界は彼を中心に回ることになるわけだが、彼の全国デビューは「背番号2かよ」で始まった。

　横田は十分勝算はあると考えていた。

「真っ直ぐは一四〇キロ行くか行かないか程度。でも、スライダーの切れがすごかった。あと、常に気合いが入ってるんだよね。すべて全力投球。力み過ぎて、逆にスピードが出ていない感じだった。だから、うちとしては、そこに付け入る隙はあるかなと思っていた」

　その言葉通り、羽黒打線は六回までに田中に10安打を浴びせて、4点を挙げた。田中はここでマウンドを降りている。

　横田の算段通りの展開となった。

「彼が落ち着く前に、ストレートねらいで、打ち崩すことができた。一年秋の印象としては、花巻東の大谷《おおたに》（翔平《しょうへい》＝エンゼルス）君の方がインパクトはあった。一四九キロ出てましたから」

　田中が直球に頼らざるを得なかったのには事情があった。香田が明かす。

「バッテリーを組んだ丸山（智弥）は、高校入って初めてキャッチャーをやったからね。故障者とかもいて、受けるやつがいなくて、おまえ、中学のときやってたんだろ、やってみろって。ぶっつけ本番のバッテリーだった。だから責められないんですけど、4点中3点が丸山のミス。低めの変化球を止められなくてね。交代させたのは田中というよりは、バッテリーが限界だった」

それでも、このときの投球は関係者には鮮烈な印象を残した。香田の証言だ。

「いろんな人に、あの背番号2はいいねって言われたよ。十年に一人のピッチャーだとか、キャッチャーなんかやらせて指ポキッてやったらどうすんだとか。自分でもいいと思ってたけど、人からそう言われて自信になった」

香田はよくこの手のセリフを吐く。人から言われて自信になった、と。やはり本質的には疑り深く、小気なタイプなのだ。

神宮大会が終わった後、香田は田中に「どっちがやりたいんだ」と聞いた。すると田中は「ピッチャーです」と答えた。

「即答だったね。だったら、もうキャッチャーの練習はやらなくていい、ピッチャー一本で行こうということになった」

この日を境に、田中は投手としての階段を一気に駆け上がっていくことになる。

松橋が田中の変化を感じ取ったのは年明けだった。田中は約二週間、兵庫に帰省し、中学時代に所属していた宝塚ボーイズで相当投げ込みをしてきたと聞いていた。

「久しぶりにキャッチボールをしたら、ボールがうなってるんです。二週間でこんなに変わるのかなって。ひょっとしたら、すげえことになるかもと思った」

それまでの田中は捕手を兼任していたせいで「野手投げ」と呼ばれる後ろへの動きの

小さなフォームで投げていた。だがこの頃から、テークバックが大きく、ゆったりとしてきた。

フォークを覚えたのもこの時期だった。捕手の小山とキャッチボールをしているとき、香田に「遊び感覚で投げてみろ」と言われた。すると、ミットをかいくぐり、ボールは小山の腹にドスンと当たった。

「あんなに落ちるとは思わなかったんで……」と小山。

怪物伝説が、始まろうとしていた。

○五年春、戸畑（福岡）戦で甲子園デビューを果たした田中は、巧みに打たせて取るピッチングで6安打に抑え込み、2－1で完投勝利を収める。いとも簡単にデビューを白星で飾った。
戸畑を指揮していた牧村浩二（現小倉《こくら》高校監督）は、田中の印象をこう語る。

「田中君の評判は耳に入っていましたけど、実際に対戦してみるまで、あんなにいいとは思っていませんでしたね。球の速さだけでいったらもっと速いピッチャーもいましたけど、総合力が高い。私が対戦した中では、今でも断トツですね」

牧村がもっとも衝撃を受けたのは、田中のフィールディングだった。

七回、0アウト二塁。戸畑の送りバントは、打者から見てマウンドのやや右端に転がった。つまり、一塁側だ。三塁側にスタートを切っていた田中は逆をつかれた。成功を確信した牧村は、次の瞬間、信じられない光景を目の当たりにする。

「体勢を崩していたにもかかわらず、迷わず三塁に投げた。それで、審判の判定はアウトだった。私は今でもセーフだと思ってますけど、それぐらいぎりぎりのタイミングだったんです。なんて身体能力の高い選手なんだろうと思いましたね」

次戦も田中に任せると思いきや、香田は二戦目の先発は松橋を指名した。

「夏を見据えてやってたからね。あのとき、うちの看板は松橋だった。だったら、おまえがやれよっていうのがあった。選抜でいながら、夏のことばかり考えてた。春勝っても、夏勝てなかったら意味ねえよって言ってたから」

二回戦の神戸国際大学附属高校戦は、先発の松橋、二番手の吉岡がともに2失点と振るわず早々に降板する。それに対して三番手としてマウンドに上がった田中は4回をパーフェクトリリーフ。チームは0－4で敗れたが、ここでもまた田中の安定感が際立った。

ただ、この頃の田中はまだ「いい投手」の域を出てはいない。奪三振は一回戦が6個、二回戦は4個だった。まだ、変化球を中心に打ち取るという印象が強かった。松橋も甲子園の歴代の「怪物」たちと比べたら見劣りすると感じていた。

「前の年の甲子園で、涌井（秀章）さんとか、ダルビッシュさんを見ていましたからね。あそこまでのスケールはないと思っていた」

打線の方は、神戸国際大附の変則左腕・大西正樹（元ソフトバンク）にわずか1安打と屈服した。だが、香田はあっけらかんとしていた。

「よくわかんねー、で終わった。大西にまったく打たせてもらえない、どういうこっちゃって。あいつ、半分笑いながら投げてるんだよ。でも、どうせならノーヒットノーランの方がよかったんだけどな」

香田には起点が必要だった。そして、その起点は恥辱にまみれていればいるほどいいのだ。

「俺の人生が常にそうだからね。屈辱を味わって、それをバネにする」

香田は夏とは対照的に、春は負けてもじつに恬淡《てんたん》としていた。

「北海道のチームにとって三月はまだ冬。眠ってるようなところがあるんだよ。それなのに選抜ですって言われても、どうやればいいかわからない。追い込んだ方がいいのかな、緩めた方がいいのかなと思っているうちに終わっちゃう」

甲子園でも、香田は夏以上にリラックスしていた。

戸畑戦の前日は駒大OBと深夜まで飲み、ホテルに戻ったのは試合当日の朝三時半頃だった。すると、ロビーで田中と一緒に兵庫からやって来たセカンドの山口就継がスポーツ紙を読んでいた。

「びっくりしたよ……。背中向けてたんだけど、自動扉が二枚だったから、ウイーン、ウイーンって音がするじゃない。その音であいつも気づいてさ。『おはようございます！』ってなったわけよ。俺もけっこうべろべろで、私服だったんだけど『おまえより先に起きて、散歩してきたんだぞ』ぐらいの顔で、『うい～っス』って。その日は第一試合だったから、起床は四時頃だったんだけど、あんなに早く起きてるとは思わないじゃない」

香田は部屋で嘔吐《おうと》し、一睡もせぬまま、何でもないような顔をして再びロビーに降りて行った。

「酒臭いから、選手には近寄らんようにしながら、『おはよう！』『おはよう！』って。そこは気合いでしょ。朝食もがっつりよそって、選手がいなくなったところで、全部残して。球場でも、選手が外野でアップしてるときに、ベンチ裏でうえ～って吐いてたな」

このエピソードに尾ひれがつき、選手間では「監督は甲子園へ行くと、毎晩飲んでる」「決勝の日も試合中、ベンチ裏で吐いてた」となったのだ。

それにしても高校野球の監督としては型破りだし、大胆である。

「いいんだよ、飲みに行く前に、頭の中で二、三回、試合やってんだから。締めるところは締めてる。あとは元気な振りして、『よっしゃー！』ってやってれば。でも戸畑戦はテレビの映像見たら、二日酔いの顔してたな」

この敗戦で、香田にとって夏までのシナリオはさらに描きやすくなった。

「夏はいろんなイメージができるんだよね。（各都道府県）一校ずつだし、地方大会から負けたら終わりのトーナメント方式じゃない。クソーッて思える材料を溜めて溜めて、やるべきことをすべてやって、這《は》い上がっていくみたいな」

選抜から戻ってくると、日本一効果で新入生が三七名入り、駒大苫小牧は創設以来最多となる総勢九五名の大所帯となった。佐々木らの代はまだ一学年一五人だったが、その下の林の学年から急激に部員数が増加していた。

春の公式戦は五月三〇日、全道大会の初戦で白樺学園に7－9で敗れ、道内の連勝記録は二七でストップした。岡田、及川雅哉、松橋、田中とつないだが、終盤で逆転を許した。しかし、香田にとっては、それもシナリオのいい「ネタ」になる。

「もうボロボロ。（林）裕也もエラーして、（田中）将大も打たれて。でも、よし材料ができたと。有頂天になってるときは、はい、はいって言いながらも、話が抜けてる。でもガクンと来てるときは話が入るから」

その一週間後、札幌の小鍛冶《こかじ》球場で、札幌南と全道で負けたばかりの白樺学園との練習試合が組まれていた。香田は試合前から殺気立っていた。

「練習試合だからって、続けて同じ相手に負けることは許されねえからな。相手はおまえらより上なんだから、向かってけよ」

先発は選抜大会の戸畑戦以来となる田中だった。林が言う。

「監督の本気度が伝わってきましたね」

対する白樺学園も、一歩も引かない。監督の戸出直樹は、駒大苫小牧が全国制覇を遂げてからというもの打倒・駒大苫小牧が最大の目標となった。

「とにかく駒苫を倒すことを目指して冬場の練習とかもやってた。春の全道も駒苫を倒すためにも一回戦から全力で行くぞって言ってたら、たまたまクジで初《しょ》っ端《ぱな》に当たって。運命的でしたね。まぐれって言われないよう、この練習試合もまた勝つぞって気合いを入れ直していました」

初回から両チームともケンカ腰だった。戸出が思い出す。

「巻き舌でオラァーッ！　みたいな感じでしたね」

闘争心剝き出しの田中は序盤、やや球がうわずっていた。戸出は「とにかく甘いボールは積極的に行け」とだけ指示していた。

「田中君も今みたいに冷静ではなくて、あの試合は、カッカしていたので、ボールが高めに浮いていた。それをうちがまた打っちゃったんです。三回までで5点ぐらい取っちゃった。田中君は三塁走者のとき、飛び出してキャッチャーからのけん制でタッチアウトになったんですよね。そうしたらキャッチャーの子が田中君に向かって、ヨッシャー！　って声を張り上げたりして。ムキになっていたのは、そういうのもあったんでしょうね」

今も、当時の駒大苫小牧の選手に聞くと「いちばん強かったのは白樺」と言うほど、この代の白樺学園の印象は強いようだ。

戸出は駒大苫小牧に強くしてもらったのだと語る。

「駒苫のスタイルをけっこう真似してましたから。スコアリングポジションに出たときには、とにかくファーストストライクから積極的に打ちに行こうと。あとはベンチワークですね。声を出してみんなで雰囲気をつくっていく。不思議なもので、そうやっていると代打に行くやつも流れを読んで準備するようになるし、いざ打席に向かうときもスタメンと変わらないぐらい気持ちが入ってるんですよ。代打、代打で行って、連続ヒットが出ちゃうとか。次、誰が代打行くんだって聞いたら、パーッと何人も手を挙げたり。そういう意味では、こちらが勉強させてもらっただけなんです」

田中はこの試合、いつも以上にストレートにこだわっていた。レフトの青地が田中の心情を代弁する。

「打たれたの、ストレートばっかですもん。たぶん意地でしょうね。スライダーを投げるまでもないと。真っ直ぐだけで抑えたかったんだと思います」

田中が高校生になってから初めて一塁へヘッドスライディングしたのが、この試合だった。通常、投手は指を故障する恐れがあるのでヘッドスライディングはしないものだ。それほど感情が昂ぶっていた。

終盤、駒大苫小牧はホームラン攻勢で詰め寄ったが、田中が完投しながらも、6－7の1点差でまたしても敗れた。

この頃の駒大苫小牧が道内で、しかも同じチームに連敗するなど、考えられないことだった。試合後、香田はすぐさま林と五十嵐を呼び、こう声を荒らげた。

「おめえら、弱いんだからよ。白樺さんとこ行って、あいさつ三回ぐらいしてこい！」

二人は白樺学園のベンチ前へ駆けていき、言われた通りにした。

「ありがとうございました！　ありがとうございました！　ありがとうございました！」

戸出は人間はここまで悔しがれるものなのかと香田の剣幕に新鮮ささえ覚えていた。

「あんな指導者、初めて見ましたね。怒りと悔しさが、本当ににじみ出てて。帰るぞ、おら！　って、汗すら拭かずにバーッとバスに乗って帰っていった感じですから。選手たちもスパイクも履き替えてないと思いますよ。あのまま帰って練習するぞみたいな雰囲気でしたね。やったかどうかは知らないですけど」

駒大苫小牧はグラウンドに戻るなり、「取られた点数×二」という意味で、一四本のポール間ダッシュをした。


この頃、私は数ヶ月振りに駒大苫小牧を訪れた。時折ぼんやりとした表情を浮かべる香田は、パンクしかけていたというより、「パンク後」のようにも映った。

部員が急増し手一杯なところに、落ち着くどころかますます過熱していく周囲の状況に香田は苛立ちを募らせていた。話し相手がその「周囲」を代表する存在のマスコミ関係者だということもあり、余計に愚痴っぽくなったのかもしれない。

「優勝なんてしなければよかったって思ったこともあったよ。気遣いすることばっかり増えて……」

香田は優勝したあと、メガネを替えた。それまでは少しつり上がったデザインのものを愛用していたのだが、テレビで観ていた人の評判があまりよくなかったらしい。繁華街で酒を飲むときはわざわざスーツに着替えた。仕事の付き合いに見せかけるためだ。車に乗っているときも、どこで誰が見ているかわからないので姿勢を正すようになった。

「優勝以来、疲れが取れなくなっちゃった。夜九時とかに寝ても疲れが取れない。このままでは体が持たない……。食事の席で、大カントク！　なんて言われたりしてね。勘弁してくれよって。なんか野球がつまらなくなっちゃったね」

茶木が当時の香田の苦労を慮《おもんぱか》る。

「みんなにおめでとう、おめでとうって言われ続けてると、人間、壊れるんですよ。どこにいても、いい顔してなきゃいけないじゃないですか。ちょっとでも疲れた顔を見せたら、生意気になったとか言われますから」

香田もネット上にあることないことを散々書かれた。

「昨日の朝、白老のあたりを車で女性を乗せて走っていました、とかね。は？　って。ガセに決まってんだろうよって。やるなら、もっと巧妙にやるだろ、普通」

北海道は春から夏にかけてはあっという間だ。

五月中旬から六月頭にかけて春の大会が行われ、六月下旬にはもう夏の支部予選が始まる。この一ヶ月半をいかに過ごすかが、監督の腕の見せ所でもある。

この年、白樺学園は四月の第三週にも駒大苫小牧と練習試合をし、そのときは0－1

で敗れていた。つまり駒大苫小牧と白樺は公式戦も含めるとこの春だけで三試合も対戦していたことになる。戸出が思い出す。

「香田さんって、オーラを出してるときと、そうでないときのギャップが激しいんですよ。四月に行ったときは、疲れ切っていた。やってらんないよ、まいっちゃったなって。髪の毛も中途半端に伸びてて。表情も暗いし、おどおどしてたんです」

そして白樺が所属する十勝《とかち》地区の支部予選が開幕する前日、また白樺は苫小牧へ出向き駒大苫小牧と練習試合をした。

「それぐらいになると、香田さん、もうオーラが出てるんですよ。髪の毛もきちっとしてて、大会モードというか、雰囲気があって。四月に会ったときの、あの小《ち》っちゃくなってた香田さんとはぜんぜん違うんです。大会になっちゃえば、ベンチでも堂々と采配を振り始めるし、自信満々に見える。あの変貌振りは、いつも不思議な感じがしましたね」

香田は、いつだって感情の振り幅が大きいのだ。不安に陥るとどこまでも気持ちが落ちていくが、そのぶん反対側に振れたときはじつにふてぶてしく、あたりを払う風格があった。

戸出は、駒大苫小牧と対戦するときは一回の前に「ゼロ回」があったと表現する。春と秋の全道大会を前に円山球場で行われる公式練習は、出場全チームがスタンドで見守る中、一チーム三〇分ずつ行う。そのため、本番前のデモンストレーションのようでもあり、そこからすでに戦いは始まっていた。

香田は三〇分のシートノック中、ときどき全選手をマウンドに集める。そこで何事か話をし、かけ声とともに選手たちがグラウンドに散る。戸出はその光景が忘れられないのだと話す。

「三〇分っていうと、普通は、練習メニューをこなすだけでいっぱいいっぱいになっちゃうんです。でも、駒大苫小牧は何か余裕があるんです。わざとやってんのかどうかはわからないですけど、選手なんか集めるの、他のチームでは見たことないですからね。ああいうことをすると、すごく迫力があるというか、威圧感があるんですよね。なんかランクの高い野球をやってるみたいで。そう感じた時点で一歩下がっちゃうじゃないですか」

一度、香田がノックでレフトフライを打ち上げようとし、そのままスタンドインしてしまったことがあった。香田は左でノックをするのだが、なかなかノックでレフトスタンドに入れられるものではない。再び、戸出。

「もう、それだけでスタンドがざわざわしてるわけです。田舎から来たチームなんて、呆気《あっけ》に取られてる。そうなったら、試合が始まる前に、もう5点ぐらい負けているようなもんですよ。ただ、そうやって雰囲気をつくるのを楽しんでいるようにも見えるんです」

香田は大会直前までは精緻な影像をつくるように細部の細部までこだわるが、それをやり切ったときはもう後ろは振り返らなかった。

　最後の切り替えボタンになっていたのは、夏の支部予選が開幕する数日前に行われる恒例のレクリエーション、通称「レク」だった。支笏湖《しこつこ》でマス釣り大会を開催した年もあれば、パークゴルフ大会を開いた年もある。後年は、ニセコの急流で川下りを楽しむラフティングが多かった。レクでは香田が誰よりもはしゃぐ。ラフティングのときは、フルチンで川に飛び込み、次々と選手たちを川の中に引きずり落とした。

　ひとしきり遊んだ後は、みんなで温泉に浸《つ》かって、最後の締めはバーベキューとビンゴ大会だ。ビンゴの賞品は、スポーツ用品店などに協力してもらうなどして香田が自分で集めた。

「毎日、不安だけどね。でも完璧を求めて、やるだけやってきたわけだから。そこで、ふっと遊びに行ってさ。そうすると試合も、お祭りに入っていくみたいな感じになる。祭りで固くなってもしょうがないからね」

　ある年は、日程を読み違え、レクの翌日に初戦が入ってしまったが、それでも決行した。

「練習より大事だと思ってるから。みんな楽しみにしてるし、俺も楽しみにしてる。一日遊んだって、どってことないし。ただ、ケガだけは怖いんで、それだけは注意してね」

　私も〇七年夏、レクに参加させてもらった。その年はラフティングで、香田が一人の選手を川へ突き落としたのを合図に、選手間でも「突き落とし合戦」が始まった。そして、岸からロープで引っ張り上げるとき、投手兼外野手の菊地翔太が砂利で手をこすり「いてぇ！」と笑っていたのだが、指でもケガしたらどうするのだろうと冷や冷やしたものだ。

○五年春から夏にかけ、田中は日一日とエースの風格をまといつつあった。

主将の林裕也も田中には一目置いていた。

「普段は甘えてきたりしてかわいいんですけど、野球になると本当に頼りになった。試合中、励まされたことはありますけど、励ましたことはないですもん」

ただ、二年生の田中一人に頼るわけにはいかない。春以降、すっかり調子を落としていた上級生の松橋と吉岡は、最後の夏を迎え、ようやく復調の兆しを見せつつあった。

捕手の小山は「田中効果」を強調する。

「彼らも田中に引っ張られていた。同い年だったら、あそこまで刺激にはなってないでしょうね」

田中は実質的にはエースだったが、香田は夏本番は背番号「11」を与えた。

「最初から1番にするつもりはない。1番つけたら、いちばん強いと思っちゃうしね。いいことはない。それにチームとしては、将大じゃねえだろ、三年生だろって。おまえらが引っ張らなくてどうすんだよって感じでやってたので」

支部予選、南北海道大会は、三人がほぼ均等に投げ、三人とも結果を残した。危なげのない勝ち上がり方だったが、駒大苫小牧の戦いぶりは、いわゆる「横綱相撲」とは少し違ったという。ミズノの渡辺が駒大苫小牧の勝ちパターンを解説する。

「始まりはだいたい2アウトからフォアボールとかでランナーが出て、投球がショートバウンドになる間に二塁に走って、みたいな感じなんですよ。そこでうまいこと1本ヒットが出たりすると、相手がガチャガチャになって、最終的に7－2とか、8－3になってる。〇四年も〇五年も、全国制覇したからといって北海道で圧倒していたかというと、そうでもなかった」

決勝も終盤、肝を冷やした。先発した松橋をリリーフした田中が、最終回、北照《ほくしょう》高校の四番・加登脇卓真《かどわきたくま》（元巨人）に2ランを浴び、5－4と1点差まで詰め寄られたのだ。後続を断ち、事なきを得たが、この一発にはこんな裏話がある。青地が明かす。

「加登脇は関西のやつなので、将大に『真っ直ぐ放ってこいや！』って言ったらしい。それで将大も、ああいう性格だから『投げたるわ、コラ』と。それでバッコーンって。試合が終わったあと、ショートの辻（寛人）にめちゃくちゃ怒られてましたね」

香田はそれも田中の魅力のうちの一つと考え、頭ごなしに叱ったりはしなかった。

「あの頃の将大、いちばんよかったよ。怖いもの知らずで、無鉄砲で」

香田は期待された中で、期待通りの結果を残した。前年の優勝とは、また違った喜びがあった。

「毎日、一〇〇キロのバーベルを背負ってるような感じだったからね。甲子園でプレーさせてあげられるって決まった時点で、何かがストーンって落ちたね。甲子園が決まるまでが重かったんで、後はおまえたちがんばればいいって。俺の仕事は、一つ終わったと思った」


香田の枠にとらわれない発想は、新商品の開発にまでつながった。

初めて日本一になったとき、駒大苫小牧の選手たちはミズノのスパイクを履いていたのだが、この年の選抜大会から海外メーカーのスパイクに変更した。素材がもともと柔らかく、練習で慣らさなくても試合ですぐ使えるというのがその理由だった。

巻き返しをはかったミズノの渡辺は「この夏はミズノでお願いします！」と頼み込んだ。だが、香田は渋った。日頃から渡辺には世話になっているが、それはそれ、これはこれだった。いいパフォーマンスを発揮するためには、付き合いではなく、道具の善し悪しを優先した。

この頃、試合用のスパイクと言えば、革底のスパイクが一般的だった。香田はそれが不満だった。

「これってさ、結局、馴染まないうちに大会終わっちゃうじゃない。買う必要ある？」

もっともな意見だった。

渡辺はスパイクの企画担当者と新たなスパイクの開発に乗り出した。そして、支部予選の前にメッシュ素材を使った新スパイクを完成させた。従来の革製品と違って光沢が一切ないため、異様といえば異様、斬新といえば斬新なデザインだった。渡辺が説明する。

「夏の間だけ持てばいいというリクエストだったので、雨に弱く、耐久性も極端に低い。でも、そのぶん足に馴染みやすく、疲労もたまりにくい」

支部予選で何人かの選手に試しに履いてもらい、評判もよかった。香田も気に入り、再び甲子園でミズノのスパイクを使ってくれることになった。

駒大苫小牧のスエード調のスパイクは甲子園では一際異彩を放っており、この後、V2を成し遂げたことで注文が殺到することになる。

香田は「オンリーワン」が好きだった。渡辺が苦労話を披瀝《ひれき》する。

「グラウンドコートを新調するときも、監督からは『センスのいいもの』っていうリクエストがくるんです。それで持って行くと『これだっていうのはないけど、これじゃねえよ』みたいな。一度、白いグラウンドコートを作ったことがあるんですけど、それは気に入ってくれましたね。白を着ている学校なんてなかったですから」

香田の進取の気性に富む資質を反映していたのだろう、見慣れない恰好でも、駒大苫小牧の選手が着用していると、どこかカッコよく見えたものだ。

〇五年夏の甲子園は八月六日に開幕した。開会式の日の朝、ホテルのロビーに立ててあった優勝旗を見て、香田が選手らに言った。

「おい、もう一生来ることねえからよ。写メ撮っとけ」

半分冗談だが、半分は本気だった。

「実際問題、北海道抜けるだけでも、大変なことなんだから。とてもじゃないけど連覇なんて考えられなかった。んなもん、できるわけねんだからって」

それはそうだろう。前年、北海道が勝っただけで、誰もが仰天したのである。どれほど欲深い人間であっても、連覇までは想像できなかったに違いない。

ところが――。

「でもね、甲子園が決まりました、宿舎に入りました、クジを引きましたってなっていったとき、同じ空気が漂ってくるのは感じてたね。周りの雰囲気、選手たちの歩く姿、飯食う姿、何かかぶってくるなーって。特にクジはね」

昨年に引き続き、駒大苫小牧は大会六日目第二試合という絶好の日程を引き当てる。相手は宮崎の初出場校・聖心ウルスラ学園高校だった。

サードで副キャプテンの五十嵐も、いい風を感じたと話す。

「僕らが最初に決まってて、その横にウルスラが入ったんです。そうしたら、（田中）将大が『来た！』って。会場中に響き渡ってましたよ。でも僕らも六日目ってのは、ものすごくいいイメージがあったので、よし、という感じはありましたね」

大会六日目で、しかも初戦の対戦校としては与《くみ》し易《やす》い相手だった。

この年の香田はメディアの前では表情を強《こわ》ばらせていることが多く、勝ち進むたびにその傾向が強くなっていった。

そんな中、明らかに何度かムッとした表情を浮かべた質問があった。それは「去年のチームと比較してどうですか?」という問いだった。

「なんだそれって。比べたことなんかないって。こっちは毎年、思いを持ってやってんだから。あまりにもみんなが聞くから俺が間違ってるのかなって思ったけど、麻痺《まひ》してるのはマスコミの方だと思うよ」

おそらく聞く側としては、そこまで深く質問の意味を考えず、軽い気持ちで発してしまっているのだ。高校野球の現場では、必ず誰かが聞く常套句《じょうとうく》と化している質問がいくつかある。

「どんなスコアを予想していますか」

というのも、その内の一つだ。正直、無茶な質問だなと思いつつ、慣れた監督になると「スコア的には……」と言っただけで、勝つなら2-1か3-2、打ち合いになったら負けると思いますなどと淀《よど》みなく答える。

しかし香田にこの手の質問をしたときも「は?」と露骨に嫌な顔をする。私もそれが真っ当な反応だと思う。香田の言い分だ。

「こっちは0-0でずっと行く展開、先行する展開、いきなり大量リードを奪われる展開、全部イメージしてるわけじゃない。でなきゃ、いざ自分が思ってた展開と違ったら、動揺しちゃうよ」

　大事な初戦の先発マウンドは、エース番号を背負った松橋が立った。

「田中に好き放題言われてたので、見てろよという気持ちはありました」

　結果は、圧巻の内容だった。わずか2安打に抑え、５－０で完封勝利。上級生としての意地を見せつけた。三塁手の五十嵐が絶賛する。

「一世一代のピッチングでしたよ。ほとんど真っ直ぐだけで勝っちゃいましたから」

　明るい材料は、他にもあった。本調子とは程遠かった一番・林が復調のきっかけをつかんだのだ。一回裏の第一打席、低い弾道でセンターの頭を越える二塁打を放った。前年、横浜の涌井からも同じような軌道のホームランを放ったが「それよりも好き」だと話す。

「三年夏で、最高の当たり。それが一打席目で出た。これで甲子園でまた打てると思いましたね」

　林は超実戦的なバッターだった。練習中は、さほど人目を引かない。しかし、試合になると誰も真似できないようなバッティングを見せるのだ。

　前年の横浜戦以降、「サイクル男」の異名がつき、北海道に戻ってからは周囲のイメージと本当の実力のギャップに悩んだ。

「たいした選手でもないのにサイクル、サイクルって言われて。完全にまぐれですよ。なのに、打てるもんだって思われる。練習試合なのに二〇〇人とか三〇〇人も来て。ありえないですよ」

林は練習試合よりも公式戦、公式戦でも地方大会より甲子園の方が成績はよかった。前年、地方大会では打率三割〇分八厘だったが、甲子園では五割五分六厘と急上昇。この年は、地方大会で三割六分〇厘とまずまずの成績を残した。ただ、支部予選は好調だったが、南大会は決勝でノーヒットに終わるなど大事なところで貢献できなかった。

その林が「甲子園はやっぱりボールがよく見える」と変身しつつあった。

香田は〇七年夏に監督を辞めたあとは、講演を引き受けるようになった。その講演会で必ず触れるラッキーな「サインミス」があったのは、聖心ウルスラ戦でのことだった。1－0でリードして迎えた四回裏、0アウト二塁でバッターは五番・青地。青地はバントで二度ファウルにしてしまい、2ボール2ストライクと追い込まれてしまう。そして五球目に出たのがバスターエンドランのサインだった。

香田は講演会で、こんな風に語る。


〈ぴゅぴゅぴゅぴゅぴゅとサイン出したあとに、あれ？　って。バスター（バントの構えから一転して打つ戦法）を出したつもりが、バスターエンドラン（打者はバスター、走者は投手が投げると同時に走る）を出したような気がしたから、『おーい！』って言ったんだけど甲子園だから聞こえない。青地がバットをスーッと寝かせて、エンドランだからランナーがピューッと走っちゃって、あちゃーと思ったら、青地の当たりが三遊間を抜けて1点。やっちゃったけど、ラッキーみたいな。そんなこともあったりして。ぜんぜん完璧じゃない。勝つときって、そんなもの。監督が失敗しても選手が助けてくれるんですよ〉

帰りのバスの中、恒例となった絶叫パフォーマンスでは、香田は真っ先に「青地君、ありがとー！」と大声を張り上げた。

「ここで負ける予定だったんですけどね」

と五十嵐が笑う。三回戦で対戦することになった日本航空高校（山梨）は、初戦の福井商業戦でプロ注目の二枚看板、林啓介（元阪神）と齊藤悠葵《ゆうき》（元広島）の二人を攻略し、8－7で打ち勝っていた。初戦の相手とは格が違った。

ただし、「吉兆」もあった。左手首を痛めテーピングを巻いていた五十嵐は試合前、テーピング使用の許可を得るために、メンバー表を交換するとき、この年から部長になった茶木、主将の林と一緒に大会本部席へ行った。そのときのことを楽しげに思い出す。

「相手の部長さんが、高野連の人に『君の所のピッチャー、眉毛細いよ』って言われてたんです。茶木さんと二人で『注意された、注意された、絶対動揺してるぞ』って大笑いしてたんです。うちもけっこう危ないんですけどね」

身だしなみには口うるさい香田だったが、眉毛に関しては寛容だった。その理由を田中の同級生で、「センター・四番」だった本間がこっそり教えてくれた。

「僕も二日に一ぺんぐらいは抜いたりしてた。監督もちょっと整えてるじゃないですか。だから、言えないんじゃないですか」

香田は丸刈り頭にするのにも行きつけの美容院へ行くなど、身だしなみには気を遣っていた。その際、眉毛の形もきれいに整えていたので、良識の範囲内であれば選手にも認めていたようだ。

この後の物語で重要な人物となる本間は、身長一七六センチ、体重九一キロという貫禄のある体型とメガネがトレードマークだった。開会式の日、こんなことがあった。入場行進を終え、スタンドで開幕戦を観戦していると、本間の下へ少し酒に酔った年輩の男性が近寄ってきた。

「あんた、佐賀のどこ出身ネ」

香田と勘違いをしていることは明白だった。周りがクスクス笑い始めた。香田は本間の真後ろに座っていた。それでも本間は「佐賀市内です」などと、しれっと香田を演じ続け、最後は写真まで撮らせてあげた。香田が不思議そうに言う。

「そういうときでもね、ウケをねらおうみたいな雰囲気は出さないんだよ。笑ったり、恥ずかしがったりもしない。で、周りは大爆笑になってるみたいな」

さて、日本航空の強打線に対し、香田が先発に指名したのは田中だった。

その田中はまたしても期待に応えた。低めをつくコントロール重視の投球で7回三分の二を投げ、9安打されながらも1失点。最後は上級生の吉岡俊輔のリリーフを仰いだが「投げる以上は、いつも自分がエースだと思っている」と話す通り、堂々たるマウンドさばきだった。一方、打線は16安打と大爆発し、13－1と予想外の大差がついた。

捕手の小山は、春と比べて田中の成長の跡を確かに感じ取っていた。

「ランナーがいないときは遊びみたいなボールを投げて、スコーンって打たれる。でもランナーを出すと、どんどん上目遣いになってきてスイッチが切り替わる。スイッチが入ったときの集中力はすごかったですね」

9安打されながらも12奪三振をマークしたのは、田中が強弱をつけている証《あかし》だった。二年連続で八強入りを果たした駒大苫小牧だったが、まったく気負いはなかった。林も前年の佐々木と同じようにどこまでも自然体だった。

「優勝なんて、まったく思ってなかった。出られただけでOK。僕のキャプテンとしての任務も終了だと思ってましたから」

この大会のターニングポイントになったのは、準々決勝の鳴門工業高校（徳島）戦だった。鳴門工業は、一回戦は宇都宮南高校（栃木）を14－3、二回戦は丸亀城西《まるがめじようせい》高校（香川）を6－0、三回戦は高陽東《こうようひがし》高校（広島）を10－3と下し、ここまで投打ともに盤石といっていい出来だった。

大会一二日目、第二試合。朝から湿度は七〇％を超え、球場内はひどく蒸していた。初戦以来の先発となった松橋は、三試合で30得点を挙げていた強力打線、通称「うずしお打線」に立ち上がりから打ち込まれ、三回途中でKO。その後、好リリーフを見せていた頼みの綱の田中も七回表に3失点。打線は、スポーツ選手らしからぬかわいらしい顔をした変則左腕の田中暁《あき》の前に、六回まで林の先頭打者ホームランの1点のみに抑え込まれ、七回表を終えて1－6とさすがの駒大苫小牧も敗色ムードが漂いつつあった。

香田が七回裏、攻撃に入る前の円陣のシーンを回想する。

「やべー、どーしよってって。それで、もうバントを使う場面なんてねえぞ、みたいな当たり障りのない声をかけてさ。でも選手たちの顔を見てたら、おっしゃー、みたいな顔してんだよね。引きつったような笑顔じゃなくて、本当に楽しいぞって顔。こいつらやるかも……って思ったら、1本を皮切りに、ぼこぼこぼこぼこって」

香田は甲子園では「勝て」という言い方は、滅多にしなかった。本人は、意識しているわけではないと言う。林の証言だ。

「どんなときでも、思い切りやれ、としか言わない。僕らも思い出すと、勝とうというより、開き直るというか、無欲になってるだけなんですよね」

この回の先頭は、一般生から這い上がった「六番・ファースト」の左打者・岡山翔太《しょうた》。香田から「どんなに罵声を浴びせられても、明るさを失わない」と買われていた選手だ。

アルプススタンドでは、岡山の応援曲、一八〇のテンポにアレンジされたザ・ピーナッツのヒット曲『恋のフーガ』が妖艶で軽快なリズムを刻む。岡山の打球は、ゴロで一、二塁間を破った。ライトへの、ほぼ正面の当たりだ。しかし、どこか余裕を持って前進してきたライトを横目で見て、一塁をオーバーランしていた岡山はそこから急加速した。

香田の回想――。

「ベンチで『いや、おい！』って叫んでたはずだよ。『バカ！』って。タイミング的には、ぜんぜんアウトだったから。ただ、日頃から感じた瞬間が勝負なんだって言い続けてたから、あいつの中では行けるという感覚があったんだろうね」

岡山は試合後、「自分の中では、行けるっていう確信がありました」と平然と振り返った。鳴門工業のライトの動きは、想定練習でいつもイメージしていたライトよりも明らかに緩慢だったという。

岡山の走塁に気づき、急に動きを速めたライトからの返球はやや逸れ、ショートが後逸。スライディングしてすかさず立ち上がった岡山は、一気に三塁を陥れる。

駒大苫小牧には「期待の走塁」という言葉がある。一塁走者がけん制球の際、必ず足から戻るのは、ボールが逸れた場合に行方を追いやすいし、すぐにスタートが切れるからだ。そうした身ごなしも、誰に教わるわけでもなく、想定練習の中で常に先に進める機会がないか「期待」しているうちに自然と身についていくのだという。

岡山はヒットが二塁打になるのではないかと期待し、焦ったらライトの送球が逸れるのではないかと期待していたからこそ、三塁に到達できたのだ。これこそ「百分の一」、あるいは「千分の一」のプレーだったと言っていい。

岡山は今、北海道科学大学の監督を務めている。一六年春、チームが九州遠征にやって来たときに、香田は久々に再会を果たした。そして、また、あのときのプレーの話になったという。

「あんなの暴走だよ、って言ってやったら、『そうですか？』って。あいつには外野手の油断が見えたんだって言ってたな」

このプレーには香田の思想、駒大苫小牧の練習のすべてが詰まっていた。

0アウト三塁――。

続いて代打の佐藤拓真《たくま》が死球で歩き、一、三塁とすると、三塁側の駒大苫小牧のアルプススタンドでは、タンタタタターンと、ここぞとばかりに『チャンス』を奏でる。大海原が、ゆっくりと、静かに盛り上がろうとしているかのようだった。

このチャンスで八番・小山のセンター前ヒットでまずは1点を返す。次の田中が送りバントを決め1アウト二、三塁。ここで千両役者の一番・林に回った。

「気合い入りましたね。ここは打つしかねえって」

フルカウントからの6球目だった。それまで打ちあぐねていた田中暁の外へ逃げる緩いカーブが高めに浮いたところを、待って待って、レフト頭上へ運んだ。二塁打となり、二人が生還した。林が興奮気味に振り返る。

「普通では考えられないバッティング。相当、待ちましたから。それで、スッコーンって。完璧にはまりましたね」

4－6。2点差だ。「ミスター駒大苫小牧」とでも呼ぶべき林が打ったことで、うねりが高さを増す。ここからポテンヒット、相手エラーなどの幸運も重なって、この回だけで計一一人の打者を送り込んだ。スコアボードに「6」の数字が灯《とも》り、7－6と試合がひっくり返った。

まさに一瞬の出来事だった。

駒大苫小牧の勢いに呑まれたままゲームセットの声を聞いた鳴門工業の捕手・上野武生は試合後、空《うつ》ろな目をしていた。

「あの回はもっと緩急をつけられればよかったんですけど、真っ直ぐがよかったんで、八割方真っ直ぐでいってしまった……。もっと冷静になれたら……」

香田がしみじみと振り返る。

「あのピンチで、相手ベンチは一度もタイムを取らなかった。お陰で、うちの流れのまま、わーっと行った。突然訪れたピンチだったから、間を空ければ途切れたかもしれない」

この数年後、鳴門工業の監督の高橋広《ひろし》（現早稲田大監督）を取材する機会があったのだが、あの試合をまだ引き摺っていた。

「年々、後悔が増していくんですよ。七回に3点入ったときに、九分九厘勝ったと思った。選手も同じ気持ちだったでしょう。終盤で、5点差ですからね。しかも、あの田中君を攻略して。その裏は、もう、あれよあれよですよ。何もできなかった。あれ以来、ずーっと考えてましたよ。監督として、どうやったたんやろうって」

鳴門工業は〇二年から〇五年まで春夏合わせて通算五回甲子園に出場し、〇二年春に準優勝するなど、うち三回はベスト8以上に進出するという黄金期を築いた。しかし〇五年夏に駒大苫小牧に負けてからは、〇八年夏に一度出たきりで、一時の勢いを失ってしまった。

常識では考えにくい駒大苫小牧の野球が、完成の域に達していた一つの野球を壊した――と言ったら、言い過ぎだろうか。

逆転してからの田中は鬼神のようだった。三塁のポジションから眺めていた五十嵐は、特徴的な八重歯を時折覗《のぞ》かせながら語った。

「逆転してからの将大は、すんごい形相でしたよ。振りかぶる前、口の前にグラブを構えて、ぶつぶつ、ぶつぶつ、何か言ってるんです。たぶん『ぜってー、打たせねえぞ』とか言ってたんじゃないですか」

田中は八回、九回の2イニングスで4奪三振をマーク。それまでは制球力で打たせて取る印象が強かったが、甲子園で初めて「豪の田中」を見せた。

この翌年の夏の甲子園でも、駒大苫小牧は最大6点差を逆転するという奇跡のような試合を演じた。駒大苫小牧の勝ち上がり方は、ことごとく「出来過ぎ」だった。本来、目に見えない流れが香田にだけは見えていて、それを手で触り、操作しているのではないかとさえ思えることがある。

「見えないけど、なんかあるよね。あの勢いとか、運とかって、甲子園は独特。ただ、甲子園だからって、特別なことは何もしない。むしろ、甲子園の方が何もしないね。ほんと、別に俺が采配しなくたって勝てたような気ぃすらするもん。究極のところまで追い込んで最高の状態に仕上げたら、あとは『行け』って言うだけ。そうしたら、魔法にかかったような感じでパーッと勝ち上がっていっちゃうんだよ。佐賀北が優勝したとき（〇七年夏）も、監督の百﨑《ももさき》（敏克《としかつ》）さん、『僕の手を離れちゃってます』って言ってたし。もちろん、そういう風になるまでの過程で、絶対的なものはあるんだけどね」

中学時代はやんちゃで、だからこそ香田がかわいがってもいた青地はこう話す。

「俺たちがバカなんですかね、監督が行くぞって言うと乗ってける。まあ、監督がテンション上げたら、機嫌よくいてもらうためにも、それに乗っかっとけみたいな感じでもあるんですけど」

解放したときの勢いが違うのは、普段、選手たちを極限まで締め付けているからでもある。サードの五十嵐は、こう生き生きと語る。

「駒大苫小牧は伸び伸びやってるってよく言われますけど、それは公式戦だけ。練習は本当に厳しい。ボール回しとかでも、一個のミスも許されない。信じられないかもしれませんけど、ノックのとき、足が震えるんです。キャッチボールだけでも怖かった。監督は、間違いなく人生の中でいちばん怖い人。でも甲子園に来ると何も言わなくなる。常に笑ってる。目がつり上がらない。だから一気に雰囲気が変わって、どんなに追い込まれた場面でもワクワクしていられるんです」

大舞台に強いということは、五十嵐が言うように、選手たちが心の底から野球を楽しんでいる何よりの証拠である。

茶木は駒大苫小牧の爆発力をこう分析する。

「監督の持っていき方がうまい。どううまいかっていうと、バカをやれるんです。そこで、すっげー楽しい香田誉士史を見せる。そのギャップに惹きつけられるというか、ついていっちゃうんだと思います。怖い怖いと言っても毎日、怒ってるわけじゃないですしね。回数だけで言えば、僕の方がはるかに怒ってますよ」

怖い、厳しいといった、ある種の負のエピソードは、時間とともに誇張されがちだし、話としてはおもしろく、書く方もついそればかりを連ねてしまいがちだ。しかし、実際には茶木が言うように「いつも」ではない。

前述したように冬休みは異例の長さだし、冬場も日曜日を休みにすることが多かった。監督と選手の関係も、押さえるところさえ押さえておけば、むしろフレンドリーだ。選手たちはレクでは香田を水の中に突き落とすし、雪上サッカーでも接触プレーの際に日頃の鬱憤を晴らすかのように香田を投げ飛ばしたりする。

自主練の雰囲気も和やかだ。七時前後に全体練習を終えると、だいたい九時まで自主練を行うが、その間の香田は「監督」ではない。

「ずっとぎちぎちでやってるから自主練は遊ばせる。くだらない会話をしてみたり、遊びの感覚でフォークを投げさせてみたり。そういう時間も大事だと思ってるから」

甲子園のベンチの中にいるときの香田は、ほとんど座らない。ホームベース寄り、最前列で、片足を立て盛んに声をかけつつ、戦況を見守っている。その姿は、本陣に腰を下ろしている総大将というよりは、先陣で先駆けをする侍大将のような印象を受ける。

香田と選手の距離感――それを理解したと思えた瞬間がある。

駒大苫小牧を辞め、神奈川の鶴見大のコーチをしていた頃の話だ。香田は、自宅で飼っていたクワガタの飼育ケース内の昆虫ゼリーを取り替えようとしていた。クワガタは、郷里の友人が息子のためにと送ってくれたのだという。その様子を二歳になったばかりの次男坊が興味津々の様子で上からのぞき込んでいた。そして、手を突っ込み、止まり木をつかもうとした瞬間だった。香田は反射的に次男坊の頬をビンタし、「いじんな！」とにらみつけた。そこそこの力がこもっていた。しかし、泣き出すかと思った次男坊は何事もなかったように香田の作業を見続けていた。

「俺がいちばん一生懸命に飼育してんだから。こういうのも完璧を目指したくなるからね。こいつがイタズラして、足とか取れたらかわいそうじゃない」

なんと大人げない、とは思わなかった。香田はそのとき大人という、あるいは親という笠《かさ》を利用して子どもを叱ったわけではなかった。香田はあくまで子どもと対等だった。だから、子どもも泣くという抗議行動に打って出なかったのではないか。

高校野球の監督がお立ち台で「子どもたちがよくやってくれた」と発言するのを頻繁に耳にする。私は、どうしてもこの「子ども」という言い方に引っかかりを覚えてしまう。小・中学生ならまだしも、もう高校生である。にもかかわらず、「子ども」呼ばわりしているのを見ると、わざわざ選手との間に境界線を引き、自分を一段高いところに置いているような印象を受けてしまうのだ。そこからでは見えない風景があるのではないか。それは、どこかで高校生を侮っていることと同じではないか。

香田は違った。香田は選手のことを滅多に「あの子」とか「子どもたち」という風には呼ばなかった。「あいつ」であり、「あいつら」だった。

「意識したことないんだけど……まだ、若かったせいもあんのかな。俺の中では、あの子とか、この子っていう感覚はないね。集団の中で、一緒に泥まみれになってやっている中で、この子どもたちは……とはならんな。俺も含めて戦う集団だと思ってたから」

だからこそ選手が監督と同調しやすく、監督の指示にもビビッドに反応するのだ。

香田が真顔で話していたことがある。

「俺が打てって念じると、本当に打つんだよ」

駒大苫小牧が鳴門工業に逆転勝ちした瞬間、「今年の駒大苫小牧」が「去年の駒大苫小牧」になったと思った。球場全体に前年と同じ「不敗神話」のようなものが醸成されつつあった。

ある日の香田と林の会話だ。

「鳴門工業であんなになっちゃったじゃない。こいつら、また、いい感じで勘違いし始めてんじゃないのって。これはスイッチ入ったなと思ったよ」

林はすかさず応じた。

「入りましたね」

それが本物だと証明したのが、続く準決勝の大阪桐蔭《とういん》戦だった。

準決勝前夜、小山は初めて香田から先発投手について意見を求められ「将大がいいと思います」と即答した。

「あのときの大阪桐蔭は最初に流れを持って行かれたら、もうダメだと思った。でも将大ならいけるだろうという自信はありました」

この年の大阪桐蔭は、スター軍団だった。エースの辻内崇伸《たかのぶ》（元巨人）は、一五〇キロ左腕。四番の平田良介（中日）は準々決勝の東北高校との試合で一試合3ホーマーの大会タイを記録し、その後を打つ五番・中田翔（日本ハム）は一回戦で特大本塁打をかっ飛ばしていたスーパー一年生だった。

駒大苫小牧の投手陣の中で、実力もそうだが、唯一、位負けしていないのが田中だった。

準決勝の第二試合に割り合てられていた同カードは、この日の神戸地方気象台が三一・六度と最高値を記録していた午後二時六分にプレイボールがかかった。

小山の進言通り先発することになった田中は、大阪桐蔭の強打線に対してもインサイドを果敢に突いた。結果、3つのデッドボールを与えたが、まったく臆していなかった。

「辻内さんが打席に立ったときも、背中にデッドボールを当ててましたから。やべえ、と思いましたけど。相手が大きいぶん、燃えてましたね。相手は絶対なめてくると思ってたんで、打てるもんなら打ってみいって感じでした」

小山が「自分が受けた中では、この日がベストピッチだった」と振り返るように、田中は五回までノーヒットピッチングを披露する。

松橋は「正直、ここまで抑えるとは……」と改めて田中の潜在能力に震撼《しんかん》していた。

「この日はフォークがすごかった。正真正銘のフォーク。すごい軌道だった。大阪桐蔭は平田や中田だけでなく、一番から九番まで体つきが違うし、スイングも違った。田中もすごいとはいえ、まだ二年ですよ」

一方の野手陣も、林を筆頭にまったく怯《ひる》んでいなかった。

「前の日の晩、大阪の野球関係者の方が宿舎に来てくれて、いろいろ教えてくれた。いちばん覚えてるのは、大阪桐蔭は大事な場面でエラーが出ると。粘っこくやってれば必ず流れがくるから、食らいついていけと言われた。辻内も球は速いけど、コントロールが悪いって。ただ、相手どうこうより、負ける気がしないというか、去年と同じような雰囲気になってましたからね」

鳴門工業戦の七回裏の勢いそのままに、二回表、駒大苫小牧は、辻内に5安打を浴びせるなどし、一挙に5点を挙げる。序盤の辻内は制球を気にしていたのか、自慢の速球が鳴りを潜めていた。

田中がベンチの雰囲気をこう思い出す。

「辻内さん、最初の方は力をセーブして、コントロール重視できた。みんな『おい！一五〇キロ投げてこいや！』って言ってましたよ。一五〇キロが何だって思ってましたけどね」

その声が聞こえたわけではないだろうが、辻内のボールは中盤から徐々にスピードアップ。六回から九回までは五者連続三振を奪うなど、パーフェクトに抑え込む。

一方、前半から飛ばし気味だった田中は七回裏につかまった。八番・辻内に2ランを許すなど、3点を献上。田中は、悔しさを押し込めるように言う。

「辻内さんに打たれたのは置きにいったボール。それでも打たれるとは思ってませんでした」

さらに八回裏に5－4と1点差に詰め寄られ、なおも1アウト二塁と攻め立てられる。打席には前日、一試合3ホームランという離れ業をやってのけた平田を迎える。この場面で、香田は甲子園二度目の登板となる三年生の吉岡をマウンドに送り込んだ。過酷な状況だったが、吉岡は冷静だった。

「ベンチから田中の攻め方を見ていた。インコースの真っ直ぐと、外のスライダーをきっちり投げ分ければ大丈夫だと思っていました」

吉岡は平田の打席でパスボールが出てサードへ進塁され、平田のショートゴロの間に1点を失い5－5の同点に追いつかれる。それでも気落ちせず、続く中田をピッチャーゴロに打ち取り、きっちりと自分の役割を果たした。このピンチで四番、五番を迎え、1失点なら上出来である。

ここでも香田の思いきりのよさが吉と出た。北海の平川は、ここの交代についてもなぜ、あのような決断ができたのかと尋ねたことがあるという。すると、こんな答えが返ってきた。

「うちの方がたいしたことねえ、こんなチームとできるだけで幸せだと思えば、何でもできるよ」

試合は5－5のまま延長戦に入った。

十回表、駒大苫小牧の攻撃は一番・林から。香田はこの回で決まると確信していたという。

「イメージはあった。延長になったら裕也が先頭で絶対出るって。そうしたら、ほーらって」

林は、辻内の外のフォークボールをきれいに左中間に運んだ。

「完璧でした。真っ直ぐを待ってて、フォークを打てた。真っ向勝負じゃかなわないので、ちゃかす感じでいった。監督もいつも真面目過ぎてもダメだと言っているので。ただ、同じことやれって言われても二度とできない。なんでですかね。でも甲子園って、持っている力以上のものが出るところなんですよ」

スポーツシーンにおいて、時折、舞台の力が「持っている力以上のもの」を引き出すときがある。三段跳びの元選手で、シドニー五輪、アテネ五輪の元日本代表でもある杉林孝法《たかのり》も、こんな話をしていたことがある。

高校時代、走り幅跳びの選手でもあった杉林は三年生のときにスーパー陸上に出場した。同大会には世界記録保持者のマイク・パウエルも出場しており、杉林は異常な興奮状態にあった。

「助走のとき、自分で自分の力をコントロールできなくなってしまったんです。足がぶんぶん回っちゃって、わけのわからないまま力任せに踏み切った」

結果は七メートル七六。自己記録を大幅に更新した。だが以降、その記録を更新することはついになかった。

「あのときの助走イメージが強過ぎて、大学でフォームを崩した。あれは特殊な条件が重なって自分の限界を超えてしまっただけ。強烈な成功体験があると、よく陥ってしまう失敗なんです」

甲子園も同じような危うさを秘めた舞台だ。林は高校卒業後、駒大に進み、こうもらした。

「甲子園って、できないことができちゃったりするんです。『俺、こんなにいいバッターだったっけ？』って。今考えたら絶対に打てないようなボールを平気で打てた。でも、大学野球は素の自分が出る。普段以上の力は出ない」

舞台の力に加え、トーナメント方式とリーグ戦方式の違いもある。高校野球のように一発勝負ならいざ知らず、同じチームと通年で何度もやれば、たいてい力通りの結果になるものだ。

香田が言う「勢い」とは、あえて説明すれば、選手が持っている力以上のものを出し続けている状態のことでもあった。

林の二塁打で0アウト二塁とし、続く五十嵐がバントで送って1アウト三塁。ここで三番・辻の打球は、ライトへフラフラと上がり、ライト線にポトリと落ちた。香田は「やっぱり」と思った。

「ほら、辻がどん詰まりだけど、ライト前に落ちるみたいなね。怖いぐらいに当たるんだよ」

辻の当たりも二塁打となり、6－5と勝ち越しに成功する。香田はゲームが自分の掌の上にあるような錯覚に陥っていた。

その裏、2アウト二塁で、再び平田まで回った。ホームランが出ればサヨナラという場面で、駒大苫小牧の内野陣はマウンドに集まった。林は吉岡に帽子のつばの後ろを見せた。そこには「一年間の自信」の文字があった。吉岡は言う。

「投手陣のリーダーという立場にありながら、松橋と将大についていくだけで精一杯だった。でも、ここでやらなきゃいつやるんだと思った」

平田を追い込んだ吉岡は最後、もっとも自信のある外へのスライダーを投じる。腰砕けになった平田のバットは、かする気配すらなかった。

「第三の男」であっても自分の役割に矜持《きょうじ》を持ち、そこで力を十二分に発揮する。これが駒大苫小牧の底力だった。

試合後、決勝打を放った辻が頬を紅潮させながら「昨年の勢いがまだ残っているみたいですね」と言えば、林は上気した顔でこう宣言した。

「（去年と雰囲気が）そっくりですね。ミラクルパート2です！」

ヒット映画にパート2があるように、駒大苫小牧の物語にもパート2が用意されていた。先に言ってしまえば、パート3まであった——ということか。

決勝戦の相手は、関西圏の実力校・京都外大西に決まった。春の練習試合では敗れていたものの、駒大苫小牧は「超夏型」のチームである。春の練習試合では、もはや参考資料にならない。

決勝前夜も、香田は「勝」の字が付く言葉は使わなかった。それは自信の裏返しでもあった。

「なるようにしかならんけど、必ずうちの試合になるってことは言った。だから、いい顔してやれって。そんだけのことやってきてるからね。他のチームとは野球に対する思いが違う。一つひとつのプレーをとことん突き詰めて、百パーセントを求めてやってきた。ここまで来たんだからどっちだっていいじゃんって思ってたけど、負ける要素は見当たらなかった」

試合当日、ミズノの渡辺は、ホテルくれべ空港を発《た》つ選手を見送っているときにすでに涙ぐんでいたという。

「すっげーなって思って。こいつらが一年生のとき、監督と、こんなやつらで大丈夫ですかねって話してたのを思い出してさ。まだ上の代の方が硬式野球で有名なやつらがいましたからね。キャッチャーの小山なんて、ほんとトンチンカンでね。監督と話をするのに敬語なんだけど、自分のことを俺は、俺はって言うの。バカかって。レフトの青地も苫小牧工業を落ちてきたんだけど、もともとやんちゃ坊主で、野球やってなきゃどうなってたかわからないようなやつだから。ファーストの岡山とかも、中学時代、地元ですら知ってる人なんてほとんどいなかったと思いますよ」

また渡辺は、その青地と、ある選手がケンカした日のことを思い出していた。ある選手が、翌日、冬季バイトの面接があるので早めに帰ると言い出した。なぜ明日なのに今日帰らなければならないのか青地が問い質しても、まったく要領を得ないため、両者は口論となり、やがて取っ組み合いに発展した。香田が二人を監督室に呼び事情を聞くと、二人して部を辞めると言い出した。

「オレが辞めます！　いや、オレが辞めます！　って。おまえら、バカか？　って……。ほんと、そんなヤツラだったんですから。そいつらが……甲子園に来たら、えらいカッコよく見えてね」

林の二学年上で、倉敷工業戦で降雨ノーゲームを経験したときのエース白石も渡辺と似たような感懐を抱いていた。

「最初の優勝も、連覇のときも、正直、よくこんなチームで勝てたなと思っちゃいましたね。北海道ならまだしも、全国ですからね。僕らの代の方が強かったんじゃないですか。特に連覇のときは、目立つのは田中だけという感じでしたから」

甲子園五試合における数字を前年のチームと比較すると、チームカラーの違いは明らかだった。

二〇〇四年　チーム打率＝・四四八　チーム防御率＝五・六〇
二〇〇五年　チーム打率＝・三四二　チーム防御率＝一・九六

大ざっぱに言えば、チーム打率の大会記録を樹立した〇四年は「打のチーム」、〇五年は「投のチーム」だった。つまり、誤解を怖れずに言えば、田中のチームである。

ここまでの四試合は、たまたまではあったが、松橋、田中、松橋、田中と交互に先発していた。決勝も、この順番は変わらず、松橋が指名された。

「自分が行くつもりでした。……でも、重圧もあって、腕が振れてなかったですね」

八月二〇日の決勝は、大会歌『栄冠は君に輝く』の出だしで歌われているような、まさに〈雲はわき　光あふれ〉る晴天に恵まれた。

松橋は四回まで1失点と好投していたが、五回途中、2アウト二、三塁のピンチで、田中に代わった。すると、大歓声が沸き起こった。大阪桐蔭を抑えたことで、田中の認知度が一気にアップしたのだ。マウンドで松橋が「頼むぞ」と声をかけると、田中は「うっす」と答えた。その田中は、先輩をおちょくるように言う。

「松橋さんなんで、（出番は）早いんじゃないかなと思って見てました」

決勝の田中は、松橋いわく「大魔神のような顔」をしていた。

「大阪桐蔭戦で辻内にホームランを打たれたことで一球の怖さを知ったんでしょう。この日は、1ストライク取っただけでも吠えたりして、一球ごと気持ちを込めていた。決勝の田中はいつも以上に安心感がありましたね」

ネット裏でこの決勝を見守っていた京都外大西のコーチ・上羽《うえば》功晃《たかあき》（現監督）が、試合のターニングポイントを指摘する。

「七回に林君がエラーしたとき、一瞬、うちに流れが来たと思ったんですよね。でも、その裏、その林君にセーフティ（バント）を決められて、『ウォーッ！』ってやられましたよね。あのとき、この試合は決まったと思いましたね。ミスをあっという間に帳消しにした。あの代は、戦力的には田中君のチームでしたけど、精神的には林君のチームでしたから」

上羽が語ったシーンとは、次のようなものだった。1－3と2点ビハインドで迎えた京都外大西の七回表、0アウト二塁。ここで林が何でもない二塁ゴロを一塁へワンバウンドの中途半端な送球をし、一塁手が後逸。その間に1点を返し、2－3と1点差に詰め寄った。

　地方大会から甲子園の準決勝まで駒大苫小牧はエラー0個だったのだが、この日だけで2つ目となるエラーでもあった。林が舌を出す。

「やっべ～って。将大、ぶち切れてましたね」

　林はイップス、つまりスローイング恐怖症だった。その症状が、たまに表れるのだ。サードの五十嵐は平然と言う。

「守備の名手って言われてたけど、いつか出ると思っていた。だから、みんなも何とも思ってなかったと思いますよ」

　香田は、ここでいったん間を空けようと伝令を送る。田中は仏頂面だったが、他の選手は笑っていた。そして、円陣を解くとき、空に向かって一斉に利き手の人差し指を掲げた。その光景に球場が沸く。五十嵐が思い出す。

「このとき、この年初めてみんなでナンバーワンのポーズをやったんですよ。前の年は何回もやってたんですけど、高野連の方から、あんまり派手なことはするなって注意されたらしくて。でも、どうせ怒られるのは監督と部長だからって。やっちゃえ、やっちゃえって。そうしたら、拍手喝采でしたね」

　香田が補足する。

「やるなって言われたわけじゃないけど、あんまり目立つことすんなみたいな空気だったから、オーバーにならないように、みたいなことは言った。だから、怒ったりはしてないよ」

京都外大西は、なおも2アウト三塁と攻め立て、さらにライト線へのタイムリー二塁打で3－3の同点に追いついた。林は顔を引きつらせていた。

「将大の（左打者の）インコースに落ちるスライダーを完璧に打たれた。普通だったらありえない。やっぱり流れってあるんだなと思いましたね……」

中心選手がミスを犯したにもかかわらず、香田は落ち着き払っていた。

「余裕はあった。京都外大西は圧力のあるチームではなかったから。済美とか日大三高のようにバッティングのあるチームじゃないし、涌井クラスの投手がいるわけでもない。ミスが出ても、そこからまた試合を作り直すのがうちの伝統みたいになってたから。オッケー、オッケーって。ぜんぜんたいしたことないように映ってた」

その裏、0アウト一塁から、香田は林にセーフティバントのサインを送る。

「甲子園の采配は思いつき、感性だから。あそこもパッとひらめいたんだよ」

林は3球目を三塁線に転がす。五〇メートル五秒九の俊足を飛ばし、一塁ベースへ頭から突っ込んだ。砂塵《さじん》が巻き上がる。塁審の両腕が地面と平行に大きく開くと、林は両拳を握りしめ、身をよじらせながら咆哮《ほうこう》した。

「やらかした後なんで、アドレナリンが出まくってましたね。絶対セーフになってやろうと思った。普段、一塁まで四秒三とか四秒二ぐらいなんですけど、このときは三秒八ぐらい出てたと思う」

この気迫のセーフティバントが呼び水となり、この回に駒大苫小牧は2点を挙げる。香田のシナリオ通りに、すぐさま5－3と突き放した。

そうして迎えた最終回――。「パート2」のエンディングシーンは、田中の独り舞台だった。

「九回に入って本来の体重移動を思い出した」と話す田中のギアが一気に上がる。一四七キロ、一四八キロと、投げるたびにこの日の最速記録を塗り替えていく。二者連続三振。ここで香田は再び伝令を送った。選手たちは七回表と同じように六つの「ナンバーワン」を頭上で重ね合わせる。

この日、「ナンバーワン」を解禁したことで、対戦校が地元・京都の代表校であるにもかかわらず、スタンドのムードは駒大苫小牧をより一層後押しし始める。

田中は最後の打者を2ボール2ストライクと追い込むと、7球目、フォークのサインに首を振り、暗に真っ直ぐを投げたいと主張した。

高めのストレートだった。三者連続、しかも全員空振り三振で締めくくった。電光掲示板には「150km」の数字が浮かび上がっていた。

田中は大きく胸を反らせ、雄叫びを上げた。

「三者三振をねらってましたからね。最後は電光掲示板の一五〇キロという数字を確認してからガッツポーズしました」

エースの松橋は、ひと夏での田中の成長ぶりを目の当たりにし、密かに自分の投手としての限界を悟っていたという。

「彼の何がすごいって、自分がすごいって思い込んでるところですよ。そして、それを証明してみせる。ダメかなとか、微塵もない。自分を信頼している。そこは子どものように純粋。大人になっちゃうと、変に自分を疑っちゃったりしますからね。彼はあのままでいいんでしょうね」

夏の連覇は、じつに五七年振りの快挙だった。

香田の後援者である蔵重は、駒大苫小牧の連覇を北海道の草木に喩《たと》えた。

「北海道では六月ぐらいになると枯れてた木々が一斉に葉を付け始めるんだけど、それに似てたね。ちょっと時間がかかったけど、そこからがすごかった」

ところが試合後、香田は表情を強ばらせて言った。

「嬉しかったのは、最初の三分だけです。またこれから重圧の中で一年間やるのかと思うと、正直、怖いです」

球場内で行われた優勝インタビューも、初めて日本一になったときと比べると、どこか上の空で、テンションが低かった。

帰りのバスでは恒例通りウイニングボールを突き上げて、香田は叫んだ。

「やっちゃったーっ！」

「うぉぉぉぉぉぉ〜！」

「ありえねーっ！」

「うぉおおおおおおお〜！」

「奇跡だーっ！」

「うぉおおおおおおおおぉ〜！」

「俺は、後は早死にするだけだ〜っ！」

バスの中は大爆笑に包まれる。

はしゃいではいたが、演技だった。頭の片隅には、すでにぼんやりと靄《もや》がかかっていた。

「帰りのバスでは、盛り上げつつも、頭の中の八割から九割は、これからどうしようって考えてた。ふと我に返ると、顔が引きつっちゃって。あのヒートアップした一年がまたくるのかよって。優勝インタビューのときも、どうしよー、どうしよーって。やったーみたいな気持ちになれねんだもん。（冷めるの）早かったよ。校歌聴いてるあたりから怖くなってたから」

香田は初優勝の後の一年間の重圧を「百キロのバーベル」に喩えた。香田の性向を考えると、連覇したら、二百キロのバーベルになるのだろうか——。

いや、実際はそれ以上だったかもしれない。連覇達成のおよそ四八時間後、香田の身にさらなる重しがのしかかった。

大会が幕を閉じた翌日、駒大苫小牧は北海道に戻った。そこからは、また前年と同じセレモニーやイベントが繰り返された。祝賀ムードが一変したのは、翌二二日の午後一〇時過ぎだった。駒大苫小牧の校長・篠原勝昌と副校長は記者会見を開き、この年から部長を任されていた茶木が、ある控え選手に二度にわたって体罰を振るっていたと発表し、篠原は「優勝旗返還の話が出るかもしれないが、どんな結論でも受け止める」（二〇〇五年八月二三日『北海道新聞』）と謝罪した。

茶木が手を上げたのは、一度目は、春の全道大会初戦で白樺学園に敗れた後だった。朝練での練習態度に腹を立て、平手で三、四発殴った（被害者側は四〇発と主張）。もう一度は甲子園の大会中、七日の夕飯時だった。控え選手でもどんぶり三杯がノルマだったのだが、その選手が量をごまかそうとしたため、茶木がスリッパで一回叩いたのだという。

火元は選手本人ではなく、その父親だった。父親は甲子園の開幕日の二日後の八月八日、子どもからスリッパで叩かれたという事実を聞き、同日学校に抗議の電話を入れた。大会中、選手の親からすでに暴力を振るった事実を知らされていた篠原は会見でこう弁解した。

「大会が全部終わってからでいいという被害者の親御さんの言葉に甘えてしまった。隠す意思はまったくございません」（同『北海道新聞』）

この夏は明徳義塾が甲子園出場を決めながら、開幕二日前に過去に起きたチーム内の不祥事が発覚。チームは出場を辞退、監督の馬淵史郎は責任をとって辞任するという前代未聞の事件があったばかりで、不祥事の隠蔽に対し、厳しい目が向けられていた時期でもあった。

高校野球で不祥事が明るみに出る場合、その約八割は控え選手の親による告発だと言われている。しかもチームが好成績を出したときに集中する。駒大苫小牧のケースはさておき、チームが活躍すればするほど自分の子どもが試合に出られないという不満は大きくなるし、そういうタイミングの方が自分の発言が「爆弾」になることを親も理解しているからだ。

一部の関係者は大会に入る前、すでに火種が燻《くすぶ》っていることを知っていた。保護者会は事を穏便に済まそうと、その親を必死に説得したが、最終的に物別れに終わった。そして週刊誌に父親の告発記事が掲載されることを知り、学校側は急遽《きゅうきょ》、その前に会見を開かざるをえなくなったのだ。

茶木が回想する。

「僕は大会中、こういう騒ぎになるかもしれないということはわかっていたんです。あそこまで大きくなるとは思ってなかったですけど……。だから学校に迷惑をかけるようだったら帰りますって言ったら、その必要はないと。そうしたら、北海道に戻った日の夕方ぐらいですかね、『週刊新潮』の記者が家に来て……」

茶木は主将の林のところへ電話をかけ「部員を寮から出すな」と指示。実家でくつろいでいた林は大急ぎで寮に駆けつけた。

「そうしたら、小林っていう後輩が、当時流行ってた水鉄砲で無邪気に撃ってきて……。どういうリアクションをすればいいのかわからなかったですね」

同じ頃、『週刊新潮』の記者は、香田のところにも電話をかけている。

「ソファでゴロンとしてたら、突然、知らない電話番号から電話があったんだよね」

会見の二日後、二四日に発売された『週刊新潮』（二〇〇五年九月一日号）には、〈「拳が骨折」するまで、野球部長は「40発」も息子を殴り続けた！〉というタイトルの手記が掲載された。

日刊スポーツの担当記者だった本郷は、この事件に関してこう見解を示す。

「殴るっていう方法は、昔気質の人間からすると、アリだとは思うんです。でも直属の部長あたりは『手を出したら、それは絶対に正義ではない』って言ってましたね。そういう原稿を書けって言われたんですけど、僕はそれを拒否した。生徒も悪いんだからと。そうしたら上司が勝手に原稿を書いてました。わからないでもないですよね。それが今の風潮ですから。それに反するような記事を書くと、読者から総スカンを食らいかねない」

私は何度も茶木と会ったことがある。酒を酌み交わしたこともある。初優勝の後、取材で訪れ、不機嫌な香田と接するのは気骨が折れた。そんな中、大げさではなく、いつも変わらず笑顔で迎えてくれる茶木だけが救いだった。

想像するに、そんな茶木の人柄を知っている記者は、できれば茶木のことを守りたかったのではないか。しかし、客観的に判断すると、やはり手を上げてしまった以上どうしようもなかったのだろう。

高野連は駒大苫小牧の会見を受け、五日後の二七日、部長は有期謹慎、チームは警告処分にすると発表した。大阪の高野連で開かれた記者会見には、事件が明るみに出てから初めて香田が公式の場に現れた。

顔なじみの記者に「ちゃんと答えろよ！」などと詰問され、しどろもどろになった。マスコミは、いいときはいい顔をして寄ってくるが、一度でも問題を起こすと、こうまで変わるものなのか。あまりの豹変振りに呆然とした。

以来、記者に囲まれたり、フラッシュを焚かれたりすると、このときの光景が蘇るようになった。ひどいときは動悸《どうき》がし、胸が苦しくなり、手は脂汗でびっしょりになった。

謹慎処分中、茶木は、毎日のように記者が押しかけてくるため、一ヶ月近くカーテンを開けることができなかった。

「精神的にきつかったっすね……。圭介、圭介って言ってた人が、近寄ってこなくなりましたもん。人間って、こんなに変われるんだって。人間不信に陥って、二、三ヶ月は外を出歩く気になれませんでしたね」

ネット上で茶木は極悪人扱いされ、顔写真はもちろん、妻や生後二ヶ月の子どもの写真まで流出した。流出元は内部以外考えられなかった。

香田はそんな茶木を心配し、自分の家族を連れて頻繁に茶木の家へ遊びに行った。

「俺の中には申し訳ない……ということだけだったね。だって、自分も叩いたことあるわけだから。なのに、あいつだけに全部を……っていうのはあった」

野球部寮や選手の自宅にも記者は押しかけた。しかし、選手たちは何か聞かれるたびに「茶木さんは悪くない」と言い続けた。林はこう言って、不快感を露《あら》わにする。

「記者の人も勝ったときは、とても親切な人に思えた。でも、問題が起きたときは違う顔をしてた。あのときの顔を思い出すともうダメなんです……。この人とは話せないって思っちゃいます」

林は校長や教頭に土下座までして、茶木の処分を軽くしてくれるよう頼んだ。

「あんなの暴力じゃないですよ。さんざんアピールしましたよ、悪くないんすよって。何とかなんないっすかって」

甲子園のあとに開催された国体で駒大苫小牧は優勝を飾る。国体は「準公式戦」の位置付けで、お祭り的な雰囲気もある中、五十嵐は「ある意味、甲子園以上に本気だった」と語る。

「何か言って、それを世の中に受け入れてもらうためには自分たちが勝つしかないって。だから国体は、みんな茶木さんのために戦ったんです」

優勝時のウイニングボールには、それぞれの名前を書き、大きく「茶木さんは悪くない」と書き込み茶木にプレゼントした。

深紅の会の梶川は、いつかこういう事件に発展するのではないかと危惧していたという。

「香田には、叩くなよ、っていつも言ってたんだよね。出場辞退になったら洒落《しゃれ》にならんぞって」

初めて日本一になった〇四年の六月、梶川の家で、香田と梶川は酒を飲みながらNHKのドキュメンタリー番組『プロジェクトX』を観ていた。大ヒットドラマ『スクール・ウォーズ』のモデルにもなった伏見工業高校のラグビー部が弱小校から日本一になるまでの話だった。その中に監督が生徒を殴り、それが美談として語られているシーンがあった。梶川は、香田がそれをどう受け止めているかが気になった。

「今の時代は、愛のムチでは済まされないぞと。叩くってことは口で理解させる能力がないから、叩くわけでしょう。スポーツの世界では、それで強くなった人もいるんだろうけど……。事件起きたとき、香田に『梶川さん、すいませんでした』って謝られたけど、起きてしまったことは、もう仕方ないじゃない」

記者会見で対応した後も、香田は週刊誌の記者に追いかけまくられていた。

「最初は茶木の方にがーっと行って、そのあと俺のところに来た感じだったな。部長がどうのこうの言われてるけど、おまえだってやってんだろみたいな感じで」

出勤時、こんなことがあった。

「今だから笑い話になるけど、車で出ようとして、ある記者が寄って来たから、ウィ～ンって窓を開けたら『今のお気持ちは』みたいな。『は？　ざけんなよ、てめえ』って。

よくそんなバカなこと聞けるよな」

また、ある場所でエレベーターに乗り扉が閉まる寸前に、記者が足を突っ込んできたこともある。映画やドラマでしか見たことのなかったシーンが、次々と目の前で起こった。家の前には夜中まで記者が張り込み、香田は蒲団《ふとん》をかぶって震えていた。見るに見かねた妻のひとみが、深夜、梶川に電話をし、追っ払ってもらったこともある。

日刊スポーツの本郷は自戒を込めて話す。

「まあ、メディアの特性として、いいときはいいこと書くけど、いったん転落したらとことんやりますからね。あの不祥事のとき、北海道のスポーツ紙の一面は毎日、駒大苫小牧でしたから。真相がわかるまで、もう毎日。週刊誌がしゃしゃり出てきて、発言内容も、だいぶねじ曲げられていったと思いますよ。いい加減にしてくれみたいなのはあったでしょうね」

『週刊新潮』の記事が出たあと、メジャーどころの週刊誌および写真週刊誌のほとんどが後追い記事を書いた。

〈駒大苫小牧高校〝暴力野球〟のウラ　被害3年生が初激白「〝町を歩けなくしてやる〟と部長は脅した」〉（二〇〇五年九月一〇日『週刊現代』）

〈駒苫「40発暴行事件」の〝芽〟は昨年Vからあった　本誌がつかんだ！　1年前に

もあった甲子園をめぐる「学校の対応不全」〉（二〇〇五年九月一三日『ＦＬＡＳＨ』）
〈「北の大地」を泣かせた駒苫高「暴力野球部長」の素顔〉（二〇〇五年九月一一日『サンデー毎日』）
〈堕《お》ちた甲子園　また隠蔽事件　駒大苫小牧「部員殴打40発」の真相　57年ぶりの〝夏〟連覇の快挙から一転、優勝取り消し危機！〉（二〇〇五年九月九日『ＦＲＩＤＡＹ』）

これらはほんの一部だが、いかにもおどろおどろしいタイトルである。

この頃、香田は携帯番号を変えた。記者たちは何か用事があるときは学校経由で連絡したが、「席を外してます」と言われるばかりで取り次いでもらえない。事務員に取材したい旨を伝えると、その場で受けられないと即答された。

梶川がその頃の香田の様子を話す。

「精神的に心配だったよね。携帯が鳴るの、すっごい怖がってたもん。もう病気かってぐらい。監督室に行っても普通の会話ができなかった。落ち着きがなくて。香田のお母さんから電話があって、どうしてますかって聞かれても、会話ができないからって言うしかなくてね……」

香田は今でも自分の携帯に登録されていない番号には絶対出ないし、留守電も設定していない。それはこの頃のトラウマがあるからだ。

香田にとって、拷問のような日々だった。事件から一ヶ月ほど経った頃、神経をすり減らした香田は心理カウンセリングに通うようになった。

茶木から暴力を受けた選手は、騒動に発展したことでチームメイトの顰蹙《ひんしゅく》を買い、野球部寮を出ざるを得なくなった。学校では教室に入ることもできなくなり、保健室で勉強した。また、札幌の自宅からの通学中、他の部員との接触を避けるために香田が苫小牧からわざわざ送り迎えをした。

梶川はそんな香田を歯がゆい思いで見守っていた。

「なんで送り迎えなんてやってんだ、逃げんなって言ったことがある。そんなことだから、相手の親がつけ上がるんですよ。普通、監督に朝早く迎えに来いなんて言わないでしょう」

しかし、香田は相手の父親に何を言われようとも、送り迎えを続けた。

「俺はずーっと低いまんまでいた。監督として本当に申し訳ないっていう思いはあったから」

香田も最初はその選手に対し、割り切れない思いもあった。しかし、学校の顧問弁護士立ち会いのもと、選手と父親と話し合っているときに見方が変わった。ある写真週刊誌に掲載された自分のプライベート写真を見て、その選手は父親に「なんだよ、これ！」と激高していたのだ。

「父親の方も息子に怒られて、困っててね。ああ、こいつも苦しんでるんだなって」

自分と同じに思えた。少なくとも選手の方は、ここまで事を荒立てるつもりはなかったのだ。

取材中、あのときの選手の名前を出すと、香田以外は決まって露骨に嫌悪感を示した。同級生の結婚式があっても、彼だけは呼ばれたことがないという。誰も連絡先を知らないからだ。おそらく今でも連絡先を知っているのは香田ぐらいだろう。じつは、香田は今でも恩師と教え子の関係を続けている。就職が決まった際には、お祝いとして酒を酌み交わした。

「『決まりました！』って報告に来てくれたから、『よかったな、ちょっと行くか』って。知ってる人には、よく付き合えるなみたいなことを言われるけど、違うって。あいつのせいじゃないもん。プロ行ったやつも教え子だけど、あいつも俺の教え子だから」

当時の関係者の前で、その話をすると、ほとんどの人が同じ反応を示した。一様に「えっ」と驚きの声を上げ、信じられないという顔をしたまま、二の句が継げなかった。

一連の騒動のせいで新チームのスタートは大きく遅れた。練習を再開したのは甲子園が幕を閉じた九日後、八月二九日だった。

駒大苫小牧のキャプテンと副キャプテンは原則的に香田が独断で選ぶ。新チームのキャプテンは田中を指名した。

「あれだけの騒ぎになって、それをはね除《の》けることができるのは将大しかいないと思った。ただ、外部に対しては将大だけど、内部では（本間）篤史と、三木（悠也《ゆうや》）だと。おまえらが引っ張れって。将大はピッチャーとして、他にやらなきゃいけないことがいっぱいあるからね」

不祥事は起きたものの、駒大苫小牧の人気は相変わらずだった。いや、むしろ騒動によって、逆に注目が集まり、人気に拍車がかかったようにさえ感じられた。

ある練習試合では、球場までまだ一〇〇メートル以上あるのに、そこからすでに人の列ができていた。香田が目を丸くする。

「近くで何かイベントでもあんのかなと思ったら、球場まで続いてんだよ。練習試合だよ」

猛烈な逆風の中、九月一三日に秋の公式戦が始まると、風格が増した田中を中心に駒大苫小牧は猛然と勝ち始める。支部予選を突破し、秋の全道大会は連覇。道民は大会が始まれば始まったで、また駒大苫小牧から目を離せなくなった。

日刊スポーツの本郷が振り返る。

「あの頃はいろんな意味で注目されて、円山球場は、巨人の試合よりも人が入ってたんじゃないかな。内野スタンドだけで一万一〇〇〇人入って、そこがいっぱいになると外野の芝生席を開放する。消防法の規定だと二万数千人が限度なんだけど、すれすれ入ってたんじゃないかな」

就任一年目の〇五年春、二〇人だった駒大苫小牧のファンは一〇年後、その約一〇〇〇倍に膨れ上がっていた。

チームは好調そのものだったが、大会中、さしもの香田も体調を崩した。全道大会終了後、肺炎にかかり入院。その上、食べ物を食べても戻してしまう。胃カメラを飲むと胃がただれていた。胃潰瘍を患っていたのだ。それからは二種類の胃薬を飲むようになった。一週間ほどで退院したが、その後、体重が激減した。九二キロあった体重が一時、七八キロまで落ちる。

駒大苫小牧は、前述したように、続く国体でも優勝を飾った。そして、〇五年一一月の神宮大会は、さながら「田中劇場」だった。

新チーム発足時からバッテリーを組む小林秀《すぐる》によれば、高校時代、田中がもっとも調子がよかったのはこの時期だという。

早実戦を例にとると、田中は四回1アウトから岡田をリリーフしている。そしてそこから五者連続三振をマークし、終わってみれば17アウト中13個までが三振という驚異的な投球を披露した。そのときの試合を改めてDVDで観ると、打つ打たない以前に、バットに当たらない、そんな様子でさえあった。小林は田中の球筋を思い出す。

「真っ直ぐも膝の高さでコースにビタビタに決まってたし、スライダーもカクカク落ちていた」

田中は神宮大会の一回戦から決勝戦までの四試合すべてに登板した。そのとき奪った三振の数と、投げたイニングは次の通りだ。

一回戦　清峰（長崎）　○6－2　13三振（9回）
準々決勝　高岡商（富山）　○4－3　10三振（5回）
準決勝　早実（東京）　○5－3　13三振（5回3分の2）
決勝　関西（岡山）　○5－0　11三振（9回）

これだけの三振を奪っているのだ。

田中と対戦したバッターの多くは、田中のスライダーを「消える」と表現した。一二年夏、桐光《とうこう》学園高校（神奈川）の松井裕樹《ゆうき》（楽天）がスライダーでばったばったと三振に切ったときの打者の感想とまったく同じだ。「消えるスライダー」と言えば、松井が出てくる前までは、田中の専売特許だった。

田中とバッテリーを組み始めた当初、中学時代から捕手だった小林でさえこの「消える」と称される超高校級のスライダーには相当てこずった。

「一三〇キロ後半のスライダーなんて、普通、ありえないじゃないですか。高校生なんて真っ直ぐでもそれぐらいがやっとなのに」

田中のスライダーの特徴はスピードだけではない。「人差し指で切る」（田中）ことから生まれる独特の曲がりを持っている。支部予選のとき、小林は「一試合、3、4個は後ろに逸らしていた」という。それから全道大会までの一週間、毎日、自主練で二、三時間の特訓を自分に課した。半分ぐらいの距離から思い切りショートバウンドを投げてもらって、目を慣らすと同時に感覚を磨いた。その練習の成果もあって、神宮大会ではほとんど後ろへ逸らすことはなくなった。

報知新聞の中尾は、こんなシーンが印象的だったという。

「神宮大会の早実戦のとき、駅から神宮まで歩いているときに、早実の父兄が『今日は駒苫だから勝てないよね』って。そんな時代になったんだな……って思いましたね」

明治神宮大会が終わったあと、新聞やテレビは、この秋、公式戦で一度も負けなかった田中のことをこう呼ぶようになった。

「世代最強」――。

高校時代、このような呼ばれ方をした選手は田中だけだ。それぐらい一人だけ力が図抜けていた。そして、全国の高校生が田中を倒すことを目標にし始める。

それでも香田は飽き足りなかった。

「目指すのは打のチームですか、守りのチームですかって聞かれたら、両方って言う。そんなものはないのかもしれないけど、完璧を目指す。バッティングも、守りも、走塁も」

公式戦一七連勝を達成したこの秋は、「完璧」にもっとも近づいた。

「連覇して、もっと、もっとって思ってたら、ここまで強くなった。それでも夏を見据えて、超俊足の選手がいないとか、キャッチャーがなあ……とか、まだまだ強欲だったよ」

選手も一流、練習も一流というチームは滅多にない。それは人間の性《さが》だ。自分たちがうまいと思っていると、どうしたって練習が疎かになる。反対に自分たちが下手くそだと思えば、そのぶんを練習で補おうとするものだ。

〇七年に公立高校の佐賀北が優勝したとき、時間をかけて取材し、一冊の本にまとめたことがある。それからというものいつも考えていることがある。

監督の百﨑敏克は「この代にかけていた」と話した。珍しく、いい選手がそろっていたのだ。しかし、のちにプロになった選手がいたわけではない。佐賀の公立高校の監督である百﨑が受け持つことができる範囲内で言えば最高レベルだったというだけのことだ。

佐賀北の最高レベルと、今、全国でベスト10に入る強豪私学の最低レベルを比較した場合、素材的にはどちらが上だろう。それでもやはり戦力的には後者の方が上なのではないか。

ならば、全国から優秀な選手を集めている強豪私学の監督が、佐賀北の百﨑と同じ熱量を毎年持つことができれば、それこそ毎年のように全国優勝をねらえるのではないか。

いや、それができないのが人間なのだと言うかもしれない。しかし高校野球の歴史上、選手も練習も一流だったチームが二つある。一つは一九八〇年代のＰＬ学園だ。八一年から八七年までの七年間で春夏を通じ八回も決勝に進出し、春夏ともに三回ずつ優勝している。清原、桑田、立浪和義《たつなみかずよし》（元中日）、宮本慎也（ヤクルトヘッドコーチ）などがいた時代である。この時代のＰＬ学園は間違いなく高校野球史上最強だ。この頃のＰＬ学園は、有名な話だが、全体練習より自主練の方が長かったという。自ら練習しないと生き残れないことを誰もがわかっていた。ＰＬ学園も自ら「やる」チームだった。

そして、この時代のＰＬ学園ほどではないが、選手と練習の二つがそろっていたもう一つのチームが、二〇〇四年から〇六年にかけての駒大苫小牧だ。両チームは、人間の性に抗《あらが》った。だから、常勝という非人間的な業績を打ち立てることができたのだ。

香田にとって完成とは「全国制覇」でも「夏連覇」でもなかった。もっと先の、まだ見えてすらいないものだった。だから、歩みを止めることができなかったのだ。

部長の体罰が発覚して以来、香田は、公式戦中以外は、明確に取材を拒否するようになった。

当時の状況を報知新聞の中尾は「ウルトラ厳戒態勢」と表現した。

「基本的に取材は公式戦のみで、それも試合後、監督と選手二人だけ呼んで三分とかだった。三分経つと、はい、終わりーって。それ以外は、北海道記者クラブとして大会前に合同取材日を一日だけ設けてくれってお願いする感じでしたね」

私も無理だろうと思いつつ、連覇の話を聞かせてもらおうと香田に手紙を書き送ったり、電話をかけたりした。だが一度、あまりにしつこかったせいか、電話口で声を荒らげられた。

「（高野連から）警告処分を受けているのに、どうして配慮してくれないんですか！」

事態が収束するまでは、まだ時間がかかりそうだった。ところが、収まるどころか事態をさらに悪化させる事件が再び起きた。

「ホリエモン」こと、ライブドアの堀江《ほりえ》貴文《たかふみ》が、証券取引法違反容疑で逮捕されるという世相を反映するニュースで幕を開けた二〇〇六年。一月三一日、駒大苫小牧の選抜大会への出場が決まった。ところが吉報が舞い込んだと思いきや、約一ヶ月後、再び激震に見舞われる。

三月一日、卒業式の晩のこと。青地が苫小牧駅裏のチェーン店系居酒屋の暖簾《のれん》をくぐったのは「九時ぐらい」だった。それぞれにクラス会等の一次会を経て、その店の個室には野球部一〇人と、バスケット部員四人が集まっていた。青地が思い出す。

「自分が店に入ったときはもう、やばい、やばい、警察が来てる、みたいな感じでしたね。でもそんときは、まさか自分たちの部屋に来るとは思ってなかったんですよ」

机には食事とともにビールやチューハイなどのアルコール飲料が並んでおり、灰皿の中にはタバコの吸い殻も入っていた。

後でわかったことだが、隣の個室で同じく宴会をしていた近隣の公立高校の生徒が駒大苫小牧の野球部がいることを察知したらしく、店を出たあと、ふざけ半分で警察に通報したようだった。

店先で警察と店員が「いるんだろ」「いませんよ」と押し問答している様子が聞こえた。すると扉がすっと開き、警察が入ってきた。青地はようやくターゲットが自分たちだったことを知る。

「あ、俺らだったんだ……って。そっから車に乗せられて。補導ですね」

香田が裏事情を明かす。

「聞いた話だけど、警察としては通報があった以上、行かないわけに行かず、ただ、ずいぶん、ゆっくり行ったらしいんだよね。頼むから帰っててくれって。そうしたら、まだいた。いたら補導するしかないもんね」

香田は日付が変わった夜中の一時頃、保護者の電話で彼らが補導されたことを知った。ほぼ同時刻に共同通信が駒大苫小牧野球部の不祥事として第一報を打った。このニュースは、まずはネットの速報で駆け巡り、事件の翌々日、三日の新聞で大々的に報じられた。

三月三日の『北海道新聞』朝刊の見出しはこうだ。

〈昨夏の教訓どこへ　駒苫野球部員補導　生徒、市民ショック「心配」「情けない」〉

およそ一週間後、またしてもほとんどの週刊誌が派手なタイトルでこの事件を報道した。以下は、その一部だ。

〈だから「つぼ八」飲酒・喫煙は通報された　駒大苫小牧　地元民が呆れ果てた補導球児の飲む打つ吸う〉（二〇〇六年三月二四日『週刊ポスト』）

〈「センバツ辞退どころか夏の優勝旗を返せ！」「駒大苫小牧」は〝少年犯罪のデパート〟〉（二〇〇六年三月二五日『週刊現代』）

〈「飲酒・万引き・イジメ」の三冠王もいた「駒大苫小牧」〉（二〇〇六年三月一六日『週刊新潮』）

二日の昼、補導された三年生たちは学校に集められた。青地は香田に殴られると覚悟していた。しかし、香田はいたって冷静だった。

「俺は正直、たいしたことじゃないと思ってたから。起きてしまったことはしょうがない。そういうのを許してるかっていうと、それは厳しく言ってるよ。でも道内では、ほとんどの高校の、ほとんどの卒業生が、三月一日は宴会してる。ススキノだって高校生でごった返してるぐらいだから。そんなの、みんなわかってること。結局、野球部が目立つからこうなってしまっただけでさ。ワイドショーとか見てたら、いろんな評論家の人たちが、ああじゃねこうじゃね言ってたけど、俺らもそれと一緒になって言うわけにはいかない。彼らはすでに精神的に追い込まれてたしね。俺らは現場でゴチャゴチャになりながら、その子たちをいい方向に進めていくしかないんだから」

香田がまずやらなければならないこと。それは三年生の事件で、選抜大会出場辞退などという最悪の展開になるのを阻止することだった。

ところが校長の篠原勝昌はすでに駒大と連絡を取り、出場辞退の方向で話を進めていた。さらに校長は学校を辞め、監督と部長は辞任させるという。

香田は「ちょっと待ってくださいよ」と食い下がった。

「だって、全員で責任取ったってどうしようもないじゃない。でも、『決めたことだから』の一点張りなわけ」

香田はまずは日本高野連に連絡を取った。すると、出場辞退する必要はないとの意見だった。それを篠原に伝えた。すると「(大学)本部が決めたことだから」と言う。香田は今度は、大学の理事長に「高野連も辞退までしなくていいと言ってます」とかけ合った。すると「そっちの校長が決めたことだ！」と怒鳴られた。また篠原に談判すると、今度は「いや、理事長の判断です」と返される。さすがの香田も堪忍袋の緒が切れた。

「校長っ！　どっちが本当なんだよ！」

香田は無力感に苛《さいな》まれた。

「結局ね、校長が独断で決めたことなのか、裏で誰かが決めたことなのか、それはもうわからなかった。いろんな人間を、怒鳴り込むぐらいの勢いで問い詰めたけど……」

時間ギリギリまで香田は篠原の気持ちを翻意させようと努めたが、事件の二日後、三日の午後に篠原は記者会見を決行。そこで出場辞退と、校長の辞職および監督と部長の辞任を発表した。

選手らは教室のテレビで会見を見た。そして、初めてそれらのことを知った。本間が振り返る。

「は？　って感じですよ。それで体育館に移動して教頭先生とかに説明を受けて。みんな泣いてましたね。監督は『過去にこういう例があって、それでも甲子園には出てるからおまえらも大丈夫だ』って言っててくれたんですよ。最悪、出場辞退はあるかもしれないと思ってましたけど、監督まで辞めるとは思ってなかったですし」

しばらくして校長も野球部員の前に現れた。そして淡々と決定事項を伝え、「私はお客さんがありますから、これで失礼しますよ」と言って去ろうとした。

香田は当時の状況を思い返す。

「選手たちも、それじゃあ腑《ふ》に落ちないから『ちょっと待ってくださいよ』って。当然だよね。したら校長が『どうぞ、週刊誌にでも何でも訴えるなら訴えてください』って捨て台詞を吐いたんだよ。俺もさすがに、なんちゅーこと言うんだって思ったよ」

それまで敬語を使っていた選手たちの言葉も乱れた。まさに売り言葉に買い言葉である。

「おい！　待てコラ！」

香田も行き過ぎだと思いつつ、でも黙って見守っていた。本間の回想だ。

「いや、もうすごかった。校長先生に対して『ざけんなよ！』とか。『こういう例もあるんですから、今すぐ出場辞退を撤回してください』とか散々言いましたけど、結局ダメでしたね……」

日刊スポーツの本郷は、学校の判断をこう推測する。

「おそらく学校側が出ると言えば出られる状況だったと思いますよ。三年生が起こした問題ですし。ただ、部長の問題で執行猶予中みたいな時期だったので、学校側としても世間のバッシングを怖れたのかもしれませんね」

報知新聞の中尾は、こう悔いる。

「事件翌日、校長にどうすんのってがんがん質問したら、明日までに判断しますなんて言うから、個人としてはどうなのって聞いたら、辞退させた方がいいんじゃないかと思いますって言ったんだよね。追い込んだ僕らにも責任あったかなと反省したけど……」

梶川は「すべてが狂ってた」と今も怒りを隠さない。

「俺は親が土下座すればいいって思ったよ。校長の前で、私たちの教育が悪かっただけですから、どうか一、二年生は甲子園に出させてやってくださいって。監督に何の責任があるんだよ。親の責任だろ。みんな狂ってるんだよ。学校も、親も、マスコミも」

香田は会見の後、教頭に辞表を提出した。監督だけでなく教師も辞めるつもりだった。

「あんだけ動いて、俺はクビになってもいいから選手だけは出させてやってくださいって何度も頼んだのにダメだった。その時点で辞めるって決めた。何もしてやれなかったんだもん」

出場辞退の会見があった日の夜、香田は、該当部員一〇名とその親を、自営業を営んでいる後援者の事務所に集めた。事件を起こした部員の家にマスコミが押しかけてくることを懸念しての配慮だった。

三年生たちは、出場辞退の発表を受けて色を失っていた。推薦で大学が決まっていた者は「下級生に申し訳ないので、入学を辞退したい」とうなだれ、ある者は「死にたい」と涙ぐんだ。そこで香田は声を荒らげた。

「バカ野郎！　出場辞退させた選手はおまえら、出場辞退させた監督は俺、これはもう一生背負ってかなきゃいけねえんだから。恥ずかしい目に遭えばいいし、誹《ひ》謗《ぼう》中傷《ちゅうしょう》されればいいんだよ。逃げんじゃねえよ！」

しかし、「逃げんじゃねえよ」と言いながら、香田は居心地の悪さを覚えた。

「やべえ、そういう俺が辞表出してると思って、すぐに教頭に電話した。すいません、辞表取り消してもらっていいですかって。俺も勢いで出しただけだったから、向こうも、すぐにわかったと」

事件を起こした三年生たちは落ち着いたところで、まずは一、二年生全員の前で土下座をして謝罪した。青地がそのときの様子を思い出す。

「監督に言われてたんだろうけど、一、二年生は、ぜんぜん気にしてませんって感じだった。（本間）篤史が、もう切り替えているので、気にしないで新しい道でがんばってくださいって言ってくれた。みんな笑顔だったけど、気持ち悪い笑顔。そんな中、田中だけ、しかめっ面だった。何してくれてんねんみたいな顔。それだけ彼はピュアなんですよ」

本間が「気持ち悪い笑顔」の心中を明かす。

「中には『三年生の顔なんか見たくない』って言うやつもいて。ぶっちゃけ、何してるんだよって感じじゃないですか。三年生のせいで出れなくなって。謝られた後も白けてましたね。監督が『おまえらからひと言あるか』って言われて将大の方見たら、何も言う気配がなかった。怒ってたんで。三年生の方を見てなかったですからね。ずっと上を向いたりしてて。やべぇ、俺が何か言わなきゃダメだなと思って。でないと、前に進まないじゃないですか」

それから約一週間、事件を起こした三年生たちは毎日学校に通った。そこで写経をし、反省文を書き、あるいは教師の特別講義に耳を傾けた。その中で香田はこんな話をした。

「いいか、おまえら保護観察処分だからな。今後、学校に顔出すのも申し訳ないとか、そんなこと言ったらぶっ飛ばすからな。逆だぞ。戻ってきたら、今こんな感じです、って顔を出せ。後から、苫小牧帰ってきたのに顔も出さなかったなんてわかったら、そんときこそ絶縁だからな」

このとき補導された選手たちが二〇歳を過ぎたとき、東京で、そのうちの数人と香田と一緒に飲んだことがある。そのときの香田のセリフが振るっていた。

「おい、おまえら、おかしいだろ。この前（タバコ）吸えるようになったばっかりなのに、その吸い方、やけに慣れてねぇか？」

香田は三年生が補導されたとき、なぜ怒らなかったのだろうとずっと考えていた。その意味が、ようやくわかった気がした。母の美智子は、香田が教師の道を選んだとき「なんで、おまえに先生ができるか！」と思ったと話していた。さすが、母親である。

香田は「先生」にはなれなかった。いや、ならなかったのだ。

幕間

奇妙な取材旅行だった。

「揺れてない?」

香田誉士史の目が、不安げに泳いでいた。

二〇〇六年九月二六日、早朝。香田と私は、函館港発の青森行きのフェリーに乗り込んだ。八時一〇分に発ち、一二時一〇分に青森県側へ着く予定だった。

前日の夕方、苫小牧を出て、まずは電車で函館まで移動した。函館で一泊し、そこからフェリーや電車を乗り継ぎ、夕方には東京駅に着けるはずだった。東京駅でいったん解散し、私は家へ帰り、香田はホテルに宿泊する。そして翌二七日、東京駅で再び合流し、新幹線で目的地の神戸空港に向かうというスケジュールだった。

私たちは、飛行機を利用すればものの二時間で着くところを、そうして三日間かけ、しかもいくつもの公共機関を乗り継いで移動しなければならなかった。

それは香田の「病」のせいだった。香田は、飛行機に乗れなかった。

苫小牧ならば、わざわざ函館まで行ってフェリーに乗らずとも、苫小牧発八戸行きのフェリーもあれば、吉田拓郎《よしだたくろう》の『落陽』の歌詞にある「苫小牧発・仙台行きフェリー」もある。

だが、苫小牧―八戸間でさえ、乗船時間が約七時間半と長いため、香田が嫌がった。

「長いと不安なんだよ。まだかなあって。夜も寝られないし、船内をフラフラしちゃうから」

飛行機も、長時間のフェリーもダメならば、電車で青函トンネルを通過するという方法がもっとも手っ取り早い。が、フェリー以上にトンネルは苦手なようだった。青函トンネルは全長五三・九キロもあり、北海道新幹線が開通していなかった当時は、通過するのに二五分前後かかった。

「乗ったことあんだよ。でも座席に座ってるのが嫌で、食堂車みたいなところへ行って、あと何分、あと何分って数えながら、光が、びゅん、びゅんって行って。それが終わって、外の光が見えたら、ああ、よかったあ……って」

ちなみに「光が、びゅん、びゅん」というのは、車窓から見えるトンネル内の蛍光灯の香田なりの描写である。過去を振り返るとき、香田はいつもそうして擬声語や擬態語を多用した。

香田は飛行機に乗れないだけでなく、気圧、揺れ、閉所と、あらゆる環境の変化に恐怖心を抱いていた。

消去法で最終的に、約四時間、洋上で耐えれば済む青函フェリーが残ったのだった。

それでも香田は、やはり平静ではいられなかった。

「このフェリー、最初の方、揺れるんだよ」

私はまったくと言っていいほど揺れを感じていなかった。が、香田の顔からは明らかに血の気が引いていた。

香田は、私が感知できないほどの小さな揺れにも、いちいち反応した。

苫小牧から函館まで特急列車「スーパー北斗」で移動しているときもそうだった。スーパー北斗は「振り子式特急」と呼ばれ、カーブで車体自体が傾く構造になっている。普通の列車よりもバランスを取りやすく、高速を維持したまま曲がることができる。ただし、体勢を立て直したときに揺り戻しがあった。

香田は大きく曲がるたびに、顔を引きつらせた。

「ほら、わからない？　揺れてるでしょう？」

わからなかった。傾いていることは確かだが、それが車体自体の傾きなのか、それとも線路の傾斜による傾きなのかは判別できなかった。

香田はそうして揺れを感知すると、むっつりと押し黙った。そうなると、とても話をできるような雰囲気ではなく、取材を中断せざるをえなかった。

かといって香田の意識が揺れに集中してしまうとどんどん表情が強ばっていくので、気分が紛れる程度に会話は続行しなければならなかった。

出発する前、副部長の笹嶋清治が、私に向かって「よろしくお願いします」と頭を下げたことの意味がようやくわかりつつあった。笹嶋は遠征のときは、こうしていつも香田のおともをしていたのだ。

青函フェリーではもう一つ、忘れられないシーンがある。

タクシーで函館港に向かう前、香田は函館駅構内に朝食を買いに走った。しばらくすると、両手に弁当が二つずつ入ったビニール袋を提げて戻ってきた。そして、その一つを私にくれた。ウニ弁当と唐揚げ弁当だった。

フェリーが出発して三〇分ほど経ち、揺れが収まると（私にはその違いがわからなかったのだが）、香田はさっそく弁当をほおばり始めた。

せっかくなので私も唐揚げ弁当をいただいた。食べている途中、ウニ弁当をザックのいちばん上にしまおうとすると、香田が妙なことを聞いてきた。

「食べないの？」

何を言わんとしているのか、さっぱりわからなかった。だが直後、香田がおもむろに二つ目のカツ弁当の包装を解こうとしているのを見て、信じがたいが、理解した。

（嘘だろ——）

私は昼のぶんの弁当まで買ってきてくれたのだとばかり思っていた。違った。香田は二つとも朝食用に買ってきたのだ。

香田が弁当をかき込むペースはまったく落ちなかった。しかも、一つ目もエビフライやコロッケのような揚げ物が詰まった弁当だったはずだ。香田の食べっぷりは、どこかグロテスクでさえあった。

　その光景を呆然と眺めつつ、スーパー北斗内で見たシーンの意味がようやくのみ込めた。香田は、ワゴン販売の売り子が通るたびに呼び止めた。

「なんか買う？」

　やはり私にも振る。断ると、ワゴンに積まれている食べ物をあれこれ物色し、スルメイカや貝柱の乾き物を買った。それを口にしながら「なんか食ってないと落ち着かないんだよ」とぼそりと言った。そのときは、よっぽどお腹《なか》が空いていたのだとばかり思っていた。だが、どんなに空腹でも、朝から脂っこい弁当を一気に二つもたいらげたりはしない。香田は、過食症にかかっていた。

　しかし、わからない。過食症に陥るだけなら、まだわかる。私も原稿の締め切りが迫り、順調に予定を消化できないときはストレス食いに走る傾向がある。でも、だからといって、思考回路がどこでどうなれば、他人まで朝から弁当を二個も食べると思うのだろう……。

○六年夏、甲子園が終わると、すぐに三つの出版社から決勝戦のことを本にできないかという依頼があった。
　私がこれまで駒大苫小牧に関する記事を何本か書いていたせいだ。だが、どう考えても無理だと思った。その場で「取材ができるような状況ではないので」と断るしかなかった。

私は今でも、携帯電話の液晶画面に〈香田（駒大苫小牧）〉の文字が浮かび上がると、体が硬くなる。苫小牧の街を歩いていても、駒大苫小牧周辺の道路を走っていても、条件反射のように香田に拒絶されていた当時の沈鬱な気持ちが蘇る。おそらくこの「心の染み」は一生消えない。それぐらい駒大苫小牧の取材をするときは、心に負荷がかかっていたし、実際に手痛い目にも遭ってきた。

しかし、閉幕のおよそ一週間後、私が『ヒーローズ』に書いた一本の記事がきっかけとなり、病床にある香田から電話をもらった。香田の心が開きかけている今なら、書籍化の可能性は少なくともゼロではないように思えた。

書籍化の話を最初にもちかけてきたのは、『ヒーローズ』の版元でもある朝日新聞出版だった。

私は電話で香田と話した直後、昂揚する気持ちを抑えつつ、連絡をくれた編集者に電話をし「できるかもしれません」と告げた。

数日後、朝五時台の京成津田沼《つだぬま》発、羽田空港行きのシャトルバスに乗り込んだ。朝靄が立ち込める中、首都高に乗った。太陽はすでに地平線の下にスタンバイしている。しばらくすると、東京湾上の濃いブルーを下から少しずつめくるように、オレンジシェイクのような乳白色混じりの橙色《だいだいいろ》が現れる。そして太陽が姿を見せると、あっという間に透明感のある水色に塗り替えられた。

劇的な空のショーを眺めながら、私は怖《お》じ気《け》づきそうな自分を鼓舞していた。

香田から連絡があった一週間ほど後、こちらから香田に連絡を入れ、ひとまず会いに行きたいとだけ伝えた。そして翌日、北海道へ飛ぶことになった。

（書籍化交渉がまとまらなかったら、経費は請求できないだろうな）

そう思い、少しでも安い便で行こうと、早朝の便を選んだ。

午後二時。約束通り、駒大苫小牧のトレセンと呼ばれている室内練習場を訪ねた。そこに指導者が使う小部屋があった。香田はそこに現れると、あいさつもそこそこに、相次ぐスキャンダルで精神を病んで飛行機に乗れなくなってしまったことなどを一気に話し始めた。

「今の俺だったら、飛行機の中で暴れるかもしれない。『降ろせー！』って。すごいんだよ。脂汗が出てきて。ワイシャツもびっちょりだから。それまでは出発する前に爆睡している感じだったんだけどね。でも今は飛行機でなんか、一睡もできない。気を紛らわせようと新聞とか読もうとするんだけど、目が落ち着かないから、一、二行でダメになっちゃう」

さまざまな検査をしたが、これという原因は見つからなかったようだ。

「真っ黒に塗りつぶされたゴーグルみたいのをかけて、耳の中に水をいれて、三半規管の異常を試したりすんのよ。水の温度を変えながら。それが痛くて。こういう理由もあるんじゃないかっていろいろ検査したけど、結局は、自律神経失調症というか、なんだかんだあってそういう方向に恐怖心が出ちゃうんじゃないかという話だった」

胃腸薬が手放せないなど、体調を崩しているらしいことは知っていたが、そこまでとは知らなかった。

室内練習場で夕方まで練習を見学した後、我々は、香田の車で繁華街の居酒屋へ場所を移した。そこの個室で香田、妻のひとみ、息子と一緒に食事をした。

私はその間中、どのタイミングで書籍の話を切り出すべきか、ずっと様子をうかがっていた。だが、そろそろお開きになるという段になり、時間にせっつかれるようにしてようやく切り出すことができた。

「大変虫のいい話で申し訳ないのですが……」

出だしのセリフだけは決めていた。今度は協力すると言われ、そのわずか一週間後に頼み事をするというのも、やや図々《ずうずう》しい話のように思えたのだ。

勘の鋭い香田は、ほんのさわりを話しただけで、すべての事情を理解した。

「いいよ。協力するって言ったじゃない」

二つ返事だった。その時点から約二ヶ月で製本まで持っていくという無理のあるスケジュールだったが、香田はそれも了承してくれた。

別れ際、タクシーに乗り込みながら、そこで改めて礼を言うと、香田はさっと右手を差し出した。

「よろしく」

生きている人間を追いかけ、そしていいことも悪いことも含めて記事化するという作業はなかなか大変だが、それでも長いことやっていれば、いくつか忘れがたい瞬間があるものだ。このときの握手も、その一つだ。


それから何度か苫小牧に通い、まずは選手たちに話を聞いた。駒大苫小牧は九月三〇日から始まる兵庫国体に出場することになっていたので、いちばん時間がかかりそうな香田には、苫小牧から兵庫までの道中で話を聞くことにした。

苫小牧を発ってからおよそ四〇時間後、神戸空港に到着すると、飛行機で先着していた選手たちはすでにバスの中で香田を待っていた。

そこでひとまず三日間にわたった香田との取材旅行は終わった。

かといって移動中、ひたすらMDレコーダーを回していたというわけでもない。精神的に不安定な時間帯もあったため、回すタイミングをはかりながら「いいですか？」と言って取材を再スタートしては止める作業を繰り返していた。

そのときの取材は、共著で『早実vs.駒大苫小牧』（朝日新書）という一冊にまとめた。この後に続く第五章は、その本の駒大苫小牧サイドの部分を大幅に加筆修正したものである。

じつはその後、同じような取材旅行をもう一度、経験した。

香田は〇八年三月に駒大苫小牧を辞め、五月から神奈川県にある鶴見大の事務職員になった。肉体的にも、精神的にも、駒大苫小牧に居続けることは、もはや限界だった。

鶴見大に移った年の一一月だった。講演で帯広柏葉《はくよう》高校に行くことを知り、日程的にも都合がつきそうだったので、道中、話をしながらまた一緒に旅をしましょうと提案したのだ。

行きは、一五年八月に廃止となった寝台特急「北斗星」に乗った。人生初の、演歌『津軽海峡・冬景色』の歌詞にある「上野発の夜行列車」だった。一九時三分に上野を発つと、翌日一一時一五分に札幌に到着する。

香田は駒大苫小牧を辞めたあとも、そうして講演などでちょくちょく北海道へ行っているようだった。その頃の香田のお気に入りは、このブルートレインだった。寝ていれば、電車の揺れも、トンネルも気にせずに済む。

ただし、寝ていれば、である。目が醒《さ》めているとき個室に一人きりでこもっているのはやはりしんどいようで、出発してから二時間ぐらいは食堂車で過ごした。食堂車が閉まった後も香田の個室で、閉塞感を少しでも軽減するために入り口の扉を開けたまま、しばらく話をした。

復路は、日程的な問題もあり、函館から青森まで「スーパー白鳥」を利用した。鬼門の青函トンネルである。

私は初めての経験だったので、少々興奮しながら、トンネルに入るたびに「これですか？」と尋ねた。青函トンネルに入るまでに短いトンネルがいくつもあり、紛らわしいのだ。

そのたびに香田は「違う」と繰り返していたが、いくつか目のトンネルに入るときに「これだよ」と不安げにつぶやいた。

なぜわかったのかと聞くと、言った。

「青函トンネルに入るときだけ、笛が長いんだよ」

トンネルに入るたびに警笛が鳴るのだが、青函トンネルに入るときは、その警笛がひときわ長いのだ。

病ゆえ、鉄道マニアでもないのに、普通の人が一生知らないようなことまで気づいてしまう。スーパー北斗が、「振り子式特急」であるということもそうだった。そんな香田がたまらなく愛《いと》おしく思えた。

トンネルに入ると、香田は押し黙り、爪をかじり始めた。目も細くなっている。精神的に危ういときのサインだ。

そして――。

「出た！」

トンネルを抜けて、光に包まれた瞬間、香田は子どものように無邪気な笑顔を見せた。

香田と付き合い始めてからずいぶんと長くなるが、あんなに嬉しそうな香田を見たのは、後にも先にもあのときだけだ。

第五章　田中将大（二〇〇六年）

選抜辞退が決まった後、部員には心を整理するためにと一週間の休暇が与えられた。しかし休みが明けてもグラウンドに出てこない選手がいるなど、まったく練習の体を成していなかった。

本間篤史も投げやりになっていた。

「ほんと、もうダメなんじゃないかなってところまで行きましたよ。みんな、ひどかったです。ふざけて、へらへら笑ってばっかりでしたから。『まだやりたくない』って言うやつもいれば、『もう辞めるわ』って言うやつもいて。バラバラでしたね」

監督を辞任し、校舎の窓から観察していた香田も言葉を失っていた。

「ここまで落ちるかなというほどひどかったね。雪で遊んでたり。わざと、だらだらやってるんじゃないかって思ったぐらい」

香田と部長が野球部を退いたあとは、コーチの茂木雄介が監督代行となり、二〇〇一年から甲子園に出場した際の応援団の責任者をしていた笹嶋清治が部長代行に就任した。

笹嶋は白黒をはっきりとさせるタイプでいながら、五〇歳と人生経験も積んでいたため人当たりがいい。そのときの野球部は体面をいかに保つか難しい時期だっただけに、笹嶋のような人物はまさに打ってつけだった。

香田がエキサイトし、暴挙に出ようとしたときも、止めるのは笹嶋の役割だった。

「いつだったかな、南北海道大会に行くときですよ。バスに乗るときに、何かあって、選手をぶん殴ろうとしてるから、もう私も怒ったんですよ。やめろ！　って。ダメだ！　って。それで『黙ってろ！』って言い返されて。まあ、そこで普通の人は、年上に向かって……って、カッカするんでしょうけど、私は、来た来た、と思うぐらいで。普通に流してましたね」

笹嶋は野球に関しては素人だったため、グラウンド内のことにはまったく手を出さず、渉外や事務仕事に徹した。

笹嶋が香田に対して寛容に振る舞えたのは、香田野球に誰より心酔していたからかもしれない。〇四年に初優勝した後は毎晩、甲子園における五試合のいずれかのビデオを鑑賞した。もちろん、もっともたくさん観たのは決勝だった。

「何十回……いや、一〇〇回近く観てるかもしれませんね。もう全部のシーンが頭に入ってますから。佐々木孝介のサードのファウルフライを済美の三塁手が追いかけて行って、捕って、戻るときにちょっと躓《つまず》くシーンがあるんですけど、そのときも『あ、躓くぞ』とか」

また〇四年以降、笹嶋は甲子園での試合映像を編集してダイジェスト版のDVDをつくり、関係者に配付した。〇四年のダイジェスト版のバックには、その年のアテネ五輪のNHKのテーマ曲だったゆずの『栄光の架橋』が流れている。最後、ショートの佐々木孝介がボールを捕球したところで曲のサビの部分がかぶるようなつくりになっており、見ているると気分が昂揚してくる。そのため〇五年以降は、宿舎から甲子園まで移動するバスの中で、前年のダイジェスト版を鑑賞していくことが恒例になった。

活動は再開したものの、あまりの体たらくぶりに、選手間でもさすがに危機感が募った。数日後、本間らの発案で、緊急ミーティングが開かれた。もう一人の副キャプテン・三木悠也とマネージャーの菊地浄元《しんげん》の部屋にチームの中心メンバーが一〇人ほど集まり、これからのことを話し合った。照明は小玉だけにし、遊びで買った小さなミラーボールを回していた。尖った面を持つ三木は完全にヘソを曲げていた。

「狭いんでぎゅうぎゅうでしたね。そのとき、(捕手の小林)秀に、おまえが変わってくれればチームも変わるって言われたんですけど、俺は無理って言ったんです。もうぜんぜんやる気なかったんで……。後になって新聞とかに、不祥事のとき、自分や本間が田中を支えたみたいなことが書いてありましたけど、あれは嘘です。本間は本当に将大を助けてましたけど」

野球部を退いた香田は、それからしばらく全国の駒大の先輩が指導しているチームなどを渡り歩き、修業のつもりで「球拾いからやらせてください」と選手にも頭を下げ、練習に参加させてもらった。

社会人チームのJFE西日本の監督であり、駒大の先輩でもある村上文敏《ふみとし》も、香田を迎え入れたうちの一人だ。村上は、いかにも社会人チームの監督らしい、常識と節度をわきまえた人物だった。

「うちに泊まっていったんですよ。ただ、あの時期の香田はやっぱり病気でしたね。気持ちに余裕があるときは普通なんだけど、電話が鳴って、記者だったりすると顔つきがパッと変わるんですよ。自分に何かしようとしてるんじゃないかと思っちゃうんでしょうね」

村上は指導者として自分にないものを持っている香田を評価し、だからこそ心配してもいた。

「一つのことにあれだけ頭から突っ込んでいけるって、すごいよね。ゼロか百かだから。純粋っちゃ純粋。だから不純物が許せない。あのときも、世の中にはグレーがないと生きていけないんだぞって言ったら、わかってるんです、でもダメなんですと。そういう人間だから魅力があるんだけどね」

四月三日に謹慎が解けた香田は、顧問として部に戻った。しかし、それですぐに状況が改善するほど簡単ではなかった。捕手の小林が思い出す。

「監督が戻ってきたばかりのとき、異常に厳しくて。練習中にどんぶり飯を食べるんですけど、食べる前と後にいちいち報告に来いとか。そこまで信用されてないのかって。みんな今日は練習ボイコットするべみたいなことはいつも言ってましたね。実際にはやりませんでしたけど」

四月になり、新部長の打田《うちだ》圭司がやって来た。香田より一つ年上の打田は、もともと北海道浦河高校の監督で、当時は、駒大苫小牧とよく練習試合をしていた。その後、実家のある三重県の鈴鹿高校に移っていたが、茶木が退いたため香田の「ノックが打てる部長が欲しい」という要望で、招へいされたのだった。

部長代行を務めていた笹嶋は、副部長として野球部に残り、広報的な役割を果たすことになった。笹嶋は、その頃の状況をこう回想する。

「確かにあの頃の監督（当時は顧問）は僕もどうかなと思ってた。でも、元に戻すまでは厳しくしなければいけないっていうのがあったんだろうね。毎日、ピリピリしてた。それで、さらに選手との間に溝ができてしまった」

五月一日、香田は紆余曲折《うよきょくせつ》を経て、監督に復帰した。三月に臨時で開かれた甲子園出場後援会で保護者に「なんで選手たちを見捨てるのか。早く復帰して欲しい」と懇願され、香田は「早く辞めなさい、早く復帰しなさい、って僕はおもちゃじゃないんです！」と訴えた。しかし最終的には「今いる選手にとってはこれがベストなんだ」と言い聞かせ、復帰を決意したのだ。

にもかかわらず、一部の選手たちが発する空気の中には、刺々しさが感じられた。

小林が複雑な感情を吐露する。

「ミーティングのときに『今日から監督に戻るから』みたいなことを言ったんですけど、誰も反応しなかった。僕はそんなことなかったですけど、中には『戻ってくんなよ』みたいな空気もあったんじゃないですか」

香田の求心力が低下する中、危惧していた事件が起きた。二年生のときからレギュラーで、秋は「三番・ライト」だった主軸の鷲谷修也《わしやなおや》が、香田に「もうついていけない」と退部をほのめかしたのだ。

　鷲谷は自分で考える力を持っているぶんプライドが高い。それだけに香田のやり方に納得がいかなかったようだ。

「野球をやりたくなくなってしまったので、監督には、考える時間が欲しいと伝えました。その頃、ちょうど結果が出てなかったこともあって、監督にいろいろ言われてたんですけど、素直に聞けないところもあって……」

　しかし実際、二人の話し合いはもっと殺伐とした雰囲気だったようだ。本間が証言する。

「鷲谷はお金の話までしたらしい。特待だったので、野球部をやめたら、入学金とか授業料は払わないといけないんですかって。そこまで言ったらしいですよ」

　それだけに香田は「ショックなんてもんじゃなかったよ」と語る。

「何で俺がついていけませんなんて言われなきゃいけないんだって。おまえらのために駆けずり回って、上からはボロクソに言われ、その上、おまえらからも責められて。校長の捨て台詞で、信頼が崩れてしまった。この頃、三木が『大人は信用できねえ』って言ったことがあるんだけど、俺もその大人の中に入ってた。そういう連中と、うまくいくわけがない。でも、あいつらに事の経緯を全部伝えるわけにもいかないじゃない」

　だが、香田はこのピンチも最終的には乗り切る。部長の暴力行為が発覚したときもそうだったが、香田は不祥事の後遺症に悩む中でも必ず結果を出した。そして、崩壊しかけていたチームをすんでの所で束ねた。空中分解寸前のチームがようやく一つの方向を向き始めたのは、六月初旬、春の全道大会で優勝してからのことだった。

ただ、香田にとって春の大会は夏に向けての準備以外の何物でもない。強化練習の時期でもあり、毎年、朝練をしてから試合会場に駆けつける。そして、試合前も腹筋三〇回×一〇セットなどの激しいトレーニングをこなしてから本番に臨んだ。

ミズノの渡辺が言う。

「強化練習の時期は、選手たちも、今日は試合があってラッキーだなっていう感じでしたね。試合の方が休めますから」

香田は春は優勝してもニコリともしない。いつものように、ひと言だけ言った。

「学校、戻るぞ」

ここ一番での勝負強さは、土俵際に追い込まれ勝ちをことさら意識したというよりも、戦う集団のリーダーとしての本能だろう。

白樺学園の監督である戸出直樹は、全道大会の初戦で駒大苫小牧とぶつかった。そのときの香田の不思議な言動を覚えている。対戦当日、札幌の天候は、明け方から曇り空で、小雨がぱらついていた。すると戸出の携帯に香田からの着信が入った。対戦校の監督同士が当日の朝、電話で会話を交わすということだけでも相当珍しい。

香田は「今日、試合できんのかな……」と心配げに話し、こう続けたのだという。

「俺、ちょっと体調悪いから、点滴打ってから球場行くわ。シートノックのとき、たぶん、俺いないから」

　実際、シートノックはコーチの茂木が打っていた。香田がわざわざそれを伝えた意図は不明だが、カチンときた戸出は選手にこう活を入れた。

「おめぇら、なめられてんぞ！」

　白樺の先発投手は、前年春の全道、練習試合で駒大苫小牧に連勝したときに好投した右上手投げの中川祐輔だった。三年生になって最高球速も一四二キロまで伸び、さらに力強さを増していた。

　一方、駒大苫小牧の先発は田中ではなく、二年生の対馬《つしま》直樹だった。田中を打ち崩すつもりでいた戸出は、肩すかしを食らう恰好となった。

「うちが万全の布陣でワーッと行ってるのに、なんか向こうは引いてるんですよ。ガンガンこないで、一塁前のプッシュバントとか、ちょこちょこっとやってきて。そうやって点を取られているうちに、最後は長打、長打でやられて……。駒大苫小牧にあんなに大差で負けたのは初めてでしたね」

　白樺は結局、１－11で五回コールド負けを喫した。

「香田さん、わざとあんなこと言ったんじゃないですかね。そうすれば、戸出が切れて、こうなるって予測して。後々考えると、ムキにさせるための電話だったんじゃないかなって思えてきましたね。もう自分の性格は読まれてるなって」

香田にその話をすると、案の定、まったく覚えていなかった。にもかかわらず、敵にそこまで考えさせてしまうのである。

一時は退部しかけた鷲谷も、春の全道で優勝してからは、完全に気持ちを切り替えていた。

「みんなで、これで夏、甲子園に出られたら本になるよなって。そういう風にプラスに考えてやってました。こんな高校生いないだろって。激動の三年間ですからね」

夏の大会を迎えるにあたって、香田の中には一つ、懸念があった。全国の注目の的となっていた田中のことだ。

マウンド上の荒々しさ、顔つきから、田中はやんちゃ坊主に見られがちだが、私生活では優等生そのものだった。香田が話す。

「授業中にふざけていたとか、寝てるとか、見たことも、聞いたこともなかった。気持ちがぶれることもないし、病気になることもない。大阪に帰りたいとか、そういうのもなかった。手がかかったこと、ゼロだったね」

集団競技において、スーパースターの存在は薬にもなれば毒にもなりうる。多感な高校生の場合は、なおさらだ。

私が見た中で後者の代表例は、駒大苫小牧が初優勝した年、〇四年夏の断トツの優勝候補だった東北高校だろう。ダルビッシュ有が三年生だったときだ。

ダルビッシュの高校野球特有の無意味な統制を嫌う合理的な感性と、あまりに傑出した能力が、チーム内で反ダルビッシュ派を生み、そのため個と個が削り合ってしまい、チームとして力を出し切れなかった。

この年代の駒大苫小牧は、二言目には「田中がいたから」と言われた。しかしスター選手は諸刃《もろは》の剣《つるぎ》である。

香田の目は、顕微鏡のように微細なものまでとらえる。香田の中では、春先から田中に対し「何かが違うんだよな」という不満が燻っていた。

「去年、まだ田中のことを誰も知らなかった頃は向かっていく姿がもろに見えていた。このやろう、このやろうって。躍動感があった。それで連覇して、一五〇キロも出して、一躍脚光を浴びた。それから、違うんだよな〜というのが、ぱっ、ぱって、表に出るようになってきたんだよね」

田中は決してチームの輪を乱すタイプではない。選手間での評判も「自分が特別だっていう態度は絶対にとらない」（マネージャーの菊地浄元）といった見方でほぼ一致している。でも、香田の目にはちょっとしたところが引っ掛かった。

「話の聞き方とかでも、他の選手はぎゅーっとこっちを見ているのに、田中だけ横を見たり、下を見たり。そんなにひどくはないんだけど時折、そういうのがある。あとは、ここまでダッシュだって言ってるのに、ほんのちょっと手前で力を抜いてみたり」

だから、「あいつの長所である勝ち気なところは消してはいけない」と慎重になる一方で、ガツンと言うタイミングを常に計ってもいた。

夏の大会に入る直前のこと――。きっかけは、じつに些細なことだった。土砂降りだったその日、トレセンに向かおうとする香田の目に信じられない光景が飛び込んできた。一〇〇メートルほど離れたグラウンドの倉庫から、一年生が慣れない手つきでピッチングマシンをよろよろと押してきているのだ。しかもマシンの上には申し訳程度にビニール製のゴミ袋が一枚載せてあるだけ。

香田の血圧が一気に上昇した。

「どういう神経してんだ！　ブルーシートがあんだろうが！　早く持ってこい！」

そして、怒りの矛先はトレセンにいた三年生にも向かう。

「三年生も手伝ってやれ！」

そうこう言っている間にもマシンには容赦なく雨が叩き付けられる。香田は自分と同じ度合いの焦りを見せない三年生に苛立った。

「三年生が、じわ～って動くわけ。その中に田中もいて、靴を履き替えるところとかも見てたんだけど、俺の感覚では、どこか動きがぼわ～んとしてるの。もっと、だぁーっと行って欲しかった。それで『おい、待て！』ってなったんだよね」

香田は田中を室内練習場の管理人室に呼び入れると、怒髪天を衝く勢いで怒鳴りつけた。

「田中は、えっ!?　みたいな顔してたから、聞き流してんじゃねえよ！　って。何様だと思ってんだ！　と。最後の方は、進路もおまえだけで勝手にやれってとこまで発展した。田中だけが……ってことではなかったんだけどね。怠慢だとか、そんなレベルでもなかったんだけど、いよいよ最後の夏ってときだったし、田中が周りの『田中、田中』っていう流れに変に乗せられたら嫌だなってのはずっとあったから。で、そういう感じを抑えるタイミングをずっと見てて、たまたまマシンの件がその材料になった」

このときのことを田中に尋ねると「なんか……よくわかんないっス」と、あからさまに戸惑いの色を浮かべた。

香田は他の選手が「何であんなに怒ったのかわからない。あれは監督がおかしい」と話すほど絞り上げた。しかし、そうして他の選手が田中に同情することで、田中はより一層チームと同化する。

治療というよりは予防だった。それも過剰と思えるほどの。香田はそれほどまでに田中の存在がチームの中から歪《いびつ》な形で突出してしまうことに神経過敏になっていた。

○六年夏、私は南北海道大会の準決勝から、駒大苫小牧の取材を開始した。

北海道へ向かう日、七月二二日の東京のスポーツ紙の一面は、日本ハムのＳＨＩＮＪＯの記事が独占していた。四月に引退を表明していたせいだ。

本拠地を移転して三年目となる日本ハムは、地域球団として徐々に北海道に根付きつつあった。ところが北海道に到着すると、北海道紙の一面はすべて駒大苫小牧だった。

南大会の準々決勝を突破した記事だった。どの地域でも高校野球の準々決勝の記事が新聞の一面を独占するなどということは通常では考えられない。駒苫フィーバーに沸いていた頃、北海道のローカル放送では、年末年始に五日間連続で甲子園で優勝するまでの駒大苫小牧の全試合を再放送していたこともあったが、そんな話も聞いたことがなかった。香田は嘆息する。

「北海道はすごいから……。過剰でしょう？　戸惑うというか、怖くなる」

日刊スポーツの本郷昌幸はこう釈明した。

「北海道の報道は、たぶん他の地域とは違うんでしょうね。たかが高校野球なのに、なんで地方大会で勝ったぐらいでこんなに大騒ぎするんだって。でも、販売部の人間に聞いたら、やっぱり駒大苫小牧の方が売れるって言ってましたね。だから駒大苫小牧を一面に持ってこれるネタがあるときは、何よりもそっちを優先しなければならなかった」

どこかのスポーツ紙の北海道版で、ある記者が、北海道民は「強いものへの憧れが強く、あきっぽい」と分析していたエッセイを読んだことがある。駒大苫小牧への入れ込みようを見ていると、その意味がよくわかった。あきっぽい人ほど、一時的ゆえ、何かに傾倒したときの度合いは深く、しかしその土壌は脆《もろ》いものだ。その軽薄さが、まだ若い香田には我慢ならなかった。

いつの時代も記事は、少なからず読者の嗜好《しこう》や習性を反映しているものだ。つまりは、私も含め、それを書く記者も上っ調子で移ろいやすくなる。だから、香田も反発した。

報知新聞の中尾は、こう残念がる。

「普通、甲子園とか都市対抗で地方のチームが優勝なんかすると、勝ち進むごとに一体感が出てきて、担当記者と監督やコーチは一生の付き合いになる。毎年、監督を囲む会をやったりしてね。でも駒大苫小牧に関しては一切、なかった。むしろ年々、関係が悪くなっていきましたからね」

　取材は相変わらず、公式戦後のみに限られた。学校サイドがごく希に取材日として設定した日以外、報道関係者は学校内への立ち入りも禁じられていた。高校の取材で、ここまで厳しい取材規制が布《し》かれることは滅多にない。

　南大会の取材中も、両者の冷戦状態を示すこんなシーンに出くわした。一人の記者が何気なく購読している新聞の種類を問うと、香田は「スポーツ紙は取ってません」ときっぱり。居合わせたスポーツ新聞の記者が作り笑いを浮かべ、「すいません……」と返す。気まずい空気が流れた。香田は、てっきりその場を取り繕うかと思いきや、こう言って追い討ちをかけた。

「それは個人の自由じゃないですか。責めないでくださいよ」

　春先から少しずつフォームを崩していた田中はこの夏、最後までその修正に苦しむことになる。田中のボールは、二年秋の絶好調期とは、ほど遠い内容だった。香田が解説する。

「三年生になったら、俺のスライダーはかすらせてはいけない、みたいに過剰に意識するようになった。練習試合でも、田中からセンター前打っただけで、相手チームはお祭り騒ぎになるからね。それで田中もイライラして、もっと速い球を投げようって思えば思うほど、体が開いちゃって。結果的にストレートも打たれるし、スライダーも見切られるようになってしまった」

田中本人も似たような話をした。

「速い球を投げよう、スライダーをもっと曲げようという欲が悪い方に出てしまった。春先はそんなでもなかったんですけど、夏は完全に体が開いてましたね」

いつも隣で投球練習していた三年生の岡田雅寛は田中の変貌ぶりに驚いていた。

「フォームってこんなに変わるものなのかというぐらい変わってしまいましたからね。去年の将大は腕が地面に擦れるんじゃないかってぐらい前に体重がグッて乗っていってた。でもこの夏は、一塁方向に体が流れてましたね」

それでも田中は、難攻不落だった。準々決勝で0－7の八回コールド負けを喫した北海道栄の監督・渡邊伸一は明かす。

「キャッチャーの子の癖で、田中の球種はだいたいわかったんです」

捕手の小林はスライダーがくるとき、ワンバウンドしても対応できるよう通常より構えが低く、足は開き気味になった。でも——と渡邊は続ける。

「わかるからって打てるかっていうと、そういう問題でもない……」

この夏、南大会の最大の山は、続く準決勝の北照戦だった。

北海道内における田中の最大のライバル。それは、田中と同じように関西から「野球留学」していた北照のエース植村祐介（元日本ハム）だった。植村もチーム内では投打の中心だった。

「三年のときの田中は、真っ直ぐも落ちていたので、これはチャンスだなと思っていた」

だが、北照打線は田中を捉え切れない。

「真っ直ぐは走ってなくても、変化球が多彩なんです。スライダー、フォーク、カーブと。その変化球が、勝負どころになればなるほど、いいところに決まる。悪いなりに『収まってる』という感じの投球だった」

五回裏に1点を先制した駒大苫小牧は、八回裏に2点を追加し、3－0で最終回を迎える。先頭打者は、四番の植村。初球はスライダーだった。

「あそこで田中のすごさを実感しましたね。普通、追加点を取って最終回ですから、イケイケになるところ。でも、田中はああいう投球ができる。あれだけの真っ直ぐを持っていながら、なかなかできないですよ」

結局、植村はこの打席で四球を選んだが、後続が続かず零封されてしまった。田中は、5安打を許しながらも要所を締め、最後までホームベースを踏ませなかった。

それに対し、植村は駒大苫小牧打線に1安打しか許さなかったが、四球や味方のミスが重なり3失点。植村はこう完敗を認めた。

「僕は真っ直ぐで相手をいかにねじ伏せるかしか考えてなかった。その点、田中の方がはるかに大人だった。そこが二年の田中と、三年の田中の違いでしたね」

　三年時の田中は、二年時のときのような迫力がなくなったと言われた。だが、田中を田中たらしめていたのは、負けない投手であるということだ。

　香田にとっては、ある意味、会心のゲームだった。

「電光掲示板見て、5安打と1安打だったから、あれ？　間違えてんじゃないの？　って。フォアボールを6個も選んでいるので、もっと打ってる感覚があった。1安打で勝ったことなんて、ないんじゃないかな。やってきたことがあれほど出たゲームはない。ぼこぼこ打つ野球を追求しているわけではないので。エラーも向こうが3つで、こっちはゼロ。しぶいゲームだよね」

　試合後、ゲームとは別のところで、ひと悶着《もんちゃく》あった。ある新聞社の記者が、優勝することを前提に、特別編集された雑誌の緊急出版を許可してほしいと願い出てきたのだ。想像するに、甲子園が始まる前に書店に並べるためには、翌日の決勝が終わり次第その日の結果を書き足し、すぐに印刷所に回さなければならなかったのだろう。しかも優勝後、ドタバタしている中では、そうした話もしにくい。しかし、香田はそうした「大人の都合」をもっとも嫌う。そんな仮定の話を了承できるはずがなかった。

「そりゃ、やめてくれって激怒したよ。まだ決まってもないのに。あんたたち、何言っちゃってんのって話じゃない」

決勝は実力差を考えれば駒大苫小牧が負けることはないだろうと言われていた。しかし勝負事は何が起こるかわからない。勝つことを前提に話をすること自体、香田にとってナンセンス極まりないことだった。

「こういうことをしたら絶対勝ちから見離されるよってこと、あるじゃない。絶対勝てるって言われてて負けるのって、九割方、気持ちだからね」

結局、この交渉は決裂した。

翌日の札幌光星高校との決勝は11－1と予想通りの大差となった。田中は9安打されながらも16三振を奪い、貫禄を見せつけての完投。駒大苫小牧は、南大会四連覇を飾った。

香田はまずはホッと胸をなで下ろした。

「ここを越えたときは、去年もそうだったけど、すご〜く楽な気持ちになった。三連覇、三連覇って、目や耳から入ってきたけど、そんなのは無理にきまってるじゃんって感覚だった。そんなこと考えてたら、北海道で足をすくわれるよ。特に今年は、選抜を辞退して、選手も甲子園に行けたはずなのに……という思いがずっとあった。その気持ちを救うのは、言葉でもお金でもない、甲子園しかなかった。今まで以上にきついところもあって、ちょっと体調に出ちゃったけどね」

準々決勝以降は毎朝、起きると体の節々が痛み、寝汗をびっしょりかいていた。しかし、高熱だとわかると余計に応えるので、体温は測らずに球場へ出かけた。試合中はガスター10という胃腸薬と、ブスコパンという鎮痛剤の二種類の薬を飲みながら戦っていた。それでもベンチの中でたびたび腹部に激痛が走った。額に脂汗が浮き、何度かうずくまりかけた。

「選手には見破られたくないからね。とにかく、ベンチにだけは座らないようにしてたんだよ」

香田が最後に負けたのは、前年春の全道大会の白樺学園まで遡る。香田は二度の不祥事で、致命傷となりかねないダメージを負いながらも、その間、一度も負けなかった。この頃の香田は、自分が傷を負えば負うほど逆に勝利への執着心が増していくような、手負いの野生動物を思わせる凄みがあった。

札幌光星から挙げた勝ち星で、公式戦の連勝記録は四四にまで伸びた。

本戦に備え、駒大苫小牧は八月一日に大阪入りした。

この年の北北海道代表は道内の好敵手・白樺学園だった。開幕前日、視察に訪れていた北海道高校野球連盟の関係者が、香田、戸出の両監督の激励会を催してくれた。若い二人にとっては嬉しい反面、年配者と話を合わせなければならないので少なからず煩わしい面もあった。特に白樺学園の初戦は開幕日の第一試合に当たっていただけに、戸出は会の途中からそわそわしていた。

すると九時頃、香田がフラつきながら「ちょっと酔っ払っちゃったんで、お先に失礼します！」と、戸出も一緒に会場の外に連れ出した。表に出ると、香田はさっきまでの狂態が嘘のようにしゃきっとしていた。そして宿舎に戻るタクシーの中でしれっと言った。

「おまえ、早く帰った方がいいよ。こうしないと、帰れないからよ」

戸出も香田の演技力にまんまと騙《だま》されていた。

「香田さん、僕のことを人に紹介するとき『ぺこぺこしてますけど、考えてることとぜんぜん違いますから。こいつ、世渡り上手ですよ』とか言うんですよ。香田さんの方が二枚も三枚も上手なのに。まいっちゃいますよ」

香田は勝てる監督の条件を、こんな風に話す。

「研究熱心な人じゃないとダメなんだけど、そういう人って、真面目な人が多いんだよ。誰かを崇拝していると、その人のやり方ばっかり真似しちゃったり。それじゃあ、その人を越えられない。采配も真っ直ぐなまんまじゃダメだしね。勝負事は、どっかに遊びの部分が必要。ちょっと変態ぐらいでいい。でないと、選手が息苦しくなっちゃう」

香田が人格者然としていないぶん、駒大苫小牧は監督と選手の距離が近いように感じられた。本間が呆れたように言う。

「酔ってるときは、だいたいわかりますよ。もう、いろんな先輩から言われてきてるんで。『甲子園行ったら、監督、毎日飲みに行ってるよ』みたいな」

さすがに毎日ではなかったものの、そうして香田が意図的に隙を見せることで、選手の本音が見えることもあった。駒大苫小牧が土壇場で勝負強いのは、香田のこのしたたかさ、あるいは図太さに起因してもいた。

駒大苫小牧は、一〇日に初戦を控えていた。相手は山口の南陽工業高校だった。強運にも大会五日目第三試合と、三年連続で二回戦登場のクジを引いた。

しかし、大阪入り直後から、田中がウイルス性胃腸炎にかかり、発熱と下痢の症状に悩まされていた。田中は八日から無理を押して練習を再開したが、練習中も一時間に一回はトイレに駆け込む有り様で、「食べてもすぐ出ちゃう」状態が続いた。

九日の晩にはほぼ回復していたが、翌日の初戦、田中は病み上がりの体にムチ打ちながら投げなければならなかった。しかも第三試合という、暑さがもっとも厳しい時間帯でもあった。

「二回ぐらいから異常に汗が出てきて……。相当やばかったです。今まであんなに汗かいたことないですからね」

ベンチで常に田中の横に座っていた二年生の控え投手の対馬は「こんなにしんどいっけ……」という田中のつぶやきを記憶している。右脇腹を疲労骨折していた対馬は大会期間中、田中の世話係を任された。試合中は熱中症対策としてベンチ内で田中の首の後ろにアイスパックを当ててやっていた。また田中は「皮がむけやすくなる」と利き手の右手をしめらせることを嫌ったため、左腕の汗は対馬が拭いた。

南陽工業戦の田中は終始、気だるそうな表情をしていた。それでいて自己ベストにあと二キロに迫るMAX一四八キロをマークし、三振も14個奪った。ただ、その一方で6四死球も与え、9回を投げ切るのにこの夏最多となる一六五球も費やしている。調子が悪いことを押し隠そうと能力に物を言わせて力任せに投げているだけ。そんな風にも映った。

ベンチ内の控え選手やスタッフにも覇気が感じられなかった。香田の横でスコアブックを付けていたマネージャーの菊地浄元は「勝って当たり前という雰囲気だった」と振り返った。

うちのチームらしくないと苛立っていた香田は試合中、打田に「水なんていいから、部長も声出してよ！」と強い口調で当たってしまった。

ベンチ内の部長の仕事の一つに飲料水の準備があった。大会本部から「脱水症状にならないように十分注意して欲しい」と言われており、ベンチの奥にはスポーツドリンクと水が入った二つの給水タンクが用意されていた。中味は吸収しやすいよう十分冷やされており、三回ごと係員によって入れ替えられる。守備を終え戻ってくる選手に、それを毎回飲ませなければならなかった。打田はこぼす。

「毎回九人分、準備しなきゃいけなかったからね。1アウトを取ったあたりでコップに入れ始めないと間に合わないんだよ。だから試合も正直、ほとんど観ていなかった」

駒大苫小牧は結局、田中が完投し、苦しみながらも5－3で勝利を収めた。ところが試合後の取材は、勝者のそれとはほど遠い雰囲気だった。香田はこう口を尖らせる。

「田中君は本来の調子じゃないんじゃないですか？　とか、そんなことばっかり聞かれて。そりゃそうだけど、内容がどうあれ、甲子園で一つ勝つってことは、すごいことでもあるからね。メディアも勝つことが当たり前みたいな感じで言ってくるから、ふざけんなよ、みたいなのもあったね」

ただ、香田も田中のマウンド上での素振りは気になった。

「態度が悪いとかじゃないんだけどね。俺が思っている感じとは、ちょっと違うんだよなっていうのが瞬間、瞬間に見えた」

試合の翌日の晩、香田は田中のシングルルームを訪ねた。すると医師の鈴木克憲《かつのり》の指示のもと、田中は脱水症状予防の「アミノフリード」という高濃度のアミノ酸液一〇〇〇ミリリットルの点滴を打っている最中だった。鈴木は苫小牧駅から徒歩八分の距離にある王子総合病院の整形外科長で、八年前から「チームドクター」的な役割を果たしていた。甲子園期間中は毎年チームに同行し選手の体調を管理していた。鈴木の活動は、基本的にはすべて自費である。鈴木も「こいつなら勝てる」と香田の野球に惚れ込み、協力を申し出たうちの一人だった。

香田の回想――。

「俺がちょっといいかってアイツの部屋に入っていったら、起きようとしたから、いいからそのまま寝とけって。それでイスに座って、ちょっと聞いてくれみたいな感じで話し始めたんだよね。不満なんだという話し方はしなかった。俺はこう思うんだよね、っていう話し方だった」

それから香田は四〇分近く田中と二人きりで話をした。

「チーム自体も三連覇、三連覇って騒がれる。それに加えて、田中、田中でしょう。だから田中もそれにふさわしい態度をとらないといけないみたいな感じに見えた。テレビで『一五〇キロを出す』みたいなことを言ったりね。おまえのスピードコンテストじゃないんだからって。みんなおまえの背中を見て守ってる。みんながおまえ一人の態度に気を遣っているような野球は高校野球じゃないって。俺はプロ野球をやるつもりはないんだって。もっとあいつの強い姿を前面に出して欲しかった。打たれようが、何しようが。それでいつも流れを変えてきたわけだから。将大は十分わかってくれたと思うよ。はい、はいってちゃんと耳を傾けていた」


田中をこんこんと諭した日の翌日、香田は今度はスタッフを集めて話をした。そして、いきなり「次の青森山田戦の先発は、岡田でいこうと思う」と切り出した。

この夏は、香田にしては珍しく支部予選から田中一人に頼りっぱなしだった。地方大会全七試合を通し、田中以外の投手が投げたイニングは、わずか1イニングしかない。普段であれば、複数の投手を試しつつ、試合の中で仕上げていく。しかし、この夏は、選抜を辞退したこともあり、何が何でも甲子園までは辿り着かなければならなかった。そのため、いつものような余裕と「遊び」がなかった。

「田中、田中で来過ぎた。マンネリ化していた。田中なら何とかなるだろうって、守備も一歩目が遅かったり、カバーに遅れたり、安易になっている気がした。だから、田中をけしかけている部分もあったし、野手に何とかしろよって言いたい部分もあった」

スタッフミーティングの場にいて「心に染みた」と語る医師の鈴木は、話の内容を〈8月12日香田語る〉というタイトルでパソコンの中に保存していた。

〈南陽工業戦はチームが一丸となっている雰囲気が感じられなかった。田中はただ投げているだけ。他の選手もそんな田中を気遣ってばかりいて、相手と戦っている感じが見られなかった。それで部長にもつい「部長も声出して！」と言ってしまった。相手にもう少し力があったら5回か6回に逆転されていた。この雰囲気を変えるためにも青森山田戦は岡田を使おうと思っている（中略）。いずれにせよ、この雰囲気を変えていかないとこれから先は勝てないと思う〉

岡田は身長一八〇センチ、体重八六キロの大型左腕だ。スリークォーターから繰り出す一三〇キロ前後の真っ直ぐとスライダーで打たせて取るタイプ。地方大会で登板経験はあったが、イニング数はわずか1回。道内では通用したものの、全国クラスの投手とは言い難かった。

大博打《おおばくち》だった。

通常、先発投手は登板日の朝に告げられるが、岡田は前夜に言い渡された。一四日の夜一一時頃、田中、岡田、菊地翔太の三人の投手と捕手の小林は、二階のいちばん奥の香田が寝泊まりしているツインルームに呼ばれた。

岡田はそのときの様子をこう思い出す。

「明日先発だからって軽い感じで言われて。えって顔をしたら、無理ならいいんだよって笑いながら言われたんで、慌てて、いや、行きますって。将大は監督の部屋を出て僕の部屋に来てから、爆笑してましたよ。『行けんの、おまえ』みたいな感じで」

香田は選手らの反応をこんな風に眺めていた。

「俺の部屋を出たあと、廊下で選手同士がけっこう盛り上がってたんだよね。俺も扉は開けっ放しにしてたから、全部聞こえた。『明日、岡田だぞ!』って。『たくさん点取ってやらないとやばいべ!』って。先発前日の記念撮影とかやり始めて。田中は悔しそうな顔はしてなかったよ。後から行けるということで、ちょっと嬉しかった部分もあったんじゃないかな」

田中に悔しいとは思わなかったのかと尋ねると、「ぜんぜん」と否定した。

「自分の力だけで行けるとは思ってなかったし、みんなで話し合って決めたことでもあるんで」

その晩、岡田は慌ててスパイクとグローブを磨いた。

「テレビに映るんだからそれぐらいはしとかないとって」

そうして迎えた青森山田戦だったが、「田中温存」はもろに裏目に出た。岡田は二回表に3ランを浴び、早々に降板。二回途中、二番手でマウンドに上がった二年生の菊地翔太も相手の勢いを止め切れず、三回表、1－5と4点リードを許した場面で、早くも田中に順番が回ってきた。ところが最後の砦《とりで》である田中も打ち込まれ、四回表が終わった時点で1－7と6点差まで広げられてしまった。

展開としては、ほぼ絶望的と思われた。香田が正直な胸の内を吐露する。

「本音を言えば、あの試合は、やらかしちゃったって感じ。完全にアーメンでしょ」

甲子園には頻繁に出場しながら、しかし甲子園ではなかなか勝ち上がれないチームがある。そういうチームを観察していると、一つの傾向として、逆転勝ちが少ないことがわかる。監督に先を読む力があるから高い確率で地方大会を勝ち上がってこられる一方で、何が起こるかわからない甲子園ではその読みが仇《あだ》になるのだ。2、3点差であっても流れが向こうにあると判断すると、チームの雰囲気が暗くなり、沈んでしまう。

しかし、香田の口癖は「やってみなきゃ、わかんねえじゃん」だ。その子どものような朴直さが、これまで誰もやろうとしなかった雪上練習を可能にし、前年の準々決勝の鳴門工業戦のような逆転劇を演出してきたのだ。

馬鹿であれ【stay foolish】――。

そう語ったのは、アップル社の共同創業者であり、IT革命をもたらしたスティーブ・ジョブズだ。高校球界の革命児も、ある意味ではやはり「馬鹿」だった。

香田は「やらかしちゃった」と反省しつつも、そのじつ、自分のミスでついた6点差をさほど大きなものには感じていなかった。

「甲子園の戦い方って、ある気がする。観衆を味方につけると、2点差、3点差じゃ、負けている気がしなくなってくるんだよ。道内では、あそこまでの空気は作れない。むしろ、駒大苫小牧が負けるのを見に来ているっていうアンチファンもいるぐらいだし。だから、1点の重さということで言えば、北海道の方が重いよね」

確かに北海道での駒大苫小牧は、どちらかというと先行逃げ切り型の、オーソドックスなチームだ。香田は続ける。

「ああいう展開になったら、鳴門工業戦もそうだったけど、『打つしかねーぞー』みたいなことしか言えないんだよ。でも、あいつらのことだから、よっしゃーってなって、ヒットがカーンって出ると、スタンドがわーってなる。点取って、点取って、スタンドもどんどん盛り上がってくる。そうすると、まだまだ余裕あるはずなのに、相手ピッチャーの顔が引きつってくるんだよね」

青森山田のマウンドは、エースの野田雄大《ゆうだい》だった。身長一八六センチの大型右腕で、最速一四五キロを誇る速球派投手だった。青森山田の選手は、いわゆる「野球留学」と呼ばれる近畿圏出身者が多数を占めるが、野田もそのうちの一人だった。

この頃、高校生の間では、駒大苫小牧はユニフォームだけで相手を畏怖させるほどの存在感があった。青森山田ほどの甲子園常連校のエースでさえ、こうため息をもらす。

「球場に入ってきたときから、他のチームとは雰囲気が違った。でっかく見えた。自分たちが、ちっちゃく思えた。帽子の『K』のマークがすごく格好いいんですけど、すごく嫌でしたね」

その野田をじわりじわりと追い詰めるように、駒大苫小牧は四回裏に1点、六回裏に2点、七回裏に1点を挙げ、5－7と詰め寄る。

「打ち始めると、勢いがぜんぜん違うんです。点が入ると、球場、全部っスよ。みんなが駒大苫小牧を応援し始める。あの応援、嫌いなんですよ。歩きながら演奏するやつ（マーチング）なんで、めっちゃ、ノリノリで。チャンスのときになると流れる応援があるんですけど、知ってます？　あれが嫌やったわ。うわ、またや、みたいな。ほんま、怖かった」

香田は、ここまでそれだけは避けようと細心の注意を払ってきたにもかかわらず、自らの采配で田中一人に頼り切るチームにしてしまっていた。しかしこの日、捕手の小林は「久々に一体感が戻ってきた」と手応えを感じていた。

「将大が先発してたら何とかなるだろうって、また初戦みたいな戦い方になってたかもしれない。でも、この日は、岡田が先発したことで、俺たちがピッチャーを助けるぞって声に出してたし、そういうムードを作ろうとしていた。僕らはいつもチャレンジャー精神を大事にしてたんですけど、この夏は、どこか受けに回っていた。この試合でもう一度、原点に戻れた気がする」

田中は代わり端こそ、ややドタバタしたが、五回以降は、落ち着きを取り戻した。田中は捕手のサインをのぞき込むとき、あごを引き、やや上目遣いになるのだが、この日はその角度がいつも以上にきついように見えた。それだけ気合いが入っていた。

先発に失敗した岡田はこのとき改めて「野球はピッチャーなんだ」と実感したという。

「いつもそうなんですけど、自分や（菊地）翔太が投げているとなかなか打線がつながらないんです。それが将大が出ると、一挙に点が入る。野手陣も将大が投げていると安心感があるから楽だって言ってました」

粘投していた田中が八回表に1点を失い5－8と離されるが、駒大苫小牧は、その裏、3点を奪って、ついに8－8の同点に追いつく。再び、野田。

「どんだけ点が開いても、自分らが勝ってる感じではなかったですね。あれだけのアウェー経験は初めてでした。ユニフォームのオーラっていうんですかね。いい球いってるのに、ぜんぜん抑えられる気がしないんですよ。キャッチャーも、どういう配球しても無理やって言ってましたもん」

追いついた駒大苫小牧に流れは傾いたかに見えた。ところが、九回表、切り札の田中が失点し、青森山田に8－9と勝ち越しを許してしまった。

この試合、香田がいちばん胸を打たれたのは、その後の光景だった。ベンチに戻ってきた田中がみんなに「ごめん」「ごめん」と繰り返していたのだ。

「にが～い顔をして言ってたんだよね。いかにも、わりぃって感じで。そうしたら他のやつらも『ぜんぜんいいよ、取り返してやるから』みたいな感じで。ああ、これが俺の求めてる高校野球だって感じがした。あれぐらいの選手になると、そういうことを素直に言えない部分とかあるじゃない。将大はそんなに傲慢なやつじゃないけどね。でも、俺の中ではようやくあの瞬間にチームが一つになったような気がした。田中も本調子ではなかったけど、闘志を前面に出してくれてた。俺はその姿に納得できた。だから、この後も逆転できたんだと思うよ」

駒大苫小牧に許された攻撃機会は、あと1回——。

土壇場で勝ち越しを許し、さすがにもう「足」は残っていないだろうと思われた。だが最終回、もうひと伸びした。

1アウト後、打席には左のスラッガー、三番・中沢竜也が立つ。彼を評するとき、誰もが口にするのは「大人しい」ということと「練習量はいちばん多い」ということだ。バットをバックネット方向に極端に寝かせる「サムライのような打ち方」（香田）が特徴だった。

3球目、中沢のバットが一閃すると、ボールがライト上空に舞い上がった。ボールがそのままポール際に吸い込まれて行く——まさに奇跡のひと振りだった。

野田はマウンド上で、笑っていた。

「もう、呆れてましたね。だって、動かなかったら、膝に当たるぐらいのインコース低めの真っ直ぐですよ。それをあいつは避けながら打った」

映像で改めて確認すると、確かに、中沢本人は咄嗟《とっさ》に膝を後ろに引いている。そして、ゴルフスイングさながら下からきれいにすくい上げた。打った中沢も首を捻《ひね》った。

「未だになんで打てたのか、わからないんです……。無意識のうちに打っていたんで。あんな打ち方、二度とできないんじゃないですかね」

野田と中沢は、高校卒業後、東都大学野球リーグに所属する日大と國學院大に進学したため、大学でも対戦する機会があった。野田が言う。

「大学のときの中沢は、すっかり変わってましたね。雰囲気がなかったっス。甲子園の駒大苫小牧のやつらは、やっぱり別人っスよ」

試合を再びタイに戻すと、あとは「駒大苫小牧劇場」だった。2アウトからシングルヒット、二塁打といとも簡単に連打が出て、10－9のサヨナラ勝ち。

香田のコメントは、言葉とは裏腹に余裕すら漂う。

「ちょっと盛り上げてやろうというのはあったんだけど、あそこまでの演出をするつもりはなかった。そういうチームに仕上げてきたつもりだけど、あの試合は、さすがにマジかよ……みたいなのはあったね。あの試合でテンションが上がってきて、また負ける気がしないみたいな感じになった。田中を先発させてれば、もっと楽に勝てたかもしれないけど、決勝までは行ってなかったんじゃないかな」

前年の鳴門工業戦に続く大逆転劇だった。

長い間、ずっと疑問に思っていたことがあった。彼らに、なぜ甲子園だとあんなに伸び伸びとプレーができるのかと問うと、決まってこう言った。

「監督が怒らないから」

しかし、「〇〇スマイル」と呼ばれることがあるように、甲子園では意図的に笑顔を絶やさないようにしている監督をよく見かける。しかし、どんなに優しそうな顔をしていても、それは作り笑顔であって、じつは怒っているんじゃないかと思われたら効果はないではないか。

その疑問が氷解したのは、田中らの一学年上の青地のこんな言葉を聞いたときだった。

「監督、演技してるわけじゃないと思うんです。たぶん、怒ってるときの方が演技なんですよ」

続く準々決勝の東洋大学附属姫路（兵庫）戦、香田は「相手の左投手（乾《いぬい》真大《まさひろ》・元巨人）からはそう点は取れない」と判断し、田中を先発させた。それでも、一時は田中がホームランを浴びるなど0－4と劣勢に立たされた。だがこの試合も今ではすっかり十八番となった終盤の逆転劇で5－4と振り切った。この試合も劇的だったが、青森山田戦の後だけに、私は、もう逆転するものだと思って観戦していた。香田は劇的な試合が続くと「麻痺してくんだよ」と何度も話していたが、それは観ている方も同じだった。

試合後、香田は田中に関して「回を追うごとに闘争心がみなぎるような感じがあった」と満足気な様子で話した。

三年連続ベスト4入りを決め、メディアの「三連覇」の声がますます大きくなり始めた頃、香田には気になるチームがあった。

「逆のブロックから、うち以上の雰囲気でひたひた上がってきているチームがあった。それが早実だったんだよね。漂わせている空気で、なんかわかるんだよ。斎藤（佑樹）がハンカチでぴゅぴゅっと汗を拭いて、涼しげな顔で、淡々と投げてるし、野手で、ちょっと生意気そうで。このチームが来るなっていうのが。二回戦で中田翔のいる大阪桐蔭をきりきり舞いさせてたじゃない。これは強いわって。決勝くるなって。で、こっちの山は智辯和歌山だと思ってた。そうしたら、うちと当たっちゃったんだけど」

駒大苫小牧の準決勝の相手が、智辯和歌山だった。

香田は準決勝も「田中先発」で行きたかったが、一方で、田中の疲労感も気になっていた。試合当日の朝食の後、香田はいつものように投手三人を自分の部屋へ呼んだ。そして迷いがあったぶん、田中に「先発で行けるか？」と相手に選択の余地を残した言い方になった。

「そうしたら、将大も、ビミョ〜な反応だったんだよね。行けるけど……みたいな。でも、三回ぐらい岡田と（菊地）翔太で行ってくれればと。田中がそういう言い方をしたのはこのときが初めてだったと思うよ」

そのときの心情を田中はこう吐露する。

「短いイニングでもいいので、少しでも抑えてくれればいいなって。それに、どちらかといえば後ろからの方がいいというのは前からずっと思っていたことなんで」

前年の夏の甲子園、秋の神宮大会と、田中はたびたび救援に回った。そのときのいい印象があった。

香田は、無理強いはしなかった。

「体もかなりきてたからね。気持ちだけでも本人が思うような流れをつくってやった方が力を発揮してくれるかなと思った。その代わり、交代は早いよ、1点も取られなくても代えるかもよ、とは言った」

それから全選手に対外的には全員で話し合って決めたということで統一しようと伝えた。

「マスコミに聞かれたとき、田中の意見を聞いたなんてことを言ったら、田中はわがままだとか、田中のチームだみたいに思われる恐れもあるじゃない」

準決勝の先発は「真っ直ぐの伸びは、田中より調子よかった」（香田）という菊地翔太が選ばれた。が、菊地は立ち上がりから乱調で、2つの死球を与えるなど一回すら持たずに二番手の岡田にマウンドを譲る。代わった岡田も、二回表に入るや否や3連打と死球で2失点。1アウトも取れぬまま、0アウト一、二塁の場面で田中のリリーフを仰いだ。結局、二人の投手で3失点し、それと引き替えに3つのアウトを取るのがやっとだった。

東洋大姫路戦の後半あたりから復調の兆しを見せていた田中は、この夏いちばんの投球を見せた。いきなりのピンチを三振、二塁ゴロで切り抜け、勢いに乗った。全国屈指の強打を誇り、一年中、「打倒田中」を掲げて練習に励んでいたという智辯和歌山打線に対し、8回を投げて1失点。奪三振数も二桁の10個に乗せた。捕手の小林が言う。

「スライダーが二年秋のいいときみたいに縦に落ちていた。この日は、いいときの田中に戻ったかなと思いましたね」

打線も好調で10安打をマークし、駒大苫小牧は7－4で智辯和歌山に快勝。三年連続で決勝進出を決めた。

準決勝第二試合では、早実が鹿児島工業高校を5－0で下した。マウンド上で青いハンカチタオルで汗を吸い取る姿から「ハンカチ王子」と呼ばれたエースの斎藤は、3安打完封と、ほぼ完璧の内容。香田の予想通り、大会前はノーマークだった早実が、決勝まで勝ち上がってきた。


準決勝終了後、大会の規定で、決勝進出を決めた二チームは宿舎に戻ってから取材時間を設けなければならない。

夕方五時頃、ホテルくれべ空港の一階ロビーには、会見場のように取材者と報道陣が向き合う形でパイプ椅子が並べられた。白いポロシャツと黒い短パン姿の香田は、そこで三〇名近い記者と相対した。

会見序盤は、田中の調子や早実のエース斎藤の攻略法などに質問が集中した。そして一〇分を過ぎた頃、数名の記者がチームの不祥事に関する質問を投げかけ始めた。要は「それらの困難をどうやって乗り切ってきたのか」という内容だった。すると突然、香田の口が重くなる。

「正直、きつくて……、体調が思わしくなかった時期もありました……」

表情が強ばり、下を向きがちになった。その後、話題は何度か変わったものの、香田はうつむいたままニコリともしなくなってしまった。

「明日の話だけじゃないのかよ、遡っちゃうのかよ……って。誰かに助けて欲しくて、部長とか副部長を探したんだけど誰もいなくて。記者の方は純粋に聞いているだけなんだろうけど、不祥事のことを突っ込まれると、責められているような気持ちになってくるんだよね……。あんときの記者会見の場にいるような気持ちになってきちゃう」

〇五年夏、連覇達成後に元部長の暴力事件が明るみに出て、八月二七日、大阪の高野連で記者会見を開いた。顔なじみの記者に詰問され、香田はメディアの怖さに心底縮み上がった。

この会見以来、テレビカメラやカメラに囲まれ、大勢の人の前で質問の受け答えをすることに体が拒否反応を示すようになった。この春、四月二六日の監督復帰会見のとき、開始一〇分前まで同席することを拒み続けたのも、同じ理由からだった。

試合後の取材でも、記者が一斉に寄って来ただけでも体が硬直する。それでも、この夏は「比較的、大丈夫だった」という。

「それが、あの準決勝の後の取材で一気に気持ちが落ちちゃった。胃のあたりが、ぐぅ～っとなるんだよね。突然、気分が悪くなってくる」

いつもマスコミ対応を任されていた副部長の笹嶋が話す。

「きつい質問が出たとき、誰かがそばにいないと、追い詰められたような気持ちになっちゃうらしいんですよね。顔つきがパッと変わりますから」

準決勝後の宿舎取材で、香田の中に、三たび優勝することの恐怖心が芽生えた。結果を出す、不祥事で叩かれる――というパターンが二度、続いたからだ。

「がんばったと思ったら、バーン、がんばったと思ったら、バーンって来たでしょう。優勝したら持ち上げられ、不祥事を起こしたらその何倍も落とされる。垂直落下式のバックドロップみたいな感じだったから。俺の指導力のなさってのはわかってるんだけど、勝ったらまた……というような。それに勝てば勝つだけ妬みも増すしっていう気持ちもあった」

いくつもの負の感情が、頭の中でもつれ始めていた。

八月二〇日。決勝は、気温が上昇し始める午後一時一分にプレイボールがかかった。気温はすでに三三度もあった。前夜の雨で土が黒く湿っていたため照り返しがさほどきつくないのと、雲が多かったのが、せめてもの救いだった。

決勝は日曜日と重なったこともあり、甲子園球場の切符売り場の前には朝六時の段階ですでに数千人規模の列ができていた。大会関係者は開門時間を予定より一時間一〇分早め、八時五〇分に早くも熱心なファンがスタンドになだれ込んできた。

早実の先発投手は予想通り斎藤だったのに対し、駒大苫小牧は二年生の菊地翔太だった。エースの田中が後に控えるという策は、準決勝の智辯和歌山戦のときとほぼ同じような経緯で決まった。

菊地は一回表に2四球を与えるなど、立ち上がりから制球が不安定だった。何とか2イニングスを無失点で切り抜けたが、三回裏、一番打者にバントヒットを許し1アウト一、二塁とされたところで香田は動いた。

「試合前は4、5点勝負になるかなと思っていたけど、序盤の斎藤を見ていて1、2点勝負になると思った。あとになって考えてみたら、ここで代えといて本当によかった」

プレイボールと同時に投球練習を始めていた田中はすでに肩をつくり終え、ベンチ前で軽いキャッチボールをしていた。香田と目が合い、「将大！」と呼ばれると、田中はパチンコ玉のように勢いよく飛び出し、前屈《まえかが》みのままマウンドへ駆けつけた。

試合開始からおよそ三七分が経過していた。もう一方の主役の迫力満点の登場に五万人の観客で埋め尽くされたスタンドがどっと沸き立つ。

先発投手としてマウンドに登るときの田中には、独特のルーティンがあった。中学時代からの習慣で、まずは帽子をとってマウンドに一礼をする。そしてプレートの右横の土を指先で軽く触ってから投球練習に入った。このルーティンはヤンキースでプレーする今も変わらない。だが、リリーフのときは「それどころではない」とロージンを何度かもんだだけで、すぐに投球練習を開始する。

香田は「田中はピンチで上がっていきなりスイッチオンの方がいいみたい」と話す。

「あいつのパターンはね、最初、室内でアップしているときはニコニコ、ニコニコしてんだよ。ほんとリラックスしている。それが球場に入るとだんだん顔つきが変わってきて、試合に入って『そろそろあるぞ』って言うと、また顔つきが変わる。それで『行け！』って言うと、スイッチが一気にギューンって入るんだよね」

田中は先発で一速、二速……と徐々にペースを上げていくよりもリリーフでいきなり五速からスタートする方が性に合っていた。裏を返せば、ペース配分がうまくない。それはこの頃の田中の魅力であると同時に弱点でもあった。

菊地からバトンを受けた田中は、1アウト一、二塁のピンチを二者連続三振で切り抜ける。そして「オッシャー！」と雄叫びを上げながらベンチに引き上げた。

ただ、受けていた小林は「やっぱり、本調子ではないな」と感じていた。智辯和歌山戦のときは、ようやく上向きになってきたかと感じたが、また元の悪い状態に戻っていた。

「スライダーがスッて感じじゃなくて、スーッて曲がってきてた。これは見やすいだろうなと」

それでも「集中力を切らさないよう辛抱強く投げた」という田中は、再三走者を許しながらも、ピンチの芽を一つひとつ丁寧に摘んでいった。

一方、駒大苫小牧打線は、早実の斎藤に手も足も出ない状態が続いていた。七回まで、一回表に一番・三谷忠央がライト前に放ったヒット1本だけ。

試合前、香田はこの夏の斎藤の印象をこう語っていた。

「秋の神宮大会のときと比べると、フォームが大幅に変わった。ためているというか、ひねっているというか。あと、気持ちの面でさらに成長した感じがする。ピンチになっても表情一つ変えない。でも、内にはものすごく熱い部分も見える」

序盤、駒大苫小牧の斎藤への印象は四番・本間の「いけるかな」という言葉に象徴されていた。怖るるに足らず、そんな見方が大半を占めていた。

「真っ直ぐもそんなに速くなかったし、外のスライダーも見えてましたからね」

本間は初回、1ボールからの2球目、外のスライダーを完璧に捉えセンター後方への大飛球を打ち上げている。

「真っ直ぐを待ってたんですけど、十分対応できたし、手応えも十分だった。風がなかったらみんな入ってたって言ってましたよ。あの日、あのあたりはすごい向かい風でしたから」

試合前から、スコアボードの最上部に掲げられた旗は、大きくホーム方向になびいていた。

五番・鷲谷が受けた斎藤の印象も似たようなものだった。

「キレはさほど感じなかった。ベンチでも、そんなすごくないよってみんな話してた。これは打てるって」

　駒大苫小牧ベンチが斎藤の巧妙さを実感し始めたのは中盤以降だった。香田はその頃から「外のスライダーは捨てろ」という言葉を繰り返していた。

「ある程度予想はしてたけど、あそこのスライダーに手が出ちゃうか……っていう感じだったね。絶妙なところからスライダーが落ちていた」

　鷲谷も考えを改め始めていた。

「ストライクを取りにくるだろうなというカウントで、ボールになるスライダーを投げてくる。だからこっちもつい振らされてしまう。うまいなあ、って。マウンドから見下されているような感じがあった。たぶん、こっちが最初『打てる』って感じていたことも斎藤からしたら想定内だったんじゃないですか。めちゃくちゃ頭いいですよ。今まで対戦したことがないタイプでしたね」

　斎藤のポーカーフェイスは、少しずつ駒大苫小牧ベンチを精神的に追い詰めていった。部長の打田はこんな光景が忘れられないという。

「五回か六回ぐらいかな、あの（本間）篤史がね、巻き舌で斎藤に『早くハンカチ出せよ！』って。普段はそんなタイプでもないんですよ。ベンチの後ろで、いっつも目薬を差してる。それが彼のペースなの。でもこの日はそういう余裕がなくなっていたように見えたな。ある意味、試合に入り込み過ぎていた」

七回表、駒大苫小牧が2アウト一、二塁と攻め立てたとき、斎藤はまずはスパイクを脱ぎ、それを一度逆さまにしてから、また履き直した。香田が感心する。

「ああやって間をとるのが斎藤のうまさ」

続いて、右手で後ろのポケットからハンカチを取り出し、右の頬からあごにかけての汗をぽんぽんと押さえた。

「出た！　出た！」

駒大苫小牧ベンチはにわかに盛り上がった。

試合中、香田がそんな気持ちに襲われたのは初めてのことだった。

「えっ、勝っちゃうの……って。急に怖さが出てきた」

八回表、1アウト。二番・三木はいつものようにいちばんバットが出やすい真ん中やや低めの真っ直ぐをイメージして、二度、素振りをしてから左打席に入った。

「全部の打席、真っ直ぐしか待っていなかったんで。そうしたら初球、ちょうど素振りしていたところと同じ球がきたんです」

中距離打者用の銀色のバットは十数秒前と同じ軌道をなぞり、一三九キロのストレートを捉えた。

「本当の真っ芯だったんで軽くボールが飛んでいった感じです。それまでライトにぽわーんていうホームランしかなかったんですけど、このときは、なんかもう……ギュイ～

ンみたいな感じで」

　バックスクリーンに向かってスライスしながら伸びていった低い打球は観客の白い服と重なりいったん三木の視界から消えた。そして一塁ベースを蹴ったところで再び現れる。ボールは緑色の外野フェンスのど真ん中、「120」と白く書き込まれた数字の真後ろで小さく跳ねた。

　三木にとって練習試合を含め高校通算4本目となるホームランだった。1－0。試合開始から一時間四九分、初回以来となる斎藤からの2本目の安打が均衡を破る先制弾となった。

　一塁側ベンチは総出で三木を迎え、次々とハイタッチを交わした。鷲谷は思い起こす。

「あれ、抜いた球でしょう。三木には長打はないと思って初球、置きにきたんですよ。アイツ、ベンチに帰ってきて、『(俺の時代が) きた！』って叫んでましたよ」

　この瞬間、ほとんどの選手が勝利を確信した。田中なら1点で十分だと。ましてや、この試合の折り返し地点になるなどとは想像だにしなかった。

　一塁側ベンチのホーム寄りにいた香田だけが、狼狽《ろうばい》していた。「なんで、(非力な) 三木がバックスクリーンなん？」と。

　この年は、関係者の間で、やたらとボールが飛ぶと噂になっている年でもあった。

　この大会の通算本塁打数は最終的に60本に到達し、春夏を通じて過去最高記録を更新した。真偽の程は定かではないが、球界にはこんな噂話があった。二〇〇〇年代前半、プロ野球でミズノ社製の「飛ぶボール」が問題になった。ミズノは〇五年に低反発球を製造することで対応した。高校野球もボールはミズノ社製を使用している。そこで大量に余った「飛ぶボール」を〇六年夏、甲子園で使用したため、ホームラン数が前年の32本から激増したのではないかというのである。じつは同じようなことがもう一度、起きている。プロ野球は二〇一一年から全球団がミズノ社製の統一球を使うことになった。その際、再び飛ぶ傾向が強まっていたため、ミズノは改めて低反発球を開発した。すると翌一二年、やはり夏の甲子園本塁打数が前年の27本から56本と倍以上増えたのだ。長い甲子園の歴史の中で大会本塁打が50本を超えたのは、「飛ぶボール」が一掃された〇五年および一一年の翌年、この二年だけである。偶然にしてはあまりにも奇妙な一致ゆえ、そんな噂がまことしやかに関係者の間で語られるのだ。

――話を元に戻そう。香田は葛藤していた。

「勝ったら、今度は『史上初の四連覇か』とか騒がれるわけでしょう。三連覇なんて、ぜんぜんそんなつもりはなかったからね。目立ったらまた叩かれるんじゃないかって、ドキドキしてきちゃって。早稲田も（点を）取れよって思ってるような、ちょっと感覚が狂ってきたところがあった」

八回裏、マウンドに上がった田中は投球練習に入る前にいつものようにロージンを拾い上げた。そしていつもだったら一、二秒触って下に落とすのだが、このときばかりは集中力を高めるかのように一〇秒近くもみ続けていた。

「この1点を守りきってやろうという気持ちでした」

だが1アウト後、三番・桧垣皓次朗《ひがきこうじろう》に、抜け気味のアウトハイのスライダーを左中間のほぼ真ん中に運ばれてしまう。

そしてこの後、「試合では記憶にない」（香田）という信じがたいミスが出る。

この日、レフトを守っていたのは甲子園では初スタメンとなる渡辺準輝だった。「やべ、きちゃった」と思ったという渡辺は、打球を右の肩越しに見ながら懸命に走った。そして、ショートの三木、セカンドの山口も順次その後を追う。

駒大苫小牧は左中間や右中間など長打コースに打球が飛んだ場合は、二、三メートルの距離を置き、必ずショートとセカンドの二人が中継プレーに入ることになっている。渡辺が説明する。

「二人目に投げるのがベスト。だから三木の頭あたりをめがけて投げて、後ろの山口に届くのがいちばんいい。後ろまで届かないようであれば三木がカットすればいいし、逆に短過ぎてショーバンとかになって前の人が逸らしても、後ろがカバーしてくれることになってるんです」

つまり、よっぽどのことがない限りミスは起こりえない守備態勢なのだ。

ところが、左中間のもっとも深いところで止まっていたボールを素手で拾い上げ、「握り替えしている暇はなかった」と指を縫い目にかけないまま腕を振った渡辺は、後ろの山口がジャンプしても捕れないぐらいの高い球を投げてしまったのだ。その間、セカンドで止まっていた桧垣は三塁を陥れる。渡辺が悪送球の原因を探る。

「手汗のせいだと思うんですけど、すっぽ抜けてしまったんです。こっちに入ってきてから暑さにやられて体が思うように動かないというのもあった。でも、そんなに手汗をかくほうでもないいんですけどね……。手汗は暑さのせいだけじゃないと思います」

1アウト三塁――。1点で逃げ切りをはかった駒大苫小牧は、決定的なチャンスを与えてしまう。

そして、次打者の四番・後藤貴司《たかし》に投じた1ボールからの2球目だった。「ボールでもいいというぐらいの考えで外の低めに構えた」（小林）にもかかわらず、一四二キロの真っ直ぐはベルトの高さに入ってしまった。

後藤の当たりは田中が「風がなかったら入ってたと思います」と振り返るほどのセンター後方への大飛球となる。この当たりは悠々犠牲フライとなり、1－1と試合は振りだしに戻った。勝利を確信してから、わずか一〇分後の出来事だった。

早実スタンドは老若男女入り乱れ、肩を組み、体を左右に揺らしながら、早稲田伝統の応援歌『紺碧《こんぺき》の空』を大合唱した。反対側のアルプススタンドからその応援を眺めていたコーチの茂木は「具合が悪くなりそうだった」と振り返る。

「レフトからバックネット裏まで、球場半分が揺れてる感じでしたからね……」

渡辺は甲子園というと今でもあの中継ミスのシーンしか思い浮かばないという。

「親戚中から言われましたよ、あれがあったからこんなに歴史的な決勝戦になったんだって。そんなの慰めにならないですけど」

この同点シーンを、香田だけが少し違った思いで眺めていた。

「正直ね、なんか追いつかれてホッとしている自分がいた。でも、あれだけ何度も練習して追求してきたプレーでミスが出たってことは、俺のそんな気持ちが選手に伝わってしまったのかなっていう気分になったよね。だって逆に勝つってことを信じ切ってたときは、逆転、逆転って、ありえないような試合が続いたんだから。人はそんなの嘘だべって言うけど、ほんと、俺にしかわからないそういう不思議な感覚はあるのよ」

かといって香田が「負けへの誘惑」に簡単に屈したわけでもない。

「でも追いつかれると粘らなきゃっていう思いにもかられた。このあたりからは本能と理性、入り交じってたよね」

九回はまた何事もなかったかのように両エースが淡々と締め、試合は延長戦に突入していく。

延長に入り最初に決定的なチャンスをつかんだのは駒大苫小牧だった。一一回表、本間の「避けるの、下手なんですよ」という死球や、田中の「意外だった」という敬遠などで1アウト満塁。打席には、九回裏から渡辺に代わってレフトの守りについていた七番・岡川直樹が入る。

岡川は予選のときは「不動の一番打者」として打率三割六分四厘と当たっていたが、

いた。

甲子園に入ってからは8打数ノーヒット。準決勝の智辯和歌山戦からスタメン落ちして

1球目、2球目は「打て」のサインだった。1球目は、インローの一四一キロの真っ直ぐを見逃しストライク。そして2球目はアウトローのスライダーを見逃してボール。カウントは、1ボール1ストライクの平行カウントとなった。ストライクを先行させ少しでも優位に立ちたいバッテリーが、ストライクを欲しがるカウントである。となれば、攻撃側は何か仕掛けたくなる。

香田はこのとき「ここだ」とひらめいた。

「なんでかわかんないんだけど、とっさに、今までにないことしちゃおうかなみたいな気持ちが過ったんだよね」

香田はベンチの端でいつものように右足を縁に乗せながら、「今までにない」サインを送った。最後は左手で胸、右手、右ヒジと触って締めくくった。駒大苫小牧は、試合に出ていない選手も一球一球、香田のサインを確認している。そうして、いつ出場機会が巡ってきてもいいように試合カンを養っておくのだ。

香田の横でスコアをつけていたマネージャーの菊地浄元は、そのときのベンチの様子をこう思い起こす。

「みんな声には出さなかったけど、『えっ?』て感じでしたね。甲子園ではスクイズなんて滅多にやらないんで。三木も『絶対、無理だって』って言ってましたよ」

ただ、打席の岡川は「一、二割程度」は心の準備があったと話す。

「それでもドキッとはしたんですけど、とにかく顔に出ないように注意しました。それでギリギリまで構えないようにしようと」

三塁走者の中沢も、慣れないサインに緊張していた。

「一瞬、サインの見間違えかと思ったんですけど、どう考えてもスクイズ以外ありえなかった。それでスタートだけは間違えないようにしようと思っていました。練習のときは『ピッチャー前でもセーフになるように』って言われてたんで、あんまり遅過ぎてもいけないいなって」

駒大苫小牧の選手たちの目は、次の一球に集中していた。

斎藤の左足が上がり、体重が前方に移動し始めた瞬間だった。岡川はサッとバントの構えをし、ほぼ同時に中沢もスタートを切った。

ところが外角低めのスライダーが、大きく逸れてワンバウンド。岡川は飛びついたもののバットに当てることすらできない。

「やっちゃった～、みたいな感じでした」

中沢はそのとき、すでに三本間の真ん中ぐらいまで突っ込んできていた。

「キャッチャーがボールを見失っていたんで、行けるかなと思ったんですけど、目の前に落ちてたんで無理だなと思って慌てて戻った。右手が先に入ったような気はしたんですけど……。躊躇せずにすぐに戻ってたらセーフでしたね」

飛び出してしまった中沢は、捕手からの三塁への送球でタッチアウト。このスクイズ失敗が響き、駒大苫小牧は勝ち越しのチャンスを逸する。

香田が甲子園でスクイズを仕掛けたのは、二年前の三回戦、日大三戦のとき以来のことだ。4－2とリードしている場面で、やはり外の変化球を空振りしている。香田は以前、そのときの失敗を振り返りこんな風に話していた。

「流れがあるときは余計なことはしちゃいけないって思った。だから初優勝のときも、あれ以降、送りバントぐらいしかサインは出してない。甲子園は、思い切った方がいい結果が出る場合が多いんじゃないかな」

なのに、なぜ――。試合後、斎藤はスクイズを外そうと意図的にワンバウンドさせたと明かすことになるのだが、香田はある程度、斎藤のその技術を見抜いていたともいう。

「斎藤もゆっくり足を上げるタイプでしょう。ああやってランナーの動きを見て、動いたら外せるんだろうなというのはあった。でも、あの瞬間は、当てるぐらいしてくれよって思ったし、中沢も早く戻れよって。ただ、心のどこかに、自分が点を取れないようにしちゃったのかなという感覚もあった。そういう自分がいたことも確かだったからね」

〇四年、〇五年と夏連覇のときの正サードだった五十嵐大は試合後、すぐに同級生の林裕也に電話をしたという。

「あそこでスクイズはありえないでしょって。甲子園では送りバントのサイン以外、ほとんど見たことなかったですからね」

初優勝時の主将・佐々木孝介もやはり、いつもの香田ではないと感じた。

「は？　っと思いましたね」

佐々木は咄嗟に、〇四年夏の初戦、佐世保実業戦のある場面を思い出した。0－0で迎えた二回裏、佐々木は1アウト三塁からスクイズを命じられたが、捕手へファウルフライを上げてしまいゲッツーに終わった。

「僕、練習試合でもスクイズなんてやったことなかったんですよ。だから、びっくりして。でも最初の1点をスクイズで取りに行こうとするぐらいですから、あの頃は、勝ちたくて仕方なかったんでしょうね。だから、すごく申し訳なくて……。早実のときも、違う意味で、追い詰められていたんだと思いますよ」

斎藤に外されたから言うわけではないが、私の目から見ても、あのスクイズのサインは、まるで失敗することを期待して出したかのようにさえ映った。少なくとも、これまで駒大苫小牧が甲子園で勝ち続けてきたリズムとは明らかに異なっていた。

スクイズ失敗で、試合は平静を取り戻す。田中の疲労はピークに達しつつあった。世話係の対馬は延長に入ったあたりから田中のヒジから手首にかけての筋肉をマッサージしていたのだが、この頃には硬くて指が入らなくなっていた。

「冷やして、マッサージして、冷やして、マッサージしてって繰り返してたんですけど、もうガチガチでしたからね」

そんな状態にもかかわらず、一三回表、2アウト二塁からサードゴロを打った田中は、二年夏の白樺学園との練習試合で見せた以来、「生涯二度目」となる一塁へのヘッドスライディングを見せる。ベンチの香田は肝を冷やした。

「あっぷね、と思ったよ。突き指とか、脱臼とか怖いじゃない」

ベース上で泥を落としながら田中は「慣れんことをするもんじゃないな」と笑顔を見せた。この激走で田中の息が乱れたのか、その裏、駒大苫小牧は最大のピンチを迎えることになる。

一番・川西啓介の、この日2本目となるバントヒットと送りバントで2アウト二塁。ここで八回に同点二塁打を打っていた三番・桧垣を迎え、香田は控えメンバーの西田佑《ゆう》真《ま》を伝令に送った。伝令の内容は「勝負か歩かせるかは任せる」だった。

マウンド上で選手たちがこの日二度目となるチームの代名詞「ナンバーワン」ポーズを決め、輪を解いた。そこで突然、香田が思い直す。

「こういうときは、はっきりさせた方がいいだろうって。それで三番にはさっき打たれてるから、（捕手の小林）秀に『四番勝負！』『四番勝負！』って叫んだんだけど、秀は『なんだ?』って顔をしてた。たぶん聞こえてなかったんだと思う」

バッテリーはこのとき「厳しいコースをついて勝負。それでフォアボールでもしょうがない」という選択をしていた。

ところが、桧垣への初球、小林は外へのカーブを要求したが、実際には内よりの、しかもベースのあたりでワンバウンドする投げそこないの変化球になった。ボールは体で止めようとした小林の右肩の上をすり抜け、２アウト三塁とピンチを広げてしまう。小林が思い出す。

「（ベースカバーに入ろうと）マウンドを駆け下りてきた田中が『大丈夫、大丈夫』って言ったのは覚えています。それでそのとき満塁策で行こうって言ったんです。ベンチは見ませんでした。もう伝令のとき自分に任されてると思ってたんで」

三番・桧垣、四番・後藤と二人を歩かせて２アウト満塁とする。公式戦四八連勝中の駒大苫小牧にとって、味わったことのない重圧だった。ショートの三木は、異常なまでに喉の渇きを覚えていた。

「点取られたら終わりじゃないっスか。敬遠のときも、後ろ逸れたらどうしようって、心配で、心配で。もう将大を信じるしかないって。そんな感覚になったのは初めてでしたね」

打席には五番・船橋悠《ふなばしゆう》が立った。その初球、小林は「普通のショーバンなら止める自信はあった」と外角低めのスライダーを要求する。そのサインに一発で頷いた田中の脳裏には、中学時代のワンシーンが過っていた。

「中学時代、同じように満塁策をとって打たれたことがあった。そのときはびびって腕が振れなかったんで、このときはチビらず、思いっ切り腕を振ることだけを考えました」

渾身《こんしん》のスライダーはキャッチャーの構えたところよりもやや内に入ったが、ねらい通り低めに入った。船橋がそれを引っかけ二塁ゴロ。スタンドのため息と歓声が交錯した。

一三回裏の大ピンチを乗り切ったところで、香田は部長の打田にこう尋ねた。

「これさ、引き分けで終わったら、同時優勝？　誰かに聞いてきてよ」

打田は「何言ってんだ？」と思った。そんな話は聞いたことがなかったからだ。

「でも香田の性格上、ちゃんと動いてやらないと納得できないと思ったから裏に行って、関係者に聞いてきたんだよ。でもさすがに『同時優勝ですか』とは聞けないから、『再試合は明日やるんですか』って聞き方をしたけど」

打田は戻ってきて「翌日再試合だって」と香田に告げた。その件に関して香田はこう「弁明」する。

「なぜか、高校サッカーのイメージがあった。冷静に考えたらそうだよね。優勝旗、一本しかないもんね。でも、両校優勝でいいだろって思いがあってね。もういいべって」

いよいよ試合は、電光掲示板の最後に記された数字「一五」回に入る。大会規定で、これ以上の延長はない。

一五回表、駒大苫小牧は簡単に2アウトを取られ、この試合ノーヒットの四番・本間が打席に向かった。斎藤は、ここでギアを上げる。

「次の攻撃につなげるために、何かアクションを起こさないといけないじゃないですか。まだ、体に余裕があったので、三振をねらいにいきました」

計173球目となる初球のストレートは外に外れたが、この日の最速となる「一四七キロ」をマーク。夏の太陽の下、試合時間は三時間半になろうとしていた。斎藤の底力に五万人の観衆がどよめく。

スタンドがざわめく中、斎藤が2球目、3球目を投じる。「一四三キロ」「一四七キロ」。3球連続でストレートだった。ただ、いずれのボールも外れて、ボールカウントは3ボールになった。斎藤は、それでも全力でストレートを投げ続け、4球目は「一四六キロ」。やや低目に思えたが、審判の腕がようやく上がり、カウントは3ボール1ストライクとなる。

本間はこの4球目に対し、こう不満をぶちまける。

「ボールっすよ。低いです」

甲子園の歴史上、幾度も繰り返されてきたことである。4球目のジャッジは今、早実に流れがあることを如実に物語っていた。

続く5球目は「一四七キロ」。これも決まり、3ボール2ストライク。斎藤が本間を追い込むと、自然に沸き起こっていた拍手は手拍子に変わり、スタンドはコンサート会場でアンコールを求めているかのような雰囲気になった。

誰もが、次のボールも直球だろうと考えた。バッターボックスの本間も同じだった。

「あの雰囲気ですよ。普通、真っ直ぐでしょ」

だが斎藤は冷静だった。

「ものすごい歓声だったので乗せられそうになりましたけど、あそこで乗せられて真っ直ぐでいったらダメなんです。大事なのは打者を抑えることですから」

追い込んだ直後、斎藤はさりげなく捕手にフォークの握りをして見せた。斎藤はバッターが見ていないとき、そうして次に投げたいボールを握りで示し捕手に伝えることがあった。捕手もそれに気づき、一度目でフォークのサインを出す。斎藤はすぐに頷き返した。

「それまでの（5球の）ストレートとまったく同じペースで投げたんです。間合いも、フォームも。もし、サインの交換が長引いたりしたら、相手に（ストレートではないのかなと）疑われていたかもしれない」

その数秒後、バランスを崩された本間のバットが空を切った。

斎藤は準々決勝から三日連続で投げていた。にもかかわらず、まだこんな力が眠っていたのだ。そのスタミナと、どんなときでも冷静さを失わないクレバーさに高校野球ファンがハートを鷲《わし》づかみにされた瞬間でもあった。

このときの斎藤の投球を見ていて、小林は「観客が喜ぶピッチングを知ってるな」と思った。

「それまでも相当すごかったですけど、あれで球場全体が完全に早稲田の応援になっちゃいましたからね」

ただ、田中も冷静だった。その裏、「よし俺も、ってならないよう意識した」と先頭打者の初球は変化球から入った。そして四球で一人走者を出したが、斎藤同様、八回以降はすべて「0」を並べた。三時間三七分にも及んだこの試合は、大会規定により延長一五回、1－1の引き分けに終わった。

両チームはホームベースを挟んで並び、試合終了のあいさつをかわす。しかし、握手をしかけ、途中でやめた。サードの三谷の回想だ。

「目と目が合って自然とそんな雰囲気になった。明日もあるからみたいな」

決勝戦の引き分け再試合は三沢－松山商以来、三七年振りのことだった。

選手を迎える香田は「これで十分じゃないか」と思っていたがあえてこんな言葉を選んだ。

「もう一試合できちゃうな。幸せじゃねえか、おまえら」


――宿舎に帰るバスの中。

右側の最前席に座っていた香田の手元にはいつものように「全国高校野球選手権大会」と黒く印字された使用済みの試合球が回ってきた。

バスに乗車していたのはベンチ入りメンバーと練習補助員を合わせた部員三五名と、スタッフや添乗員ら一〇名の計四五名。香田を始め何人かは二人掛けのシートに一人で腰をかけていた。

「部長から手渡されたんだけど、ウイニングボールじゃないし、何かなと思ったんだよね。そうしたら三木のホームランボールだった」

甲子園ではホームランボールは係員によって回収され、試合後、選手の下に届けられることになっている。

夕方四時三八分に試合を終え、球場を離れるのは六時前後になったが外はまだ十分に明るかった。球場を出発したバスは、およそ五分後、小さな薬局の前を通過する。そこではいつものように店の家族数名が店の前に立ち、「KOMADAI TOMAKOMAI」と黄色い文字の入った紺色のTシャツを着て、メガフォンを振っていた。

二年前、初めて日本一になった頃からそのような風景が恒例になっていた。日によっては「がんばれ！」「おめでとう！」といった文字が大きく書かれた画用紙を掲げてくれていたときもある。Tシャツやメガフォンは、いつもバスが通過するのを待ってくれているお礼に部員がプレゼントしたものだった。

そんなささやかだが温かな声援に、店とは反対の左側に座っている選手たちも立ち上がり手を振った。

これまでは、その小さな盛り上がりが「勝利の儀式」の契機になっていた。しかし、早実と延長一五回を戦い抜きながらも1－1と決着がつかなかったこの日は、いつもとは違う空気が漂っていた。

四五名分の沈黙。会話らしい会話はほとんどなかった。本間が振り返る。

「重かったですね……。どんよりしているというか、みんなが疲れているのがすっごいよくわかるんですよ」

　いつもなら疲労感があっても、それを勝利が心地いいものに変えてくれた。しかし、この日は勝ちもなければ負けもない。ただ、疲労感だけが残った。香田は三木のホームランボールを手にしばし思案していた。

「このままの雰囲気でいいのか、それともいつもみたいなことをやった方がいいのか。迷ったんだけど、せっかく三木のホームランボールがあったからね。よし、やっておくかと」

　薬局を過ぎると人目に付きにくい高速道路に入る。香田は高速の料金所を通過し、しばらく経ってから「よっしゃあ……」と腰を上げ、まずはみんなの注意を引いた。それから「三木ぃ～、ナイスバッティ～ン！」とボールを掲げた。

　選手が「イエ～イ！」と叫び返した声の間には、「風っ！　風っ！」という笑い声も交じっていた。風のお陰でスタンドまで届いただけだという意味だ。香田はさらに「あんなところまで飛んだの見たことないぞぉ～！」と続け、みんなの笑いを誘った。

　三木はそのときのことをこう述懐する。

「みんなぐた～っとしていましたからね。カラ元気みたいな感じでした」

　そのホームランボールを香田が三木にトスすると、三木が「最後のボールです」と言ってまた違うボールを投げ返した。延長一五回裏、最後にショートの三木が捕球したショートフライのボール、言ってみれば「ウイニングボール」ならぬ「ドローボール」だった。

香田は今度はそれを握りしめ「明日は楽しくやるだけだぞ！」と言い、いつもより大人しめの儀式を締めくくった。


選手たちはホテルに帰るとTシャツと短パンに着替え、ユニフォームはホテルに設置してある八台のコインランドリーに放り込めるだけ放り込んだ。そして二階の廊下に置いてあった体重計に一人ずつ乗り、体重をチェックする。それを終えた者から一階の食堂に移動した。

駒大苫小牧の選手たちは、試合前後（練習日は練習前後）と夕食後の一日計三回、体重を計測していた。またその際、必ずマネージャーの菊地浄元から配られるプロテインとビタミン系のサプリメントを二カプセルずつ服用していた。

試合の前後に体重を量るのは脱水症状に陥っていないかどうかをチェックするためで、夕食後に量るのは減った分の体重を夕食でどれだけ補えたかを確認するためだった。

彼らは大会終了後、ほとんどの選手が大会前よりも体重が増えている。捕手の小林は七〇キロから七五キロに増加した。

「初戦は体力的にものすごくきつかった。でも七五キロになったあたりから、ものすごく体が楽になってきたんです。これまでずっと食事は大事だって言われ続けてきたんですけど、これだけ試合をやってみて、初めてその大事さに気づきましたね」

彼らの旺盛な食欲を支えているのが、チームドクターの鈴木だった。

「体重が一キロ減っただけでも軽い脱水症状は表れるもの。症状が出ると、まずは食欲がガクンと落ちる。それから試合の中での集中力も続かなくなって、こむら返りとか、痙攣《けいれん》が起きやすくなるんです」

鈴木が選手に課しているのは体重チェックだけではない。朝は体温と脈拍を取り、特に体調が悪いと思われる選手には血液検査も行っていた。マネージャーの菊地浄元には、気温、湿度、輻射熱《ふくしゃねつ》（直射日光）などが測れる特殊な気温計を与え、毎日のグラウンドの気候条件も記録させていた。

「それらのデータと、あとは選手の顔色とかを見てどのような状態にあるかを判断し、脱水症状が見られる選手に対しては点滴をしていました」

点滴に使っていたのは、「アミノフリード」という高濃度のアミノ酸液だった。症状が軽い選手には五〇〇ミリリットル、重い選手には一〇〇〇ミリリットルのアミノフリードを注入していた。

鈴木が点滴というアイデアを得たのは、一九九五年から九七年にかけアメリカに約二年間滞在し、MLBのニューヨークメッツとNFLのニューヨークジャイアンツのチームドクターの手伝いをしている頃だった。

「その頃、ジャイアンツの選手によく点滴をしててね。脱水症状にはアミノ酸の点滴が効くということがわかった。飲むのと血液に直接入れるのでは吸収率がぜんぜん違うからね。駒大苫小牧が点滴を始めたのは〇三年からなんだけど、大会終盤になってもあれだけの体力を維持できているというのはこの点滴の力も大きいと思うよ」

大会後半に入ると田中はほぼ毎日、一〇〇〇ミリリットルを点滴していた。田中いわく「朝起きたとき体が軽く感じる」のだという。

また鈴木はこんな場面でも活躍していた。田中は準々決勝の東洋大姫路戦後、ボールが接する右手薬指の第二関節部分の皮が丸く剝がれてしまった。田中は「初めてのことで原因はわからない」と話していたが、フォームを崩していた影響かもしれない。そこで鈴木は急ぎ手術のときなどに使う「ダーマボンド」という強力な皮膚接合用の接着剤をメーカーから取り寄せ、応急処置を施していた。

結局この日の夜は、鈴木の判断でベンチ入りメンバーのほとんどが一〇〇〇ミリリットルの点滴を受けることになった。

「決勝戦の日は普通に考えれば翌日試合がないわけだから点滴を打つ必要はない。だからアミノ酸液が足りなくなってもおかしくなかったんだけど、たまたま二〇本近く余分に持ってきてたんだよ。最初は送り過ぎたと思ってたんだけど、どんぴしゃだったね。あの日は日曜日だったから問屋とかも開いてないだろうし、もし余分に持ってきてなかったら点滴はできなかっただろうね」

この日の夜、駒大苫小牧はミーティング等は一切行わず、各自で疲労を回復させることに心を傾けた。

夕食を終えると、七時半過ぎから約一時間、選手らはそれぞれのシングルルームでベッドに横になりながら点滴を受けた。その間、ほとんどの選手が眠りに落ちていた。

「動くと痛いので普段は寝ない」というサードの三谷も例外ではなかった。そして、目覚めるとびっしょりと汗をかいていた。

「体温をはかったら三七度一分あって。熱中症っぽいって言われました」

神戸地方気象台によるとこの日、試合が行われていた時間帯（午後一時一分～四時三八分）は一度も三〇度を下回っていない。湿度も二時台からは六〇％台に乗っている。ベンチ内は気温プラス五度、太陽の光を吸収してしまう黒土の上は気温プラス一〇度にもなることを考えると疲労は相当なものだ。

大会期間中、そんな選手のフィジカル面のケアを鈴木とともに担当していたのがトレーナーの小川浩だった。駒大出身の香田の先輩にあたり、一三歳も離れているが旧知の間柄でもあった。

細身の鈴木は北海道大学の医学部を出た俊英といったイメージが強いのに対し、恰幅《かっぷく》のいい小川は少し話しただけでもその温厚な人柄がよく伝わってくる人物だ。

通常だと夕食の一時間後、小川のダブルルームで即席の「小川整体院」が臨時開業する。

「リンパ系（体内に留まる老廃物などを体外に排出するための組織）のマッサージなので、食後すぐだとまだ体内に食べ物が残っていてよくないいんですよ」

この日、小川整体院は九時頃にオープンした。時間になるとマッサージを希望する選手がぽつりぽつりとやって来た。基本的に野手は二〇分程度、投手の場合は三〇分程度行う。

六人の選手にマッサージを施し、一一時近くになったがいっこうに田中が姿を現さない。「それまではマッサージを欠かしたことがないから、おかしいなと」

小川が部屋をのぞくと、案の定、完全に眠り込んでいた。

「試合が終わった直後はそうでもなかったんですけど、宿舎に帰ってきたあたりからぐったりきた感じがあって……」

田中のマッサージはまずは左の首筋から始まる。投げる寸前、捕手の方を見るときに左肩に頬がつくぐらい極端に首を傾ける癖があるため、そのあたりが凝るのだ。田中は上半身を触っているときは軽く言葉を交わしていたものの、下半身に移る頃には再び眠りに落ちていた。

小川の指にも田中の疲労は感じられた。筋肉量が多く「普通の選手よりも重く感じる」という田中の腕をもみほぐしながら、いつもと違う部分からも張りが伝わってきた。

「普段はインナーマッスルといって、肩胛骨《けんこうこつ》の中の筋肉が張るんだけどね。右脇あたりの大円筋という外の筋肉まで張っていたんです。これは明日も残るかなぁ……という感じはしましたね」

そのため「キネシオテープ」という人間の筋肉と同じ伸縮率を持つ肌色のテープを右

肩周辺にいつもより入念に貼り巡らせた。

普段よりも長めの五〇分のマッサージを終え、田中は再び自分の部屋のベッドに転がり込んだ。そして瞬く間に寝入ってしまった。

翌二一日の朝、香田の中では「田中先発」で決まっていた。

「これだけの勝負になってきてたからね。無理をさせたくないという反面、だからこそがんばってくれという思いもあった」

香田はまずトレーナーの小川に相談した。小川はこの大会中、初めて朝も田中にマッサージを施した。

「まだ張っているみたいだったからね。でも一五分ぐらいですよ。そのときだったかな、香田が『どんな感じですか』って聞くから、この脇の下あたり、大円筋がまだ張ってるって伝えた」

香田は田中にも体調を尋ねた。

「そうしたら『ああ……』みたいな感じでね。きついなぁ、っていう感じがあった」

田中は「張りとかは少しあるけど大丈夫です」と答えたと話すが、香田の目には明らかに「後ろから行きたい」と訴えているように映った。

菊地翔太が香田の部屋に呼ばれたのはそのすぐあとだった。

「さすがにもう先発はないと思ってたんでちょっと驚きました。僕に言うときはいつもそうなんですけど、笑いながら『大丈夫か？』って」

菊地と話をしていると香田がついそう言いたくなる気持ちがよくわかる。自分で「気持ちが弱いから……」と言う通り、どこか頼りなげに見えるのだ。そんな内気な部分が出たのだろう、智辯和歌山戦、決勝二試合と、初回の投球練習のとき、最初のボールを三日連続でバックネットに当ててしまい、場内に「ガシャーン！」とものすごい音を響かせた。

「みんなにわざとかって言われましたけど、緊張して高めに浮いちゃったんです……」

球場に向かうバスの中では、前日までは昨年の夏連覇の戦い振りを副部長の笹嶋が編集した二〇分ほどの『V2』というタイトルのDVDを観ていたが、選手のリクエストで劇的な逆転勝利を収めた青森山田戦の終盤の映像を観ていくことにした。ところが始めどころが悪く、クライマックスを観る前に球場に到着してしまった。本間がこぼす。

「最後まで観られたらもっと気持ちも盛り上がったと思うんですけどね……」

前日同様、選手たちが球場に入る頃には、スタンドはほぼ満員に膨れ上がっていた。

早実の先発は、案の定、斎藤だった。駒大苫小牧ベンチは斎藤の初球に注目していた。

一回表、先頭打者の三谷への初球は一二六キロの表示だった。三谷は「きてないな」と思った。鷲谷も言う。

「みんな『疲れてるな』って。でも、初回だけでしたね」

二回に入ると、四番・本間は一四二キロの、六番・田中は一四〇キロの外のストレートでそれぞれ見逃し三振を喫する。香田が唸った。

「二回の投球を見る限り、斎藤、またいいじゃんって。何も変わらないじゃんって感じだったね」

この試合で斎藤は最終的に13奪三振をマークすることになるのだが、本間と田中からそれぞれ3つずつ計6つの三振を奪った。三谷は斎藤の胸算用を、こう推測する。

「本間、田中あたりは全力で行って、僕とか三木には『打たせる』って感じの投球をしてましたね。僕らのときは一四〇キロ台なんてほとんどなかったでしょ。抜いてるな、っていう感じがしました」

一方、駒大苫小牧の先発・菊地翔太はこの日も立ち上がりから制球を乱した。一回裏、四球などで2アウト一、三塁のピンチを招くと、五番・船橋にセンター前に返され、あっさり先制されてしまう。香田はベンチで歯噛みしていた。

「もうかよ……みたいなね。なんで本番になるとビビっちゃうのよって。ブルペンでは、コースにぴたん、ぴたん行ってるのにね」

ブルペンでは一四〇キロ台の低目に伸びる惚れ惚れするようなストレートを投げ込んでいるのだが、実戦になると、途端に腕が振れなくなってしまうのだ。

香田はこの時点で早くも田中をマウンドに送り込む。ただ、田中がマウンドへ向かう足取りには、前日のような勇猛さはなく、どちらかというと重く見えた。本人は「ただゆっくり行っただけ」と話すが、疲労は隠せない。

「張りがここまで気になったのは初めてでした。体もだるくて。途中からは握力もなくなっていました」

田中の疲労は、小林のミットの感触からも伝わってきた。ああ、これはいつかつかまるなって思いましたね」

「最初っからボールが抜けたような感じになっていた。ああ、これはいつかつかまるなって思いましたね」

田中は初回のピンチこそ切り抜けたものの、二回裏、一番・川西啓介にタイムリー二塁打を打たれ早くも失点。2点差に引き離される。

駒大苫小牧は前日、必死に守り続けたホームベースをこの日は開始から約三〇分の間に二度も踏まれた。スコアを付けていた菊地浄元が言う。

「なんか、しらーって入っちゃった感じはありましたね」

駒大苫小牧の最初のチャンスは五回表だった。2アウト一、二塁で、打席には九番・小林。ボールカウントは、3ボール2ストライクになった。次の投球で、走者は一斉にスタートを切る。

小林の読みはこうだった。もし、変化球がワンバウンドになって、捕手がボールを後逸でもしようものなら、一気にホームインというケースも考えられる。逸れないまでも、ボールとなり、四球になれば、満塁で一番に回る。

したがって、「斎藤は一四〇キロ後半の真っ直ぐ、ちょっと真ん中に入っても打たれないぐらいの速い球で勝負してくる」と考えた。

ところが――。

斎藤は、絶対にありえないだろうと考えていたショートバウンドの外のスライダーを投げてきた。態勢を完全に崩された小林のバットが空を叩いた。完璧なボール球だった。駒大苫小牧ベンチはこのとき改めて斎藤のすごさを思い知らされた。

五回終了後、グラウンド整備の間に香田は選手たちに「追い込まれている状況でも、ウエイト（待て）のサインを出すかもしれないから」と話した。

「そんぐらいやらないと攻略できないんじゃないかなと思った。ただ、作戦として消極的過ぎるからね。結局そんなサインは出さなかったけど、そこまで考えたよ」

この後、代打で出場し、三振を喫した左打者の岡田が「斎藤のすごさ」をわかりやすく語ってくれた。岡田は控え投手であると同時に「どの方向へも放り込む力がある」（香田）代打の切り札でもあった。

「ベンチから見ているとね、なんでその球に手を出すんだよって感じなんですよ。ぜんぜんボールじゃんって。それがいざ打席に立ってみたら『ああ～』みたいな感じでしたね」

初球のストレートを見逃し、1ストライク後の2球目だった。

「打ちごろの真っ直ぐに見えたんです。『きたぁ～！』みたいな感じ。それが打ちにいった瞬間、スーッて沈んでくる。ぜんぜん違うところ振ってたでしょう？」

斎藤のスライダーはベンチから眺めているのと、実際、打席の中で見るのとでは、印象がまったく違った。

　空振りであっという間に追い込まれ、その後、ワンバウンドのフォークと、高めのストレートを見送って2ボール2ストライク。そして5球目——。

「最初、軌道がストレートにそっくりなんです。追い込まれてますから、打者心理として、あれぐらいの高さできたら手を出さざるをえない。で、振り出すと、グンッて落ちるんです」

　決め球は、ベンチから「なんでその球に手を出すんだよ」と思って見ていた、ベース付近でワンバウンドするスライダーだった。

　斎藤が早稲田大に進学し、高校時代のようなスライダーが投げられなくなったと悩んでいた時期、「あのときはスライダーがストレートの軌道に入っていた」と語っていたことがある。岡田が何度も、最初ストレートに見えると証言したのは、つまりはそういうことだった。

　香田にその話をすると、「そりゃ、打てねえわ」とシャッポを脱いだ。

　駒大苫小牧はこの日も五回までシングルヒット3本と斎藤の術中にはまっていた。

　夏の甲子園一四勝のうち八勝までが逆転勝ちだった駒大苫小牧にとって、点差はわずかに2点。いつもであれば何てことのないと思える点差である。鳴門工業戦で5点差を追いかけるときも、青森山田戦で6点差つけられたときも、香田は「まだ行けるかも」と思えたのに、この日は2点がやけに遠く感じられた。

副部長の笹嶋がそのときの球場の空気を思い出す。

「結果がわかったから言うんじゃないけど、再試合になった時点で、負けるなあって感じがしていたんです。流れがね、そういう感じだった」

香田も同じ雰囲気を感じ取っていた。

「再試合は完全にアウェーだったね。それまでは関西のチームと当たっても応援で負けてると思ったことはなかったのに。初めてヒールになったような気分だった。みんなで肩組んでさ、内野から外野まで、壁が揺れてる感じなんだよ。地響きがしてね。一塁側ベンチから眺めていて、具合が悪くなりそうだった。気持ちワルって。スタンドがつぶれるんじゃないかと思ったもん」

アルプススタンドで応援の指揮を執っていた内本健吾も、「空回りしていた」と振り返る。

「前日の延長になったあたりから、どんどん早実の応援が大きくなってきて、再試合のときは、僕らが陣取ったアルプススタンド以外は、ほぼ早実の応援一色という感じでした。僕もすごく焦っちゃって。『チャンス』をかけても、ぜんぜん効かないですし。目に見えない何かを感じましたね」

早実の監督・和泉実《いずみみのる》は西東京大会を制したとき、優勝インタビューで思わずこう口を滑らせた。

「早実の監督としては、とにかく向こう一〇年勝てなくても、今年だけは勝たせてくれというくらいの気持ちがあった」

この年の三月、早実OBでもある王貞治《おうさだはる》が指揮した日本代表チームが第一回WBCを制し、一大ブームを巻き起こした。その王が七月に胃ガンの手術を行い、まだ病床にあった。その王に朗報を届けたいという思い。そして、斎藤という今後いつ巡り会うことができるかわからない名投手がいるときに勝たなければいけないという重圧もあった。

和泉が胸の内を語る。

「『向こう一〇年』の人には申し訳ないんだけど、それぐらい今年は懸けてるんだと。マスコミを通じて、それを選手に伝えたかったし、大会運営者も、世間も、巻き込みたかった。見えない力っていうのかな、それをお借りしてぐらいの気持ちがあったことは確かですね」

和泉も奇《く》しくも「見えない力」という言葉を使った。

駒大苫小牧が甲子園で一四連勝していた相手にはなく、早実にあったもの。それは北のチャレンジャー・駒大苫小牧を上回る「物語」だった。

甲子園の優勝校には二つのタイプがある。一つは、駒大苫小牧のように力は少々劣るが、世論を味方に付け、勢いで一気に駆け上がるチーム。もう一つは、純然たる力で勝ち上がるチームだ。毎年のように甲子園に出場し、しかもとかく高校野球の世界では批判の目にさらされがちな県外出身者を多く抱える強豪私学などは世間の共感を得にくい。そういうチームは、後者のように力で圧倒するしかない。

このときも、もし「物語」で劣っていたとしても、駒大苫小牧に早実を大きく上回る戦力があれば、違った展開になっていただろう。圧倒的な戦力の前に、物語の力などたかが知れている。だが駒大苫小牧は全国レベルで見たら、そこまで突出した選手がそろっていたわけではない。

相手の応援による圧力。これまで駒大苫小牧と戦ってきた相手が感じてきたビハインドを今度は駒大苫小牧が感じる番だった。

二〇〇五年に連覇したときの主将だった林の言葉を借りれば、このとき、駒大苫小牧は香田も含め「素の自分」で戦っていた。

香田は、魔法を失っていた。

「これまでは雰囲気が打たせてくれたっていうか、念力で打たすことができたんだよ。絶対打つ、絶対打つって思ったら、打ったもん。でも、早実戦では、まったく途絶えたね。外野フライも打てそうな気がしなかった」

六回表、駒大苫小牧は先頭打者の三谷が「体が残ってくれてバットがうまく下に入った」と外の一一八キロのスライダーを捉え左中間にソロ本塁打を放つ。前日の三木のホームラン以来、斎藤から奪った13イニングス振りの得点だった。しかしその裏、すぐさま田中が1点を失い、流れをつくることができない。

七回裏にはこんなシーンもあった。先頭打者の川西への初球、小林のサインはスライダーだった。ところが「最初の方、見てなかった」という田中は、外角に一二九キロの直球を投げ込む。小林は不自然な動きではあったが、なんとかボールをミットに収めた。田中のストレートは、もはや変化球だと思っていても捕れる程度の威力しかなかった。田中はこの回も失点し、1－4と離された。「世代最強」と言われ続けてきた投手の姿はもうそこにはなかった。

ベンチで田中は対馬に「もう力が入らん……」とこぼした。

また、田中は「影響はなかった」と話すが、試合中、右手薬指の脇のマメを保護していた皮膚接合用の接着剤が何度も剝がれ、そのたびに塗りなおしていた。対馬が話す。

「そのたびにフーッて乾かしていました。痛そうにしてたんで、気になっていたと思いますよ」

捕手の小林を始め、ほとんどの選手が田中の指のマメのことは知らなかった。

前日の晩、夕食のあと香田は選手たちにこうとだけ話していた。

「ここまできたら優勝も準優勝も変わらない。あとは最高の顔をしてプレーをしてくればいいから」

前年の決勝前も、二年前の決勝前も、ほぼこれと同じことを言っていた。

「勝つためにも、ベストの助言だと思ってる。それで去年も、その前も、いいパフォーマンスを発揮してきてるからさ。結局、運じゃないけど、何かが付いている方が勝つんだよ。過去二回の決勝でそう思っちゃったし。ただ、このときはもういいよっていうか、また優勝して目立ちたくないなというのもあったね」

ただ、負けていれば、勝負師としての本能が疼《うず》く。

「点取られりゃチクショーって思うし、1－4じゃあ話にならねえ、もうちょっとなんとかしなきゃって思うよね」

ゲームはいよいよ大詰めを迎えていた。

斎藤攻略の糸口を見つけたのは三谷だった。選手の間では「クセ者」と呼ばれている三谷は、早実のショートとセカンドの動きに一定の法則があることに気づいた。

「（林）裕也さんがよくそんな動きをしていたのを思い出して、何気なく見てたんです。そうしたら、右バッターだと、変化球の場合、引っかけやすいんでピッチャーが投げる直前に（ベンチから見て）ショートとセカンドが左に動くんです。それで真っ直ぐのときは詰まるので逆に右に動く」

左打者の場合はその逆に動いていた。右打者のときはショートの方が、左打者のときはセカンドの方がその動きは顕著だった。

果たして、そんな思った通りの方向に打たせられるものなのだろうか。実際に決勝二試合で駒大苫小牧打線がショート、セカンド方向に転がした打球を全部チェックしてみた。すると、驚いたことに九割方、その動きが功を奏していた。再試合の五回表、0アウト一塁から田中が外のスライダーを引っかけて三遊間に転がした。その打球をショートの後藤がスライディングしながらバックハンドで捕球し、素早く二塁で封殺したのだが、そのプレーなど最たる例だった。

ただし、動くといっても斎藤が投球動作に入った瞬間に小さく一、二歩動く程度だ。しかも体を揺らし、軽く足踏みしながら待っているため、動いたのかどうかを見極めるのは難しい。

成果はなかなか表れなかった。前述した左バッターの岡田も、八回表に代打で出場したとき、この情報を得ていたが「逆に聞かなかった方がよかったかも」と話す。

「セカンドの動きをじーっと見てて、あれ、動いたかなとか思ったら、もう斎藤が球を離してるんです。それで慌てて打ちにいってしまったなんてこともあった。本当に微妙なんです。小股で半歩動くか動かないかという程度で。下手に情報を入れると、そうやってまんまとはまってしまうことがある」

その情報を完璧に活《い》かしたのが、九回表、三番の中沢だった。青森山田戦で九回、奇跡の「ゴルフスイング弾」を放った男だ。

九回表、先頭の二番・三木が左前打で出塁した。そして、斎藤からチーム最多タイとなる3安打をマークしていた中沢の打席を迎える。当たっているだけに打席の中でも余裕があった。内野手の動きは初球から「ソッコー、わかった」と話す。

「セットに入った辺りですかね、セカンドが一歩半ぐらい右に動いた。だからスライダーだけにしぼっていきました」

中沢は初球、外より高めのスライダーを完璧に捉えた。一塁にいた三木はこの瞬間、「鳥肌が立った」と回想する。「バチーンってものすごい音がして。打球もやばかった。

あっという間に右中間（バックスクリーン右横）に入った」

3－4。一気に1点差に迫り、にわかに駒大苫小牧のスタンドが活気づく。そして次の四番・本間がポイントになる、誰もがそう見ていた。三谷が言う。

「篤史が出るか出ないかで勝負は決まると思っていた」

本間は昨秋の神宮大会では斎藤からホームランと二塁打を打っていた。だがこの夏は完全にマークされ、ここまで二試合で7打数0安打。4つもの三振を喫していた。

吹奏楽部の顧問・内本は「調子が態度に出る典型的なタイプ」と分析する。

「早実戦はスタンドから歩き方とか守っている姿を見ていても、何かこう元気がない。調子がいいと、ノリノリで、光り輝いて見える選手なんですけど……」

本間は内野手の動きについては「そういうのやったら逆に打てない」と最初から当てにしなかった。内本は、「太陽のように輝いて欲しい」と願いを込め本間のためにアレンジした美空ひばりの『真赤な太陽』を演奏したが、本間は2球で簡単に追い込まれた。そして最後は、またしても外のスライダーで空振り三振に終わる。次打者も倒れ、六番・田中に打順が回ってきた。

田中は打席に入る瞬間、口もとをかすかに緩めた。

「アイツとはやっぱりこういうところで当たる運命なのかなって」

ちなみに内野手の動きについては「見てもよくわからなかった」と田中もまったく頼るつもりはなかった。田中は1球目と2球目のスライダーをフルスイング。ファウル、空振りで、あっという間に追い込まれる。田中は「いえ」と否定したが、気持ちは完全にレフトスタンドに向いているように映った。

そこから3球ファウルで粘り、1ボール2ストライクからの7球目、斎藤が投げる前に捕手の白川英聖《ひでまさ》が一塁側に大きく動いた。田中が出塁したら代打で出場するはずだった奥山雄太はネクストバッターズサークルから「真っ直ぐだ」と見抜いた。

ネクストから改めてバッテリーを観察していた奥山は、最後の最後で捕手の動きである程度まで球種がわかることを発見していた。

「スライダーのときはほぼ真ん中に構える。真っ直ぐのときは左右にはっきり動くんです」

ただ、外の真っ直ぐが来るとわかった時点で田中は打てないだろうとも感じていた。

「一発をねらってる感じだったたじゃないですか。だから外いっぱいにきたら厳しいなと」

案の定、田中は最後の一四四キロの外の真っ直ぐをフルスイングする。しかし、バットにかすらせることもできなかった。

田中は笑っていた。

「最後の夏、負けたら泣くんだろうなってずっと思っていたんです。でも終わったら全力でやり切ったという感じだったんで涙はでなかったです」

香田は「3-4になった時点で満足した」と言いながらも、エンディングシーンに関しては複雑な心境だった。

「不思議な感じだったんだけど、田中には最後の打者になって欲しくなかった。負けるにしても、ヒットでもいいから出て欲しかった。試合にも負け、個人対個人でも負けるというのはね……。そういう田中の姿はあんまり見たくなかった」

田中が最後、空振りしたシーンは、〇六年はもちろん、高校野球を代表する名シーンとして定着し、この後、ことあるごとに使われた。負けず嫌いな田中は、そのことがコンプレックスになっていたようだ。

この七年後、楽天がリーグ制覇および日本一を達成した一三年、エースとなっていた田中は二四勝〇敗一セーブという驚異的な成績で二度目の沢村賞を受賞。その会見で、もっとも印象的なシーンを尋ねられると、リーグ優勝をかけた試合でリリーフ登板した試合を挙げ、思わずこうこぼした。

「今までは散々甲子園の決勝で空振り三振しているところばかり使われてきたので（リーグ）優勝の瞬間、また新しい1ページができてよかった」（二〇一三年一〇月二八日『東スポWeb』）

数々の栄光を手にしてきた田中でさえ、そこまで意識せざるをえない一敗だった。

試合後、本間を始め号泣していた駒大苫小牧の選手らは、ベンチの奥に入ったまましばらく出てこなかった。責任を感じていた本間はひたすら「ごめん」を繰り返していた。

そんな選手を見かねて香田は怒鳴った。

「ごめんじゃねえよ！　名誉なことじゃねえか！」

ただ、そんな香田も涙を抑え切れなくなったシーンがある。

閉会式が終わり、ベンチを後にしようとしたときのことだ。選手らが香田を囲んだ。

そして瞬く間に体を持ち上げられ、香田は三度、宙を舞った。

香田は初優勝したときと同じように、顔をくしゃくしゃにしていた。

「涙、ボロボロ出たね。ありがと、みたいな感じで。恥ずかしいこと、いっぱいあったしね」

香田は五月に監督に復帰してからというもの、「選手は自分の復帰を喜んでくれているのだろうか」という不安を引き摺ったまま戦っていた。そのもやもやとした思いが、胴上げでいっぺんに吹き飛んだ。

〇四年夏から三年にわたって続いた優勝、優勝、準優勝という駒大苫小牧の快進撃。その端緒となったのは、〇三年夏の倉敷工業との再試合だった。あそこで敗れ、流した涙が爆発的なエネルギーに転化した。夏の甲子園一四連勝という偉業は、再試合に始まり、そして再試合に終わった。


銀メダルをかけてホテルに戻った一行は、そこから一時間程度、待ち受けていた報道陣の取材に応じた。それを終えると、香田はさっそくスーツに着替え、夕食のすき焼きを汗をかきながら大急ぎでかっ込んだ。

そのシーンを、控え投手の岡田は不思議そうに眺めていた。

「何でそんなに慌ててるのかなって。これから誰かとどっかで会うのかなと思っていました」

岡田はその理由を翌日、知った。

「監督もタフですよね……。そんなに飛行機が怖いんですかね」

香田と副部長の笹嶋は午後六時五〇分にホテルを出た。新大阪駅まではホテルくれべ空港の社長が車で送ってくれた。そして七時三〇分発の「のぞみ44号」に飛び乗る。一〇時六分に東京駅に着き、今度は一〇時三〇分発の青森行きの夜行バスに乗り換えた。バスに乗り込む前に二人は寝やすいようにと半袖、短パンに着替えていた。ただし、香田は靴だけは革靴のままだった。同行していた笹嶋は楽しげに思い起こす。

「笑いましたよ、あの恰好は。夜行バスに乗ったとき、青森山田の野球部のバッグを持った生徒がいて『なんでこんなところに駒大苫小牧の監督が……』って顔をしてましたよ」

日本中が注目した決勝戦を終えた監督が、その数時間後に東京にいるというだけでも驚きなのに、青森行きの夜行バスに「半袖、短パン、革靴」というへんちくりんな姿で乗り込んできたのだから、さぞかし驚いたことだろう。

トレーナーの小川は夜遅く、香田からこんなメールを受け取った。

「『暑いし、狭いし、最悪です。笹嶋先生は足をつってます』って。二人ともぜんぜん寝れなかったみたい」

笹嶋は夢にうなされていたのだと言う。

「今でも忘れないですよ、バスの中で寝てるとき、ネコバスに乗った夢を見てたんです。映画『となりのトトロ』に出てくる、ネコバスです」

試合の疲れと、寝不足で疲労困憊の二人は、約一〇時間後、朝八時に青森駅に到着した。そこから函館までは約四時間、フェリーに揺られた。笹嶋は香田の動きをそれとなく見守っていた。

「監督は揺れがものすごく気になるらしいんです。だから船内をちょろちょろちょろちょろしてました。もう、じっとしてられないんですね」

午後一時にフェリーが函館港に接岸。スーパー北斗に乗り換え、新千歳空港に隣接する南千歳駅に着いたのは午後五時一分だった。そしてそこからは旅行会社の人に頼んで特別に手配してもらった全日空の車で空港ビルまで運んでもらった。

「車」→「新幹線」→「夜行バス」→「タクシー」→「フェリー」→「タクシー」→「電車」→「車」。乗り換えること七回、約二二時間もかけて香田らはようやく帰郷を果たした。飛行機で行けば、乗り換え一回、三時間半ほどで帰れるというのに。

選手たちは再試合翌日、午後二時に伊丹空港を発ち、羽田を経由して午後五時三〇分に新千歳空港に到着する予定だった。ところが天候の影響で約一時間到着が遅れたため、香田らは余裕をもって合流することができた。

再びスーツに着替えた香田は、関係者通路を通りターンテーブルのところで選手たちと落ち合った。そして、あたかも同じ飛行機に乗ってきたかのような顔をして一二〇〇人のファンが待つ到着ロビーに姿を現したのだった。

香田が飛行機に恐怖心を抱き始めたのは前年の連覇後、部長の一件があってからだった。

「(大阪の)高野連に行ったり、北海道に戻ったりって、ドタバタだったからね。飛行機乗ってるときも精神状態、普通じゃないじゃない。そのあたりから『うわぁ〜』って、はっきりと怖くなってきた」

ただ、チームとともに行動しなければならないという思いがあったため、それからしばらくは我慢して乗っていた。ところがある日、ついに機上で、精神の平衡を失ってしまった。この年の六月、光星学院の五〇周年記念の招待試合に呼ばれ三沢空港に降り立とうとしているときだった。

空港上空に濃い霧が発生していたその日、香田らを乗せた便は三回着陸にトライしたものの完遂できず、結局、新千歳空港に引き返してしまった。機内は下降、上昇、そして旋回と「ジェットコースター状態」になっていた。

「もう体がガチガチに硬直しちゃって。戻るって聞いた途端、『ふざけんなよ!』ってけっこう大きな声が出ちゃってね。あれから、もう絶対無理、絶対無理って。もう駄々っ子みたいに」

試合は翌日だったため、選手らは当日の朝早くに飛行機で再び青森入りしたが、香田はその日の晩のうちにフェリーで本州に渡り、そこからは車で移動した。

それ以降、香田は、飛行機だけでなく、長いトンネルにも、狭い場所にも恐怖心を抱くようになった。

大会後、検査入院していた香田は、一週間ほどで退院した。病との付き合いはまだしばらく続きそうだったが、初優勝から七〇〇日余り、ようやく勝ち続けることから解放され、憑《つ》き物《もの》が落ちたようにさっぱりとした表情をしていた。

「楽なんだよね、やっぱり。……負けて。優勝と準優勝がこんなに違うものなのかって。人は『何で勝てるんだ』とか聞くけどさ、俺だってさっぱりわからないよって。もうそんなことも聞かれないだろうし。そういうストレスから、やっと解放されたよ」

このとき私は、ここからいよいよ駒大苫小牧の新たな章が始まるのだと、素朴に信じていた。


〇六年秋、新チームの最初の大会は、支部予選の二回戦で北海道栄に1－8で七回コールド負けを喫した。この敗戦によって、〇五年夏から続いていた道内公式戦の連勝記録は三二でストップした。

前チームは三年生主体のチームだったため新チームには公式戦に出場した者がほとんどおらず、経験不足は否めなかった。香田は「こんなもんだ」と、さばさばとしていた。

「仕方ねえよ。でも、コールドで負けた以上、来年はコールドでやり返さなきゃ俺は納得できねえって選手には言ったからね。また、こっからだ」

木っ端微塵に散ったお陰で、真っ新《まっさら》なスタートラインに立つことができた。田中という大エースが抜け、どこまで立て直すことができるか。それが香田の新たなモチベーションになった。

例年だと、とことんけなし、その反発力を利用してチームを練り上げた。しかし、この年のチームは、自分たちが先輩より劣っているとやけに素直に認めてしまっている気弱なところがあったため、香田は逆のやり方をした。

「いつもは、おまえらゴミ同然だぐらいの言い方をしてたからね。でも今度は、おまえらの方が田中たちより上回ってる部分はいっぱいあるんだからって。走塁も、守備も。違うかって。今までで、いちばんいいかもしれないぐらいのことを言ってた。そう言ったからって、うぬぼれてしまうような連中じゃなかったしね」

香田はこの頃、頻繁に「最近、なんか楽しいんだよね」と口にした。

学校側のメディア対応も以前ほどの厳しさはなくなり、私だけでなく、香田はできる範囲で取材を受けるようになってもいた。

だが、それもほんの一時期のことだった。

冬の足音がはっきりと聞こえ始めた一一月六日のことだった。寮の近くのゴミ捨て場に学校のカバンが捨てられていた。報知新聞の中尾が状況を語る。

「教科書とかを入れるカバンですよ。それに、ぱんぱんになるまでタバコの吸い殻を詰めて、捨ててあったんです。それを寮母さんが、なんでこんなところにカバンが捨ててあるんだろうと思って拾ったみたいで。それで開けてみたら、全部吸い殻だったというわけです」

タバコの銘柄は一種類ではなかった。マールボロやメンソール系のタバコなど数種類入っていた。問い詰めると、すぐにレギュラーを含む三人の三年生が名乗り出た。

香田を除く他のスタッフは、部内で内々に処理するものだとばかり思っていた。日本高校野球連盟に所属する高校は不祥事があった場合、必ず各都道府県の連盟に報告しなければならないことになっている。が、おそらくはタバコ程度でいちいち報告している高校の方が少ないのではないか。現実問題として、ありとあらゆる不祥事をいちいち報告していたら、高野連はその事務処理だけでパンクしてしまう。高校生など、ちょっと悪さをするぐらいが普通である。それをいちいち「隠蔽」などと騒ぎ立てるのは、あまりにも了見が狭い。

駒大苫小牧は二度の大きな不祥事を起こしたが、早実との死闘の末、準優勝したことで、何とかハッピーエンドを迎えることができた。ここでまた、わざわざ失態を明かし、その結末に泥を塗ることもあるまい。そう考えるのが人情である。

ところが、世間の批判にもっともさらされることになるだろう監督の香田が、その手心を許さなかった。

「外に発表して、これだけのことをしたんだってわからせないと、あいつらは何もわからねえから」

今回も夏の甲子園で準優勝した後だけに、「持ち上げられたぶん、叩き落とされる」番だった。

「正直、怖かったよ。でも、これは部員との勝負だと思ったから」

不祥事の件は、地元紙で大きく報じられた。

〈3度目の不祥事…道内野球関係者に衝撃　厳しい言葉続々　駒苫よ　しっかりしてくれ〉（二〇〇六年一一月一二日『日刊スポーツ』北海道版）

ただ、今回ばかりは内容が内容だけに、さすがに週刊誌各誌は静観していた。

この事件には、じつは前段があった。四月、監督を辞任した香田が顧問として携わっていた時期のことだ。部長代行の笹嶋がどうやら部員の誰かがタバコを吸っているようだと言い出した。

朝、スタッフが利用するための「監督室」と呼ばれる部屋の灰皿に、心当たりのない吸い殻が捨ててあったのだ。しかも、まだうっすらとタバコの臭いが漂っている。タバコを吸わない笹嶋は臭いに敏感だった。

「朝、来たときは何もなかったのに、ちょっと部屋を空けた十数分の間に、誰かが吸ったんでしょうね」

香田や茂木を始め、スタッフの中には喫煙者が多い。笹嶋は念のため、彼らに確認したが、その時点では誰もまだ監督室に入っていなかったし、自分の吸っているタバコの銘柄でもないという。その吸い殻が、練習に出る前に選手が吸ったものであることは、ほぼ間違いなかった。

正義感の強い笹嶋は、卒業生の飲酒・喫煙事件があって辛い思いをした後だけに、その当事者たちがタバコを吸っているのは許せないと選手を集めて問い質した。

しかし、誰も名乗り出ない。笹嶋はその場で持ち物検査を提案したが「出てこなかった場合、責任取れるんですか」と選手にやり返された。ショートの三木は「大人は信用できねえから」とまで言った。

笹嶋は「野球部に携わって、あのときがいちばん辛かったですね」と悲しそうな表情を浮かべた。

香田は「もう監督じゃないから」と、笹嶋と選手のやりとりを黙って聞いていた。

「出場辞退のことで、選手との信頼関係が完全に崩れている時期だった。それでも、笹嶋先生は裏方として、ファンやマスコミから選手を守ってくれたり、写真をパソコンで編集してくれたり、大会のＤＶＤを編集してくれたりって、どれだけあいつらのために尽くしてくれたことか。その先生に対して、出てこなかったらどうすんだとか、大人は信用できねえとか、切れかかってる。それも何人もだよ。だから、三木には言った。笹嶋先生に対して信用できないなんて言うんじゃない、今すぐ謝りに行けって。あいつらの傷ついてる気持ちもわかってたけど、そこは理屈がどうこうじゃないんだって言い聞かせてね」

選手の気持ちもわかるだけに、香田もそのときは一方的な言い方はしなかった。

香田はそのとき、選手の言葉を信じようとした。本当か嘘かは別として、甲子園に出させてやれなかったせめてもの罪滅ぼしとして、そういう姿勢を貫こうとした。ところが、三年生たちは、やはり吸っていたのだ。寮の中に三人もの喫煙者がいて、他の選手が気づかないはずがない。

香田はタバコを吸ったことに怒ったのではない。笹嶋を言葉であそこまで追い詰めた連中が、嘘をついていたことが許せなかったのだ。

「あの状況から準優勝して、よくやった……って思ってたよ。よくやったんだけど、あそこまでよくも言ってくれたなって」

香田は三年生全員の問題とし、翌日から全員練習に参加するように命じた。ほとんどの三年生が自動車教習所に通っていたが、それも即刻やめるよう指示した。それに対し、連帯責任を負わされる形になった三年生が反発した。

部員の意見を取りまとめた本間が語る。

「あの問題が起きたときは、やっぱりこう……免許も取りたいし、バイトもしたいし、まぁ遊びたいっていうのもあって。で、全部やめろって言われて、『それはできません』

と。いちばんは自動車免許でしたね。もう親にお金も払ってもらっちゃってるしみたいな。そう言ったら、監督が『じゃあ、おまえらの金、全部俺が出すよ』って言ってくれたんですけど、高校卒業して野球を続ける人は、今取らなかったらいつ取るんだみたいなのもあって。まあ、ただ単に欲しかったんでしょうね、自動車免許が。練習に出ろということだけなら、みんな出てたと思うんですよ。ただ、やめろってなったんで……。それに、もう引退したんだから言うこと聞きたくねぇよみたいな雰囲気もありましたね」

駒大苫小牧は、年齢制限さえクリアすれば在学中でも自動車学校に通うことが認められていた。野球部員も現役を引退すると、自動車学校に通うことが慣例になっていた。

香田は三年生たちの言い分以上に、その言い方が気に食わなかった。

「もう、あいつらの言い方からして監督と選手の関係ではなくなってたからね。これからは自分で練習する力もつけなきゃいけないとか、ぐだぐだ言ってるから、こっちもわかった、練習に出てこなくてもいい、その代わり絶縁だって言ってやった。進路もほぼ決まってるしな、もうおまえらとは関係ねえから、あいさつもしなくていいからって」

翌日から三年生たちは廊下ですれ違っても、露骨に無視をしてくるようになった。わざとらしく友たちと談笑し、いかにも気づいてない風を装う選手もいた。

「ふーん、そう来たかと。こうなったら、とことんやってやるって」

三年生たちが納得しかねたのは、三月に起きた飲酒・喫煙事件の例があったからでもあった。本間が説明する。

「先輩たちの居酒屋事件がなければ、また違ったでしょうね。あのときの三年生たちは、補導までされてるのに何もなかったわけですからね。普通に大学も行けて。なのに、なんで、こっちも引退した後で、しかも警察に行ったわけでもないのに、こんな厳しいんだと。それはみんな言ってましたね」

香田はタバコを吸ったことに対して怒っているのではなかったが、そこまでは選手には伝わっていなかった。いや、それは周りの大人もわかっていなかった。

そのギャップが、この後、事態をどんどん深刻なものにしてしまう。

それからしばらくして、本間が部員を代表し、香田に謝罪することになった。学校では近寄りがたいので、直接家を訪ねることにした。だが本間は、香田が学校から車で十数分の距離にある「沼《ぬま》ノ端《はた》」という地区に住んでいることだけは知っていたのだが、その先の住所までは知らない。そこで部員からお金を集め、タクシーで行くことにした。

「バスで遠征に行くとき、先輩が、あれが監督の家だって教えてくれたことがあるんです。そうしたら、薄いピンクの家だったので、運転手さんに、ピンクの家探してください、って言って。夕方だったんで、いちおう明るかったですね」

車で探すとはいえ、そこそこ広い住宅街である。それでも、何とか運転手が探し出してくれた。呼び鈴を押すと、息子が出てきた。本間の声を聞き、香田が玄関先まで現れたが、部屋には上げてもらえなかった。そして「謝るなら全員で来い」と突き返された。

ただ、さすがに帰りは香田の妻ひとみが、寮まで車で送ってくれたという。

時間の経過とともに態度を硬化させる香田に対し、周囲の人間はやきもきしていた。あるスタッフの発案で、選手に香田に対して思っていることを洗いざらい紙に書かせたことがある。本間の記憶では「香田には見せない」という条件だったそうだが、それは香田の目にも触れることになった。

その内容が衝撃的だった。香田に対する恨み辛みが書き連ねられ、香田に野球以外で教わったことは何一つない、監督を辞めさせるべきだとまで訴えている者もいた。

香田は、もはや絶句するしかなかった。

「もう、何か、変な宗教にでも入ってんじゃねえかと思ったぐらいだから……」

深紅の会の梶川昇が香田の気持ちを代弁する。

「俺も手紙読んだけどね、香田はショックだったと思うよ。こいつらのためにと思ってやったことが全部否定されてるんだから。憎しみに変わってた。情けないよね。ただ、選手の中では、出場辞退したときの一件が、ずっと尾を引いてたみたいだね。だから、かわいそうではあったんだけど、ちょっと異質な子どもたちでもあった。三年間、決勝の舞台に進んでいる代だから、勝ち過ぎて麻痺してるところもあったんじゃないかな。強くなって、いい選手が入ってくるようになると、親の質も変わってくるんだよ。うちの子は、甲子園に行くために駒澤にきてやってんだっていう親が増えてきた。そういう態度は、子どもにも通じちゃうからね」

この頃、たまたま〇五年夏の甲子園の鳴門工戦のダイジェスト映像を香田と一緒に観ているとき、一番・林裕也が左中間に反撃ののろしとなる二塁打を放ったシーンを観て、香田はつぶやいた。

「裕也、もういないんだよな……」

初優勝した佐々木孝介たちの代、連覇した林裕也の代が、いい意味で、どこか泥臭かったのに比べると、確かに田中らの代は少し雰囲気が違った。戸惑うことなく、すらすらとサインに応じる姿に、彼らは、つくづく下級生のときからスター街道を歩いてきたのだと思ったものだ。

両者の間を取り持とうと、チームドクターの鈴木は、OBの白石守と久々に食事をした後、白石を寮に連れて行き、自分の車の中に本間と田中を呼んだ。先輩である白石に後輩を説得させようと試みたのである。しかし白石はそれが無理であることをすぐに悟った。

「二人ともすごい強気でしたね。これからもずっとつながりがあるわけだから、卒業する前にちゃんと謝った方がいいって言ったんですけど、二人とも『納得いかないので』って。僕らの感覚からしたら、ありえない。監督ですから」

OBに話を聞くと、一様に香田と対立することなど「考えられない」と言った。青地は後輩たちの、ある種の狡猾《こうかつ》さを指摘した。

「茶木（圭介）さんの一件があって、どんなに怒っても手は出せないってことがわかってるから言ってるのかなっていう気もしましたね。僕らも暴力で手懐《てなず》けられていたとは思ってないですけど」

香田の方も、ただ黙っていたわけではない。常に反撃の機会をねらっていた。

一一月下旬を過ぎると、少しずつ大学からスポーツ推薦の合格通知が届き始める。進路を決める際は、少しでもいい大学、あるいは少しでも条件のいい大学に入れさせてあげようと、香田は全国を飛び回った。そうした際の経費は自分で持つ。香田の人脈がなければ、まとまらなかった話は一つや二つではない。しかし、誰も合格通知を受けたという報告にやって来なかった。香田は一人の選手を呼び、こんこんと説教をした。

「おまえさ、自分一人の力で大学決まったと思ってんの？　合格したのがわかったら、俺も、礼状を書いたり、今後ともよろしくお願いしますって電話したり、いろいろしなきゃいけねえんだよ。俺とおまえはどうなってもいいけどよ、俺と相手の監督さんの縁まで裂くんじゃねえよ」

するとー人、また一人と三年生たちが合格の報告にやって来た。そして、香田は「どうせ、言われたから来ただけだろうが」と、いちいち撥《は》ね付けた。

香田は、自分のことをなだめようとする人間に対し、たとえ年上であっても噛みついた。

「いろんな人が、おまえもうちょっとこうした方がいいとか、選手はこう言ってるとか言ってくるから、『何にも知らないくせに、部外者が口出すな！』ってケンカになって。

俺は絶対譲らんと思っていたから。そのモードに入ったら、もう一切、誰の言葉も受け付けない。なんかもう、子どもだよね。ほんとにね」

笹嶋も散々、香田とやりあった口だ。

「くそオヤジ！　とか言われてね。くそジジイだったかな。でも、僕は別に何とも思わなかったです。ただ、もうちょっとね、言葉を選べばいいのにね。それだけでぜんぜん違うのに、バーンとストレートに言っちゃうでしょう」

当時、私も何度も苫小牧を訪れていたが、周囲は香田に対し半ば呆れていた。そして、香田は次第に孤立していった。

「それは俺も感じてたよ。最初は俺と部員、一対二〇ぐらいだったのが、だんだん敵が増えてきて、一対四〇ぐらいの感覚になってたからね」

本間も匙《さじ》を投げた。

「最後の方はみんな、どうでもいいや、って感じになってましたね。将大もプロに行く前、最初は何で謝んなきゃいけないのよって言ってたけど、スカウトの人と個人的に家に行ったらしいです。お礼だけでも言わなきゃって。でも、会ってもらえなかったらしいですね」

香田は結局、卒業式でも、三年生には何の言葉もかけなかった。

最後の方は、もう怒った内容はどうでもよく、ただ、ケンカすることだけが目的となっていたような節もある。

香田自身も、どこかのタイミングで許してしまった方が、はるかに楽だったはずだ。

「いいんだよ、俺みたいのが一人ぐらいいた方が。あいつら、ずっとチヤホヤされてきてるからね。俺も途中からは思ったよ。大人げないかもなとか。でも、そこはあえて目の上のたんこぶになってさ。その方が、あいつらのためにもなるじゃん」

香田は誰にも理解されない中、最後までケンカし切って見せた。

許さないこと。強いて言えば、それこそが、香田の三年生への贈る言葉だった。

第六章

老年期（二〇〇七―〇八年）

見ず知らずの人からの手紙が増えたのは二〇〇三年夏、倉敷工業に再試合で敗れた後からだった。

最初は香田もすべての手紙に目を通した。激励と批判は、半々だった。

「けっこう中傷も多かった。ここが弱点だからここを鍛えろとか、便箋四、五枚にわたって書いてきたり。何かあると、おまえは何を考えてんだってしょっちゅう送ってくる人もいた。慣れない頃は嫌だったよ。あんたに言われる筋合いはないって思うじゃない」

次第に封書を見れば、どのような内容かだいたい予想がつくようになった。送り主が「函館の野球ファン」など匿名になっているもの、宛名が「香田誉士史ちゃん」など明らかにふざけたものは開封せずに処分した。

〇七年一月一五日、新学期が始まった。久々に職員室へ行き、年賀状などの郵便物をチェックしていると、ふと一通の封書が目に留まった。宛先には、函館の住所と「岩崎武」の名前があった。

「宛名の字を見たときに、丁寧な字で、嫌な感じがしなかった。思いがこもっているというか」

普段は読もうと思った手紙は、ひとまずトレーニングセンターへ持って行く。そこで時間があるときに読むのだが、そのときは思わずその場で開けた。

二枚のA4用紙には、パソコンのプリンターで打ち出された文字が横に並んでいた。その手紙はこんな出だしで始まっていた。

〈初めまして、函館市に住んでいます。

岩崎武と言います。37歳です。

香田監督の大ファンでお手紙書きました。

私は心臓ガン（心臓内悪性腫瘍）と言う、珍しい病気で、日本では過去に生きた方はいないと聞いていますし、私の主治医（札幌の病院）も過去に2名いたが1年以内に亡くなりましたと聞いています。

現代の医学では治せる方法はなく、手術で取り除くしかありません〉

（原文ママ）

この後には、自分は奇跡的に発症から二年間生きていること、自分が駒大苫小牧の活躍にどれだけ勇気づけられているかということ、〇六年は八戸で行われた練習試合を含め駒大苫小牧の試合はほとんど観に行っていること、前年九月に第一子となる女の子が生まれたことなどが綴られていた。

最後は〈香田監督が悩んで困ってる時にファンとして何もしてあげることができない

のが悔しくてなりません。（中略）強い駒苫が好きなんじゃないんです。香田野球が好きなんです〉と締めくくられていた。

いついかなるときも自分は香田監督の味方だという思いが伝わってくる内容だった。岩崎の手紙の最後には、住所とメールアドレスが付記されていた。香田はその日の深夜、簡単なお礼のメールを送った。メールの最後には、〈岩崎さん、今度是非お会いしたいと思います〉と記した。

ファンレターをもらい、自分の方から会いに行くという話はあまり聞いたことがない。岩崎の手紙は、正直な感想を書けば、煩わしさを感じるほどにストレートだった。しかし、香田には、そこが染みたのだ。

岩崎は函館にある小さな水産食品加工会社の社長だった。〇三年冬、出張先の仙台のフードバーで働いていた真貴子と知り合い、〇六年に結婚した。真貴子も当時は仙台に住んでいたが、函館生まれだ。そんな偶然もあって、初めて会ったときに意気投合したのだ。

岩崎の五歳年下の真貴子は結婚を決めた理由をこう語る。

「いちばん惹かれたのは、正直なところ。俺、嘘つかない自信あるって。本当にそういう人だったんです。結婚したときは、もう病気のことは知っていましたが、彼を元気づけるには、男の子を産んで、（香田）監督のところに預けるという目標を持ってもらうしかないって思って。だから女の子だとわかったときは二ヶ月くらい言えませんでした。ガッカリされて病気がひどくなったらどうしようって……。実際は、どっちでもいいよ、女子硬式野球でもやらせるかって言ってくれましたね」

岩崎が駒大苫小牧に興味を持ったのは、〇四年の初優勝のときだったという。

「それまでは高校野球はほとんど観てなかったと思います。でも、優勝に感動して、次の日からパソコンや、本を買ってきて調べ始めた。それぞれの選手の出身チームとか、身長、体重、血液型まで覚えちゃって。林（裕也）君はB型だから、こういうときダメなんだとか分析していました。ものすごい凝り性というか、のめり込むと止まらないんです」

それからというもの、香田のことを少しでも悪く書いている記事を見つけると、その新聞社に苦情のFAXを投稿した。不祥事が起きたときは、処分を心配し、高野連に手紙を書き送った。あるいは田中の調子が悪かったときは、病院へ行くよう促すFAXを宿舎に送ったこともある。真貴子が続ける。

「苦情のときは、超攻撃的で、容赦がないんです。親衛隊のつもりなんでしょうね。三度目の不祥事のときも、監督、凹《へこ》んでるんじゃないかって心配してましたね。辞めたら大変だから励ましてやらないとって、妄想の世界で一人で盛り上がっていました」

そして正月、「思いを伝えておかないと後悔する」とパソコンで香田に手紙を書いた。

じつは駒大苫小牧が選抜出場を辞退し、香田が監督を一時期退いていた時期にも学校宛にメールを送った。しかし、そのときは何の反応もなかった。

香田の目に留まった宛名と差出人名は、真貴子が書いたものだった。妻にダメ出しされることを恐れた岩崎は、封をした状態の封筒を渡し、そこに送り先と宛名を書くよう指示したという。

香田から返信メールがきたときの様子を真貴子が思い出す。

「もう、お祭りでしたね。うわーって。私がパソコンを開いたら、たまたま返事が来てるのを見つけて。会いに行きたいなんて書いてあったもんですから、大興奮で。普通、どこの誰だかわからないのに来てくれないよねって」

最初の手紙を受け取った数週間後、香田は妻と子どもを連れて函館の岩崎に会いに行った。家族で遊びに来ましたという風を装った方が、岩崎にも心理的負担を与えないで済むだろうと思ったからだった。

函館駅には、岩崎と真貴子が迎えに来てくれていた。事前に二人の写真を携帯電話に送ってもらっていたので、香田もすぐに気づいた。

「岩崎さん、ハンチング帽をかぶって、ちょっとお洒落な感じで。ほんとに病人？　って感じだったね」

香田らはいったんホテルにチェックインし、夕方、岩崎夫妻と、香田の家族と、岩崎の会社の社員数人で、函館朝市の中の大きな生け簀《いす》のある居酒屋に入った。

岩崎は香田の頭髪の生え際を見て「それって、剃り込み入れてるの？」と聞いてしまうように、周りがひやっとすることを平気で口にした。

真貴子の兄で、函館有斗高時代に甲子園出場経験のある西村嘉浩の第一印象が「ずけずけものを言う、社会性のない人」だったように、良くも悪くも細かいことには頓着しないタイプだった。ただ、香田と電話で話をしていると、突然、「隣に香田と話したがっている人がいるから、ちょっと代わるね」と香田と知り合いであることを自慢したがる人がよくいたが、岩崎にはその手の軽さはなかった。

三年生との煩わしい駆け引きの渦中にあった香田にとって、そんな小細工や軽薄さとは無縁の岩崎の存在がありがたかった。

「だんだん距離を詰めてくるんじゃなくて、すぽーんって来てくれたからものすごくわかりやすかったんだよね」

そして、もう一つ言えば、岩崎が背負っている壮絶な運命に癒やされていた。岩崎は「僕の体のなかには一〇〇個ぐらいガンがあって、いつ心臓が止まるかわからないんですよ」と平気な顔をして言った。

いつ死んでもおかしくないという言い方は誇張ではなかった。

ちなみに、ガンとは言うまでもなく悪性腫瘍のことだ。ただし、同じ悪性腫瘍でも、医学的な分類では表面の細胞から出ているものは「ガン」、内部の細胞から出ているものは「肉腫」と呼ぶ。胃ガンも、肺ガンも、表面の細胞が変異し悪性腫瘍になるため「ガン」と呼ぶのだ。岩崎の場合は、肉腫だった。ただし、「心臓肉腫」と言っても一般的には理解しにくいので、「心臓ガン」と表現していた。

　悪性腫瘍は、髪の毛、爪、皮膚の表面の一部以外、生きている細胞がある部位にはすべてできる可能性がある。ただ、岩崎が後に世話になることになる亀田《かめだ》総合病院（千葉）の腫瘍内科部長で、アメリカで腫瘍の最先端医療を学んでいた大山優《ゆう》はこう説明する。

「心臓に良性の腫瘍ができることは、まああるんです。でも肉腫になると、三、四年に一例でしょうね。僕でも過去に二例しか知りません。心臓肉腫は最終的には、ほとんど助かりません。心臓は取っちゃうと死んじゃいますし、手術ができたとしても一部をはぎ取るような感じになる。それも限界がありますしね。となると、抗ガン剤か、放射線治療に頼るしかないのですが、治り切ることは珍しいでしょうね」

　岩崎の主治医で、心臓血管センター北海道大野病院の元院長だった道井《どい》洋吏《ひろさと》（現札幌ハートセンター副理事）は、〇五年八月、〇六年九月と、二度にわたって手術を行った。道井は道内随一と言われる心臓外科の名医だった。

「彼の肉腫は粘液肉腫といって、ベターッと張り付いていた。粘液肉腫が見つかったら普通は一年は持たない。だから、一年後に二度目の手術をすることになるわけですが、心臓の粘液肉腫で二度も手術をした人は、ほとんどいないと思いますよ。二度目の手術をしたときは薄皮のように奥の方まではびこっていたので全部は取れなかった。肺の中まではびこっていたので、ご家族には半年は厳しいかもしれませんて言ったの」

　心臓が肉腫で詰まり、いつ血液の流れが止まってもおかしくはない状態だった。道井からしてみれば、今生きていることの方が不思議だった。

その頃の香田は深い徒労感に苛まれていた。

前年、田中たちの代は、二度の不祥事を乗り越え、何とかハッピーエンドを迎えた。選手との信頼関係も回復したと思った。ところが、その後、喫煙事件で三年生が嘘をついていたことが判明した。香田は激怒したが、その怒りは、三年生の心には届かず、反発を生んだだけだった。そして選手には「監督を辞めさせた方がいい」とまで言われた。

相次ぐ不祥事で部が激震に見舞われているとき、いったい自分は、何のために、誰のために身を粉にしたのか——。

また、勝てば勝つほど心を開いて語り合える人間が減り、孤独感が募ってもいた。

「部長とかコーチとか、身近な人にもわかってもらえないことは、いっぱいあったから」

そんな辛い時期だっただけに、香田はことあるごとに岩崎の心中を想像した。

「あんなこと普通に言ってるけど、夜、一人になったら怖いんだろうなとか考えるじゃない。俺はあんな気丈に振る舞えねえなと思ったら、俺の悩みなんて岩崎さんが背負ってる苦労の何万分の一ぐらいじゃねえかと。そう解釈させてもらって、自分をぎゅっと強く持ったことは何回もあった。不祥事を何度も起こして、世間的には野球の指導はピカイチだけど、教育者としては失格だって思われてるんじゃねえかってビクビクしてた。でも、人目が気になるとか、何だそれって」

岩崎なら、わかり合えるかもしれない――。香田はすがりつくような思いで岩崎に会いに行ったのだった。

初めて会った日の夜、香田と岩崎の話は、居酒屋の閉店時間、夜一二時を過ぎても尽きることがなかった。

以降、香田と岩崎の間では頻繁にメールが交わされるようになる。機械音痴で滅多に学校のパソコンを開かなかった香田だが、パソコンのメールをチェックするのが日課になった。

岩崎は中学までしか野球経験はなかったが、臆せず、香田にどんどん意見を言った。香田はそんな岩崎の思いをできる限り汲《く》んだ。

「今日の試合は誰々がダメだったとか、ピッチャーの片山（孝平）が落ちるボールを覚えたらおもしろいとか、遠慮がないというより、思ってるから言っちゃうみたいな。でも、翌日、気分を悪くしたらごめんなさいみたいなメールが来たりもして」

思わず言ってしまい、あとで悔やむ気持ちは、香田にはよく理解できた。香田も同じような失敗を何度も繰り返してきたからだ。香田が続ける。

「突然、ランナー三塁で点が取れないのが納得できない、みたいなメールが来たことがあって。スクイズを百パーセント決める方法を考えたいみたいなことが書いてあるんだよね。野球って常識にとらわれてるところがいっぱいあるから、岩崎さんみたいな発想でこられたら……待てよ、って思えることがたくさんあった」

香田が話していたメールは、以下のようなものだった。

二〇〇七年二月一九日

〈スタンドで見ていて、3塁にランナーがいて、点数が入らないほど腹立つことないんですよ！（怒）　そこで100％とは無理ですが90％ホームイン出来る方法はないものか？　10回トライして9回成功する究極の点取り方法は？　スクイズは？　（中略）絶対、点を取る方法を開発してやるぞ〉

それに対し、香田は〈野球開発者の岩崎様!!〉という出だしで返信を送った。

二〇〇七年二月二〇日

〈ランナー三塁にいるケースの攻め方としては、強打、スクイズ、セーフティースクイズ、エンドラン系となりますよねえ。このどれを選択しても成功させる練習と、見破られない演技、工夫ですよねえ。今日は外で出来る感じなんで、選手も攻撃面の練習をやりたい!!　ということなんで、今までの話もヒントにしながら、追求したいと思います。（中略）また頭の中が熱くなるメールお願いします。真冬に真夏並のメール!!　これがいいんですよ～!!〉

両者のメールとも、ほんの一部を抜粋しただけだ。いずれもこの五、六倍の長さがあった。こんなやりとりを時間さえあれば繰り返していた。

その様子を真貴子は心苦しい思いで見守っていた。

「素人なのに思いついたことを全部、監督に伝えちゃう。困っていたんじゃないですかね。迷惑だったと思うんですけどね……。いつもあの調子なので」

駒大苫小牧に興味を持つ前、岩崎が注目していたのはスキージャンプの船木和喜《ふなきかずよし》だった。一九九八年の長野五輪で団体を含む二つの金メダルを獲得して国民的スターになった船木だったが、ルール変更により二〇〇〇年代に入ってからは不調が続いていた。

岩崎は船木のジャンプの映像を見ながら、足の開き方、踏切のタイミングなど細かい部分まで分析し、気づいたことを船木のホームページに掲載されているアドレスへ送った。

しかし返事はなかった。真貴子は呆れ返っていた。

「俺が忠告したのに返事もよこさないようではダメだわって。そんなの来るかいな。素人の相手をするわけない。なのに、テレビ中継を観てても文句ばっかり。フォームを変えたからだとか、テレビに出てチャラチャラしてるからだとか、ほんと大変な人」

ゴルフに熱を上げていたときも徹底していた。その日のスコアが悪いと、帰りにクラブをセットごと買ってきてしまうのだ。そんなことが四、五回あった。ファンスキーと呼ばれる短いスキーに熱中していたときは何枚もの指導ＤＶＤがそろっていた。ブランド物の服に凝っていたときは、気に入ったデザインのものがあると色違いを全部そろえてしまう。

「危ない人ですよね。普通の人は引くと思う」

しかし香田は違った。むしろ、この後、ますます岩崎との親交を深めていくことになる。

「探り合いがないぶん、昔からの友人のような、最初から幼なじみのような不思議な間柄になったんだよね。何でも話せたし」

香田にとって、岩崎は単にわかり合える、あるいは話し合える友人という存在にはとどまらなかった。

香田は〇六―〇七年のチームの、導火線を探していた。

〇四年までは全国制覇という目標があった。日本一になった後、〇五年、〇六年は勝ち続けなければならないという切迫感があった。そして、そこから解放され、〇六―〇七年は原点に立ち返り、もう一度、素朴に野球に打ち込もうとしていた。しかし、選手に裏切られ、「こいつらのために」という動機づけにも虚《むな》しさを覚え始めていた。

そんなときに現れたのが岩崎だった。大仰な言い方をすれば、〇七年、香田は岩崎のために戦っていた。だからだろう、この後、岩崎の命と、香田の監督としての命脈は、同じようなバイオリズムを描くことになる。

新チームのキャプテンは、前々主将の林裕也の弟、林幸平だった。兄より体型はガッチリとしていたが、野球センスは兄ほどではなかった。

小粒な感じは否めないチームだったが、だからこそ、香田の手腕がもっとも発揮されるタイプのチームでもあった。

「ぴかっと光るものはなかったというか、パンチ不足かなというのはあった。でも、機動力があって、生徒たちとの相性っていうか……わかってくれる感じもあって。ピッチングスタッフもけっこういて、一人だけというのでもなかった。それと、下級生のときにレギュラーだったやつもいないから、野球をやる喜びに満ちてたよね」

茂木雄介は、この代のチームをこう評価する。

「あのときのチームは、カバーリングと走塁は行き着くところまでいったというか、究極だったと思いますよ。ここがこう動いたら、ここが空くからこう動いてって、僕も頭がこんがらがりそうになりましたからね」

カバーリングにこれまで以上に執着するようになったのは、早実戦での中継ミスがきっかけだった。最初の試合で、八回表に1－0と勝ち越して迎えたその裏、三番・桧垣皓次朗の左中間への二塁打をリレーに失敗し、三塁への進塁を許してしまったプレーだ。あのミスをきっかけに同点とされ、再試合になったのだとも言えた。

部長の打田圭司が顔をしかめる。

「北海道は雪が解け始めた頃が、いちばんひどいんだよ。雪と土が混ざって、ぐっちゃぐちゃで、どっろどろになる。そんな中でも延々、中継プレーの練習をやってたからね。足、凍傷になるんじゃねえかっていうぐらいのところでさ」

百分の一のプレーで負けたならば千分の一、いや万分の一までこだわる、それが香田だった。

走者がいるとき、通常、ショートとセカンドは、捕手が投手に返球するのに合わせ、一球一球ピッチャーの後ろに回り込む。滅多にないことだが、そこで返球ミスが出たときに備えるのだ。ところが〇七年のチームは、走者がいないときでもカバーに入っていた。

茂木がその根拠をこう示す。

「何かのときに、おまえらランナーがいるときに急にやれって言われてもできねえんだからよ、いなくてもやれ、みたいに言われたんですよ。習慣づけしろみたいな感じで」

走者がいるいないにかかわらず、ボールがミットに収まった瞬間には、ショートもセカンドも動き始めていた。そして、いつボールが来ても対応できるよう、姿勢を低くし、グラブを構えて捕手の返球を待った。

この頃、自宅で香田が野球関係者の誰かと電話をしながら、延々カバーリングについて意見交換をしていたことがあった。

当時、香田が頭を悩ませていたのは「ランナー二塁で、一塁方向にゴロを打たれたときのカバーリング」だった。

一塁手がゴロを捕球したとき、もしくは二塁手が捕球したものの一塁手もベースを大きく離れてしまっている場合は、一塁ベースカバーに入るのは投手の役割だ。野手は投手の動きに合わせて送球しなければならず、タイミングが合わずに送球が逸れてしまうことがままある。その際、後ろをカバーする選手が不在で、二塁にランナーがいると一気に生還を許してしまう。

ランナーがいないときは、捕手が一塁の後ろに走ればいい。しかし、走者がいる場合、ホームベースを空けるわけにいかないので、カバーする人がいなくなってしまうのだ。

香田は何人もの人に意見を求めた。

「あるプロスカウトが、キャッチャーが行くべきだって言うから試してみたんだけど無理だった。一塁カバーに走って、それからホームベースに戻ってこようと思ったら、極端な話、五〇メートルを二秒ぐらいで走れる選手じゃないと間に合わないよ」

試行錯誤しているうちに、香田は妙案を思いついた。捕手は一塁カバーに走らせ、三塁手がホームをカバーすればいいのだ。三塁ベースは空けていても別段、支障はない。そうすればランナー二塁で送球ミスが出ても、一、三塁でとどめることができる。

「どこのチームも見えてるようで見えてないところまで入り込みたかった。そういうの、野球っていっぱいあるんだよ」

香田が編み出した新しいカバーリングはまだある。ランナーなしで長打コース、つまり左中間や右中間、あるいはレフト線やライト線に打球が飛んだとき、一塁手は打者走者が一塁ベースを踏んだのを確認し、後ろから追いかけ二塁のカバーに入るのがセオリーだ。しかし、駒大苫小牧は、走者よりも先に一塁手が二塁へ行く。そうすれば、通常通りショートとセカンドの二人が中継プレーに参加できる。

「どこもやってないと、普通、これっておかしいこと？　って思っちゃうじゃない。やっちゃいけないのかなって。でも、よくよく考えると、そっちの方がぜんぜんいいんだよ。そういうの探すの、快感なんだよね」

走塁に関しても、細かいところまでとことんこだわった。

ディレードスチールのやり方もひと工夫、加えた。ディレードスチールとはキャッチャーミットにボールが収まってから一塁走者がスタートを切る盗塁のことで、相手の虚を衝く作戦である。セカンド・ショートが一塁走者がスタートしたと判断するのは、両肩が二塁ベースに向いたときである。そのため、一塁走者は、サイドステップで移動する時間を長くした。そうすると、捕手の角度からはリードが大きいことに気づくが、左右にいるセカンド・ショートの目からは角度上、意外と気づかない。セカンド・ショートが二塁に入らなければキャッチャーは投げたくても投げられないため、セーフになる確率はグンと高まった。

○七年の最大の事件は、四月下旬に降って湧いた「特待生問題」だった。

日本高校野球連盟が突然、それまで公然の秘密として黙認してきた特待生制度の実態調査および是正に乗り出した。

引き金は、三月上旬に起きた西武の裏金問題だった。西武が二人のアマチュア選手に「栄養費」の名目で、金銭を渡していたことが明らかになった。そして、そこに関与していた専修大学北上高校（岩手）の特待生制度の内容が明らかになり、高野連は、特待生制度こそが裏金の温床になっていると判断したのだ。

高野連が問題視したのは野球部の中に特待生がいるかいないか、ではない。その選手が特待生制度を受けている理由だった。

野球部員であることが理由である場合は、もちろん違反。また、それ以外に、学力、人物、保護者の経済状況等を加味している場合でも「野球部員」であるという条件が色濃く出ていればアウトだった。つまり、アウトとセーフの境界線を示す明確な基準があるわけではなく、ジャッジは原則的に学校に一任されていた。

駒大苫小牧が自ら「アウト」の判定を下したのは、申告期限と定められていた五月二日の直前、四月二九日だった。

同校には「部活動奨学制度」という、体育と芸術の二コースの生徒を対象にした奨学制度がある。その資料を北海道高野連に提出し判断を仰いだところ、「二コースに限定しているのは問題がある」と指摘された。つまり、野球部員であることを条件とした奨学制度と見られても反論し切れないというのだ。

最終的には、全国で延べ三八四校が違反とみなされる特待生制度を設けていると申し出た。対象部員は、計七九七一人にも上った。駒大苫小牧と同様か、それ以上にあからさまな野球部員に対する特待生制度を採用しながらも、自らの判断でOKとし、申告しなかったチームもあった。

二九日の晩、野球部員は校内のある一室に集められ、校長の小玉章紀《あきのり》からその決定の説明を受けた。香田が回想する。

「どこかで覚悟している部分はあった。でも端から見てても、選手の気持ちがガクンと落ちたのがはっきりわかった。そらそうだよね、あいつらは何も悪くないんだからさ」

特待生制度を受けていたのは部員一一一名中、三一名。うち一五名は三年生だった。該当する三一名は、五月二日から三一日まで、対外試合への出場を自粛しなければならなかった。

香田はその場で、該当選手の一人だった三塁手で、主将の林幸平に「どう思う？」と聞いた。

「僕はそのとき、レギュラーを取れるかどうか微妙な立場だったんで、同じポジションのやつが春の大会で活躍したら、そいつの方が有利になる。僕らは試合が少なくなるぶん、アピールする場も少ない。公平な目で見てもらえるかどうか心配です、というようなことを話しました」

ほとんどの地域はすでに春の大会は終わっていたが、シーズンインが遅い北海道は、まだこれからだった。その上、北海道は沖縄の次に夏の開幕も早い。香田が振り返る。

「正直、よその地域がうらやましかったよ。北海道、もろに影響するじゃんって。こいつらは秋の支部予選ですぐ負けちゃったから、まだ公式戦二試合しか経験してなかった。去年のうちだったら別に問題なかった。田中が出られなくなっても、それまでの経験がある。むしろ、休ませられるじゃん。でも、この代は何よりも経験と自信が欲しかった。やっぱり……すごいでかいことだと思ったよ。計画が、だいぶずれるなと」

このときも岩崎は援護射撃を怠らなかった。さっそく高野連に苦情のFAXを送った。香田は温かな笑みを浮かべる。

「あんときも岩崎さん、熱くなってたね。FAXしときましたからって。がんがんやってたらしい。ふざけんなって。やるって言ったら、とことんやる人だから。その内容もわざわざ俺のところへ送ってきたんだよ」

道内では駒大苫小牧を含む一三校が特待生制度に違反していると申告し、うち六校は春の大会を辞退した。その中には「特待生が誰であるかわかるとチーム内の和が乱れる」と心配し、辞退を決めたチームもあった。

駒大苫小牧は、特待生を除く総勢八〇人で出場することにした。香田は特待生が誰かわかってしまうことの危惧よりも、せっかくの機会を逃すことの方がチームにとってマイナスだと考えた。

「悪いことしたわけじゃないんだから。俺の中では、出ないってことは考えられなかった。特待のやつらもスタンドから見ているだけでも成長してくれないかなって。こうなったら、この状況もプラスに変えていくしかない。あと、嫌らしい言い方になるけど、このチームでどこまでできるか、俺の指導力を評価してもらえるチャンスでもあるわけじゃない」

　香田は特待生が抜けた後のチームを「へっぽこ野球団」と命名した。一六七センチと小柄だが守備と走塁には定評のあったショートの本多弘治《こうじ》は、その頃、特待生ではないもののレギュラーをほぼ手中に収めつつあった。

「本当にへっぽこでしたね。最初の練習試合、ものすごい負け方をしましたから。エラーで自滅するわ、打たれるわで、雰囲気も最悪。こりゃダメだなと思いましたね」

　五月三日から予定されていた四日間の東北遠征の期間は、特待生は気持ちの整理をつけるためにと休養を与えられた。

　東北遠征の初戦、へっぽこ野球団は、今やすっかり甲子園常連校となった花巻東に0－7の大敗を喫する。花巻東の特待生制度も日本学生野球憲章に抵触していたため、主力の特待生抜きのメンバーだった。だが、野球に対する姿勢が違った。

　試合後、香田は選手たちに言った。

「おまえら、明日から花巻東を真似しろ。見ただろ、誰もベンチで座ってなかっただろ。おまえたちなんか、へっぽこなんだからよ、ベンチで盛り上げるとか、せめてそういうところでがんばるしかねえだろ」

試合中はベンチで座らないこと。駒大苫小牧では、それがルールになった。その姿勢が、メンバーの心の結びつきを強めた。東北遠征を終え、戦績は三勝二敗一分け。特に評価できたのは最終戦、五月六日の八戸工業大学第一戦だった。それまでのチームはいずれも特待生抜きの構成だったが、ここは正真正銘のベストメンバーである。力量的には間違いなく相手の方が格上だったが、それでも6－4と競り勝った。


「ボコボコにされるんじゃねえかな」

春の支部予選前、香田はそう心配していた。

駒大苫小牧は抽選の結果、室蘭大谷と鵡川と同じブロックに入った。ベストメンバーでもそう簡単に勝てる相手ではない。香田は選手に言った。

「打てないとか、エラーはどうでもいいから、とにかく全員で雰囲気を出していけ」

雰囲気。香田野球のキーワードでもある。ムードが生まれれば、体が自然と動くようになる。駒大苫小牧は二回戦で室蘭大谷を3－2で破り、勢いに乗った。続く三回戦は、強敵・鵡川を5－2で退ける。

へっぽこ野球団の快進撃は止まらなかった。全道大会に進むと、初戦で、その春の選抜出場校・旭川南高校を2－1で撃破。そこからは打線が爆発し、準決勝では札幌日大を7－2で退け、決勝は函館工業に13－1で圧勝。いくつかの有力校が出場辞退していたとはいえ、この優勝は掛け値なしの快挙と言ってよかった。香田が胸を張る。

「対外的には、特待組がいない中でまぐれです、奇跡です、って言ってたけど、日々、それだけみんなで魂込めてやってきたんだということを証明できた。一般生だけで出場したって、俺たちはここまでできるんだって。うちの何があっても揺るがないものをみんなに感じてもらえたと思う」

チームが窮地に追い込まれたときほど、結果を出す。このときも香田の逆境に立たされたときの逞しさが際立った。

この大会でもっとも化けたのは、ムード係で、三塁手の安孫子《あびこ》翔太だった。「ムード係」とはベンチの雰囲気作りを担当する者のことだ。その元気さをかわれ、特待生が抜けた後、安孫子は臨時主将にも任命されていた。

一六四センチ、八〇キロ。ずんぐりとした体の安孫子だが、美幌《びほろ》北中学時代は、エースで四番だった。

「四校ぐらいから誘いがありましたけど、やるんならいちばん強いところでやりたかった。でも、ここに入ったばかりの頃は、これはちょっと厳しいかな……と思いましたね」

安孫子の最大のネックは足だった。五〇メートル走のタイムは七秒。機動力を重視するチームの中では大きなビハインドだった。

だがこの春、五番に抜擢《ばってき》された安孫子は、打率四割八分一厘と、その欠点を補ってあまりあるほど打った。

「それまでは僕はずっとサブだと思っていた。だから、たまに試合に出ても結果を出さなきゃって焦ってしまって……。でも春は、自分が主役になってもいいのかなと。代わりもいないし、自分がやるしかないんだって思えたら、気分的にぜんぜん違いましたね」

この春、特待生がいない間に安孫子を始め何人かの控え選手がレギュラーを脅かす選手に成長した。スタンドで応援することしかできなかった特待生たちは焦燥感を募らせていた。主将の林がその胸中を語る。

「みんなそうだったと思うんですけど、勝利を素直には喜べない自分もいた。自分たちがいないのに勝ってるわけですから……」

林らの気持ちを痛いほど察していた香田は、特待生の対外試合出場が解禁となる六月一日、平日であるにもかかわらずさっそく練習試合を組んだ。その日は全道大会の準決勝とぶつかっていたため、午前一〇時半から円山球場で準決勝をこなし、その後、すぐに苫小牧に戻ってきて再び指揮をとった。

「どうしても六月一日にやらせたかった。今日からやれるんだ、っていうあいつらの気持ちを大事にしてやりたかったからね。だから、夏の大会中とかは練習試合は禁止なんだけど、春はどうなのかって、ずいぶん前から高野連に問い合わせていた。そうしたら、いいということだったんで、どんな条件になってもやろうと思った」

夏の支部予選のメンバー提出期限は六月一二日。特待生に与えられたテスト期間はわずか一一日間しかなかった。香田はその間、八日間で計一一試合もの練習試合をセッティングした。

「こなさざるをえないでしょう。それぐらいしてやらなきゃ、俺、恨まれるよ。ぜんぜん見てもらえないのに決められたって。これだって少ないと思ってるぐらいだから。やっぱ、あいつらにとってこの時期はでかいからね」

北海道の選手にとって空白となった五月は、単なる一ヶ月間ではない。そこまでの二年半の努力が水泡に帰すかもしれない一ヶ月だった。

急ピッチで特待生と非特待生の融合が進んだ。春のチームは、一つの完成形だった。そこに新たなピースを入れるということは、いったんチームを解体することでもあった。

ある選手は明かす。

「やりにくかったですね。春より個々の能力は高かったけど、みんな、俺が、俺がという感じでぜんぜん一体感がなかった」

香田も軋《きし》みを感じ取っていた。同じような境遇にあるチームの監督にそのことをもらすと、どこのチームも似たような現象が起きているようだった。

駒大苫小牧は、やはり選手層が厚い——。春の全道で優勝したとき、一部の人たちは予想通りの反応を示した。が、多感な高校生を動かすことは、テレビゲームとは違う。

香田は慎重の上にも慎重を重ねて、チームづくりを急いだ。

「特待がいなくても優勝できたってことは、特待が戻ってきたらどんなチームになるんだってみんな言うんだけどさ、チームづくりって、そんなに簡単じゃないからね」

ある試合後のミーティングで、非特待組のフラストレーションが爆発した。主将の林幸平は沈痛な面持ちで振り返る。

「僕らが混ざったことで戦力は上がったけど、雰囲気は悪くなったみたいな言い方をされて……。こたえましたね」

自分をアピールする時間が限られていた彼らに、チームのことまで考えている余裕はなかった。林は安孫子とサードのレギュラー争いをしていた。解禁直後はそれまでの鬱憤を晴らすかのように結果を出したが、あるときを境にパタリと当たりが止まった。安孫子は林の心境をこうおもんぱかった。

「(林)幸平は前の僕と同じ。結果を出さなきゃという焦りが出てきて、すべてが悪循環になっていた」

ノックのとき、同じポジションに選手が複数いる場合、通常はレギュラーから先にノックを受ける。これまではずっと林が先だったが、夏の支部予選が開幕する数日前、林の方から安孫子に先頭を譲った。

「結果をみたら明らかに安孫子の方が上。だから、前いけよ、って言いました」

最終的に春の大会でメンバー入りした一八人のうち、夏もベンチ入りできたのは安孫子ら五人にとどまった。背番号は安孫子が「5」で、林は「12」になった。前年の秋につけていた背番号と逆になっていた。

レギュラー争いに敗れた林はその夏、三塁コーチャーを務めた。

「今年のうちは足が売り。だからやりがいあります。今は安孫子が打っても、それでチームがいい方向に向かってくれればいい。個人的な感情はまったくありません」

六月二五日、大会が始まると、林はその右腕を何度となく回した。

○4－1　鵡川
○2－1　北海道苫小牧南
○7－0　室蘭大谷
○8－1　北海道尚志学園
○6－1　北照
○9－2　北海学園札幌
○15－0　函館工業

七試合で計51得点――。決勝戦の相手は、奇しくも春と同じ函館工業だった。そして、春の13－1を上回る圧勝劇。南北海道大会の決勝としては最多の15点を挙げ、北海道史上初となる大会五連覇を達成した。香田はまた一つ、難局を乗り越えた。
「特待生じゃないやつらでもあれだけできたんだから、こいつらはもう一つ上の野球ができないといけないという重圧はあったよ。ひねくれずによくやってくれた」

優勝を決めた直後、ベンチから出てきた香田は「終わった、終わった」と久しぶりに清々《すがすが》しい表情を見せた。

「年々、思うようになってきたけど、甲子園が決まれば俺の仕事は終わりだから。あとは思い切りやれって。甲子園はあいつらのもん」

夏の大会に入る前は、正直なところ、春の優勝は足枷《あしかせ》になるのではないかと思った。完成度が高ければ高いほど解体するのに時間がかかる。しかし、香田はわずか一ヶ月強で、解体し、再構築するという離れ業をやってのけた。


南大会の決勝には、酸素ボンベを積んだ車イスに座る岩崎の姿もあった。

岩崎は六月から、最後の望みをかけ、千葉県の亀田総合病院に入院していた。房総半島の鴨川《かもがわ》の海の目の前に建つ、アメリカ式の最先端医療に積極的な病院だった。もはや手の施しようがなく、あらゆる医師に治療を断られる中、亀田総合病院の腫瘍内科部長・大山優が唯一、応じてくれたのだ。

岩崎は、大山にメールでこう訴えていた。


〈今まで多数の病院に相談してきましたが全て断られてきました。私の病気は非常に珍しく、医者に嫌われるのでしょうか？

（中略）

私は駒大苫小牧の野球部の香田監督と知り合いで甲子園で北海道の高校が２回も優勝するなんて夢にも思わないし、奇跡だと誰もが思っていたと思います。しかし選手はやれると思ってるところが凄いですよね。

同じように心臓が動いている以上、諦めたくありませんし、奇跡を起こせると信じています〉

（原文ママ）


岩崎は大山の診療のもと、まだ世界でもほとんど例のない心臓肉腫の抗ガン剤治療に挑んでいた。手術が不可能な以上、未知の薬に賭けるしかなかった。大山が説明する。

「この腫瘍にはこれが効くというのは、だいたいわかっている。でも岩崎さんの場合は、まったくわからない。だから恐々《こわごわ》、やってました。自己輸入した抗ガン剤を試してみて、副作用が強過ぎるので止めたりしながら。岩崎さんが他の人ともっとも違っていた点は、覚悟が決まっていたということですよね。こういうご時世ですから、起こりうるリスクをいちいち述べなければならない。でも岩崎さんは、何があっても自分で責任は取りますと。世の中の人、みんな岩崎さんみたいだったらいいんですよ。できることをやればいい。なるようにしかならないんですから。科学的見地で考えれば、治るということはないと思っていました。つゆほども。ただ、説明がつかないことは起こることもありますから。そういう期待は抱いていましたね」

その頃の岩崎は、抗ガン剤治療の影響で体調が不安定で、心臓の機能も低下していた。そのため全身の酸素が足りず、付き添いの医師とともに酸素ボンベで酸素を補給しながら観戦していた。

優勝を決めた香田は応援スタンドにあいさつに行くとき、真っ先に岩崎の姿を探し、目を合わせてガッツポーズをした。岩崎の隣にいた真貴子が思い出す。

「監督さん、ガッツポーズかなんかしてくれたんで、ホテルに戻ったら、ぴんぴんしちゃって。それからみるみるよくなっていったんです。千葉に戻ってからも、普通に歩けて、食事もがんがんできるようになった。治っちゃったんじゃないかって思うぐらい元気になって、車、買っちゃったんです。黒のゴルフ。四〇〇万ぐらいする車を五年ローンで。まだ五年ぐらい生きる予定だからって。一括でも払えたんですけど、生きる目標にしたかったんだと思います」

〇七年夏、香田は三人の投手を小刻みに使うなどしてチームの潜在能力を可能な限り引き出し、前年とはまた違った魅力のあるチームに仕上げていた。

甲子園に行けば、駒大苫小牧は変わる――。また、何かやってくれるのではないか。そんな期待が募った。

一回戦は、大会四日目第四試合で、広島の古豪・広陵《こうりょう》高校とぶつかることになった。それまで三年連続で五日目以降の「二回戦登場」のクジを引いてきたが、さすがにそのクジ運も尽きた。

この年の広陵の中心は、野村祐輔（広島）・小林誠司《せいじ》（巨人）のバッテリーと、三番の土生《はぶ》翔平（広島）だった。投打に隙がなく、間違いなく全国トップレベルの有力校だった。

同大会を主催する朝日新聞社は、開会式のリハーサル前、対戦が決まったチーム同士の監督対談を企画する。その席でのことだった。

広陵の監督・中井哲之《てつゆき》は、会うなり、両手で香田の右手をぎゅっと包んだ。

「いや〜、ありがとうございます。ずっとやりたいと思っていたんですよ。嬉しいですね、駒大苫小牧さんとやれて。光栄です」

香田は「何か、いつもと違う」と居心地の悪さを感じていた。中井は、香田の九つ年上である。二度、選抜大会も制している。実績も申し分ない。その中井が、へり下っていた。

中井にあからさまに持ち上げられた香田は、奇妙な浮遊感を覚えながら野村のスライダーをどうすれば攻略できるのか等々、いつもの対談だったら絶対に話さないようなことを口にしていた。取材が終わり、香田は気づいた。

「あれ、いつも、俺が言ってたセリフじゃねえか」

僕たちはチャレンジャーなんで、対戦できて光栄です、憧れのチームでした、今日は勉強させてもらいます——。相手を刺激したくない、あわよくば相手の闘争心を削《そ》ぎたい、という心理的戦術だったと言えばそうだ。が、半分は本音でもあった。それを逆にやられた。

「どこの有名なチームよりも嫌な気がしたよ。広陵の選手たちって礼儀作法もきちんとしてるし、監督と一緒に戦うみたいな雰囲気もある。ああいう強豪私学はあんまりない。選手の能力で戦ってるようなチームは大抵、なんだあんなとこって思うんだけど、広陵は違った。しかも、監督がすんごい嬉しそうな顔で対戦できて光栄ですなんて言えちゃう。やられたと。試合中も、そこが気になって気になって仕方なかった」

中井も半ば本音だったかもしれないが、半ば違った。中井は香田の第一印象を「怖い物知らずなところ、ありますよね」と振り返った。

「だって、びっくりしましたよ。対談のとき、短パンをはいてきたんですよ。普通、それぐらい考えるでしょう」

その不快感を抑え込み、笑みを絶やさなかった中井の方が一枚も二枚も上手だった。もちろん、短パンをはいていった香田に他意はなかった。それにしても、上下関係や服装にはとにかくうるさいアマチュア球界にいるのだから、それぐらいのことには気づいてもよさそうだ。しかし、香田には、そこまで気にしなくてもいいのではと思えるぐらい気にするときがあるかと思えば、まったく逆に、さすがにそれは大胆過ぎるのではと思えることも多々ある。

「確かにあるよね。人からよく言われる、それは。そのとき、短パンで行ったかどうかまでは覚えてないんだけど。でも、俺、そんなことするかな。でもあるよね、そういうとこ」

ミズノの渡辺にその話をすると、こう言葉を補った。

「無神経でずぼらなところは、超デリケートで、超神経質な部分の裏返しなんだよ。最初に無神経な香田監督の方から入っちゃうと、なんだ、この大ざっぱで、物知らずなヤツはとなっちゃう。そうすると、スイッチが入ったときの、監督の細かさ、緻密さを見落としてしまうんですよ。つい、それで、油断してしまう」

ただ、どうであれ、中井との対談で隙を見せてしまったということは、やはり何かが少しずつずれ始めていたのかもしれない。香田は自分の中の変化についてこう語る。

「甲子園に出続けて、どこか麻痺していった部分もあったのかもしれない。孝介たちの代のときみたいに、甲子園でもやるぞーって、純粋には思えなくなってた。また勝っちゃったらどうしようという怖さもあったしね。それはもう、持病みたいになってたから」

○四年に初優勝したときのキャプテンで、駒大の三年生になっていた佐々木孝介は、この夏、臨時コーチとして駒大苫小牧に同行していた。そして練習中、香田の微妙な変化を感じ取っていた。

「楽しそうじゃないんですよ。監督室からマイクで指示を出しているのを見て、びっくりしました。グラウンドに出る回数がものすごく減りましたね」

抽選のときも佐々木は嫌な感じを持ったという。

「いきなり広陵ですもんね。正直、三年連続決勝に行ったときは、日程もよかったし、初戦の相手にも恵まれていた。難しい初戦を突破し、そこから勢いに乗った。そろそろ運がなくなってきたのかなって……」

広陵との試合は、香田が初めて甲子園に出場した〇一年夏の松山商戦以来のナイトゲームになった。そのあたりも過去三年、決勝まで進んだ年とは雰囲気が違った。

広陵に対し、駒大苫小牧は二回裏、下位打線に連続タイムリーが出て2点を先制。主導権を握る。広陵に五回表、1点を返されたが、その裏、2アウトからすかさず1点を追加し、優勢を保つ。八回を終え、駒大苫小牧は3－2とリード。1点差だが、試合は駒大苫小牧がコントロールしているように映った。

しかし、ベンチの中の香田は、立ったり座ったりを繰り返していた。

「三年連続決勝まで行って、甲子園はもう慣れてるはずなんだけど、なんか落ち着かなくてね。あとで部長に聞いたら、ベンチの中でウロウロ、ウロウロしてたって。自分ではあんまり覚えてないんだけど」

最終回、磐石に見えた駒大苫小牧の試合運びに、わずかな綻びが見えた。二番手の対馬直樹は、広陵の先頭、二番・上本崇司《たかし》（広島）にヒットで出塁を許した後、ボークを犯し、0アウト二塁。もっとも警戒すべき三番・土生を迎え、香田は、三人目の投手となる抑えの久田《ひさだ》良太をマウンドに送り込む。計算通りの投手リレーでもあった。

久田は、いきなりワイルドピッチと四球で0アウト一、三塁とピンチを広げてしまったが、ここから踏ん張った。続く四番打者をショートフライ、五番打者を一塁へのファウルフライに打ち取り、あと一人というところまでこぎつける。

駒大苫小牧と広陵の立場は、入れ替わったかに思えた。追い込んだ駒大苫小牧と、追い込まれた広陵。だが、結果は逆だった。

そこから六番・山下高久雅《たくま》にレフト前に弾き返され、同点に追いつかれる。ここまでは仕方がない。信じられなかったのは、続く光景だった。

2アウト一、二塁となり、七番・林竜希《りゅうき》の当たりはボテボテの二塁ゴロ。3アウトチェンジかと思いきや、これを二塁手の小鹿《こじか》尚吾が捕球し損ね、二塁ベース方向へ弾く。それを見た土生が三塁を蹴り大きく飛び出したため、小鹿は本塁へ送球。送球を受けた捕手の幸坂好修《こうさかよしのぶ》は、慌てて三塁へ戻る土生を刺そうと三塁へ転送したが、そのボールが三塁手が差し出したグラブをかすめ左に大きく逸れた。ボールは三塁後方のファウルグラウンドを転々としている。土生、続いて山下も、照明に照らし出されたダイヤモンドを駆け巡る。そして、呆然と立ち尽くす幸坂の後ろを、歓喜の表情で走り抜けて行った。

二つのミスが出て、さらに2点を追加された。電光掲示板の九回表の枠には、重たい「3」の数字。まだ2点差ではあったが、取られ方が痛かった。

○六年夏、大逆転負けを喫した青森山田のエース野田雄大が「ユニフォームのオーラが、ぜんぜん違った。抑えられる気がしなかった」とまで語った駒大苫小牧の存在感が失せていた。

九回裏、駒大苫小牧は何とか1点は返したものの、4－5で敗退。〇四年、〇五年、〇六年と数々の伝説をつくった駒大苫小牧の神通力が解けてしまったかのような、呆気ない幕切れだった。香田は敗戦の意味をこう解釈した。

「ちょっと調子に乗っていたようなところがあったのかもしれないね……。だから、中井さんに先に『できて嬉しいです！』って言われてドキッとしたんじゃないかな。結果、負けて、ああ、なるほどと。今思えば、最後はまた一回戦負けで、なんか教えられたような甲子園だったね」

試合後、取材を受ける香田の目は焦点が定まっていなかった。取材が終わると、中井はわざわざ香田と佐々木の下へやって来て礼を言い、握手を求めた。佐々木は中井の態度に感服した。

「駒大に広陵出身の上村新《しん》っていう後輩がいて、上村のことをよろしくお願いしますって言われたんです。勝つチームは、やっぱ違うなと。あのときは差を見せつけられた気がしましたね」

広陵は駒大苫小牧に勝利した後、決勝戦まで勝ち進んだ。佐賀北との決勝では七回まで4－0とリードしながら八回に逆転満塁ホームランを浴び、惜しくも準優勝に終わる。夏制覇の夢が、香田の出身である佐賀のチームに阻まれたのも、どこか因縁めいていた。

岩崎は甲子園にも応援に行く気だったが、体調が思わしくなく、断念せざるをえなかった。真貴子はその頃の様子を振り返る。

「北海道へ行った後、ずっと調子がよかったんですけど、また、ちょっと落ち気味になっていて……。大阪の暑さには耐えられないだろうというお医者さんの判断でした。向こうで倒れたら迷惑かけますし」

岩崎は香田からプレゼントされた駒大苫小牧のユニフォームを着て、テレビの前で娘と一緒に広陵戦を観戦した。負けた瞬間は、しばらく声が出なかったという。

「無言でしたね……暗かった。最後はドタバタで負けてしまったという感じだったので、あんぐりしてました」

ところが翌日、それよりもショックなニュースが飛び込んできた。

「ネットで知ったみたい。衝撃でしたね。真相もわからないし。連絡取っちゃダメだよねって気にしながらも、何日か後にメールを出して、でもなかなか返事がなかったみたいで。監督の奥さんとは連絡が取れたので聞いたら、寝耳に水だみたいなことを言ってましたね。ただ、残念だけどプレッシャーから解放されてよかったんじゃないって。そう言いながら自分に言い聞かせていたんだと思う。でもあのニュースを知ってから、また、ガクッときてしまったようでしたね」

広陵に敗れた翌朝――。『スポーツ報知』に〈香田退任〉という大見出しの記事が掲載された。後任は、コーチの茂木雄介に決まっているとまで書かれていた。

香田自身も驚いた。ただ、そうした報道が出ることについて、心当たりがないこともなかった。監督に復帰した前年五月、疲弊し切っていた香田は校長にもはや心身ともに限界であることを訴えていた。

「校長と二人きりのときに、この夏を最後に終わらせてもらいたいみたいなことを言ったことがあった。でも、まあ、校長からしたら、わかった、君の言葉は預かっておくみたいな感じでね。だから辞めるにしても、これからもう一度、校長といろいろ話してからだと思ってた。でも、その話がどこかから漏れたんだろうね……」

ただし、正式に辞意を伝えたわけでも、了承されたわけでもない。しかも、香田が辞任をほのめかしたのは一年以上前のことである。

深紅の会の梶川昇も香田辞任の第一報を聞き、耳を疑った。

「電話ですぐ香田と話したんだよ。そうしたら『僕にもわかりません』って。俺は学校に仕組まれたんだと思ってるよ」

記事を書いたのは、中尾だった。根拠をこう示す。

「夏を最後に辞めるっていうのは、三役会議ではかって決まってたんですよ。校長、副校長、事務長で話し合って。そこまで調べ上げてたから書いた。保護者とか、一〇人ぐらいにも話を聞いて間違いないと思っていた。負けたときに書くつもりで、半分くらいは予定稿が出来上がっていたんです。あとは試合展開を入れるだけで。監督辞めるの、みんな知ってたんだけど書けなかった。だから書いてあげた方が楽になるかなと思って。

香田が辞表出してるんだもん。辞めますって」

　中尾はその辞表も見たという。確かに香田は辞表を提出したことがある。しかし、それは〇六年春、三年生の飲酒・喫煙問題が発覚し、選抜大会への出場辞退が決まったときで、学校側に破棄してもらったはずだ。まだ残っていたとしても、とっくに効力は失っている。香田は断言する。

「俺が書いた辞表は唯一、あのときのものしかない」

　中尾は香田本人には確認は取らなかった。ただ広陵戦のあと、取材の最後に香田に握手を求めたという。

「俺、握手なんてしたことないので、向こうも、『えっ？』て顔してた。『何の握手？』って。そのときの表情が、一年前の卒業式の日……三年生が補導されて、直撃したときの顔と同じだった。なんで知ってるの？　っていう顔。それで、やっぱり辞めるんだなって確信した。だから、ご苦労様でしたって言ったの」

　香田も「ある記者が、すごい変な感じで握手してきて……」と困惑していたが、ある記者とは中尾のことだった。

「手を出されたら、普通、手を出すでしょう。それだけだけど」

　退任報道が出た日、中尾のもとに副部長の笹嶋清治から「誰に聞いたんですか？」と電話があったという。

「誰に聞いたか聞くってことは認めてるってことじゃないですか。監督が辞めなかったらどうすんの？　って言うから、辞めなかったら、土下座して、会社辞めますよって。学校の中に、アンチ香田がいたんですよ」

アンチ香田が誰かまでは教えてくれなかったが、中尾がそこまで言うぐらいだから学校内部ではすでに香田を辞めさせる方向で動いていたということは間違いないのだろう。香田の退任は、野球部のスタッフにも伝えられていた。当時、副部長だった笹嶋も例外ではない。

「私は香田先生が、このままだともう潰れちゃうから、自分で辞めるって言ったんだと思ってました。それが本意かどうかはわかりませんでしたけど……」

部長の打田の認識は若干異なる。

「どっちなんだろって思ってましたね。そういうつもりはあったんだろうけど、あのタイミングで結論を出していたかっていったら、それは出していないと思う」

打田の推測通り、香田は少なくともあの時点では辞めるつもりはなかった。

野球部のスタッフも新聞記者も知っていることを、自分自身の大事であるにもかかわらず、その本人である香田だけが何も知らされていなかったのだ。

香田の退任劇は、プロ野球でフロントが監督を辞任に追い込む手法をイメージさせた。本人の知らないところで内部の誰かが新聞社にリークし、退任記事を書かせる。その結果、監督とフロントの信頼関係が崩れ、監督は球団を辞めざるを得なくなるのだ。

香田が憤懣《ふんまん》をぶちまける。

「負けるのを待っていたかのように出たからね。正直、クソ新聞がって思ったよ。学校も何でこんなに脇が甘いんだって。内部情報が漏れてんだから。犯人はあの人じゃないかって噂は立ってたよ。でも、疑うわけにはいかないし、そんなの穿鑿《せんさく》しても意味ないじゃない」

もちろん、香田が嘘をついているのかもしれない。

しかし私が香田は辞めるつもりはなかったと信じる根拠の一つは、夏前、こんなことがあったからだ。香田は練習用にと、ピンク色の文字が入った長袖の黒いチームシャツを新調していた。通常、野球ではその上にユニフォームを着用するのだが、香田はその長袖シャツ一枚で練習をさせていた。その斬新なスタイルと発想が、いかにも香田らしかった。

カッコいいですねと水を向けると、香田は「これ、ちょっと流行らそうと思っているんだよ」と嬉しそうに語っていたものだ。夏を最後に辞めようと考えている人の言葉ではなかった。

いや、そもそも、そんな嘘をつく必要もない。

香田が事あるごとに「もう、ずっとは（駒大苫小牧に）いないかもしれない」と辞任を連想させる言葉を口にしていたことは事実だ。

○六年秋、香田はスタッフを前に、こう言ったことがあるという。打田の回想だ。

「香田が妙なこと言ってね。『次の選手は俺はもう獲らないから、茂木と部長でやって』

みたいな。辞めるってこと？　って聞いたら、『それはまだわからない』って。そういうこともあったから、辻褄《つじつま》は合ってるんだよ」

それも本当のことだろう。

しかし、それらの言葉は、誰かにわかって欲しいという香田のＳＯＳでもあった。いわば、繰り言のようなものだ。

香田の中には、勝ったときは無責任に持ち上げられ、不祥事が起きるとすべての責任を押しつけてくる学校に対する不満が鬱積していた。

「勝ったらみなさんのお陰ですって言って、不祥事が起きたら僕の責任ですって言わなければならない。言いたいこともたくさんあったけど、生意気だって思われたくないしね。言えないことだらけだった」

野球部がスキャンダルで大揺れしているときも、職員室の風景は日常とさほど変わらなかった。

「俺一人でバタバタ、バタバタしてさ。みんな同じ気持ちでいてくれるんじゃないかと思って職員室に戻っても、あれ？　って。なんかシラーッとしてるんだよね。こんなもんなんだなって思った」

香田の中で、学校に対する不信感が決定的なものになったのは〇六年春、三年生の飲酒・喫煙事件に端を発した騒動だった。香田は、何としてでも選抜辞退だけは回避しようと動き回ったにもかかわらず、世間体を気にした学校が一方的に辞退を決めてしまった。香田は選手の気持ちを無視した独断専行が許せなかった。

その頃から、不眠気味になり、睡眠薬を常用するようになった。またストレスからくる過食傾向が激しくなり、いったんは胃潰瘍で落ちた体重もまた増え始めた。当時の香田は、いつも何か口にしていた印象がある。魚の刺身などのさっぱりしたものでは満たされず、牛肉やトンカツなど脂っこいものを好んだ。朝食のビュッフェではミートボールを山盛りにし、鶏の唐揚げや天ぷらなどはマヨネーズをかけて食べた。

深紅の会の梶川はもっと以前から、学校のやり方に不信感を抱いていた。

「俺は茶木の不祥事の頃から、香田には、もっと自分を活かせる学校に行けって言ってたんだよ。あのとき学校側は誰も責任を取ろうとしなかった。香田と茶木にだけ押しつけて。この学校に武士は一人もいないんだなと思った」

残るべきか、去るべきか――。香田はまず残る理由を考えてみた。しかし、ほとんどといっていいほど思い浮かばなかった。

「甲子園に出てもさ、もう喜んでくれなくなってたんだよね。毎回寄付金を募らなきゃいけないからさ。学校の先生方、後援会の方々も、またかよみたいな。こっちも何度もすいませんって頭を下げて。全員とは言わんけど、過半数はもう冷めてた。おめでとうって言われなくなったし。もう勝たない方がいいのかなって」

就任当初は、校長の松原正三に「一度でいいから全道に連れて行ってくれ」と言われた。だから勝ち進めば進むほど、学校は盛り上がり、活気が出た。

「もともとは勝ってくれって言われてやったのに、いちばん近い人たちがそうではなくなってきてしまった。俺、ここにこない方がよかったのかなとさえ思ってね。その寂しさがね……。追い出されたとは思ってないけど、被害妄想なのかもしれないけど、なんか、寂しさがどんどん……」

香田が辞任会見を開いたのは、広陵に敗れた九日後、八月二〇日のことだった。

「正直、迷った。家族もびっくりしてたしね。ただ、俺が校長に辞めたいというような話をしたのも事実。本当は、そっからいろいろな話がしたかったんだけどね。でも、もう話がどんどん進んじゃってて、最後は、新聞の報道通りにしなければならないような状況になってしまった」

最後は香田が決断したことだ。ただ、限りなく「解任」に近い、辞任だった。

私が香田に会うためにもっとも頻繁に苫小牧に通っていたのは、〇六年夏から〇七年夏にかけてだ。決勝で早実に敗れ、のちに三年生との確執があり、そこからもう一度立て直して甲子園に出場したものの、一回戦で広陵に敗れた——。

その一年間で、香田が学校の中で煙たがられているのではないかという雰囲気を、ときにうっすらと、ときにははっきりと感じ取った。もっと言えば、少しずつ外堀が埋められて行き、こういう日が来ることをどこかで予期してもいた。その空気に、気づいていないらしい香田が不思議でならなかった。

香田は人一倍猜疑心《さいぎしん》が強い反面、何かを常に渇欲《かつよく》しているところがあり、そこにぴたりとはまると驚くほど簡単に人を信じてしまうところもあった。ちょうどその頃、先輩から紹介してもらったというトレーナーに入れ込んでいたのだが、普通の感覚であればひと目でいかがわしいとわかる人物だった。

そのトレーナーは選手に綱引きのようなことをやらせたり、選手の体をマッサージしたりしていたのだが、その内容以前に、人物があまりにも胡散臭《うさんくさ》かった。なんでも芦屋《あしや》に豪邸があり、車を四台所有していて、バイオリニストの葉加瀬《はかせ》太郎や、歌手のマドンナを施術したことがあると言う。そんなことを自慢げに吹聴《ふいちょう》するあたりが、いかにも怪しいのだが、香田は「すごい人なんだよ」と盲信していた。そして、後になって「貸した金が返ってこなかった」と、きょとんとしているのだ。無防備にもほどがある。

大学時代も、新宿か渋谷あたりで、怪しげな新興宗教に引っかかりかけたことがあったそうだ。梶川が証言する。

「すぐ騙されるんだよね。すごくいいやつだと思ってたのに、とんでもないやつだったとか。何やってんだよって。純粋なのか、世間知らずなのか、わからないところがある」

もちろん、それが香田の他の人にはない魅力でもあった。世間知らずということは、世間擦れしていないということでもある。だから先入観や固定観念に縛られずに、自由な発想ができたのだ。

香田は辞めるべきか否かで揺れていたときの心境を振り返るとき、必ず怒りと反省、両方を口にした。

「こんな学校いられるか！　って思いと、俺がやらかしちゃったからこういう風になったんだろうな、申し訳ないなという思いと……。いろいろあるわけよ」

香田はいつだって正論に基づいて行動した。世の中には、明らかにおかしいのに、それがさも当然のようになっていることがたくさんある。香田がもっとも嫌うのは、その手の馴れ合いであり、悪習だった。

道内で他校の公式戦を観戦するとき、香田ほどになれば球場内の本部席等で観戦することも可能だ。しかし、香田は特別扱いされることを嫌い、一般席で観客と一緒に観た。

また、高校の監督は特定の大学との太いパイプを保っておくため、いちばんいい選手は毎年必ずそこに送るといった「取引」をしがちだ。あるいは、A大学とB大学が不仲な場合、A大学と深い付き合いがある高校は、B大学に選手を送るのを憚《はばか》るケースもある。しかし、香田は「学校の都合で進学先が制限されるなんてことはあってはならない」と、そういった大人のルールには一切、縛られなかった。そして、選手が希望する大学とのルートを独力で切り開いた。

この頃、プロのスカウトをとことん毛嫌いしていたのだが、その理由を聞けばもっともだった。

「プロ出身の人って、好きな人間もいっぱいいるけど、有頂天になって、人間性を疑いたくなるようなやつもいっぱいいる。プロの臭いがするやつって、非常識だしね。アマチュアをバカにしたような言い方、いっぱいされたよ」

田中将大の公式戦の登板日を教えて欲しいというスカウトに対し、真っ向から反論したことがある。

「なんで言わなきゃいけないんですかって言ったら、『こっちもガキの使いじゃないんで』って言われたの。スカウト部長だかなんだかを連れてくるからって。だから、そんなの毎日見に来ればいいじゃないですかって言ってね。そっからはもう一切、スカウトなんて相手にしなかった」

間違っていない。ただ、他校の監督は、もっとスマートだ。馴染みのスカウトに、部長を連れて来たにもかかわらず目当ての投手が出場しないのでは自分の立場がなくなると懇願されれば、登板予定がなくとも、数イニングス放らせることもある。それはその投手のアピールにもなる。しかし、香田にとって、高校野球が個人の営業活動の場になることなど、あってはならないことなのだ。

大人の世界で正論を吐くものが疎んじられていくのは必定である。

「俺は真っ直ぐ過ぎた。それでみんなに嫌われて……。教頭を会議室に呼び出して、ふざけんじゃない！　って、やり合ったこともある。選抜に出られる出られないってときは、駒澤大学の理事長や学長ともケンカしたからさ」

香田は間違ったことを言っていたわけではない。しかし、間違っていなかったからこそ、相手をより深く傷つけ、恨みを買った。

香田は「大人の言葉」を使わなかったし、もっと言えば、持ってさえいなかった。

「大人の言い訳とか、大人の対応とか、大人の付き合いとか、俺は大嫌いなんだよね。そんなの高校生に通用するわけないじゃない。『先生としては……』とか。でも俺が大人の常識で動く人間じゃなかったから、あそこまで高校野球に純粋になれた。何かあったとき、大人を出してたら選手はついてこなかったと思うよ。俺は自分の教え子に恥じるようなことは一切してないから。大人社会から見たらバカなやつに映ったかもしれないけど、だから俺は優勝できたんだよ。それは何回も思った。ただ、だから、辞めなければいけない人間なんだろうなとも思った」

無名時代はまだそれでもよかったのだ。真正面からぶつかることもあったが、何も言われないよりはずっといい。

北海道栄の監督で同級生の渡邊伸一は、香田があまりにも有名になり過ぎたことが騒動の元凶にあるのではと語った。

「駒大苫小牧の香田って言えば誰でも知ってるけど、校長は誰も知らないわけでしょう。そうなったら、実質、あいつの方が偉いわけですよ。だから、あいつの発言で学校が右往左往してしまう。たとえば、実際あったんですけど、香田が誰かに学校がもっと協力してくれたら……とこぼしたら、その人が校長に、もっと香田に協力してやれみたいなことを言っちゃったんです。そうしたら香田が陰で学校の文句言ってるってなって、立場が悪くなった。そんなのよくある愚痴の一つじゃないですか。でもその頃は、香田が冗談のつもりで言ったようなひと言でも、冗談では済まされなくなっていた」

香田が有名になればなるほど、周りは意識するしないにかかわらず一歩引いてしまっていた。晩年は学校内にもチーム内にも、香田に意見を言いにくいような雰囲気が漂っていた。それゆえに、ひやりとさせられるシーンも度々目にした。

ある日の午前中、部長の打田は出張帰りの香田をグラウンドで待っていた。香田が戻ってきたら、一緒に何らかの会合に出かける予定だったのだ。ところが時間ギリギリに帰ってきた香田は、待っていた打田に何の配慮も見せず、吐き捨てるように言った。

「いいや、俺。行かね」

打田は何も言い返さなかったが、表情には不満な様子がありありと浮かんでいた。

香田が反省する。

「俺は外面はいいんだよ。嫁によく嫌味で言われるもん。外の人に対しては、ほんと愛想いいよね〜って。外に出たら取り繕うのに、身内に対しては気配りとかまったくできないんだよ」

わざわざ鈴鹿高校を辞めてまで北海道に戻ってきた打田は、いつも疎外感を味わっていた。先発投手を決める際、コーチの茂木が香田に呼ばれることはあっても、打田は蚊帳の外だった。

「そういう部分も求められていると思って来たんだけど、そうじゃなかった。俺は所詮、雑用係なんだなって。香田はもう上り詰めちゃった人間だし、俺もいちいち干渉はできないじゃない」

打田が溜めこまずに、怒りや役不足であることを吐き出せばよかったのだろう。香田は聞く耳は持ったはずだ。だが、打田にはそれができなかった。その心理までは香田は理解していなかった。

古くから香田と付き合いがあった打田は、香田は「人が変わった」と嘆いた。

「もう俺の持論なんだけど、甲子園はいらない。目指すところであっても、行くところではないよ。あそこは人を変えてしまう。俺も北海道に戻ってきたら、すごいことになっていて、びっくりした。ダメや、北海道の人。おかしいもん。おかしくならない方が、おかしい。ただ、お互いにまだガキだったたってことなのかな。これが四五とか、五〇になってれば、そんなことも気にせず話せたのかもしれないし」

おそらく打田も気づいている。香田が、という前に、まず自分の香田を見る目が変わってしまったのだ。「上り詰めちゃった人」と、自ら距離を置くようになった。

その頃には、香田と茶木圭介の関係もよそよそしいものになっていた。喫煙室で会っても、二人の間にはまったく会話がなかった。茶木の体罰問題が起きてから、二人の明暗はくっきり分かれた。香田は再びスポットライトを浴び、茶木は檜舞台《ひのきぶたい》から引きずり下ろされたままだった。

香田の中には、茶木に対する後ろめたさが育っていた。

「自分も叩いたことはあったわけだから、どっかで俺のこと、恨んでるんじゃねえのかなってのはあった。（茶木）圭介が謹慎してた頃、ちょこちょこ家に行って一緒に飲んだりもしたけど、本音のところはわからなかったから……」

一方の茶木は、申し訳ないという言葉を繰り返した。

「僕が溝をつくってしまいましたね……。そういう話、二人でしたことはなかった。僕も申し訳ありませんでしたって、ちゃんと謝ってもいないし。香田先生、僕の事件が起きる前までは野球大好きだったと思います。でも事件が起きて大嫌いになったと思います。僕より晒《さら》し者《もの》になりましたもんね」

そう言いながらも、言葉の端々には、香田に対するうっすらとしたジェラシーのようなものも感じられた。

茶木は謹慎期間が過ぎても、香田からは何の声もかけてもらえなかった。

「ずっと、また（野球を）やりたいって思ってましたよ。『犯罪者』のレッテルを貼られたままじゃ終われないじゃないですか。両親や家族のためにも。嫁にはやらせて欲しいって言えばいいじゃんって言われたんだけど、できませんでしたね」

香田は茶木のその思いにも気づけなかった。

「俺は、あんなことがあったから、もう野球はやりたくないんだろうなって思ってた。だから、触れられなかった」

香田も、やはり変わったのだろうか。偉そうになった——。そんな声もちらほら聞こえてきた。だが、変わったとしたならば、逆だ。勝って、さらに臆病になった。自惚れた人間が、あれだけ勝ち続けられるわけがない。得意になれるぐらいだったら、体を壊すこともなかっただろう。勝負ごとは、油断をすれば、どんな小さな隙間からだって勝ちがこぼれ出す。もし尊大になったと見えたのなら、それは臆病さの裏返しである。

しかし、周りも、香田の子どものように震えていた心にまで、気づくことはできなかった。

監督を退き顧問になった香田はグラウンドへはよく顔を出したが、指導に関しては茂木に任せ、何も口は出さないようにしていた。

九月中旬、秋の支部予選が開幕すると、香田は顧問として献身的に振る舞った。関係者に「茂木をよろしくお願いします」とあいさつして回り、スタンドで応援団と一緒に声をからした。公式戦初采配となった茂木は、サインを出す仕草にまだ硬さも見られたが、危なげなく全道出場を決めた。

秋の全道大会は例年、札幌のホテルハシモトに泊まるのが慣例だ。香田も同行するつもりでいたが、打田に、残って一年生を見て欲しいと茂木が言っていると伝えられた。プライドを傷つけられた香田は、茂木を呼び出し、思わず怒鳴りつけた。

「どういうことだ！　自由に指示してくれって言ったけど、それはねえだろ！　せめて部長じゃなくて、おめえが直接自分で言ってこい！」

茂木は涙を流し、黙って聞いていた。そこから茂木は香田に対し、はっきりと一線を引くようになった。喫煙室で会っても、簡単なあいさつだけで何も話しかけてこなくなった。

香田が申し訳なさそうに述懐する。

「迷惑かけてるつもりはなかったんだけどね……。部長に、顧問の立場として、どうしたらいいと思うかって聞いたんだよ。そしたら、茂木もやりづらいだろうし、もう来ない方がいいんじゃないって。そう言われて、あ、俺が悪かったんだって気づいた。そこから一切、顔を出さないようにした」

以降、香田は千歳にあるクラブ野球のチームで今度はプレイヤーとして野球を楽しむようになった。アイスホッケーにも挑戦した。また、北海道発祥のスポーツ・雪合戦にのめり込んでいった。ＯＢを集めてチームを結成し、自らは監督として采配を振った。その様子は純粋に楽しんでいるようでもあり、必死で前に向かって進もうとしているようでもあった。

ただし、茂木のためにと、選手の勧誘だけは例年以上に精を出した。新琴似シニアの生島宏治が証言する。

「選手だけのランクでいったら、香田が監督を辞めたあとに入ってきた一年生がいちばんでしたよ。最後、香田ががんばって勧誘してたからね。でも、あの程度の野球しかできなかったわけだから」

学校における孤立が深まる中、香田の下に戻ってきた人たちもいた。前年秋から絶縁状態になっていた田中将大や本間篤史たちの代だ。亜細亜大に進学していた本間が香田に手紙を書き送り、香田の固くなっていた気持ちを解いたのだ。本間がそこまでの経緯を説明する。

「亜細亜大学では時折、お世話になった人に手紙を書くっていう習慣があって、入学してすぐ、香田監督に手紙を書いたんです。で、大学の生田《いくた》（勉《つとむ》）監督と香田監督は仲がいいんで、『（春の）リーグ戦が終わったら、すぐ苫小牧に帰って会ってこい』って、謝罪の場を設けてもらったという感じです」

南北海道大会開幕が数日後に迫った七月某日の夜、私は香田を含む数人と居酒屋で食事をしていた。ちょうどその晩、本間が帰郷することになっていたのだが、香田は、本間から何時に空港に到着するかのメールがこないと、滑稽なほどそわそわしていた。そして待ち切れずに車で空港まで本間を迎えに行ってしまった。

本間はこう釈明する。

「何日の何時頃に帰りますぐらいは言ってたと思うんですけど……。いや、もうメールするのも怖いっていうか。飛行機ん中でも、ずっと嫌だな、嫌だなって思ってたんですけど、会ったらぜんぜん普通でしたね」

しばらくすると、香田が本間を連れて戻ってきた。そして香田は未成年の本間に対しさらりと言った。

「ビールでいいか?」

「いえ……」

本間はさすがに拒んだ。

そして、その年の瀬、一二月二八日に本間の号令のもと、田中を含め彼らの代のほとんどのOBが苫小牧市内のイタリア料理店「パスタ・デ・ドーモ」に集まり、香田を囲んだ。本間が思い出す。

「みんな会うの怖い、怖いって言ってたんですけど、本当に会いたくないっていうやつはいないんですよね。そうしたら、そのときも、本当に揉めてたのかっていう感じでしたね」

香田は卒業するまでケンカし切ったことで、自分の役目はすでに終えたと考えていた。

「あいつらは、本当にすみませんでしたみたいな感じだったけど、俺も、もういいよ、堅い話はなしだみたいな感じで、ガーッと一気したりしてね。ほんと、嬉しかったしね。絶縁だって言ったら、あいつら本当に無視してきやがってさ。カッコわりぃな〜て思ってたけど、そうやって正面からぶつかり合ったから、わかり合えた面もあったと思うんだよね」

香田は、許さないと決めたら絶対に許さない。が、そんな相手でも、時間が経てば、そんな諍《いさか》いがあったことなどすっかり忘れてしまったかのように受け入れた。

岩崎の容態が急変したのは年が明けてしばらく経った頃、一月三〇日のことだった。

岩崎は一月八日に、千葉の亀田総合病院から、地元の函館五稜郭《ごりょうかく》病院に転院していた。亀田総合病院でももはや万策が尽き、後は死を待つだけだった。医師の目黒英二が言う。

「もう悪性腫瘍が全身に回ってしまって、体が正常に機能しなくなっていた。何としてでも一度は家に帰って、子どもを抱き上げるんだって言ってましたけど……」

結局、香田の退任報道が出た時期を境に、岩崎の体調は緩やかに下降の一途を辿っていた。

真貴子から「発作が起きて、危ない状態なんです」との連絡を受けた香田は、取るものも取りあえず病院に駆け付けた。

「岩崎さんの意識、とびとびだった。白目になったと思ったら、ふっと意識が戻ってきたりして。『どうしたんだ今日は、監督までいて……』って。二、三分おきに、そんな感じで。生前、死ぬときは、発作で死ぬか、寝てそのまま起きないか、どっちかだって言ってたから。最後は気力がなくなって、もう打つ手がなかったみたい……」

岩崎が息を引き取ったのは、その翌日、二月一日の夕方四時過ぎだった。最期を看取った医師の目黒が、そのとき見た不思議な出来事を語る。

「普通は、モニターの呼吸数がどんどん減っていって、ゼロになって永眠を確認する。でも岩崎さんはゼロになった後も、必死で呼吸しようと動いてた。心臓が止まって、呼吸も何もしてないのに。痙攣かなとも思ったのですが、ちゃんと口を開けて呼吸しようとしていた。三〇秒ぐらいですかね。少なくとも一〇秒以上はあったと思う。モニターが壊れていたんじゃないかとも思ったんですけど、それも考えられない。この仕事、二〇年やってますけど、初めてですね、そんな人を見たのは。一緒に見ていた同僚も、びっくりしていた。医療関係者にこの話をすると、絶対嘘だ、勘違いだって言うんですけど。ちょっと怖い、証明できないものを見てしまった気がしますね」

岩崎も最後、小さな奇跡を起こしたのかもしれない。いや、そこまで生き延びたこと自体、すでに奇跡だった。主治医の道井の言葉だ。

「私は二度目の手術のとき、半年だなと思った。そうしたら、一年半もがんばった。彼の執念が一年も延ばしたんだと思いますよ。すごいよ」

延びた一年は、常に香田と一緒だった。

告別式に参列した香田は、一つのボールを祭壇に捧《ささ》げた。練習用ボールなのだろう、泥で汚れたボールの表面は、ボールペンで書かれた小さな文字でびっしりと埋め尽くされていた。

野球ボールの表面は、二枚の革を赤い糸で縫い合わせてある。その一枚ずつに〈岩崎さん〉と呼びかけてから、思いを綴った。

〈岩崎さん　あなたはすごい人だった。いや、すごい人です!!　病気とわかってからの毎日の恐怖、不安、苦しみ、悲しみ、悔しさ。想像をこえる色々なものが、おしよ

せてきたはず。けどあなたは想像をこえる精神力とエネルギーで戦い続けられました。僕の人生観、人間観、大きく変わりました〉

〈岩崎さん　あなたの笑顔、声、はっきりと言われる性格、野球への熱さ、すべて忘れませんよ。僕の中で生き続けていますから、また野球談義しましょう!!　マニアックな!!　もし、奥様、真央にピンチがあれば言ってください!!　僕が代わりに動きますから。あなたは私の親友です!!　あなたと出会えて幸せです。素晴らしい出会いをありがとうございました。また僕のユニホーム姿を観に来てください。香田誉士史〉

香田がその頃、戦っていたもの。それを受け止めることができたのは唯一、岩崎だけだったのかもしれない。香田が語る。

「死んでも監督がいるグラウンドに必ず行ってるからって言ってたからね。今でも、ふと、いるんじゃねえかなって思うことはあるよね」

岩崎が亡くなったことで、また一つ、香田を縛り付けるものがなくなった。

その数日後のことだった。校長室に校長、副校長、教頭と集まっていたときに、香田はこの場に茂木を呼んで欲しいと頼んだ。茂木が今、何を考えているのか。それをはっきりと聞きたかったのだ。香田は冷静な口調で茂木に問い質した。

「茂木は言葉を選びながら、ありがたいんだけど、俺がいるとやりにくいって言った。そうかと。そのとき、学校を辞めるって決めた。でも茂木には、俺はおまえに対して、この野郎とはまったく思ってないからって言ったよ。むしろ、（気持ちが）わかってよかったって」

深紅の会の梶川は茂木の言葉に「恩師に向かって言う言葉か」と激怒していたが、蔵重俊男はこう擁護した。

「学校から言わされたのか、本心だったのか、それはわからない。でも茂木は、本来はそんなことを言える人間ではないと思うよ」

茂木の苦しい立場も、わからないでもない。いずれにせよ、駒大苫小牧にもはや香田の居場所はなかった。

駒大苫小牧は雪国として初めて日本一になったばかりでなく、夏連覇を達成し、さらには三年連続で夏の決勝まで勝ち残った。それを都会の名門チームではなく、最北端の都道府県である北海道勢が成し遂げてしまった。しかもマイナー競技ならまだしも、高校野球という日本一メジャーな高校生のスポーツ大会で、だ。その一方で、有名になり過ぎたばかりに、高校球界でありがちな不祥事は一大スキャンダルにまで発展した。

その中で、香田と学校は、あるときは歓喜し合い、しかし、あるときは狼狽《うろた》え、責任の所在を巡って憎悪し合った。また、香田ばかりが脚光を浴び、栄光の大きさのぶんだけあらゆるところで嫉妬も生まれた。あまりに不慣れな出来事が次々と起こり、いろいろな人の、いろいろな感情が複雑に絡まり合い過ぎた。だから、ほどくことを断念し、その大本を断ち切るしかなかった。

駒大苫小牧は、要は勝ち過ぎたのだ。

かつて一九七九年から九一年にかけて東海大甲府を率い、一三年間で、春夏合わせて一一回甲子園に導いた大八木治《おおやぎおさむ》という名監督がいた。八六年夏から八八年夏にかけては、五季連続出場も果たしている。その大八木がしみじみと自分の運命について語っていたことがある。

「どんなチームでも勝ち続けるなんてことはできないんですよ。うちも五季連続出場なんて、パチンコで言えば確変状態（大当たり状態）と同じですよ。最初の頃は学校も喜んでくれたんですよ。でも、寄付金を集めなきゃならない、休みがなくなるってんで、だんだん肩身が狭くなってきた。うちは県外の選手が多かったので、校長に『県外からこんなに集めて何が嬉しいんだ、もう県外からは獲るな』って言われて。瞬間、頭にカッと血が上って、灰皿を投げつけて。それで辞めたんです。勝ってるところって、何か問題が起きるでしょう。やっかみやら、お金やら、いろいろなものが絡んでくるようになるからですよ」

茨城県の取手第二高校、常総学院を率いて三度の全国制覇を成し遂げた名監督・木内《きうち》幸男《ゆきお》もこんな風に話していたことがある。

「甲子園は三年に一度出ればいいの！　そうでないと、ねたまれっから！」

人生経験が豊富な年配者は、世の中を知っている。人生は勝ったり負けたりだ。ときどき「勝って、また勝つ」ことがある。それぐらいが、いい塩梅《あんばい》なのだ。しかし三〇代半ばで頂点を極めてしまった香田に、自分の人生を俯瞰《ふかん》する余裕などなかった。走っても走っても、自分にムチ打ち続けた。

今さらながら、恩師の太田誠の言葉が重く響く。

「勝ち過ぎるなよ、急ぎ過ぎるなよ、っていつも言ってたんだがな」

ひと昔前のパチンコ台は、出玉が定量を超えると「打ち止め」の札を掲げられ、客はいったん出玉を景品と交換しなければならなかった。人生も同じなのだ。勝ち過ぎると、どこかのタイミングで、誰かがストップをかける。「誰か」とは、おそらく神の類だ。『スポーツ報知』の辞任報道に端を発する一連の騒動は、起こるべくして起こった。もし、あのとき情報流出を防げていたとしても、いつか香田の身に似たような災い事が降りかかっていたに違いない。

——二〇〇八年三月某日。

早朝五時、あたりはまだ真っ暗だった。

香田は白い息を吐きながら、妻と子どもを白いノアに乗せ、苫小牧市沼ノ端の「薄いピンク色の家」に別れを告げた。梶川に「男なら百坪以上の家を建てろ」と言われ、百坪とはいかないまでも、だいぶ無理をしてローンを組んだマイホームでもあった。

見送りに駆け付けたのは、吹奏楽部の内本健吾と、チアリーディング部の顧問の杉村暁美の二人だけだった。二人とも、とりわけ香田を慕っていた。

香田一家は車で函館まで行き、そこからフェリーで本州に渡るつもりだった。

「(出発する日は)誰にも言ってなかったからね。送別会もほとんど、いいですって断ったし」

香田は、送別会やら、歓迎会やら、励ます会やら、その類のものは率先して企画し、メンバーも自力で集めた。しかし自分が去るときは、学校の教職員が提案した送別会まで頑なに固辞した。

「気分はさっぱりしてたよ。ここにいたら、もうダメだとも思ってたし。どこ行っても、俺、神様だもん」

道民五〇〇万人を熱狂させた男は、それがまるで夢か幻であったかのように、静寂の中、車を始動させた。

苫小牧は、まだ冬だった。

エピローグ

二〇〇九年夏、全国高校野球選手権大会の決勝の組み合わせは、愛知代表の中京大中京と、新潟代表の日本文理高校だった。

新潟県勢としては、初の決勝の舞台だった。新潟は全国で一、二を争うほどの「弱小県」だった。約二三〇万人の人口を擁し、全国の人口ランキングは第一五位。第一四位の宮城県と匹敵する規模で、かつ野球の盛んな土地柄なのだが、甲子園における勝率はいつも最下位争いをしていた。それだけに勝てば盛り上がるだろうなと思った。

にもかかわらず、試合前、この組み合わせを冷静に受け止めている自分に驚いた。そのときはっきりと時代が変わったのだと実感した。駒大苫小牧が優勝する前だったら、「歴史」の証言者になれるかもしれないと、もっと興奮していたことだろう。私の気持ちが高ぶらない理由は、はっきりしていた。雪国であるということは、もはやハンディキャップでなくなってしまったからだ。

試合は九回表、4－10で負けていた日本文理が、2アウトから3四死球と4本のタイムリーヒットで9－10と1点差まで詰め寄るというドラマチックな展開になったが、私にとっては、あと1点が遠かった……という試合以上のものではなかった。

今にして思えば、駒大苫小牧が強かった時代は、一種の「異常期」だった。

夏に限ってだが、駒大苫小牧が連覇した〇四、〇五年だけでなく、その駒大を破り早実が頂点に立った〇六年、佐賀北が公立校として一一年振りに優勝した〇七年と、四年も続けてノーマーク校が全国制覇を成し遂げた。

一〇〇年を超える歴史を持つ甲子園でも、こんなことは初めてのことである。駒大苫小牧の初優勝によって、高校生たちの中でブレイクスルーが起きたような、そんな雰囲気が漂っていた。

しかし今はまた、〇四年の前がそうだったように、都市圏を中心とした強豪私学全盛の時代に戻りつつある。

時折、駒大苫小牧の吹奏楽部の演奏をユーチューブで聴く。何度聴いても、熱い思いがこみ上げてくると同時に、胸を締め付けられるような痛みも覚える。

青春が一回性のものであるのと同じく、あんな夏は二度とやって来ない——そう思えるからだ。そう、私にとって駒大苫小牧が強かった時代は、まさに青春そのものだった。

駒大苫小牧の「優勝、優勝、準優勝」を超える物語など、もはやほとんど残されていない。

香田が成し遂げた偉業は、人に夢を与えたのと同じくらい、人から夢を奪った。

駒大苫小牧が全国優勝したとき、仙台育英の監督・佐々木順一朗はすっかり意気消沈してしまったという。本気とも冗談ともつかない口調で言った。

「駒大苫小牧に優勝旗が行ったとき、モチベーションの半分がなくなりました。さらに連覇されて、モチベーションの七割、八割を持って行かれた。大嫌いですよ、駒大苫小牧。三年連続で決勝進出するなんて、歴史上、もうないことでしょうから。その後、モチベーションを上げるのが本当に大変だった。そういう人、けっこういると思いますよ」

駒大苫小牧が優勝するまで、「東北初」は「雪国初」でもあった。だからこそ、ロマンがあった。しかし今は「地域初」以上の意味はなくなってしまった。

香田が去った後、駒大苫小牧は、〇八年春は全道大会の準々決勝で北海に0－11でコールド負け。続く夏は、南大会の準々決勝で、またしても北海に0－9でコールド負けを喫した。

以来、伝え聞く駒大苫小牧の様子は、だいたい共通していた。「トレセンにボールが落ちていた」「シートノックのときに、セカンドベースの後ろにボールが転がっていた」等々――。

白樺学園の戸出直樹も、駒大苫小牧の小さな変化を感じ取っていた。

「カバーリングが遅くなりましたね。一塁ランナーがいて、キャッチャーがピッチャーに返すとき、以前だったらセカンド・ショートがパーッと入っていたのに、ショートが入ってないときがあったんですよ。セカンドは入ってたんだけど、スピードがない。歩いてるだけなんです」

蟻《あり》の穴から堤も崩れるというように、どんなに小さな穴でもそこから水が漏れ、穴は徐々に拡大しダムはいずれ決壊する。

吹奏楽部の内本は、試合における選手の動きを見ていて、演奏のテンポとのギャップを覚えたという。

「前のように畳み掛ける感じがなくなって、音楽と絡まないところが出てきましたね」

あるいは、「香田がいなくなって思うのは……」と語るのは、北海道栄の渡邊だ。

「俺らは、『対チーム』じゃなくて、『対香田』の野球をやっていたんですよね。それは、札幌第一の菊池（雄人《たけひと》）も、東海大四の大脇（英徳《ひでのり》）も話していました。こっちがどうするかじゃなくて、香田が何をしてくるんだろうってことばっかり考えてた」

相手ベンチの動きを警戒し過ぎるあまりに、投手がカウントを悪くして、四球で走者をためる。塁が詰まると勝負せざるをえなくなり、打たれて大量失点してしまう。そんなことが何度もあった。

香田も、道内では絶対的な自信を持っていた。

「戦略でも何でも、うちほど追求しているチームはなかったと思うよ。追われる立場だったけど、正直、怖いなっていう感覚はあまりなかった」

他校の監督はそんな香田の見えない圧力に怯《おび》えていた。

渡邊が続ける。

「だから、香田が降りた瞬間、茂木なんかかわいそうに、木っ端微塵に打たれたでしょう。本当は春夏連続でコールド負けするようなチームじゃない。でも香田がいなくなったということは、俺らにとってはものすごく大きなことだった」

茂木率いる駒大苫小牧は、〇八年秋は、全道大会の二回戦で北照に２－５で敗れた。香田の成績と比べられてしまうのも酷だが、やはり北海に二季連続でコールド負けした印象がよほど悪かったのだろう、駒大苫小牧の評価は急降下し、翌〇九年春、新入生は八人まで激減した。

生徒数の激減は、私学にとって負けること以上に深刻である。駒大苫小牧は同年八月一日、茂木に代わって、三月に大学を卒業しコーチを務めていた佐々木孝介を監督に昇格させた。初優勝時のキャプテンだけに知名度は抜群である。また、佐々木の強い要望で、茶木が部長に復帰することになった。

佐々木が監督に就任したことで部員数は急回復した。一六年は一二八人と過去最多となる部員を預かることになった。うち四〇人以上が道外出身者だという。ただ、佐々木率いる駒大苫小牧は、毎大会のように上位まで進出しているものの、甲子園出場は、二回戦敗退の一四年春の一度にとどまっている（一六年夏の時点）。

普通の高校であれば、上出来である。が、「あの駒大苫小牧」だと思うと、物足りなさも残る。それは名門校を引き継ぐ監督の宿命だろう。

香田には、これぐらいのことを言う権利はある。

「俺が辞める頃、学校も麻痺してたからね。甲子園ぐらい簡単に行けるでしょうっていう雰囲気だった。でも今、ほら見てくださいよ、勝てないでしょって。こんな言い方をしちゃいけないのはわかってるけど、言いたいところはある」

香田は時折、「孝介は絶対、俺を越えられない」と断言する。それは教え子への激励であると同時に、強烈な自負でもある。

いや、もっと言えば、それは佐々木だけでなく、高校球界のすべての監督たちに向けて発せられた言葉でもあるのかもしれない。

「『どうして勝てたんですか』と聞かれたら、『わかりません』というのが結論。それと、プレーするのは選手たちなわけで、選手たちがやってくれたことなんだってことも絶対に忘れちゃいけない。ただ、そんな風に話をしながらも、ここは絶対に俺の力なんだって思ってる部分もいっぱいある」

駒大苫小牧フィーバーが過熱の一途を辿る中、いろいろな人が錯覚に陥っていた。ほんの一定期間、駒大苫小牧と関わったことで、まるで自分が優勝に導いたのだと言わんばかりに手柄を誇る人もいた。一人や二人ではない。もちろん、駒大苫小牧がそこまでのチームに成長した裏には、何十人、何百人という人たちの尽力があった。それは確かだ。

しかし、もっとも多くの時間と労力を費やしたのは、香田だ。

香田が北海道を去った後、品川プリンスホテル三九階の「トップオブシナガワ」で香田ら数人と飲んでいたときのことだ。その席には、たまたま上京していた駒大苫小牧時代の同僚の教師がいた。苫小牧を発つとき、見送ってくれた杉村も香田に会いに来ていた。香田は生徒の指導方針に悩んでいる杉村に言った。

「いいんだよ、それで。教師は、そうやって自分を責めて、責めてさ。それが教師のいいところなんじゃない。でも、結果が出なくて、また、自分の責任ですなんて言いたくねえからな。くっそーって、そうならないように今度はあらゆる練習を課す。その繰り返しだろ」

香田が「教師」という言葉を使っているのを初めて聞いた気がした。

香田も同じだ。自分を責めて、責めて、剝き出しになった神経細胞のような香田は、やがて壊れた。

何かを得たということは、その等分、何かを喪失したということでもある。

「優勝、優勝、準優勝」という栄光、道民が呼ぶところの「二・九」連覇の栄光は、香田が身を削った、その証である。

駒大苫小牧は、もっと言えば北海道は、香田を失って初めてその大きさに気づいた。

深紅の会の梶川は淡々と語る。

「なんで、あれほどの人を大事にしなかったんだっていう憤りはある。いなくなって、こんなに違うものなのかって思ってるんじゃないかな。高校野球を甘く見るなよって。

もうあんな人は出てこないよ。北海道経済は、今も厳しいからね。そんなときに唯一、夢を与えてくれたのが駒大苫小牧だったたのにね」

〇四年夏、駒大苫小牧が優勝したことで道内の野球熱が急上昇し、それがそのまま日本ハムの人気定着につながったと分析する人もいた。香田の退任は、大きく捉えれば、北海道経済にとっても大きな損失だった。

新琴似シニアの生島はこう悔やむ。

「素晴らしい人材を、簡単に逃したね。本当は、ああいう人を北海道知事にすればいいんだよ。いい結果、出しますよ」

梶川は、こう未来を予測した。

「何十年後、北海道に優勝旗が来るか来ないかわからないけど、やっぱりあの監督はすごかったよねって歴史上の人物になってますよ。今でも、もうみんな言ってますもん。梶川さん、戻せないですかって。今さら、言うなや」

だが、あのまま香田が駒大苫小牧に残る姿を、あの当時、想像できたかと言えば、想像できなかった。それは今も同じだ。やはり香田は去る運命にあったのだと思う。前向きに捉えれば、再出発せねばならなかった。

香田が北海道を去ってから、早八年が経過しようとしている。

駒大苫小牧を辞めた香田は、〇八年五月、神奈川県横浜市鶴見区の鶴見大学に移った。

同大学への橋渡し役を買って出たのは、駒大時代の恩師・太田誠だった。鶴見大は駒大と同じく曹洞宗系の大学で、駒大とは頻繁に交流があった。香田が説明する。

「駒澤グループから、ポンと違うところに行くとケンカ別れしたみたいに見えちゃうからって、オヤジが気を遣ってくれたんだよ」

鶴見大では野球部のコーチを務めた。サークル活動の延長のような部だったため、駒大OBたちは香田が手腕を発揮する場としては「あまりにも、もったいない」と憤慨していたものだが、当の本人は十分楽しんでいた。

「駒大苫小牧のときと比べたら、使ってるエネルギー量は十あるうちの二ぐらいかな。でも、こういう時間も大事なんだろうなって思った。オレがやってきたことに対するプライドもあるんだけど、それを出したら自分を下げることになる。鶴見の選手たちでも、冗談を交えながら、うまいこと教えていく。それはそれで、おもしれえんだよ」

鶴見大には四年間、勤めた。そして一二年からは、福岡の西部《さいぶ》ガスが野球チームを立ち上げるのに合わせ、やはりコーチに就任した。就任四年目の一五年には、大目標のうちの一つだった都市対抗にも出場している。一六年も、二年連続で都市対抗出場を決めた（一七年一一月に監督に就任した）。

香田は目の前の任務に殉ずることのできる男だ。コーチである以上、その分をはみ出すような真似は絶対にしない。そのため苫小牧にいた頃の、圧倒的な存在感は今は失せている。監督となって、十あるエネルギーを十放出したいという思いにかられることはないのだろうか。

「そこの葛藤はあるよ。今日一日、どうだったのかなって。全身全霊でやっていたあの頃と比べたら、そら違うからね。でも、どんな植物も、ずっと日なただと枯れちゃうじゃない。今はまだ、これでいいんだって思ってる」

駒大苫小牧の監督を退いてからというもの、香田はいくつもの高校から監督就任の誘いを受けた。だが、さまざまな理由から断り続けている。

大学野球や社会人野球で何度日本一になろうが、世間的にはほぼ無名だ。しかし甲子園ならば、甲子園に出場しただけで有名人だ。メディアの取り上げ方や集客も比べものにならない。だからだろう、よく「高校野球は麻薬だ」と言われる。一度でも、甲子園の舞台に立った快楽を体が覚えると、やめられなくなるのだという。しかし、香田は高校野球がなければ生きられないというほど視野の狭い人物ではない。

香田は、こだわりを持つこともできるが、こだわりを捨てることもできる。その精神の自由さが「奇跡」を三度も起こした源でもあった。

今は博多暮らしを心底楽しんでいる。

「家族と過ごす時間が増えたからね。そこで癒されている部分もある」

長男の大河はすでに中学二年生（一六年当時）となり、北海道を去る直前に生まれた次男の亮河は小学二年生（同）になった。二人とも野球少年だ。

「息子の少年野球の手伝いに行ったり、授業参観に行ったり、運動会も行ったり、そういう時間もいいんだよ。嫁さんも、鶴見のときは友だちがあんまりできなかったんだけど、こっちではいっぱい友だちできてさ。楽しんでるのよ。ただ、俺は契約社員だから一生、西部ガスにいられる人間ではない。今いる選手たちが、いずれは監督、コーチになっていく。そういう体制が整うまでが、俺の役目だから。出なければならなくなったとき、どうするかだね」

香田は高校野球に戻ってくるつもりはあるのか――。

この質問をこれまで何人の人にぶつけられたことだろう。

私はストレートにそう投げかけたことはない。そういう時が来れば戻ってくるだろうし、時が来なければ戻ってこないかもしれない、そう思っている。

もう十分ではないかという思いもある。もう、普通の人が一生かけてもかなえられないぐらいの夢を見させてもらった。体のことを考えたら、これ以上、香田に何かを期待するのは酷だ。たかが高校野球である。体を壊してまでやるものでもない。

ただ、反対に「されど」の思いも当然あって、香田にまた高校野球界に戻ってきて欲しいかと問われれば、個人的には、迷うことなくイエスだ。香田が今度は、どんなチームをつくるか見てみたい。あの『チャンス』や『駒大コンバット』が似合うスピード感あふれる野球を、やはり甲子園で見たい。

大学野球や社会人野球では、どんなに活躍しても取り上げられる機会はそうない。高校野球だからこそ、世間も注目し、我々のようなライターの書く場所も生まれる。

香田が退いた後、駒大岩見沢の野球部関係者がこんな話をしていたことがある。

「苫小牧の時代は、ここ五年ぐらいですよ。全国制覇はすごいけど、うちは勝ったり負けたりしながら、三〇年近く続いている。苫小牧がこれから何年間ぐらい続くか楽しみですよね。苫小牧も勝てない時期を乗り越え、それでも這い上がってきて、ようやく本物になるんだと思いますよ」

なるほどなと思った。私には彼が負け惜しみを言っているようには聞こえなかった。確かに、一定の強さを長く維持し続けるということは、一つの勝利である。でなければ、見えないものもきっとある。

もはや誰にもどうしようもなかったことを承知であえて言えば、圧倒的だが、短期的な時代しか築けなかった香田は、ある者から見たら敗者なのだ。香田は「伝説」は作ったが、「伝統」までは築けなかった。

そう考えると、やはり香田はもう一度、高校野球の世界に戻ってこなければならない人間なのではないか。高校野球でやり残したことがあるのではないか。

こう書けば香田の負けん気に火がつくかも——と半分本気で、半分冗談で思っている自分もいる。そういう意味では、もう一つ香田を焚き付ける話がある。

香田はなぜ勝てたのか——。梶川は、こう結論付けた。

「同じだけ練習しても、チャンスをつかめる人とつかめない人がいる。それは何かって言ったら、運だよ。香田は強烈な星の下に生まれてる。田中が百年に一人のピッチャーなら、香田誉士史も百年に一人の監督。がんばってるのに成功しない人っているでしょう。足りないのは運だけなんだよ」

　賭けに一生勝ち続けることができないように、永遠に続く運などありはしない。香田は高校野球界に復帰しても、駒大苫小牧時代の後半のようには勝てないのではないか。

　しかし、ハードルは高ければ高いほどいい。私は、そこを乗り越える香田を見たいのだ。
○七年夏の駒大苫小牧は、それまでの憑き物が落ちたかのように、甲子園の一回戦で広陵に敗れた。本当は、あの後、香田がどうチームを立て直すかを見てみたかった。
　元野球部副部長の笹嶋は、香田が北海道を去るとき、「私が校長になったら香田先生をまた監督にしますから」と言って送り出した。そのときの笹嶋の中に何が何でも校長になってやるんだという野心があったわけではなく、旅立つ香田への最大級のエールのつもりだった。ところが、その笹嶋が一五年に本当に校長になった。笹嶋のことだから、本気で香田を呼び戻すのではないかとも思ったが、香田の立場や、現在、教え子の佐々木が監督を務めている状況を考えたら、そんなに簡単に行動を起こせる話ではない。

　それに香田がもう一度、駒大苫小牧のユニフォームを着るという夢は、あまりにも甘美的過ぎる。言ってみれば、パンドラの箱だ。魅惑的だが、だからこそ開けてはいけないのではという気もする。

香田が高校野球に復帰するのであれば、どこの地域の、どんな高校でもいい。香田ならきっと、どんな条件でも、香田にしか描けない夢を見せてくれるはずだ。

西部ガス入社後、香田はようやく飛行機に乗れるようになった。最初は、より厳密に言えば、乗らざるを得なかった。入社一年目の暮れ、親しくしている石垣島の八重山商工高校の監督・伊志嶺吉盛《いしみねよしもり》の息子の結婚式に出席することになったのだ。フェリーで行けないこともなかったが、あまりにも移動時間を要するため、さすがに飛行機を選択した。

那覇空港では、そのときすでに興南の監督に就任していた我喜屋優が待っていた。

「那覇からは我喜屋さんと一緒だったから、それでだいぶ勇気が湧いた。我喜屋さんも俺の病気のこと知ってるからさ、『石垣までの飛行機は揺れるから、ヘルメットかぶって、パラシュート背負って乗る人もいるんだ』みたいなことを言って脅かすんだよ。でも乗ったら、いくら見回してもいねえから、いねーじゃねえかよって」

香田が我喜屋の冗談を本気で信じていた様子が目に浮かぶ。

那覇─石垣間の小型飛行機をクリアしたことで「行けるな」と自信を持った。その後、博多から仙台にも、北海道にも、飛行機で行った。

ただ、機内では眠っていないと怖いため、睡眠薬は手放せない。

「ハルシオンを飲むと、コトっていっちゃう。気づいたら、ドーンって着陸していたりするんだよ。でも、この前さ、早く飲み過ぎて、搭乗口の目の前で待ってたら、寝ちゃってさ。起きたら、もう飛んじゃった後で……」

フラフラになりながら係の人に事情を説明すると、次の飛行機に乗せてくれた。ただ、乗務員は香田の様子を見て、エチケット袋を持ってきた。

「いや、ただ眠いだけなんですけどって言ったんだけど……なんか心配だったみたい」

こんな大失敗もある。

「あと、睡眠薬を飲むと、全身の力が抜けるのか、歩きながら、ぶりぶりぶりぶりってウンコもらしちゃったことがあってさ。もうトイレの便器で一生懸命にパンツを洗って、そんで捨ててきちゃったんだけど」

つい最近は、やはりもよおしてきたので、朦朧《もうろう》とした頭のままトイレに駆け込み、携帯電話と財布を置き忘れてきてしまった。目的地の飛行場に到着してから気が付き慌てて福岡空港に連絡をしたら、誰かが届けてくれていて事なきを得たという。

そのような状態で、果たして「乗れるようになった」と言っていいものかどうかは疑問だが、前進したことは間違いない。

香田は、今になってこう目をギラつかせる。

「どうせなら（夏三連覇を）やっときゃよかったなって、思うよ。誰にもできないような記録をつくっておきたかったなって」

こう言えるようになれば、もう二、三歩、前進だ。

北海道を去ってからの香田は、「半日、何も食わなくても平気だもん」と言うほど心穏やかに過ごせるようになり、みるみるうちに体重が減っていった。一時は七二キロまで落ちたが、今は七四キロ前後で落ち着いている。

髪が伸び、頰がこけ、しばらくは会う度に別人のように思えた。が、ここ最近になって、ようやく七〇キロ台の香田を見慣れてきた。

あとがき

この人なら――。そう思った。

きっと、雪合戦に夢中になってくれるに違いないと。

私は二〇〇一年、岩手県西和賀町《にしわがちょう》の雪合戦チームを取材したのをきっかけに自ら地元・千葉県でチームを立ち上げ、以降、どっぷりと雪合戦にはまっていた。雪合戦といってもただ雪を丸めてぶつけ合うだけでなく、国際ルールがあり、全国大会がありという、歴としたスポーツである。

テニスコートを縦に二つ並べたくらいの大きさのコートで、シェルターと呼ばれる壁に身を隠しながら、七人対七人で雪玉をぶつけ合う。ドッジボールのように敵に雪玉を当て、一人でも多く外に出した方が勝ちだ。

毎年、冬になると私はチームを率いて、岩手や北海道の大会に参加した。チームを結成してから八年目、〇八年には、この危険なまでに魅力的なスポーツを普及させようと雪合戦生誕二〇周年に合わせ、年刊誌『雪合戦マガジン』を創刊した。

私は雪合戦界の起爆剤として、何とかして香田を巻き込もうと考えていた。駒大苫小牧が冬の練習として雪合戦を取り入れれば、話題となって、全国の雪国の高校野球チームがオフシーズンのトレーニングとして次々と雪合戦を採用するようになるのではないかと半ば本気で期待していた。そうすれば、競技人口が一気に増えると同時に、全体のレベルアップも見込める。

北海道発祥のスポーツだけに香田は雪合戦の存在を知っていた。私が興奮気味に雪合戦のおもしろさを語ると、香田は、いつもまんざらでもない様子で話を聞いてくれた。そして、現役監督中は実現しなかったが、監督を退いた〇七年秋、ついに立ち上がった。

香田は教え子の一人で、雪合戦経験者でもある野々宮将史に電話を入れた。

「お前、そう言えば、雪合戦やりてぇって言ってたな。今からすぐ来い」

野々宮が香田邸に駆けつけると、香田は次々とOBに電話をかけ始める。野々宮が左利きがいた方が有利なんですと助言すると「セージがいるじゃねえか」と、〇四年、初めて日本一になったときにエース番号をつけていた岩田聖司に電話をかけた。

「セージ、雪合戦やるぞ！」

岩田は電話の向こうで恩師の「乱心」に戸惑っていたようだ。

「バカ！　本気だよ！」

その要領で、香田は快調にメンバーを増やしていく。その数は軽く一〇人を超えていた。チーム名はシンプルに「駒澤野球部ＯＢ」に決まった。香田は満足げだった。

「身体能力高いの、集めたからな」

ただ一点、悔やんでいた。

「田中（将大）がいればなあ……」

いなくてよかったな、田中。

香田はスポンサーを募り、資金を集め、専用ヘルメット等の道具を購入。駒大苫小牧のトレセンで練習を開始した。

選手だけで練習をしているとバラバラなのだが、香田が介入し、あれこれ指示を始めると、まるでマジックのように途端に形になり始める。この人は、野球の、というより、単なる遊びの天才なのではないかと思った。

野々宮が振り返る。

「最初は監督も、楽しくやるぞって言ったのに、やり始めると熱くなる。おまえ、違うだろとか。知らねぇのに言うなよって思うけど、みんな、はい、はい、って。要は、負けず嫌いなんですよ」

おそらく高校野球というメジャースポーツで頂点を極めた元監督で、超マイナースポーツである雪合戦にここまで入れ込む人などいないだろう。

香田は一瞬にして雪合戦の虜《とりこ》になった。

「雪合戦、めちゃめちゃ奥深いじゃない。ちょー、勉強になるよ」

何を学んでいるのだか……。

雪合戦の仲間内ではよくそういう話になるのだが、野球経験者は、同じ球を投げるスポーツだということもあるのだろう、往々にして雪合戦をバカにする。うまいやつほど、見下すのだ。そんなお遊びに付き合っていられるか、と。私もメンバー探しをする中で、それを痛いほど知っていた。しかし、香田はそんなツマラナイ男ではなかった。

雪合戦最高峰の舞台は、発祥地でもある北海道壮瞥町《そうべつちょう》で毎年二月下旬に開催される昭和新山国際雪合戦である。高校野球の世界で「甲子園」と言えば全国高校野球選手権大会を指すように、雪合戦界で「昭和新山」と言えば同大会のことを意味した。その本番前日、チーム内で、こんな事件が勃発した。

一人のレギュラーメンバーが仕事で遅れ、大会一日目の予選リーグ初戦に間に合わないことがわかると、例によって香田の勘気に触れた。

「そいつを次の試合に出すって言うんだったら、俺は監督を降りるから。もう明日、行かねえ」

野々宮は「また始まったよ……」と呆れ返った。

「トレセンで、いきなりキレられて。しょうがねぇじゃん、仕事あるんだから。全員、何言ってんだよって思ってましたけど、ビビって何も言えなかった。それを知った茂木さんに『おまえらも、もう社会人なんだから言い返せばいいんだよ』みたいなこと言われたんですけど……」

岩田は、香田のそんな姿を見て、笑いを堪え切れなかったという。

「メッチャ怒ってましたから。最初、冗談かなと思ったんですよね。たまにそんな感じのときがあるんで。怒ってるか、ギャグなのかわからない。みんなも最初『えっ？』みたいな感じだったんですけど、本気だということがわかって、ヤバい、ヤバいって。もう、おもしろかったですね、なんか。大人になっても、俺ら、こんなことで怒られるんだと思って。怖かったですけど」

その話を聞き、香田を雪合戦に引きこんだ自分が誇らしく思えた。やはり、スケールが違う。一見、子どもの遊びのように思える雪合戦にも、ここまでマジになれる男なのだ。

話はやや逸れるが、香田に事前にこの原稿を読んでもらおうと思った。人格者然と振る舞ったり、ことさら自分を着飾ったりすることのない香田のことだから、少々の不名誉や汚点は気にしないだろうと思った。ただ一点、確認したいくだりがあった。体罰を加えていたことを、はっきりと書いた部分だ。私は香田の本質を語る上で欠かせない要素だと思ったからこそ書いたのだが、香田の今後の指導者人生に影響しかねないエピソードでもある。だから、香田がどうジャッジするかを聞いておきたかった。

しかし、原稿を送った約二週間後、博多に香田を訪ねると、まったく読んでいなかった。そういうこともありうるだろうなと、どこかで予期してもいた。

だから香田の馴染みの居酒屋を予約し、そこで私は酒を飲む前に、気になっていた部分を声に出して読み上げた。じっと聞き入っていた香田は私が読み終えるなり言った。

「問題ない。事実だから」

ありがたかった。香田なら、きっとそう言ってくれるのではないかと思いつつ、やはり不安で仕方がなかった。もしダメだと言われても、素直に引き下がるつもりはなかったが、少なからず譲歩しなければならない部分もあるだろうと覚悟を決めていた。

ついでながら、もう一つ、確認した。飛行機に乗るとき、粗相をしでかしたシーンだ。

「ん？　いいよ、ぜんぜん」

聞くまでもなかった。

その数週間後、「だいたい読んだ」と香田から突然電話があった。イライラした口調から、嫌な予感が走る。だが、香田が指摘したのは誤字脱字だけだった。少しでも早く見せようと、そのあたりはやや荒っぽいまま渡してしまっていたのだ。

「大丈夫かよ、おい」

そうだ、思い出した。香田はめちゃくちゃ細かい男なのだ。

内容について問うと、こうとだけ言った。

「まあ、おもしろいんじゃない」

少なからず不愉快に思えるところもあったに違いないが、すべて飲み込んでくれたようだ。

〇七年の昭和新山国際雪合戦は、駒澤野球部OBが参加したことで、メディアの数は通常の三倍になった。関係者はとても喜んでくれた。

超マイナーとはいえ、雪合戦のレベルは年々高まり、少し練習したぐらいでは予選リーグさえ勝ち抜けなくなってしまった。上位チームのほとんどは自前のコートを持ち、冬の間、毎日のように練習している。島根県浜田市旭町《あさひちょう》のように、通年で雪合戦大会を開催している地域もある。駒澤野球部ＯＢの選手たちが、いくら運動神経がよく、肩がいいとはいえ、予選突破はそう簡単ではないと思っていた。

　だが、駒澤野球部ＯＢは、初日の予選を見事に突破した。その試合が終わったとき、香田は私と目が合うなり、右手の親指を立て「どうだ」という顔をしてみせた。あのときほど、香田の輪の中に入りたいと思ったことはなかった。香田の熱が届く中に入ることができれば、私も駒大苫小牧の選手たちがそうであったように、何をも怖れずにプレーでき、自分でも信じられないような力を発揮することができるのではないかと思った。

駒大苫小牧の強さの秘密——。それが、初めて体でわかったような気がした。

　大会一日目の終了後、屋外で、毎年恒例のレセプションパーティーが開かれた。鉄板で焼いたジンギスカンをたらふく食べ、缶ビールをしこたま飲み、香田と、仲間と、雪合戦について語り合った。この瞬間が、一生続けばいいと思った。

　その晩のこと——。野々宮が振り返る。

「仕事で来れなかったやつがサブの仕事を一生懸命やってたということで、監督が『明日、おまえ出ていいぞ』みたいな感じになった。俺たちも『おおーっ！』って盛り上がって。あの人、間違いなく計算してましたね。常にどこかで一度、突き放すための材料を探してる。野球んときと一緒。大事な試合の前ほど、なんか波を起こしてましたもん」

　計算か否か。それはわからない。

ただ一つ、確証を持って言えることは、香田はいつだって、何をするときだって、無様なまでに全力だということだ。

香田は最初の頃、練習内容や戦術をメディアに話すことに対し、少なからず抵抗を示していた。時間をかけて編み出したものを簡単に真似されたくないという思いがあったようだ。が、真似できるはずがないのだ。臓器移植が難しいように、一部だけを取り入れても、それが体に馴染むとは限らない。さまざまな過程、他の部位との相性、それらがあって初めて臓器は機能するのだ。もし、香田のやり方を模倣しようとするのであれば、生き方そのものを真似しなければならない。しかし、そんなことができる人間はおそらく存在しない。

大会二日目、駒澤野球部OBとさらなる強豪チームとの戦いを楽しみにしていたのだが、明け方に吹き荒れた突風のせいで会場設備が壊れ、大会史上初となる中止に追い込まれてしまった。

私も香田も、今はもう雪合戦に携わっていない。しかし、駒澤野球部OBは健在だ。大会が終わると、今でも必ず香田の元には結果報告の電話があるそうだ。

駒澤野球部OBは、今やすっかり雪合戦界の顔となり、一四年から一六年まで、三年連続で昭和新山国際雪合戦で準優勝した。

この親にしてこの子あり、なのだ。

昭和新山における決勝は、決勝のためだけに設営された「センターコート」と呼ばれる真っ新なコートで行われる。近い将来、高校野球の聖地に続いて、雪合戦の聖地・昭和新山の麓でも、元祖「ナンバーワンポーズ」が空高く突き上げられるに違いない。

追伸　香田さん、いつかまた一緒に雪合戦やりましょうね。

苫小牧

解　説

野村　進

高校野球は、どうも好きになれない。

〝青春の輝き〟を前面に押し出すところが、なんだか偽善に思える。

あの〝一糸《いっし》乱れず〟というのも苦手だ。選手たちは一糸乱れず丸刈り頭で入場行進をし、監督の指示にも一糸乱れず従い、負けると一糸乱れず〝甲子園の土〟をベンチ前でかき集めたりしている。

それでいて、マスコミやスカウトの目もけっこう意識しており、妙に計算高い様子も垣間見える。

私が新聞記者にならなかった（いや、たぶんなれなかった）最大の理由は、高校野球にある。新人記者は、ほぼ例外なく支局に送られ、何はさておき高校野球の地方大会の取材に駆り出されるからだ。

本書も、通常ならまず手に取らなかったであろう。講談社ノンフィクション賞の最終候補作に残っていたため、その選考委員の立場上、読まざるをえなくなったというのが実際のところなのである。

それでも二度精読した。

一読して、掛け値なしにノンフィクションとしてのレベルの高さに感嘆した。同じ年の候補作に「十年に一冊、出るか出ないか」と前評判の高い作品があったのだが、私はこちらのほうが「十年に一冊」ではないかと思った。

とりわけ〝スポーツ・ノンフィクション〟の分野で、質量ともにこれほどの水準の作品は、後藤正治氏の『遠いリング』以来ではなかろうか。後藤作品はボクシングを題材としていたから、野球では本書以上の出来栄えのノンフィクションを、少なくとも私は読んだことがない。もはや伝説のように語られる故・山際淳司氏の「江夏の21球」(『スローカーブを、もう一球』に所収)は、野球というスポーツにまったく新しい光を当てたが、なにせ短編である。

さて、小説の話になるが、長編を書くときの心得を作家の大沢在昌氏は、「主人公に残酷な物語は面白い」(『小説講座　売れる作家の全技術』)と、ひとことで言い切っている。主人公が苦しめば苦しむほど、また困難を乗り越えようと頑張れば頑張るほど、物語は面白くなるというのだ。この原則は、長編ノンフィクションにもそっくり当てはまる。

ただし、ノンフィクションの場合、主人公が直面する艱難辛苦《かんなんしんく》を、頭の中で勝手に創り出すわけにはいかない。そういった経験を実際に味わってきた生身の人間に出会わなければ作品化できないのである。

その点、本書の主人公はまさにうってつけであった。

香田誉士史という高校野球の青年監督で、北海道の駒澤大学附属苫小牧高校（以下「駒大苫小牧」と略）を〝夏の甲子園〟で連覇に導いている。三連覇がかかった決勝戦での〝マーくん〟こと田中将大投手と〝ハンカチ王子〟こと斎藤佑樹投手の投げ合いは、いまなお語り草である。このときは決勝戦で引き分け、異例の再試合では惜しくも一点差で敗れて準優勝となり、「二・九連覇」と呼ばれた。

私もよく覚えているが、ひとむかし前までは北海道の高校が甲子園で優勝するなど誰も思ってもみなかった。苫小牧の通称は「氷都」という。極寒の地で、晩秋から早春にかけての長い冬場には、グラウンドでの練習が事実上できない。

こうした背景から、北海道の高校による甲子園連覇は、本書で野球関係者が口々に述べているように、

「アイスホッケーで言えば、沖縄代表が全国優勝したようなもんでしょ」

とか、

「日本球界の偉業といったら（中略）川上・巨人の九連覇と、駒大苫小牧だと思う。それくらいすごいことだぞ」

と絶讃されるほどの奇跡的な出来事なのであった。

しかし、高校野球そのものをテーマにした作品なら、私はここまで惹《ひ》きつけられなかったはずだ。香田誉士史という人物のいわば〝栄光と挫折〟が、文字通り「主人公に残

酷な物語」で、純然たる読者の立場からすれば「面白い」ことこのうえないのである。

私自身は、著者の言う「剝き出しになった神経のように過敏な」主人公・香田が、甲子園連覇の偉業を成し遂げながら、その後の部内での不祥事に翻弄され、〃絶頂〃と〃奈落〃とのあいだで引き裂かれつつ、精神のバランスを崩していく描写に引っ張られて、ページを繰る手が止まらなくなった。本書の単行本の推薦文で、作家の堂場瞬一氏がいみじくも、

「読みどころは実は『闇』の後半だ」

と述べている。私も、たとえば携帯電話の着信音におびえ、飛行機にも乗れず、閉所恐怖や過食にさいなまれていく香田の「子どものように震えていた心」から、目が離せなくなったのである。

そして徐々に、香田誉士史こそが高校野球の体現者にほかならない事実に気づかされていく。高校野球が先にあるのではない。香田を描くことで、表面の健全さとは裏腹の、脆《もろ》さや危うさや恐ろしさを抱えた高校野球の本質が、じわじわと浮き彫りにされていくのである。


本書に描かれる高校野球の世界は、私が偏見や先入観で見ていたものとはまるで別世界だ。

〃一糸乱れず〃どころではない。監督と選手は、毎日決闘にでも臨《のぞ》むかのごとく、張り

詰めた状態で向き合っている。神経をぎりぎりと責めさいなむかのようなその緊張状態が、何度も飽和点に達し、たびたび決壊する。

監督も選手をぶん殴るが、選手も無礼講のような席では監督をボコボコにしている。いまならおそらく警察沙汰《ざた》であろう。だが、お互いの全存在を賭けたぶつかり合いがなければ、凍土のグラウンドでの想像を絶する猛練習の末の甲子園連覇など到底かなわなかったにちがいない（著者と同様に、私も体罰を肯定しているわけではない、念のため）。

試合の描写も斬新で、読んでいて気持ちがよかった。一例をあげると、甲子園の決勝で、二番打者の三木悠也が思いがけず斎藤佑樹からホームランを放つ場面は、三木の視点でこう描かれる。

「バックスクリーンに向かってスライスしながら伸びていった低い打球は観客の白い服と重なりいったん三木の視界から消えた。そして一塁ベースを蹴ったところで再び現れる。ボールは緑色の外野フェンスのど真ん中、「１２０」と白く書き込まれた数字の真後ろで小さく跳ねた」

文中の「１２０」とは、甲子園球場の本塁から中堅までの公称距離とされる百二十メートルを指す（現在は百十八メートルに訂正されている）。

二度目に読んで気づかされたのは、本書が〝ビルドゥングス・ロマン〟でもあるという点だ。

一般的には「教養小説」と訳されるが、駒大苫小牧を率いた香田という一青年の人間的成長の過程が記されているだけではない。そこに参集した、まだあどけなさの残る少年たちが、さまざまな苦難に出会い、ときに押しつぶされ、ときにそれらを克服して成長する、群像劇のようなノンフィクションにもなっているのである。

本書はまた、〝町おこし〟の格好のテキストとしても読めるかもしれない。

大学野球部の恩師の一存で、右も左もわからない北国の高校に赴任した香田は、もとはといえば九州・佐賀の生まれである。彼が最も影響を受けた高校野球の名将・我喜屋優は、その名前でもわかるとおり沖縄から北海道へと「島流し」にあって来ていた。

よく「町おこしに必要なのは、若者と、バカ者と、よそ者」といわれる。香田は著者も指摘するように、「その三役を一人でこなしていた」。

「月を見て、ウサギが棲んでると思った人はそこまでの人。あそこに行けるはずだと思った人がいたから月に行けるようになった。（中略）野球もそうだよ。できるはずだ、っていうのが原点なんだから」

香田のこの発言など、町おこしのみならず何ものかに挑む人々には珠玉のアドバイスとなろう。

こういった多様な読み方ができる本書を貫いているもの――、それは途方もない〝熱量〟である。香田の熱量はいわずもがなだが、著者の熱量もすさまじい。

幾度も香田の取材拒否に遭い、すげなく対応されてきた著者は、香田との取材で受けたトラウマを「心の染み」と言い、「一生消えない」とまでその傷の深さを告白している。

著者も、駒大苫小牧の野球部員たちに負けず劣らず、香田と全力で格闘してきたのだ。

「青春が一回性のものであるのと同じく、あんな夏は二度とやって来ない――（中略）。そう、私にとって駒大苫小牧が強かった時代は、まさに青春そのものだった」

巻末で著者のこの一文に接したとき、私が毛嫌いしていた高校野球の〝青春の輝き〟は反転して、底光りをたたえながら黒々と輝いているのに、われ知らず瞠目したのである。

（のむら・すすむ　ノンフィクションライター／拓殖大学国際学部教授）

本文中に登場する選手や学校関係者などの名前、学年、肩書などは当時のものです。また、敬称は略しました。

本書は、二〇一六年八月、書き下ろし単行本として集英社より刊行されました。

本文写真　小内慎司

集英社文庫　目録（日本文学）

集英社文庫　目録（日本文学）

集英社文庫

勝《か》ち過《す》ぎた監督《かんとく》 駒大苫小牧《こまだいとまこまい》 幻《まぼろし》の三連覇《さんれんぱ》

2018年7月25日 第1刷
2019年2月18日 第2刷
定価はカバーに表示してあります。

著 者 中村《なかむら》 計《けい》
発行者 徳永 真
発行所 株式会社 集英社
東京都千代田区一ツ橋2-5-10 〒101-8050
電話 【編集部】03-3230-6095
【読者係】03-3230-6080
【販売部】03-3230-6393(書店専用)
印 刷 大日本印刷株式会社
製 本 大日本印刷株式会社

フォーマットデザイン アリヤマデザインストア マークデザイン 居山浩二

ISBN978-4-08-745768-1 C0195